Język
niemowląt

Tracy Hogg
Melinda Blau

Język niemowląt

Z angielskiego przełożył
Marek Czekański

Świat Książki
wydawnictwo

Tytuł oryginału
SECRETS OF THE BABY WHISPERER

Redakcja
Barbara Syczewska-Olszewska
Agnieszka Trzeszkowska-Bereza

Korekta
Jolanta Spodar
Małgorzata Juras

Wydawnictwo Świat Książki
02-103 Warszawa, ul. Hankiewicza 2

Warszawa 2019

Księgarnia internetowa: swiatksiazki.pl

Skład i łamanie
Laguna

Druk i oprawa
BZGraf

Dystrybucja
Dressler Dublin Sp. z o. o.
05-850 Ożarów Mazowiecki, ul. Poznańska 91
email: dystrybucja@dressler.com.pl, tel. +48 22 733 50 31/32
www.dressler.com.pl

ISBN 978-83-813-9274-7
Nr 90090746

Dla Sary i Sophie

Spis treści

Podziękowania

Pragnę podziękować pani Melindzie Blau za twórczą interpretację mojej pracy, wsparcie pisarskim doświadczeniem oraz eksponowanie mojego głosu w całej książce. Już podczas pierwszej rozmowy zorientowałam się, że doskonale rozumie moją strategię postępowania z małymi dziećmi. Dziękuję mojej współautorce za przyjaźń i rzetelną pracę.

Dziękuję moim wspaniałym córeczkom Sarze i Sophie. Jestem wam ogromnie wdzięczna za rozbudzenie moich talentów oraz za to, że potrafię porozumiewać się z niemowlętami, wykorzystując intuicję.

Na podziękowania zasługuje także cała nasza liczna rodzina, w szczególności zaś mama oraz moja Niania. Doceniam ich cierpliwość, niezawodne wsparcie i nieustające słowa zachęty.

Nie potrafię znaleźć słów uznania dla rodzin, które w ciągu wielu lat dzieliły się ze mną swoimi radościami i cennym czasem. Szczególne podziękowania kieruję do Lizzy Selders, której przyjaźni i codziennego wsparcia nigdy nie zapomnę.

Na koniec chciałabym podziękować osobom, które pomogły mi się odnaleźć w nowym dla mnie świecie publikacji. Są to między innymi: Eileen Cope z firmy Lowenstein Associates, która dogłębnie poznała moje przedsięwzięcie i wykazała się dużym zrozumieniem dla całego projektu Gina Centrello – dyrektor wydawnictwa Ballantine Books – osoba pełna wiary w sens mojej pracy, oraz nasza redaktorka Maureen O'Neal, której wdzięczna jestem za nieustające wsparcie.

– Tracy Hogg
Encino, Kalifornia

Możliwość obserwowania, jak Tracy Hogg uprawia swoją magię, była dla mnie wielką frajdą. Przeprowadzałam wywiady z wieloma specjalistami z jej branży i sama jestem matką, mimo to wspaniała intuicja Tracy i strategie jej działania nieodmiennie mnie zadziwiały. Jestem jej wdzięczna za cierpliwość wobec moich niekończących się pytań. Dziękuję też Sarze i Sophie za wypożyczenie mi mamy.

Moje podziękowania należą się z pewnością tym spośród klientów Tracy, którzy życzliwie przyjmowali mnie w domach, nie bronili kontaktu ze swymi dziećmi i pomagali mi zrozumieć, jak Tracy przyczyniła się do pomyślności ich rodzin. Wyrazy uznania niechaj przyjmie ode mnie doktor Bonnie Strickland, podziwiam jej nieprzeciętne umiejętności posługiwania się Internetem i dziękuję za skontaktowanie mnie z doktor Rachel Clifton, która z kolei otworzyła przede mną drzwi do świata badań naukowych nad niemowlętami i ułatwiła dotarcie do odpowiednich osób posiadających cenne informacje.

Jestem nieskończenie wdzięczna pani Eileen Cope z Lowenstein Literary Agency za uważne słuchanie, mądre osądy i konsekwentne wsparcie oraz pełna uznania dla pani Barbary Lowenstein za wieloletnie doświadczenie zawodowe i przewodnictwo. Szczere podziękowania składam także Ginie Centrello, Maureen O'Neal i pozostałym pracownikom wydawnictwa Ballantine, które promowało to przedsięwzięcie wydawnicze z niebywałym entuzjazmem.

Na koniec czuję się w obowiązku wyrazić podziękowanie moim dwóm zacnym mentorkom – sędziwej koleżance po piórze pani Henrietcie Levner oraz cioci Ruth będącej dla mnie kimś więcej niż tylko przyjaciółką i krewną. Obie znają i cenią sztukę pisarską; obie też nigdy nie szczędziły mi słów zachęty. Chcę również podziękować Jennifer i Peterowi, którzy zaplanowali swój ślub w okresie pracy nad książką; dziękuję wam za to, że kochaliście mnie nawet wtedy, gdy z braku czasu nie mogłam z Wami rozmawiać. Inne osoby bliskie memu sercu – Mark, Cay, Jeremy i Lorena – z pewnością wiedzą, jak bardzo jestem im wdzięczna; gdyby jednak było inaczej, to mówię im to teraz wyraźnie.

– Melinda Blau
Northampton, Massachusetts

Przedmowa

Oto jedno z pytań najczęściej zadawanych przez przyszłych rodziców: „Jakie poradniki mogłaby nam pani polecić?". Wybór literatury medycznej nigdy nie sprawiał mi kłopotów. Inaczej jednak było, gdy miałam wskazać praktyczny poradnik zawierający proste, a jednocześnie zindywidualizowane porady na temat zachowań i rozwoju niemowląt. Teraz moje wątpliwości w tym zakresie definitywnie się skończyły.

Książka Tracy Hogg jest bezcennym darem dla początkujących (a nawet i dla doświadczonych) rodziców, pozwala im bowiem bardzo wcześnie odkryć temperament dziecka, którego rozpoznanie jest podstawą interpretacji jego zachowań i komunikatów niewerbalnych. Jednocześnie wskazuje na praktyczne i skuteczne rozwiązania typowych sytuacji, takich jak długotrwały płacz, częste karmienia i nieprzespane noce. Nie sposób też nie docenić specyficznie angielskiego poczucia humoru autorki, która pisze niezwykle przystępnie i dowcipnie, co nie przeszkadza jej przekazywać praktycznej wiedzy w wybitnie inteligentny sposób. Książkę czyta się lekko i chętnie, a przyswajanie zawartych w niej użytecznych treści nie przestaje być przyjemne nawet wówczas, gdy mowa o niemowlętach obdarzonych najtrudniejszymi i najbardziej kłopotliwymi temperamentami.

Nierzadko jeszcze przed przyjściem dziecka na świat w umysłach wielu młodych rodziców powstają zamęt i niepokój. Powoduje je nadmiar informacji pochodzących od życzliwych skądinąd członków rodziny i przyjaciół, a także z książek i mediów elektronicznych. Dostępne na rynku publikacje na temat pielęgnacji noworodków są często zbyt dogmatyczne lub, co gorsza, przyjmują nazbyt powierzchowne założenia. Mając do wyboru te dwie skrajności, wielu rodziców, mimo najlepszych chęci, popada w „rodzicielstwo chaotyczne". Autorka tej książki podkreśla znaczenie konstruktywnej rutyny, która pomaga rodzicom ustalić przewidywalny rytm dnia. Koncepcja takiej organizacji czasu obejmuje karmienie dziecka, jego aktywność i sen oraz czas, w którym osoba opiekująca się niemowlęciem ma szansę odpocząć i zająć się sobą. Realizacja proponowanego przez autorkę cyklu pozwala niemowlęciu zachowywać równowagę bez nieustannego odwoływania się do piersi lub butelki z pokarmem. Płacz lub inne zachowania po nakarmieniu dziecka mogą być wtedy interpretowane przez rodziców w sposób bardziej realistyczny.

Inną podstawową zasadą, którą poleca rodzicom Tracy Hogg, jest zwolnienie tempa działania jako antidotum na próby wtłoczenia nowych obowiązków w ramy starych, „przedrodzicielskich" przyzwyczajeń. Mamy tutaj bardzo pożyteczne propozycje dotyczące trudnego okresu poporodowego. W ramach przystosowania wszyscy członkowie rodziny mają sposobność dostrzec i zrozumieć niezwykle subtelną i ważną potrzebę noworodka, jaką jest pragnienie porozumienia się z otoczeniem. Tracy uczy matki i opiekunki sztuki obserwowania języka ciała dziecka i jego reakcji na świat zewnętrzny oraz wykorzystania tej wiedzy do zrozumienia jego podstawowych potrzeb.

Rodzice, których dzieci osiągnęły późniejszą fazę niemowlęctwa, znajdą w tej książce pomocne sugestie, jak pozbyć się kłopotów i rozwiązać chroniczne już problemy. Autorka dowodzi, że stare przyzwyczajenia można zmienić, i uczy, jak tego dokonać, prowadząc czytelników cierpliwie krok po kroku, budując w nich poczucie pewności i wiary w to, że rodzicielstwo (kojarzące się dotąd z bezsennością i bałaganem) można przeżywać godnie i szczęśliwie. Wszystkim rodzicom książka ta przynosi upragnione wsparcie, informacje i rady, na które długo czekali. Cieszmy się jej lekturą!

Lekarz medycyny F.A.A.P.
Jeanette J. Levenstein,
Valley Pediatric Medical Group
Encino, Kalifornia,
pediatra współpracujący
z Ośrodkiem Medycznym Cedars Sinai
w Los Angeles, Kalifornia, oraz
ze Szpitalem Dziecięcym w Los Angeles

JAK ZOSTAĆ ZAKLINACZKĄ DZIECI

Aby dzieci były grzeczne, muszą najpierw być szczęśliwe.

— Oscar Wilde

Nauka języka

Powiem wprost – to nie ja wybrałam sobie przezwisko Zaklinaczka Dzieci. Uczyniła to jedna z moich klientek. Jest znacznie lepsze od niektórych innych czułych określeń wymyślonych przez rodziców, takich jak Czarownica (nazbyt przerażające), Czarodziejka (zbyt tajemnicze) czy Hoggówa (zdecydowanie za mało wyszukane). Zostałam więc Zaklinaczką Dzieci, co, muszę przyznać, nawet trochę lubię, ponieważ dobrze oddaje to, co robię.

Być może wiedzą już państwo, czym zajmują się zaklinacze koni; pisano o nich w książkach i pokazywano ich w filmach. Niektórzy pamiętają pewnie, jak Robert Redford grał rolę mężczyzny, który zbliżał się powoli i cierpliwie do rannego konia. Słuchał go i uważnie obserwował, zachowując przy tym pewien dystans. Działając w ten sposób, nasz bohater zdołał obłaskawić konia, spojrzeć mu z bliska prosto w oczy i łagodnie do niego przemówić. Emanował spokojem i wewnętrznym ciepłem, co najwyraźniej dobrze na konia wpływało.

Proszę mnie źle nie zrozumieć – nie porównuję noworodków do koni (choć jedne i drugie należą do istot posługujących się zmysłami), chcę tylko wytłumaczyć moje podejście do dzieci. Rodzice przypisują mi jakiś wyjątkowy dar, jednak w tym, co robię, nie kryje się nic tajemniczego; nie jest to żadne nadzwyczajne uzdolnienie, dane tylko niektórym. Bycie zaklinaczką dzieci to tylko słuchanie, obserwowanie i interpretowanie, z zachowaniem głębokiego szacunku. Nie można się go nauczyć z dnia na dzień; w moim przypadku nabycie tej umiejętności wymagało życzliwego obserwowania ponad pięciu tysięcy niemowląt i wytrwałego szeptania im do uszek. Proszę jednak nie rezygnować. Postaram się nauczyć rodziców podstaw języka niemowląt oraz przekazać im umiejętności, które bardzo się przydają.

Jak się uczyłam

Można powiedzieć, że całe życie przygotowywałam się do tego, co teraz robię. Pochodzę z Yorkshire, gdzie spędziłam dzieciństwo i młodość. Największy wpływ wywarła na mnie babcia ze strony mamy, którą nazywaliśmy Nianią. Niania ma dziś osiemdziesiąt sześć lat i wciąż jest najcierpliwszą, najdelikatniejszą i najbardziej kochającą kobietą, jaką kiedykolwiek w życiu spotkałam. Ona – podobnie jak ja teraz – również była zaklinaczką dzieci – potrafiła utulić i uspokoić najbardziej niesforne niemowlęta. Była też ważną postacią mojego dzieciństwa, a później – gdy urodziły się moje córeczki (kolejne ważne osoby w moim życiu) – służyła mi radą i pomocą.

Stawałam się coraz bardziej niespokojną, roztrzepaną i trzpiotowatą dziewczynką, Niania jednak potrafiła skierować moją energię ku zabawie lub opowieści. Stałyśmy na przykład w kolejce przed wejściem do kina, a ja wierciłam się niecierpliwie, ciągnąc ją za rękaw. „Nianiu, kiedy nas wpuszczą? Nie mogę się już doczekać!".

Nieżyjąca już mama mojego taty – nazywana przeze mnie Babcią – w takiej sytuacji bez wahania dałaby mi klapsa. Jej poglądy wywodziły się z tradycji wiktoriańskiej, zgodnie z którą „dzieci nie powinno się słyszeć, choć może je być widać". W młodości Babcia rządziła żelazną ręką w przeciwieństwie do Niani, która nigdy nie musiała odwoływać się do przemocy, aby przywołać dzieci do porządku. Owego dnia, przed kinem, spojrzała na mnie, mrużąc jedno oko, i powiedziała: „Nie wiesz, co tracisz, narzekając i myśląc tylko o sobie. – Zwróciła wzrok w pewnym kierunku, wysuwając jak zwykle dolną szczękę. – Widzisz tę mamę z dzidzią? O, tam!? Jak myślisz, dokąd oni dziś pojadą?". „Do Francji" – odpowiedziałam bez zastanowienia. „Do Francji? A jak się tam dostaną?". „Odrzutowcem" – musiałam już gdzieś słyszeć to słowo. „Taak?! A gdzie będą siedzieli?" – kontynuowała Niania i zanim się spostrzegłam, przestałam zwracać uwagę na czekanie, bez reszty zaabsorbowana interesującą opowieścią. Niania w dalszym ciągu pobudzała moją wyobraźnię. Widząc suknię ślubną na wystawie sklepowej, mogła na przykład zapytać: „Jak myślisz, ile osób układało tę suknię w witrynie?". Gdybym odpowiedziała, że dwie, pewnie spytałaby mnie o jakieś szczegóły. „W jaki sposób suknia trafiła do sklepu? Gdzie została uszyta? Kto przyszył do niej perełki?" itd. Podążając tym tropem, mogłyśmy się nagle znaleźć w Indiach, gdzie pewien farmer umieszczał w ziemi nasiona bawełny, z której wyprodukowano materiał na naszą suknię.

Umiejętność opowiadania była w mojej rodzinie przekazywana z pokolenia na pokolenie. Sztukę tę opanowała nie tylko Niania, lecz także jej siostra, ich mama (a moja prababcia) oraz moja mama. Kiedy tylko chciały nam coś przekazać lub wytłumaczyć, odwoływały się do opowiastki. Przejęłam od nich ten dar i teraz, gdy rozmawiam z rodzicami moich podopiecznych, często go wykorzystuję, posługując się przypowieściami i metaforami. „Czy potrafiłaby pani zasnąć, gdybym ustawiła pani łóżko na autostradzie?" – pytam zatroskanych rodziców, których dziecko nie może zapaść w drzemkę przy grającej na cały regulator wieży. Obrazowe porównania pomagają ludziom zrozumieć sens moich sugestii. Okazują się skuteczniejsze od autorytatywnych zaleceń, niepopartych żadnymi argumentami.

Kobiety z mojej rodziny pomogły mi rozwinąć wrodzone zdolności, natomiast dziadek – mąż Niani – dbał o to, bym potrafiła zrobić z nich użytek. Dziadek był naczelnym pielęgniarzem w zakładzie dla psychicznie chorych. Któregoś roku, w święta Bożego Narodzenia, zabrał mnie i mamę na oddział dziecięcy. Było to ponure miejsce, w którym dobiegały dziwne odgłosy i rozchodziły się nieznane zapachy. Nagle ujrzałam dzieci siedzące w fotelikach dla niepełnosprawnych lub leżące na poduszkach rozrzuconych chaotycznie na podłodze. Miałam wtedy niespełna siedem lat, wciąż jednak pamiętam przerażenie i żal malujące się na twarzy mojej mamy oraz łzy spływające po jej policzkach.

Z drugiej strony byłam zafascynowana. Wiedziałam, że większość ludzi boi się pacjentów tego zakładu i najchętniej omijałaby to miejsce z daleka. Mnie to nie dotyczyło. Na moje usilne prośby dziadek wielokrotnie mnie tam zabierał; wreszcie, po wielu wizytach, wziął mnie na bok i powiedział: „Tracy, pomyśl, czy nie powinnaś poważnie zająć się tego rodzaju pielęgniarstwem. Masz wielkie serce i mnóstwo cierpliwości, podobnie jak Niania".

To był chyba największy komplement, jaki kiedykolwiek usłyszałam. Niebawem okazało się, że dziadek miał rację. W wieku osiemnastu lat rozpoczęłam naukę w szkole pielęgniarskiej. W Anglii nauka tego zawodu trwa pięć i pół roku. W teorii, przyznaję, nie byłam prymuską, w przeciwieństwie do zajęć praktycznych przy łóżku chorego, które w moim kraju są bardzo ważną częścią studiów pielęgniarskich. Jeżeli chodzi o słuchanie, obserwację i okazywanie empatii, osiągnęłam taki poziom, że rada pedagogiczna uznała za stosowne wyróżnić mnie nagrodą Pielęgniarki Roku, przyznawaną studentkom przejawiającym szczególną troskę o dobro pacjentów.

Tak oto uzyskałam w Anglii dyplom pielęgniarki i położnej specjalizującej się w pracy z dziećmi upośledzonymi fizycznie i umysłowo, które często mają ograniczone możliwości porozumiewania się z otoczeniem. To ostatnie stwierdzenie nie jest do końca zgodne z prawdą, ponieważ takie dzieci podobnie jak niemowlęta mają własny, niewerbalny sposób przekazywania informacji za pomocą dźwięków nieartykułowanych i języka ciała. Aby pomóc tym istotom, trzeba nauczyć się ich języka i stać się ich tłumaczem.

Płacze i szepty

Opiekując się noworodkami, z których wiele przyszło na świat z moją pomocą, doszłam do wniosku, że mogłabym nauczyć się także ich niewerbalnego języka. Po przyjeździe do Ameryki zdobyłam pełne kwalifikacje w opiece nad noworodkami i położnicami, a następnie rozpoczęłam pracę w tym zawodzie. Opiekowałam się dziećmi w domach w Nowym Jorku i Los Angeles, a zatrudniający mnie rodzice charakteryzowali moją osobę jako połączenie Mary Poppins z Daphne z *Frasiera*; zapewne akcent tej ostatniej – przynajmniej dla amerykańskich uszu – brzmiał podobnie do mojej wymowy wywodzącej się z Yorkshire. Przekonywałam młode mamy i tatusiów, że oni również mogą szepnąć to i owo do uszek swoich pociech. Trzeba tylko trochę je poobserwować, zrozumieć, o co dziecku chodzi, a następnie je uspokoić.

Dzieliłam się z rodzicami moich podopiecznych poglądem na to, co wszystkie małe dzieci powinny otrzymać od swoich rodziców, wyszczególniając organizacyjne uporządkowanie codziennych czynności oraz pomoc w osiąganiu coraz większej samodzielności. Zaczęłam również promować coś, co nazywam holistycznym podejściem do życia rodzinnego. Niemowlęta powinny uczestniczyć w szczęśliwych i harmonijnych stosunkach rodzinnych. Jeżeli pozostali członkowie rodziny – rodzice, rodzeństwo, a nawet zwierzęta domowe – są szczęśliwi, wówczas i niemowlę jest zadowolone.

Czuję się zaszczycona, gdy ktoś zaprasza mnie do domu, ponieważ wiem, że jest to w życiu rodziców najcenniejszy czas. Mimo nieuniknionych chwil niepewności i nieprzespanych nocy matki i ojcowie doświadczają w tym okresie największych radości. Kiedy obserwuję rozgrywające się przede mną sceny rodzinne i jestem proszona o pomoc, czuję, że powiększam tę radość, pomagając ludziom wyjść z chaosu i cieszyć się życiem. Obecnie zdarza się, że mieszkam w domach klientów, częściej jednak udzielam tylko konsultacji, wpadając na godzinę lub dwie w ciągu pierwszych kilku dni lub tygodni po narodzinach dziecka. Spotykam wielu rodziców, którzy przekroczyli trzydziestkę, a nawet czterdziestkę i od dawna przywykli do sprawowania pełnej kontroli nad własnym życiem. Rodzicielstwo oznacza dla nich niewygodną sytuację, w której są debiutantami. Niektórzy mówią sobie wtedy: „Co myśmy najlepszego zrobili?". Okazuje się mianowicie, że noworodek – zwłaszcza pierworodny – ma szczególną zdolność zrównywania milionerów z biedakami. Jedni i drudzy mają takie same problemy. Pomagałam już rodzicom ze wszystkich warstw społecznych – tym, których nazwiska są znane na całym świecie, oraz tym, których znają tyko najbliżsi sąsiedzi – i mogę stwierdzić, że po przyjściu na świat dziecka wszyscy boją się o nie jednakowo.

Mój telefon komórkowy dzwoni o różnych porach dnia (a czasem również w środku nocy). Zwykle słyszę wtedy takie oto rozpaczliwe pytania i prośby:

„Tracy, dlaczego Chrissie wydaje się bez przerwy głodna?".

„Tracy, dlaczego uśmiechnięty ślicznie Jason nagle wybucha płaczem?".

„Tracy, nie wiem, co robić. Joey nie spał całą noc, płacząc do utraty tchu!".

„Tracy, uważam, że Rick zbyt często nosi dziecko na rękach. Powiedz mu, żeby przestał!".

Mogą mi państwo wierzyć lub nie, ale po ponad dwudziestu latach pracy z różnymi rodzinami często potrafię rozwiązać problem przez telefon, zwłaszcza gdy wcześniej widziałam dziecko. Czasami proszę matkę, by zbliżyła niemowlę do telefonu, co umożliwi mi wsłuchanie się w jego płacz. (Często się zdarza, że matka też płacze). Jeśli to konieczne, jadę z krótką wizytą, a czasem nawet zostaję z dzieckiem na noc, by zaobserwować, czy dzieje się w domu coś, co może budzić niepokój dziecka. Jak dotąd nie zdarzyło mi się spotkać niemowlęcia, którego nie potrafiłabym zrozumieć, bądź trudności, której nie umiałabym w żaden sposób pokonać.

Moi klienci mówią mi: „Tracy, przy tobie to wszystko wydaje się łatwe". No cóż, dla mnie to rzeczywiście jest łatwe, ponieważ nawiązuję z niemowlętami kontakt. Traktuję każde dziecko z szacunkiem – jak wszystkie inne ludzkie istoty. I to jest, moi mili, kwintesencja i podstawa zaklinania dzieci.

Szacunek to klucz do dziecięcego świata

Temat szacunku będzie systematycznie powracał na karty tej książki. Każdy, kto widzi w swoim dziecku osobę, będzie się zawsze odnosił do niego z należnym szacunkiem. Słownikowa definicja tego słowa mówi o unikaniu przemocy i nieuprawnionej ingerencji. Kiedy ktoś zwraca się do nas agresywnie podniesionym głosem, zamiast normalnie z nami rozmawiać, bądź dotyka naszego ciała bez wyraźnego przyzwolenia, wówczas odbieramy to jako formę przemocy i przejaw braku szacunku. Gdy zamiast rzeczowych wyjaśnień padają inwektywy, czujemy się dotknięci i ogarnia nas złość.

> Każde dziecko jest osobą, która ma swój język, uczucia oraz niepowtarzalną, unikatową osobowość, i jako takie zasługuje na szacunek.

Niemowlę reaguje dokładnie tak samo na brak elementarnej kultury. Zdarza się, że ludzie mówią nad jego głową i zachowują się w taki sposób, jakby go w ogóle nie było. Często słyszę z ust rodziców i opiekunek wypowiedzi w rodzaju: „Dziecko zrobiło to czy tamto". Jakaż to bezosobowa i pozbawiona szacunku forma! Nie powinno się mówić o człowieku jak o jakimś przedmiocie. Na tym jednak nie koniec kardynalnych błędów. Słodkie niemowlęta popycha się i pociąga bez słowa wyjaśnienia, tak jakby dorośli mieli prawo ingerować w ich osobistą przestrzeń bez jakiegokolwiek ostrzeżenia. Dlatego właśnie proponuję kreślenie w wyobraźni przestrzennej granicy wokół dziecka – kręgu szacunku, do którego nie powinniśmy wkraczać bez pytania o pozwolenie lub wyjaśnienia, co zamierzamy zrobić (więcej informacji na ten temat znajduje się w rozdziale V).

Nawet na oddziale położniczym zwracam się do nowo narodzonych dzieci po imieniu. W moich myślach noworodek jest zawsze osobą, a nie bezimiennym dzieckiem. Dlaczego mielibyśmy mówić do niego inaczej niż po imieniu? Czyniąc tak, myślimy o nim jako o małej osobie, którą w istocie jest.

Kiedy spotykam niemowlaka po raz pierwszy – czy to w szpitalu, czy parę godzin po przywiezieniu do domu, czy też wiele tygodni później – zawsze mu się przedstawiam i wyjaśniam, po co do niego przybyłam. „Cześć, Sammy – mówię, patrząc prosto w jego wielkie błękitne oczy. – Jestem Tracy. Wiem, że nie poznajesz mojego głosu, bo mnie jeszcze nie znasz. Przyszłam tu, żeby cię poznać i dowiedzieć się, czego potrzebujesz. Mam zamiar pomóc twojej mamusi i tatusiowi w zrozumieniu tego, co do nich mówisz".

Niektóre matki pytają mnie wtedy: „Dlaczego pani mówi do niego w ten sposób? On ma tylko trzy dni i prawdopodobnie nic z tego nie rozumie". „Tego z całą pewnością nie wiemy, nieprawdaż, słoneczko? – odpowiadam. – A teraz pomyślmy, jakie to byłoby straszne, gdyby mnie jednak rozumiał, a ja nic bym do niego nie mówiła".

W ostatniej dekadzie naukowcy stwierdzili, że niemowlaki wiedzą i rozumieją więcej, niż kiedykolwiek przypuszczaliśmy. Badania potwierdzają, że nasze pociechy są wrażliwe na dźwięki i zapachy oraz że potrafią rozróżnić bodźce wizualne. W pierwszych tygodniach życia dokonuje się też bardzo intensywny rozwój mechanizmów pamięci. Jeżeli więc nawet maleńki Sammy nie rozumie dokładnie wszystkich moich słów, to z pewnością czuje różnicę pomiędzy kimś, kto porusza się powoli i mówi spokojnym głosem, a kimś, kto zbliża się do niego jak huragan, nie mówiąc przy tym ani słowa. A jeżeli rozumie, to od samego początku wie, że traktuję go z szacunkiem.

Zaklinanie to nie tylko mówienie

Chcąc zgłębić tajemnicę kontaktu z niemowlęciem, musimy pamiętać, że dziecko cały czas słucha i na pewnym poziomie rozumie wszystko, o czym mówimy. Niemal w każdym poradniku dla rodziców powtarza się do znudzenia: „Mówcie do waszych niemowląt". To jednak za mało. Ja radzę rodzicom: „Rozmawiajcie z niemowlętami". Małe dziecko nie umie jeszcze mówić, więc nie wypowiada słów. Nie znaczy to jednak, że wcale nie odpowiada! Jego językiem są nieartykułowane dźwięki, płacz oraz gesty i ruchy (więcej informacji na temat znaczeń języka niemowląt znajduje się w rozdziale III). A zatem potrzebny jest dialog, czyli dwukierunkowa rozmowa.

Rozmawiając z dzieckiem, okazujemy mu szacunek. Czyż nie rozmawiamy z dorosłymi, z którymi chcemy wymienić myśli? Czy nie przedstawiamy im się i nie wyjaśniamy, po co przyszliśmy? Czy nie staramy się być grzeczni, mili i uprzejmi? Czy nie służą nam do tego odpowiednie słowa i zwroty, takie jak „proszę", „przepraszam", „dziękuję"? Chcąc nawiązać z kimś kontakt, inicjujemy rozmowę. Dlaczego niemowląt nie traktujemy w ten sam rozsądny i kulturalny sposób?

Oznaką szacunku jest także wzięcie pod uwagę cudzych potrzeb i upodobań. W rozdziale I będzie mowa o tym, że niektóre dzieci łatwo się przystosowują, a inne są bardziej wrażliwe i przekorne. Niektóre też wolniej się rozwijają. Chcąc naprawdę okazać im szacunek, musimy akceptować je takimi, jakie są, zamiast porównywać z teoretycznymi normami. (Dlatego właśnie nie znajdą państwo w tej książce opisów rozwoju dziecka miesiąc po miesiącu). Każde dziecko ma prawo do indywidualnych reakcji na otaczający świat. Im wcześniej rozpoczniemy dialog z tą drogą nam istotą, tym szybciej zrozumiemy, kim jest i czego od nas oczekuje.

Jestem pewna, że wszyscy rodzice pragną wychować swoje dzieci na ludzi niezależnych i zrównoważonych, których będą mogli szanować i podziwiać. Proces ten zaczyna się już w okresie niemowlęctwa; kiedy dziecko ma piętnaście lat, jest za późno na wychowywanie. Prawdę mówiąc, zabieranie się do kształtowania nawet pięcioletniego dziecka to „musztarda po obiedzie". Trzeba pamiętać, że rodzicielstwo trwa przez całe życie i będąc rodzicami, służymy jako modele zachowań. Dzieci, których we wczesnym dzieciństwie słuchano i którym okazywano szacunek, wyrastają na ludzi umiejących słuchać i szanować bliźnich.

> Ten, kto znajdzie czas na obserwację niemowlęcia i uczenie się tego, co stara się ono przekazać, będzie miał dziecko zadowolone, a jego rodzina nie stanie się zdominowana przez dziecięce problemy.

Dzieci rodziców, którzy starają się rzetelnie poznać i zaspokoić ich potrzeby, mają poczucie bezpieczeństwa. Nie płaczą, kiedy się je kładzie, ponieważ czują się bezpiecznie również wtedy, gdy nikt ich nie trzyma na rękach. Wiedzą, że ich otoczenie jest miejscem bezpiecznym i że ktoś przyjdzie i udzieli im pomocy, gdy dokuczy im ból lub pojawią się jakieś trudności. Paradoksalne jest to, że takie dzieci wymagają mniej uwagi i szybciej uczą się samodzielnej zabawy niż te, którym pozwalano się wypłakać lub których komunikaty rodzice notorycznie błędnie odczytywali. (Nawiasem mówiąc, niezrozumienie niektórych sygnałów jest całkiem normalne).

Wiara w siebie podstawową potrzebą rodziców

Rodzice, którzy są pewni tego, co robią, dają dziecku większe poczucie bezpieczeństwa. Niestety, tempo współczesnego życia działa na ich niekorzyść – czują się uwikłani w napięte harmonogramy. Matki i ojcowie nie zdają sobie sprawy, że muszą zwolnić owo szaleńcze tempo, podchodząc do niemowlęcia i starając się je uspokoić. Jednym z moich zadań jest zatem spowalnianie rodziców, dostrajanie ich działań do potrzeb niemowlęcia, a także – co równie ważne – przekazywanie im umiejętności słuchania wewnętrznego głosu.

Z przykrością muszę stwierdzić, że wielu rodziców pada dziś ofiarą nadmiaru informacji. Oczekując dziecka, czytają czasopisma i książki, studiują, surfują po Internecie, słuchają opinii przyjaciół i członków rodziny oraz korzystają z porad wszelkiego rodzaju specjalistów. Wszystkie te źródła informacji mają swoją wartość, brakuje jednak ich syntezy. Kiedy dziecko się rodzi, rodzice mają często większy mętlik w głowie i więcej wątpliwości niż przed zebraniem informacji. Najgorsze jest jednak to, że wielu z nich wydaje się przy tym tracić zdrowy rozsądek.

To prawda, że informacja ma swoją siłę. Ja również zamierzam w tej książce podzielić się swoimi zawodowymi doświadczeniami. Jednak ze wszystkich narzędzi, które mogę polecić rodzicom, najcenniejszym jest wiara w siebie – we własne siły, rozum i uczucia. Każdy musi ustalić, co najbardziej odpowiada jemu i jego dziecku. Człowiek jest indywidualnością; dotyczy to także niemowląt i ich rodziców. Dlatego potrzeby każdej rodziny są specyficzne i odmienne. Z opisu tego, co i jak robiłam przy swoich córkach, moi czytelnicy mieliby niewielki pożytek.

Im głębsze jest nasze przekonanie o możliwości zrozumienia i zaspokojenia potrzeb dziecka, tym lepiej je rozumiemy i zaspokajamy. Zapewniam też państwa, że wykonanie tego zadania staje się coraz łatwiejsze wraz z utrwalaniem takiego przekonania. Dzień po dniu uczę rodziców świadomego porozumiewania się z niemowlętami. Odnotowuję stały wzrost zdolności pojmowania niemowlaków, a także większą pewność siebie i skuteczność rodziców.

Zrozumieć język niemowląt

Większość rodziców ogarnia zdumienie, gdy nadzwyczaj szybko zaczynają rozumieć swoje niemowlęta; wystarczy tylko, że dowiedzą się, co obserwować i czego słuchać. Cała „magia" sprowadza się do potwierdzenia i uporządkowania ich trafnych spostrzeżeń. Wszyscy początkujący rodzice potrzebują psychicznego wsparcia doświadczonego przewodnika i to właśnie staram się im zapewnić. Większość z nich nie jest przygotowana do funkcjonowania w nowej sytuacji życiowej i nie wie, jak się do niej przystosować. W pierwszych dniach i tygodniach pojawiają się tysiące pytań, na które nikt nie potrafi im udzielić sensownych odpowiedzi.

Zaczynam zwykle od uporządkowania spraw i codziennych czynności związanych z dzieckiem, pokazuję, jak stosować podstawowy harmonogram, a następnie przekazuję resztę swojej wiedzy.

Na czym polega dobre rodzicielstwo?

W jednym z poradników dla matek przeczytałam takie oto zdanie: „Aby być dobrą matką, trzeba karmić dziecko piersią". Takie sformułowanie to bzdura! Rodziców nie powinno się oceniać według tego, jak karmią swoje dzieci, zmieniają im pieluchy i jak układają je do snu. Poza tym nie stajemy się dobrymi rodzicami podczas pierwszych kilku tygodni życia dziecka. Dobre rodzicielstwo kształtuje się w ciągu wielu lat, w miarę jak dzieci rosną, a my poznajemy ich indywidualne osobowości. Dzieje się tak dlatego, że przychodzą do nas po radę i pomoc, gdy są już dorosłe. Można powiedzieć, że podstawami dobrego rodzicielstwa są:

* **Szacunek** dla dziecka jako osoby
* Akceptacja **jego niepowtarzalnej indywidualności**
* **Dialog** z niemowlęciem, a nie tylko mówienie w jego obecności
* **Słuchanie** dziecka i zaspokajanie jego potrzeb, kiedy o to prosi
* Organizacyjne uporządkowanie codziennych czynności dające dziecku poczucie **oparcia, regularności i przewidywalności** zdarzeń.

Codzienna opieka nad niemowlęciem jest zadaniem trudnym, pracochłonnym i absorbującym, często niewdzięcznym, a czasem nawet niepokojącym. Mam nadzieję, że moja książka wniesie trochę poczucia humoru w tę złożoną rzeczywistość, a jednocześnie jasno i klarownie przedstawi, co należy do rodzicielskich obowiązków. Oto czego moi czytelnicy mogą się po tej książce spodziewać:

* Zrozumienia, jakie jest dziecko, i ustalenia, czego można po jego temperamencie oczekiwać. Materiał rozdziału I pomoże rodzicom przewidzieć, jakie wyzwania przed nimi stoją.
* Rozpoznania własnego temperamentu i zdolności przystosowawczych. Wraz z pojawieniem się dziecka nasze życie się zmienia, istotne jest więc ustalenie własnego położenia. Pomiędzy obsesją planowania życia w najdrobniejszych szczegółach a improwizatorskim chaosem rozciąga się ciąg postaw pośrednich, w którym każdy z nas jest gdzieś usytuowany. (Patrz rozdział II).

• Przedstawienia proponowanej przeze mnie koncepcji uporządkowania codziennych okresów karmienia, aktywności i snu niemowlęcia oraz odpoczynku i regeneracji opiekujących się nim osób (nazywanej umownie Łatwym Planem). Realizacja Łatwego Planu umożliwia zaspokojenie potrzeb dziecka z równoczesnym zadbaniem o własną kondycję fizyczną i psychiczną i zafundowania sobie drzemki, gorącej kąpieli lub krótkiego spaceru. Ogólne zasady Łatwego Planu przedstawię w rozdziale II, a szczegółowe omówienie jego elementów w rozdziale IV i kolejnych.

• Umiejętności „zaklinania dzieci", czyli porozumiewania się z niemowlęciem, które obejmuje obserwację jego zachowania, zrozumienie wysyłanych komunikatów oraz uspokajanie (rozdział III). Przy okazji pomogę również czytelnikom wyostrzyć ich własny zmysł obserwacji i autorefleksji.

• Omówienia szczególnych problemów rodzicielskich, takich jak: adopcje, udział matek zastępczych, a także przedwczesne rozwiązania i komplikacje przy porodach uniemożliwiające szybki powrót ze szpitala do domu oraz radości i kłopoty związane z macierzyństwem mnogim (rozdział VIII).

• Błyskawicznego kursu „magii trzech dni" (rozdział IX), czyli mojej autorskiej propozycji zastępowania złych nawyków dobrymi. Wyjaśnię w tym rozdziale, co rozumiem przez „rodzicielstwo przypadkowe" lub „chaotyczne", kiedy rodzice nieświadomie wzmacniają negatywne zachowania swoich dzieci, a także przedstawię w prostej formie podstawową strategię analizowania błędów.

Starałam się, by książkę tę czytało się przyjemnie, ponieważ wiem, że po tego typu poradniki sięga się raczej z konieczności, a nie dla odprężenia (zwykle też nie studiuje się ich od deski do deski). Jeżeli matka ma problemy z karmieniem piersią, to zajrzy do spisu treści i przeczyta tylko odpowiednie strony. Gdy pojawią się u dziecka kłopoty ze snem, czytelnik sięgnie do rozdziału poświęconego temu zagadnieniu. Doskonale rozumiem takie podejście, znając warunki życia współczesnych rodzin. Mimo to jednak zachęcam wszystkich do przeczytania w całości przynajmniej pierwszych trzech rozdziałów, w których staram się wyłożyć moją strategię działania. Dzięki temu – nawet podczas lektury wybranych fragmentów pozostałych rozdziałów – moje koncepcje i rady będą brane pod uwagę z odpowiedniego punktu widzenia. Wskazuje on, że dziecko należy traktować z szacunkiem, na jaki zasługuje, a równocześnie nie dopuścić do przejęcia przez niemowlę władzy w domu.

Rodzicielstwo należy do doświadczeń najintensywniej odmieniających nasze życie. Przyjście na świat dziecka jest wydarzeniem nieporównanie donioślejszym od zawarcia małżeństwa, zmiany miejsca pracy, a nawet śmierci ukochanej osoby. Już sama myśl o konieczności przystosowania się do zupełnie nowych warunków wywołuje w nas przerażenie. Powoduje także izolację. Początkującym rodzicom często wydaje się, że tylko oni są niekompetentni lub że nikt inny nie ma podobnych problemów np. z karmieniem piersią. Kobiety są pewne, że inne matki natychmiast „zakochują się" w swoich dzieciach, i zastanawiają się, dlaczego nie podzielają tego uczucia. Mężczyźni są przekonani, że inni ojcowie na pewno poświęcają dzieciom więcej uwagi. W odróżnieniu od Anglii, gdzie pielęgniarki środowiskowe odwiedzają położnice codziennie przez pierwsze dwa tygodnie i kilka razy w tygodniu w okresie następnych dwóch miesięcy, wielu młodych rodziców w Ameryce nie ma wokół siebie nikogo, kto mógłby stać się ich przewodnikiem w pierwszym okresie rodzicielstwa.

Drodzy czytelnicy! Nie mogę odwiedzić was wszystkich, mam jednak nadzieję, że czytając, słyszycie mój głos i czujecie, jak was wspieram, robiąc to wszystko, co zrobiła dla mnie Niania, gdy byłam młodą matką. Wiedzcie, że deficyt snu i przytłoczenia obowiązkami nie będą trwać w nieskończoność, a wy będziecie robić wszystko, najlepiej jak potraficie. Wiedzcie też, że to, czego doświadczacie, jest udziałem innych rodziców i że pomyślnie przez to przejdziecie.

Żywię nadzieję, że strategia i umiejętności, którymi się dzielę – czyli moje tajemnice – utorują sobie drogę do waszych umysłów i serc. Dzieci może nie będą przez to inteligentniejsze (choć nigdy nic nie wiadomo), jednak z całą pewnością będą szczęśliwsze i bardziej ufne, a ceną tego nie będzie musiała być rezygnacja z waszego życia. Być może najważniejszym osiągnięciem będzie lepsze samopoczucie w roli rodziców oraz świadomość, iż zdobyliście rzetelne rodzicielskie umiejętności. Głęboko wierzę i przekonałam się o tym na podstawie obserwacji, że w każdej matce i ojcu drzemie troskliwy, kochający i kompetentny rodzic – zaklinacz dzieci *in spe*.

ROZDZIAŁ I

DZIECKO NAUCZYCIELEM MIŁOŚCI

Nie wyobrażacie sobie, jak często niemowlęta płaczą.
Nie wiedziałam, w co się pakuję. Prawdę mówiąc,
myślałam, że nie będę miała więcej kłopotów niż z kotem.

– Anne Lamott, *Operating Instructions*
(„Instrukcja obsługi")

Gdy pojawia się dziecko...

Żadne wydarzenie w dorosłym życiu nie przysparza tylu radości i lęków co narodziny pierwszego dziecka. Na szczęście lęki mijają, a radość pozostaje. Na początku jednak niepokój i brak pewności siebie biorą górę. Alan – trzydziestotrzyletni projektant grafiki – dokładnie pamięta dzień, w którym odebrał swoją żonę Susan ze szpitala. Tak się złożyło, że akurat przypadała czwarta rocznica ich ślubu. Susan – pisarka, lat dwadzieścia siedem – miała stosunkowo lekki poród, a jej piękny niebieskooki synek Aaron dobrze się przysysał i prawie nie płakał. W drugim dniu jego życia mama i tata nie mogli się już doczekać, kiedy wreszcie porzucą szpitalny zgiełk i rozpoczną życie rodzinne.

„Pogwizdywałem sobie wesoło, idąc w stronę jej pokoju – wspomina Alan. – Gdy wszedłem, Aaron właśnie został nakarmiony i spał na rękach Susie. Wyglądało to tak, jak sobie wcześniej wyobrażałem. Zjechaliśmy na dół windą i pielęgniarka pomogła mi wywieźć Susan na zewnątrz na specjalnym wózku. Kiedy rzuciłem się do drzwi samochodu, poraziła mnie świadomość, że fotelik dla niemowląt nie jest zamontowany na siedzeniu. Przysięgam, że czynność ta zajęła mi całe pół godziny. W końcu delikatnie ułożyłem w nim Aarona. Wyglądał jak aniołek. Pomogłem Susan wsiąść do auta, podziękowałem pielęgniarce za cierpliwość i zająłem miejsce za kierownicą.

Nagle Aaron zaczął wydawać z siebie jakieś dźwięki, których w szpitalu nie słyszałem – a może tylko nie zwróciłem na nie uwagi? Nie był to płacz... Susan spojrzała na mnie, a ja na nią. »Boże, co my teraz zrobimy?« – spytałem przerażony".

Każdy ze znanych mi rodziców pamięta taką chwilę. Niektórzy przeżyli ją jeszcze w szpitalu, niektórzy po przyjeździe do domu, jeszcze inni dopiero na drugi lub trzeci dzień. W tym czasie wiele się dzieje – trwa rekonwalescencja poporodowa, narastają emocje, a przede wszystkim przychodzi świadomość, że nowo narodzone dziecko jest zupełnie bezradne. Tylko nieliczni rodzice czują się na siłach podjąć tak odpowiedzialne zadanie. Niektóre matki przyznają, że mimo przeczytania wielu książek nie były przygotowane do roli matki! „O tylu rzeczach trzeba było myśleć naraz. Bez przerwy płakałam" – wspominają.

Pierwsze trzy do pięciu dni często bywają najtrudniejsze, ponieważ wszystko jest nowe i przerażające. Oto najczęstsze pytania, którymi bombardują mnie roztrzęsieni rodzice: „Jak długo powinno trwać karmienie?", „Dlaczego dziecko podciąga w ten sposób nóżki?", „Czy na pewno tak należy je przewijać?", „Dlaczego jej pupka ma taki kolor?". No i oczywiście pytanie podstawowe powtarzane do znudzenia: „Dlaczego dziecko płacze?". Rodzice – a zwłaszcza matki – często miewają poczucie winy wynikające z przekonania, że powinni wszystko wiedzieć. Pewna mama jednomiesięcznego niemowlaka wyznała mi: „Bardzo się bałam, że zrobię coś niewłaściwego, ale równocześnie nie chciałam, by ktokolwiek mi pomagał lub mówił, co mam robić".

Podstawowa rada, której udzielam rodzicom – i powtarzam ją wielokrotnie – to zachęta do zwolnienia obrotów i świadomego wyciszenia się. Poznanie własnego dziecka wymaga czasu, cierpliwości i spokojnej atmosfery. Wymaga też siły i kondycji, a także szacunku i dobroci, odpowiedzialności i dyscypliny, skupienia uwagi i uważnej obserwacji, a nade wszystko czasu i praktyki. Trzeba wiele razy zrobić coś źle, zanim nauczymy się robić to dobrze. Konieczne jest także słuchanie własnej intuicji.

Proszę zwrócić uwagę na to, ile razy powtórzyłam słowo „wymaga". Na początku dziecko wiele od nas wymaga, a niewiele daje. Nagród i radości z rodzicielstwa będzie jednak bez liku – to państwu obiecuję. Nie stanie się to wszakże z dnia na dzień, lecz dopiero po wielu miesiącach i latach. Co więcej, doświadczenia są różne. Pewna matka w jednej z moich grup szkoleniowych, wspominając pierwsze dni z dzieckiem, ujęła to tak: „Nie miałam pojęcia, czy robiłam dobrze to wszystko, co robiłam; a poza tym dla każdego dobrze oznacza co innego".

Nie ma dwojga identycznych niemowląt, dlatego wyjaśniam mamom, że podstawowym ich zadaniem jest zrozumienie tych dzieci, które urodziły, a nie tych, o których marzyły przez ostatnie dziewięć miesięcy. W tym rozdziale postaram się pomóc w ustaleniu, czego mogą oczekiwać od własnych dzieci. Przedtem jednak parę słów o pierwszych dniach w domu.

Powrót do domu

Uważam się za orędowniczkę interesów całej rodziny, a nie tylko nowo narodzonych dzieci, dlatego pomagam rodzicom w nabraniu dystansu. Na początek mówię im: „To nie będzie trwało wiecznie. Uspokoicie się. Nabierzecie pewności siebie. Będziecie najlepszymi rodzicami, jakimi możecie być. I w pewnym momencie – uwierzcie mi – wasze dziecko będzie słodko spało przez całą noc. Teraz jednak uzbrójcie się w cierpliwość. Będą dni lepsze i gorsze; musicie być przygotowani na jedne i drugie. Nie starajcie się być perfekcyjni".

W dniu przyjazdu

Noworodki, którymi się opiekuję, mają się dobrze między innymi dlatego, że wszystko jest gotowe na ich przybycie miesiąc przed przewidywaną datą porodu. Im lepiej jesteśmy przygotowani, tym spokojniej upływają pierwsze dni z dzieckiem; tym więcej zyskujemy czasu na jego obserwację i rozpoznanie, z kim mamy do czynienia. Należy:

✓ Pościelić łóżeczko lub kołyskę.

✓ Przygotować stolik do przewijania, a na nim wszystko, co potrzebne – chusteczki nawilżane, pieluszki, waciki, spirytus – w zasięgu ręki.

✓ Zgromadzić ubranka. Wszystko powinno być rozpakowane, pozbawione metek i wyprane z użyciem łagodnego proszku lub płynu bez wybielaczy.

✓ Zaopatrzyć lodówkę i zamrażarkę. Tydzień lub dwa przed porodem radzę ugotować lazanie, zapiekanki, zupy i inne dania, a następnie je zamrozić. Nie powinno też brakować podstawowych artykułów spożywczych, takich jak mleko, masło, jajka, płatki zbożowe oraz karma dla zwierząt domowych (o ile są w domu). Oszczędzi nam to nerwów i pospiesznych wycieczek do sklepu.

✓ Zabrać do szpitala niezbędne rzeczy. Pamiętajmy, że będziemy mieli do przywiezienia kilka toreb oraz dziecko.

WSKAZÓWKA: *Im lepiej się zorganizujemy przed przywiezieniem dziecka do domu, tym szczęśliwsi będą wszyscy po powrocie. Radzę też poluzować zakrętki butelek i tubek, pootwierać zawczasu pudełka oraz wyjąć nowe rzeczy z opakowań. Pozwoli to uniknąć niepotrzebnych zmagań z oporną materią, z noworodkiem na ręku! (Patrz wskazówki na poprzedniej stronie: „W dniu przyjazdu").*

Zwykle kandydatkom na mamy muszę przypominać, że „będzie to ich pierwszy dzień w domu – z dala od szpitala, w którym mogły liczyć na natychmiastową pomoc, uzyskać odpowiedzi na pytania i wsparcie. Teraz trzeba będzie sobie radzić samodzielnie". Oczywiście, większość matek opuszcza mury szpitala z radością i bez żalu. Zdarza się, że pielęgniarki są niemiłe lub udzielają sprzecznych rad, a częste interwencje szpitalnego personelu oraz wizyty uniemożliwiają wypoczynek. W chwili wypisania ze szpitala matka jest już zazwyczaj przerażona, zagubiona i wyczerpana – nie mówiąc o fizycznym bólu, który w tym czasie nadal się utrzymuje.

W tej sytuacji radzę wszystkim zwolnić tempo. Proponuję wejść do domu bez pośpiechu, głęboko odetchnąć oraz unikać komplikowania sobie życia. (Podobne sugestie będę jeszcze powtarzać wiele razy). Myślmy o tym, co nas czeka, jak o nowej przygodzie, a o sobie jak o odkrywcach. Bądźmy realistami; okres poporodowy jest trudny niczym marsz w skalistym terenie, gdzie niemal wszyscy się potykają. (Więcej informacji o okresie poporodowym znajduje się w rozdziale VII).

Wiem doskonale, że w momencie powrotu do domu będziecie się czuć z lekka oszołomieni. Stosując jednak mój prosty rytuał, unikniecie zdenerwowania i chaotycznych działań. (W tym miejscu podaję tylko ogólne zasady. Szczegóły zostaną omówione, jak już wspomniałam, w dalszych rozdziałach książki).

Rozpoczynamy rozmowę z dzieckiem, obnosząc je po domu. Tak, tak! To ma być wycieczka z mamusią w roli muzealnego kustosza i noworodkiem w charakterze zwiedzającego. Pamiętajmy, co powiedziałam na temat szacunku. Maleństwo ma być traktowane jak osoba, ktoś, kto czuje i rozumie. Ten ktoś przemawia językiem chwilowo dla nas niezrozumiałym, niemniej jednak ważne jest, by zwracać się do niego po imieniu. Każdy kontakt z dzieckiem powinien być rozmową, a nie naszym monologiem.

Zwiedzanie zaczynamy od miejsca, w którym dziecko będzie spędzało najwięcej czasu. Rozmawiamy z nim, pokazując tę część mieszkania.

Miękkim i miłym głosem wyjaśniamy przeznaczenie kolejnych pomieszczeń. „To jest kuchnia. Tu twoi rodzice szykują sobie jedzenie. A to jest łazienka, w której się myjemy". I tak dalej. Niektórzy mogą się przy tym czuć głupio. Wielu rodziców ogarnia trema, gdy zaczynają pierwszą rozmowę ze swoim dzieckiem. W porządku; to jest normalne. Proszę poćwiczyć, a przekonacie się ze zdumieniem, że nie ma nic łatwiejszego. Wystarczy jedynie pamiętać, że noworodek jest małą istotą ludzką, małym człowiekiem, osobą, która żyje, odbiera wrażenia zmysłowe i już zna twój głos, a nawet rozpoznaje zapach twojego ciała.

W czasie gdy mama zapoznaje dziecko z domem, tata lub babcia mogą zaparzyć herbatkę z rumianku lub inny uspokajający napój. Oczywiście preferuję prawdziwą herbatę. Tam, skąd pochodzę, trudno sobie wyobrazić, by w chwili przyjazdu do domu mamy z noworodkiem na ręku imbryk z herbatą nie był już nastawiony przez życzliwą sąsiadkę. Jest to bardzo angielska i cywilizowana tradycja. Wprowadzam ją we wszystkich rodzinach, z którymi mam tutaj – tj. w Ameryce – do czynienia. Po dobrej filiżance herbaty każda mama nabiera ochoty do bliższego zapoznania się z cudownym stworzeniem, które niedawno urodziła.

Ograniczmy odwiedziny

Przekonajmy wszystkich, z wyjątkiem najbliższej rodziny i przyjaciół, żeby w pierwszych dniach wstrzymali się z wizytami. Jeżeli przyjechali do was dziadkowie, to powinni zająć się gotowaniem, sprzątaniem i załatwianiem bieżących spraw wymagających wychodzenia z domu. Trzeba im w bardzo grzeczny i miły sposób powiedzieć, że poprosimy ich o pomoc przy dziecku, jeżeli zajdzie taka potrzeba, oraz uprzejmie wyjaśnić, że przez pewien czas chcemy być sami ze swoim dzieckiem.

Pierwsze mycie gąbką i pierwsze karmienie. (Informacje i rady dotyczące karmienia znajdują się w rozdziale IV, a szczegóły mycia gąbką – na stronach 165–166). Pamiętajcie, że nie wy jedni przeżywacie szok. Wasze dziecko ma już za sobą sporą część życiowej podróży. Proszę sobie wyobrazić – jeśli potraficie – tę maleńką ludzką istotę wychodzącą z komfortowego łona matki na światło dzienne zalewające izbę porodową. Nagle jego małe ciałko trą, kłują i obmacują z wielką szybkością i siłą jakieś wielkie, obce, nieznane istoty, których głosy niczego znajomego mu nie przypominają. Potem zabierają je od matki – jedynej ostoi – i skazują na bezgraniczną samotność wśród innych podobnych, równie przerażonych istot. Po kilku dniach wiozą je gdzieś w niezrozumiały sposób i w niewiadomym kierunku i celu (to tylko my wiemy, że wracamy ze szpitala do domu). W przypadku adopcji peregrynacje te są zwykle znacznie dłuższe.

WSKAZÓWKA: *W szpitalnych salach noworodków panują zwykle dość wysokie temperatury, w domu należałoby więc zapewnić niemowlęciu około 22°C.*

Pierwsze mycie jest doskonałą okazją do dokładnego obejrzenia naszego cudu natury. W tym momencie rodzice przeważnie widzą swoje dziecko po raz pierwszy w całej okazałości. Jest to sposobność do szczegółowego zapoznania się z jego budową. Czyniąc to, oczywiście cały czas rozmawiamy z dzieckiem, starając się nawiązać z nim bliski kontakt. Następnie karmimy piersią lub z butelki i obserwujemy, jak staje się senne. Kiedy dziecko zapada w sen, układamy je w łóżeczku lub kołysce, kształtując od pierwszego dnia prawidłowe skojarzenie z miejscem snu. (Wiele wskazówek dotyczących snu znajduje się w rozdziale VI).

„Ale ona ma otwarte oczy!" – protestowała Gail, fryzjerka, która miała wrażenie, że jej dwudniowa córeczka przypatruje się z zadowoleniem fotografii niemowlęcia opartej o krawędź łóżeczka. Zaproponowałam jej, by wyszła z pokoju i trochę sobie odpoczęła, dziewczyna jednak z uporem powtarzała: „Ona jeszcze nie śpi". Słyszałam to od wielu początkujących mam, którym tłumaczyłam, że dziecko nie musi być pogrążone w głębokim śnie, by można je było ułożyć w łóżeczku i się oddalić. „Wyobraź sobie – tłumaczę – że twoja córka ma randkę z chłopcem, a ty możesz spokojnie się położyć".

Pomalutku!

Nie dokładajmy sobie stresów, gdy i tak mamy ich wystarczająco dużo. Nie złośćmy się na siebie, że zgodnie z zamierzeniem nie wysłaliśmy jeszcze wszystkich listów i podziękowań. Wyznaczmy sobie realną liczbę zadań do wykonania – powiedzmy pięć dziennie zamiast czterdziestu! Trzeba ustalić priorytety, dzieląc sprawy na pilne, do zrobienia później oraz takie, które mogą poczekać, aż poprawi się nasze samopoczucie. Oceniając obowiązki spokojnie i uczciwie, przekonujemy się ze zdumieniem, jak wiele z nich można przesunąć do trzeciej grupy.

Drzemka. Rada dla mam w połogu. Nie rozpakowuj toreb, nie telefonuj i nie rozglądaj się po domu, oceniając, co należałoby zrobić. Nie musisz teraz nagle odpisywać na wszystkie kartki gratulacyjne ani przyjmować korowodu gości spragnionych widoku twojego maleństwa. Na zapoznanie się z nim mogą poczekać kilka dni, a nawet tygodni. Jesteś wyczerpana i masz prawo odpocząć. Wykorzystaj dla siebie sen dziecka! Ono też potrzebuje kilku dni, by wyjść z szoku, jakim są narodziny i to, co się po nich dzieje. W pierwszych dniach niektóre noworodki śpią po sześć godzin bez przerwy, pozwalając swoim mamom pozbierać się po trudach i bólach rodzenia. Pamiętajcie jednak: jeżeli dziecko wydaje się anielsko spokojne – jakby w ogóle go nie było – może to być cisza przed burzą! Organizm dziecka wchłania leki, które przyjmuje matka; przeciskanie się przez wąski kanał rodny jest bardzo męczące, nawet przy naturalnym i prawidłowym porodzie. Pozwól i jemu przyzwyczaić się do nowego życia. Mały człowiek, który dopiero co przyszedł na świat, jest oszołomiony, a jego prawdziwy temperament ujawni się dopiero za jakiś czas, o czym będzie mowa w dalszej części książki.

Dwa słowa o zwierzętach domowych

Nasze kochane zwierzątka mogą być zazdrosne o dziecko – podobnie jak inne dzieci.

PSY. Psu nie możemy zbyt wiele wytłumaczyć za pomocą słów, możemy jednak zabrać ze szpitala kocyk lub pieluszkę dziecka, by mógł się przyzwyczaić do nowych zapachów. Po przyjeździe pozwólmy psu powitać nas przed domem, zanim do niego wejdziemy. Psy mają wrodzony instynkt obrony terytorium i nie lubią, gdy ktoś obcy wkracza w ich rewiry. Zapoznanie się z zapachem dziecka pomaga im zaakceptować jego obecność. Radzę też rodzicom, aby nigdy nie pozostawiali bez nadzoru niemowlęcia z jakimkolwiek zwierzęciem.

KOTY. Stare opowieści o kotach, które lubią kłaść się na dziecięcych twarzach, należy raczej włożyć między bajki, faktem jest jednak, że ciepłe ciało niemowlęcia może kota zainteresować. Na początku życia dziecka kot nie powinien mieć wstępu do dziecięcego pokoju; to najlepszy sposób uniknięcia skoków do łóżeczka, ocierania się o dziecko, leżenia na nim itp. Płuca noworodka są bardzo delikatne, a sierść kocia lub psia może wywoływać reakcje alergiczne, a nawet spowodować astmę.

Jakie jest twoje dziecko?

„W szpitalu był aniołkiem – zapewniała Lisa w trzecim dniu życia Robbiego. – Dlaczego teraz tak często płacze?". Gdybym brała po jednym funcie za każde takie pytanie, byłabym teraz bardzo bogata. Dziecko przywiezione do domu bardzo rzadko zachowuje się tak samo jak w szpitalu. Niemowlęta – jak wszyscy ludzie – różnią się pod wieloma względami; w różny sposób jedzą, śpią i reagują na bodźce, inaczej też chcą być uspokajane. Można to nazywać temperamentem, osobowością, skłonnościami; jest to coś, co dziecko przynosi ze sobą na świat i co zwykle objawia się między trzecim a piątym dniem po narodzinach – coś, co od tej pory będzie je odróżniało od innych jako osobę.

Wiem o tym z doświadczenia, ponieważ utrzymuję kontakt z wieloma „moimi" niemowlakami. Obserwując ich rozwój jako dzieci szkolnych i nastolatków, niezmiennie rozpoznaję w ich zachowaniach istotę osobowości, którą odkryłam w pierwszych tygodniach ich życia. Obecnie przejawia się ona w sposobie witania się, reagowania na nowe sytuacje, a także odnoszenia się do rodziców i rówieśników.

Davy był szczuplutkim noworodkiem o różowej twarzyczce, który zaskoczył rodziców, pojawiając się na świecie dwa tygodnie przed terminem. Od pierwszych dni nie znosił hałasów i zbyt intensywnego światła; trzeba go było też częściej przytulać, by czuł się bezpieczny. Teraz zbliża się do wieku przedszkolnego i nadal jest dość nieśmiały.

Anna, urodzona w wyniku sztucznego zapłodnienia, była uśmiechnięta od pierwszych chwil swego życia, a od jedenastej doby przesypiała spokojnie całą noc. Była niemowlęciem tak bezproblemowym, że jej samotna matka po tygodniu nie potrzebowała już mojej pomocy. Dziś Anna ma dwanaście lat i nadal przyjmuje świat z otwartymi ramionami.

Kolejny pouczający przykład to bliźnięta – dwaj chłopcy, których osobowości były przeciwstawne. Sean z łatwością trafiał do piersi matki i zawsze uśmiechał się słodko po karmieniu, podczas gdy jego brat Kevin miał z tym kłopoty przez cały pierwszy miesiąc i sprawiał wrażenie rozzłoszczonego na cały świat.

Wielu psychologów udokumentowało spójność temperamentów i opracowało sposoby opisu różnych ich typów. Jerome Kagan z Harvardu (patrz: notka powyżej) i inni badacze udowodnili, że niektóre niemowlęta są bardziej od innych wrażliwe, kłopotliwe, marudne, słodkie bądź przewidywalne. Aspekty temperamentu decydują o tym, jak dziecko postrzega otoczenie i jak nim manipuluje oraz – co może młodzi rodzice powinni szczególnie dobrze zrozumieć – co przynosi mu ukojenie. Trzeba więc uważnie i pilnie obserwować dziecko, akceptując je takim, jakie jest – wraz z osobowością, z którą przychodzi na świat.

Wrodzone czy nabyte?

Związany z Uniwersytetem Harvarda psycholog Jerome Kagan, który badał temperamenty niemowląt i małych dzieci, pisze, że podobnie jak większość naukowców XX wieku kształcił się w przekonaniu, iż środowisko społeczne może mieć większy wpływ na człowieka niż uwarunkowania biologiczne. Badania ostatniego dwudziestolecia prowadzą jednak do innych wniosków.

„Przyznaję, że jest mi czasem smutno – pisze w swoim *Proroctwie Galena* (tytuł ten odwołuje się do starożytnego lekarza, który jako pierwszy opisał ludzkie temperamenty) – gdy widzę, że zdrowe i ładne niemowlęta, urodzone w kochających się i stabilnych ekonomicznie rodzinach, rozpoczynają swoje życie z fizjologią, z powodu której nie będą w przyszłości ludźmi tak odprężonymi, spontanicznymi i zdolnymi do serdecznego śmiechu, jakimi chcieliby być. Niektóre z tych jednostek będą musiały walczyć z naturalną skłonnością do chłodnej surowości i martwienia się o swoje przyszłe zadania".

Akceptacja wrodzonych cech nie oznacza, że nie mamy na swoje dziecko żadnego wpływu lub że cechy te pozostaną niezmienne do końca. Nikt nie twierdzi, że ktoś, kto uparcie wypluwa mleko w drugim miesiącu, będzie to czynił, gdy dorośnie. Delikatna i drobna w swoich pierwszych tygodniach dziewczynka nie musi koniecznie podpierać ściany na swoim balu maturalnym. Nie lekceważąc sił natury i cech wrodzonych (chemia mózgu i anatomia zapewne też mają znaczenie), należy jednak pamiętać, że w rozwoju człowieka istotną rolę odgrywają również cechy nabyte. Aby jednak w pełni wesprzeć swoje dziecko, trzeba dostrzec i zrozumieć ów bagaż, który przyniosło ze sobą na świat.

Moje doświadczenie pozwoliło mi wyodrębnić pięć głównych typów temperamentów niemowlęcych, które w dalszej części dokładniej opiszę i które tak oto sobie nazwałam: Aniołki, Dzieci Podręcznikowe, Dzieci Wrażliwe, Dzieci Ruchliwe i Mali Buntownicy. Aby pomóc rodzicom w identyfikacji typu, opracowałam dwudziestopunktowy, wielowariantowy test, który można stosować do zdrowych niemowląt w wieku od pięciu dni do ośmiu miesięcy. Trzeba jednak pamiętać, że podczas pierwszych dwóch tygodni zachowanie dziecka może być przejściowo zmienione i nie w pełni miarodajne. Na przykład: obrzezanie (często wykonywane w ósmym dniu życia) oraz różne komplikacje porodowe, takie jak żółtaczka, zwiększają zapotrzebowanie niemowlęcia na sen, przesłaniając tym samym jego prawdziwe usposobienie.

Proponuję, aby partnerzy odpowiadali na pytania samodzielnie. Samotnym matkom i ojcom sugerowałabym zaproszenie do współpracy jednego z własnych rodziców, brata, siostrę lub inną osobę blisko spokrewnioną, ewentualnie dobrego przyjaciela lub przyjaciółkę bądź zawodową opiekunkę – słowem, kogoś, kto spędził z dzieckiem choć trochę czasu.

Dlaczego test powinny wypełniać dwie osoby? Po pierwsze, jeżeli są to rodzice, gwarantuję, że każde z nich będzie miało inny punkt widzenia, ponieważ nie ma na tym świecie dwojga ludzi postrzegających cokolwiek w identyczny sposób.

Po drugie, niemowlęta zachowują się odmiennie w obecności różnych osób. To sprawdzone.

Po trzecie, mamy skłonność do projekcji samych siebie na nasze dzieci (czyli dopatrywania się w nich własnych cech), co powoduje czasem dość silną identyfikację z ich temperamentem i dostrzeganie tego, co chcemy w nich widzieć. Nie zdając sobie sprawy, możemy być nadmiernie skupieni na określonych cechach dziecka i zupełnie nie dostrzegać innych. Jeżeli na przykład ktoś był w dzieciństwie nieśmiały, a może nawet zastraszony, to fakt, że jego dziecko płacze w obecności obcych, nie będzie dla niego emocjonalnie obojętny. Wyobrażenie, iż dziecko będzie musiało doświadczać tego samego niepokoju i tremy, które stały się jego udziałem, będzie dla takiego rodzica przykre i bolesne. Tak, moi kochani, dokonujemy aż takich projekcji w przyszłość, gdy chodzi o nasze dzieci. Identyfikujemy się z nimi w wysokim stopniu. Kiedy bezzębny chłopczyk po raz pierwszy samodzielnie dźwiga główkę, z ust jego taty natychmiast płyną takie lub podobne słowa: „Hej, spójrzcie na mojego małego piłkarza!". A gdy dziecko uspokaja się pod wpływem dźwięków muzyki, mamusia dodaje: „To po mnie ma dobry słuch!".

Proszę, nie sprzeczajcie się, gdy wasze odpowiedzi będą się różniły. To nie jest test na inteligencję ani konkurs pod hasłem: kto lepiej zna swoje dziecko. Chodzi o to, byście lepiej zrozumieli tego małego człowieka, który zawitał do waszego domu. Po wykonaniu testu zgodnie ze wskazówkami przekonacie się, który opis lepiej do niego pasuje. Każda klasyfikacja ludzkich zachowań jest oczywiście przybliżona, dziecko może więc łączyć w sobie cechy różnych typów. Nie chodzi nam o to, żeby je zaszufladkować – takie działanie jest bowiem okrutnie bezosobowe – ale raczej by ułatwić sobie wyodrębnienie pewnych reakcji, które będą przedmiotem uważnej obserwacji – wzorców płaczu i snu, wyraźnych skłonności; wszystkie te elementy pozwolą nam potem ustalić, czego dziecko potrzebuje.

Poznaj lepiej swoje dziecko – test

W każdym punkcie proszę wybrać najbardziej odpowiadającą prawdzie odpowiedź, czyli to stwierdzenie, które opisuje najczęstsze zachowanie dziecka.

1. Moje dziecko płacze
   A. rzadko
   B. tylko wtedy, gdy jest głodne, zmęczone lub nadmiernie pobudzone
   C. bez widocznego powodu
   D. bardzo głośno, a jeśli nikt nie reaguje, szybko zaczyna krzyczeć
   E. bardzo często i długo

2. Kiedy przychodzi pora snu, moje dziecko
   A. leży spokojnie w łóżeczku i zasypia
   B. zwykle zasypia bez trudu w ciągu dwudziestu minut
   C. marudzi, wydaje się zasypiać, a po chwili ponownie się budzi
   D. jest bardzo niespokojne; często trzeba je owijać lub trzymać na rękach
   E. intensywnie płacze i broni się przed ułożeniem do snu

3. Rano, po obudzeniu, moje dziecko
   A. rzadko płacze – bawi się w łóżeczku do chwili, gdy ktoś nadejdzie
   B. gaworzy i rozgląda się
   C. domaga się natychmiastowej uwagi, inaczej zaczyna płakać
   D. krzyczy i wrzeszczy
   E. piszczy lub wyje

4. Moje dziecko uśmiecha się
   A. do wszystkiego i do każdego
   B. gdy jest do tego prowokowane
   C. gdy jest prowokowane, czasem jednak po paru minutach zaczyna płakać
   D. często, wydając przy tym bardzo głośne dźwięki
   E. tylko w odpowiednich okolicznościach

5. Kiedy wychodzę z nim z domu, moje dziecko
   A. poddaje się bez oporów
   B. jest spokojne, dopóki nie znajdzie się w miejscu obcym lub zbyt ruchliwym

C. marudzi
D. wymaga ciągłej uwagi
E. nie lubi być często przenoszone i przewożone z miejsca na miejsce

6. Widząc przyjazną obcą osobę zbliżającą się i gaworzącą, moje dziecko
A. natychmiast się uśmiecha
B. uśmiecha się po chwili
C. jest gotowe do płaczu, chyba że osoba ta zdoła je rozweselić
D. staje się bardzo pobudzone
E. przeważnie się nie uśmiecha

7. Słysząc głośny hałas, np. szczekanie psa lub trzaśnięcie drzwiami, moje dziecko
A. nie okazuje zainteresowania
B. zauważa hałas, lecz nim się nie przejmuje
C. wzdraga się i często zaczyna płakać
D. wydaje z siebie głośne dźwięki
E. zaczyna płakać

8. Podczas pierwszej kąpieli moje dziecko
A. pluskało się w wodzie jak kaczka
B. było trochę zdziwione, polubiło jednak wodę niemal natychmiast
C. było bardzo pobudzone – trochę drżało i sprawiało wrażenie, że się boi
D. zachowywało się jak dzikie zwierzątko, rozchlapując wodę
E. broniło się i płakało

9. Język ciała mojego dziecka, ogólnie biorąc, wskazuje na:
A. rozluźnienie i czujność
B. przeważnie odprężenie
C. napięcie i silną reakcję na bodźce zewnętrzne
D. chaotyczność – kończyny wykonują ruchy nieskoordynowane
E. surowość – ręce i nogi dziecka są często dość sztywne

10. Moje dziecko wydaje z siebie głośne i agresywne dźwięki
A. od czasu do czasu
B. tylko podczas zabawy i w warunkach silnego pobudzenia
C. prawie nigdy
D. często
E. kiedy ma atak złości

11. Gdy zmieniam mu pieluszkę, kąpię je lub ubieram, moje dziecko
    A. zawsze przyjmuje to bez oporów
    B. nie oponuje, jeżeli robię to wolno i wyjaśniam mu, co robię
    C. często się sprzeciwia, jak gdyby nie mogło znieść stanu obnażenia
    D. intensywnie się wierci, starając się ściągnąć wszystko ze stolika
    E. nienawidzi tych czynności – ubieranie go zawsze jest bitwą

12. Gdy nagle wystawiam je na działanie silnego światła, na przykład słonecznego, moje dziecko
    A. przyjmuje to bez oporów
    B. czasami bywa lekko oszołomione
    C. intensywnie mruga lub stara się odwrócić głowę od źródła światła
    D. staje się nadmiernie pobudzone
    E. ma atak złości

13a. Jeżeli dziecko karmione jest z butelki, to podczas karmienia
    A. zawsze ssie prawidłowo, z uwagą, i najada się w ciągu dwudziestu minut
    B. ssie dobrze, choć trochę nieprawidłowo w okresach intensywnego wzrostu
    C. wije się jak piskorz, co znacznie przedłuża czas karmienia
    D. agresywnie chwyta butelkę dłońmi i ma skłonność do objadania się
    E. często stawia opór, powodując przedłużenie karmienia

13b. Jeżeli dziecko karmione jest piersią, to podczas karmienia
    A. przysysa się błyskawicznie od pierwszego dnia życia
    B. uczy się przysysania w ciągu dwóch dni, a potem ssie prawidłowo
    C. zawsze chce ssać, przerywa jednak tę czynność – jak gdyby o niej zapominało
    D. ssie dobrze dopóty, dopóki jest trzymane zgodnie ze swoim oczekiwaniem
    E. jest podrażnione i niespokojne, tak jakby matka nie miała dość pokarmu

14. Które z następujących stwierdzeń najlepiej opisuje sposób porozumiewania się z moim dzieckiem
    A. zawsze skutecznie, dokładnie i jednoznacznie objawia swoje potrzeby
    B. większość jego komunikatów można łatwo odczytać
    C. przekazuje sprzeczne komunikaty; czasami kieruje płacz przeciw matce
    D. bardzo jasno i często dość głośno objawia, co lubi, a czego nie lubi
    E. zwykle stara się zwrócić uwagę głośnym, pełnym złości płaczem

15. Kiedy podczas spotkań rodzinnych wiele osób chce je potrzymać, moje dziecko
    A. przystosowuje się do tego
    B. nie wszystkim pozwala wziąć się na ręce

C. płacze, gdy zbyt wiele osób trzyma je na rękach
D. może zapłakać lub nawet wyślizgnąć się, gdy nie czuje się u kogoś dobrze
E. nie pozwala trzymać się nikomu oprócz rodziców

16. Po powrocie do domu moje dziecko
A. natychmiast się przystosowuje
B. aklimatyzuje się po kilku minutach
C. ma skłonność do marudzenia
D. często jest nadmiernie pobudzone i trudno je uspokoić
E. ma atak złości i złego samopoczucia

17. Moje dziecko
A. potrafi długo zająć się patrzeniem na cokolwiek – nawet na drabinki swojego łóżeczka
B. potrafi samo się bawić około piętnastu minut
C. nie umie skupić się na zabawie w obcym, nieznajomym otoczeniu
D. potrzebuje do zabawy silnej stymulacji zewnętrznej
E. nic go łatwo nie bawi

18. Najbardziej rzucającą się w oczy cechą mojego dziecka jest
A. niewiarygodny spokój i łatwość przystosowania
B. rozwój ściśle odpowiadający opisom podręcznikowym
C. wrażliwość na wszystko
D. agresywność
E. niezadowolenie i złość

19. Odnoszę wrażenie, że moje dziecko
A. czuje się całkowicie bezpiecznie we własnym łóżeczku (kołysce)
B. dobrze się czuje w łóżeczku przez większość czasu
C. nie czuje się bezpiecznie w swoim łóżeczku
D. zachowuje się tak, jakby jego łóżeczko było więzieniem
E. przy układaniu w łóżeczku stawia opór

20. Które z następujących stwierdzeń najlepiej opisuje moje dziecko
A. nie wiem, że mam dziecko w domu; jest grzeczne jak aniołek
B. nie sprawia kłopotów, a jego zachowania są przewidywalne
C. jest bardzo delikatne
D. boję się, co będzie, gdy zacznie raczkować; będzie chciało wszędzie wejść
E. to „stara dusza" – zachowuje się tak, jakby już tu kiedyś była

Dla każdego punktu wybieramy jedną z liter A, B, C, D i E. Sprawdzam, ile razy każda z nich się powtórzyła. Liczby te określają udział poszczególnych w osobowości dziecka.

A = Aniołek
B = Dziecko Podręcznikowe
C = Dziecko Wrażliwe
D = Dziecko Ruchliwe
E = Mały Buntownik

Charakterystyki poszczególnych typów

Po zliczeniu literek zwykle okazuje się, że jedna lub dwie z nich przeważają. Czytając podane dalej opisy, pamiętajmy, że chodzi w nich o ogólny stosunek dziecka do świata i życia, a nie o chwilowy nastrój lub typ zachowania związany z jakimiś trudnościami – choćby takimi jak kolka – czy też szczególnym etapem rozwoju, jakim jest na przykład ząbkowanie. Większość rodziców zapewne rozpozna swoje dzieci w tych charakterystykach, choć może się zdarzyć, że będą one miały kilka typów. Proponuję więc zapoznanie się ze wszystkimi opisami. Do każdego wyróżnionego typu osobowości dodałam po jednym przykładzie znanego mi dziecka, którego zachowanie niemal dokładnie mu odpowiadało.

Aniołek. Łatwo się domyślić, że jest to takie niemowlę, jakie każda początkująca matka wyobrażała sobie przed rozwiązaniem – grzeczne, pogodne, uśmiechnięte i bezproblemowe. Takim właśnie dzieckiem była Paulina – łagodna, zawsze uśmiechnięta i konsekwentnie niedomagająca się niczego. Jej komunikaty łatwo było odczytać. Nie przerażały jej też nowe miejsca, dzięki czemu można ją było wszędzie wziąć ze sobą. Nie było żadnych kłopotów z karmieniem, zabawą i snem; nigdy nie płakała po obudzeniu. Rano można ją było zastać gaworzącą w łóżeczku, przemawiała do pluszaków lub po prostu przypatrywała się paskom tapety na ścianie. Aniołek najczęściej sam potrafi się uspokoić, a gdy jest zmęczony – być może na skutek niewłaściwego odczytywania jego komunikatów – wystarczy przytulić i powiedzieć: „Widzę, że jesteś zmęczony". Potem włączamy (lub śpiewamy!) kołysankę, przygaszamy światło, a dziecko zasypia.

Dziecko Podręcznikowe. Oto niemowlę, którego zachowania łatwo przewidzieć, a w związku z tym opieka nad nim jest stosunkowo prosta.

Przykładem z mojej praktyki może być Oliver, który robił wszystko na życzenie, niczym nie zaskakiwał. Kolejne stadia rozwojowe osiągał we właściwym czasie – zaczynał przesypiać noc po trzech miesiącach, przekręcał się na bok po pięciu, siadał po sześciu. Okresy przyśpieszonego wzrostu pojawiały się u niego z wielką regularnością, jak w zegarku. Miał wtedy zwiększony apetyt, ponieważ masa jego ciała wzrastała. Już w pierwszym tygodniu życia potrafił sam zająć się sobą w krótkich, piętnastominutowych okresach. Sporo gaworzył i rozglądał się z zaciekawieniem. Gdy ktoś uśmiechnął się do niego, odwzajemniał się uśmiechem. Miał też gorsze okresy – jak to opisują w książkach – nietrudno go było jednak uspokoić. Układanie Olivera do snu również nie sprawiało rodzicom kłopotów.

Dziecko Wrażliwe. Przykładem temperamentu tego typu był Michael, któremu świat jawił się jako niewyczerpane źródło wyzwań zmysłowych. Kurczył się, słysząc odgłos przejeżdżającego za oknem motocykla, grający telewizor lub szczekanie psa w domu sąsiadów. Mrużył oczy i odwracał główkę od silnego światła. Czasem płakał zupełnie bez powodu, nawet na widok swojej mamy. W takich chwilach sens jego przekazu (w języku niemowlęcym) był dość jasny: „Mam dosyć, potrzebuję odrobiny ciszy i spokoju". Zaczynał marudzić, gdy zbyt wiele osób podawało go sobie z rąk do rąk, a także po powrocie ze spacerów. Umiał się sam bawić, po kilku minutach potrzebował jednak potwierdzenia, że ktoś dobrze mu znany – mama, tata lub opiekunka – znajduje się w pobliżu. Niemowlęta należące do tego typu bardzo lubią ssać pierś, a ich mamy, źle odczytując ten komunikat, dochodzą do wniosku, że dziecko jest stale głodne. Tymczasem dobrze nakarmione Dziecko Wrażliwe zadowoli się smoczkiem, jeżeli mu go podamy. Dzieci szczególnie czułe na bodźce zewnętrzne zachowują się niespokojnie podczas karmienia, ponieważ nie mogą się na nim skoncentrować; czasami sprawia to wrażenie, jak gdyby zapominały, na czym polega czynność ssania. W porach drzemki i wieczorami Michael często miewał trudności z zasypianiem. Niemowlęta z tej grupy łatwo wypadają z rytmu, ponieważ ich organizmy są bardzo niestabilne. Dłuższa niż zwykle drzemka, opuszczone karmienie, nieoczekiwane odwiedziny, wycieczka, zmiana rodzaju mleka modyfikowanego – wszystko to razem i osobno mogło wytrącić Michaela z nietrwałej równowagi. Aby uspokoić takie dziecko, trzeba starać się odtworzyć warunki panujące w łonie matki. Owinąć je szczelnie, przytulić mocno do siebie i szeptem sączyć w jego uszko rytmiczne sz... sz... sz... (naśladujące odgłos płynu przemieszczającego się w macicy), a równocześnie poklepywać delikatnie plecki dziecka, imitując puls serca matki. (Zabieg ten, nawiasem mówiąc, uspokaja wszystkie niemowlęta, działa jednak szczególnie silnie na przedstawicieli tego typu). Mama Dziecka Wrażliwego powinna jak najszybciej nauczyć się znaczenia jego komunikatów i płaczu; im szybciej to zrobi, tym łatwiejsze będzie miała z nim życie. Dzieci, o których mowa, kochają porządek i przewidywalne harmonogramy, a więc – żadnych niespodzianek!

Dziecko Ruchliwe. Niemowlęta tego typu sprawiają wrażenie, jakby po wyjściu z łona matki wiedziały dokładnie, co lubią, a czego sobie nie życzą, i bez wahania starają się to zakomunikować. Karen była taką właśnie małą dziewczynką. Głośno protestowała i domagała się swego; czasami bywała nawet agresywna. Rano, po obudzeniu, krzykiem wzywała rodziców. Nie znosiła leżenia w brudnych lub mokrych pieluchach. W takich sytuacjach głośno sygnalizowała swój dyskomfort, domagając się przewinięcia. Jej ruchy były intensywne i kanciaste. Trzeba ją było zawijać, by mogła zasnąć, ponieważ swobodne rączki i nóżki prowokowały ją do gwałtownych ruchów i nadmiernie pobudzały. Kiedy takie dziecko zacznie płakać i nie zostanie umiejętnie uspokojone, wtedy płaczowi nie będzie końca i przekształci się on w zapamiętały, wściekły ryk. Dzieci Ruchliwe bardzo wcześnie chwytają w dłonie buteleczki z pokarmem. Zauważają też inne dzieci, zanim same zostaną przez nie zauważone; ujmują w dłonie zabawki, gdy tylko wykształci się u nich zdolność trzymania czegokolwiek palcami.

Mały Buntownik. Mam swoją teorię na temat dzieci takich jak Gavin. Uważam, że już wcześniej były na świecie. To stare dusze, jak je czasem nazywamy, i nie są zbyt zadowolone ze swojego powrotu do świata fizycznego. Mogę się oczywiście mylić, jakakolwiek byłaby jednak tego przyczyna, niemowlę tego typu potrafi rodzicom – jak to się mówi – dać w kość, jest bowiem wściekłe na cały świat i chce, żeby wszyscy o tym wiedzieli. Gavin przeraźliwie płakał każdego ranka, w ciągu dnia rzadko się uśmiechał, a przed spaniem urządzał brewerie. Kolejne opiekunki wynajmowane przez jego matkę rezygnowały z pracy, ponieważ miały tendencję do brania do siebie złych humorów dziecka. Gavin z początku nienawidził kąpieli, a podczas przebierania i zmiany pieluch szarpał się i irytował. Matka usiłowała karmić go piersią, napływ pokarmu był jednak zbyt powolny (mleko nie spływało wystarczająco szybko do brodawek sutkowych), co wywoływało u dziecka zniecierpliwienie. Przejście na butelkę niczego nie zmienia, bo przyczyną takich zachowań jest nieznośne usposobienie dziecka. Uspokojenie niemowlęcia o takich cechach psychicznych wymaga od rodziców ogromnej cierpliwości i opanowania, dziecko przejawia bowiem agresywną złość oraz wyjątkowo długo i głośno płacze. Dźwięki sz... sz... sz... muszą być głośniejsze od jego krzyku. Na domiar złego Mały Buntownik nie znosi owijania i zdecydowanie daje to do zrozumienia gwałtownymi ruchami. W napadach złości sz... sz... sz... trzeba zastąpić uspokajającymi słowami, na przykład: „Dobrze... dobrze... dobrze...", oraz rytmicznie kołysać dziecko do tyłu i do przodu.

WSKAZÓWKA: *Kołysząc niemowlę, przechylamy je zawsze do tyłu i do przodu, a nie na boki; nie wykonujemy też żadnych ruchów unoszących i opadających. W ten sposób upodabniamy ruch do tego, jakiego dziecko doświadczało w łonie matki w trakcie jej chodzenia, co kojarzy się w jego podświadomości z komfortem i spokojem.*

Fantazje i rzeczywistość

Jestem pewna, że czytelnicy rozpoznają swoje dzieci w zamieszczonych powyżej opisach. Może się czasem zdarzyć połączenie cech dwóch typów. Jakkolwiek by było, celem opisów nie jest straszenie rodziców, lecz ułatwienie im zrozumienia dziecka i służenie radą. Nie chodzi przy tym o zaszufladkowanie dziecka ani przyklejenie mu etykietki, lecz raczej o ustalenie, czego można oczekiwać od określonego typu osobowości i jak z nią postępować.

Zaraz, zaraz... Państwa dziecko nie jest takie, o jakim marzyliście? Trudniej się je uspokaja? Za dużo krzyczy? Jest bardziej drażliwe? Nie lubi być noszone na rękach?! Rozumiem, że jesteście trochę rozczarowani, a może chwilami ogarnia was złość. Być może nawet żałujecie... Moi drodzy, nie wy jedni! Podczas dziewięciu miesięcy ciąży rodzice tworzą w swoich umysłach obraz dziecka, którego oczekują, nadając mu określone cechy fizyczne i psychiczne, wyobrażając sobie, na jaką osobę wyrośnie i kim będzie w życiu. Ta skłonność występuje przede wszystkim u starszych matek i ojców, u których poczęcie dziecka wiązało się z przeszkodami lub którzy czekali z tym do trzydziestki lub czterdziestki. Trzydziestoszcześcioletnia Sarah, mająca Dziecko Podręcznikowe, przyznała, gdy jej córeczka Lizzie skończyła pięć tygodni: „Na początku przyjemność sprawiało mi około dwudziestu pięciu procent spędzanego z nią czasu. Myślałam sobie, że nie kocham tego dziecka tak, jak powinnam". Prawniczka dobiegająca pięćdziesiątki imieniem Nancy, która wynajęła zastępczą matkę w celu poczęcia Juliana, mimo prawdziwie anielskiego usposobienia tego dziecka, była „zdruzgotana, widząc, jak jest to trudne". Pani mecenas wspomina, jak patrząc na swojego czterodniowego synka, błagała go ze łzami w oczach: „Kochanie, nie dobijaj nas!".

Okres przystosowania może trwać parę dni, kilka tygodni lub znacznie dłużej – w zależności od tego, jakie życie rodzice prowadzili przed przyjściem dziecka na świat. Jakkolwiek długo by to trwało, wszyscy rodzice (mam nadzieję!) akceptują w końcu dziecko takim, jakie jest – oraz życiowe zmiany, które wywołało jego pojawienie się. (Rodzice ceniący sobie ład i porządek mogą mieć trudności z opanowaniem bałaganu powstającego wokół niemowlęcia, a osoby dobrze zorganizowane nie czują się dobrze, brnąc w codziennym chaosie; więcej informacji na ten temat podam w następnym rozdziale).

Miłość od pierwszego wejrzenia?

Ich spojrzenia spotkały się i natychmiast zapałali do siebie miłością – tak to się czasem dzieje w hollywoodzkich produkcjach. Wiemy jednak, że w życiu wielu par bywa zupełnie inaczej. To samo dotyczy matek i dzieci. Niektóre mamy zakochują się w swoich maluszkach od pierwszego wejrzenia, inne potrzebują na to więcej czasu. Są wyczerpane, zszokowane i przerażone, a niekiedy chcą, by ich dziecko było wcieloną doskonałością – i to jest być może największa przeszkoda. Niestety, dzieci idealne nie rodzą się codziennie, co nie znaczy, że wszystkie pozostałe nie zasługują na miłość. Nie obwiniajmy się – pokochanie dziecka wymaga czasu, tak jak to się dzieje między dorosłymi, gdy prawdziwa miłość przychodzi wraz z bliższym poznaniem wybranej osoby.

WSKAZÓWKA: *Drogie mamusie, przyda się wam każda rozmowa przypominająca o tym, że wzloty i upadki są rzeczą zwyczajną. Drodzy tatusiowie, rozmowy z waszymi przyjaciółmi płci męskiej mogą nie być zbyt pomocne. Debiutujący ojcowie przeważnie rywalizują między sobą, zwłaszcza gdy chodzi o brak snu i seksu.*

Ciekawe, że typ temperamentu, do którego dziecko należy, ma znikomy wpływ na subiektywną ocenę rodziców. Utożsamiają się oni tak dalece ze swoimi oczekiwaniami, że nawet klasyczne Aniołki nie są w stanie ich zadowolić. Przykładem niechaj będą Kim i Jonathan – rodzice w znacznym stopniu zaangażowani w pracę zawodową. Kiedy przyszła na świat ich córeczka Claire, trudno było sobie wyobrazić słodsze i grzeczniejsze niemowlę. Nie sprawiała żadnych kłopotów podczas karmienia, samodzielnie się bawiła, zdrowo spała, a chcąc usłyszeć jej płacz, trzeba było długo czekać i mocno wytężać słuch. Sądziłam, że moja pomoc szybko przestanie być potrzebna. Okazało się jednak, że ojciec tego dziecka znalazł powody do zmartwienia. „Czy ona nie jest zbyt bierna? – zapytał. – Czy powinna tak długo spać? Jeśli rzeczywiście jest taka spokojna, to z pewnością nie po mnie i mojej rodzinie!". Uświadomiłam mu oczywiście, jak wielkiego dostąpił błogosławieństwa. Niemowlęta takie jak Claire to sama radość! Któż nie chciałby mieć takiego dziecka?

Znacznie większy szok spotyka rodziców wtedy, gdy wymarzyli sobie Aniołka, a tymczasem mają do czynienia z kimś zupełnie innym. W pierwszych dniach, kiedy dziecko odsypia jeszcze ból narodzin, mama i tata nabierają błędnego przekonania, że ich marzenia się spełniły. I oto nagle wszystko się zmienia – Aniołkowi wyrastają różki i mamy przed sobą dziecko nader impulsywne i pełne wigoru. „Co myśmy (najlepszego) zrobili?!" – to pierwsze (retoryczne) pytanie zawiedzionych protoplastów; zaraz po nim przychodzą myśli bardziej konkretne: „Co z tym zrobimy?" i „Co mamy teraz robić?". No cóż, pierwszym krokiem jest zaakceptowanie własnego rozczarowania, a drugim – dopasowanie oczekiwań do rzeczywistości.

WSKAZÓWKA: *Pomyślcie o przyjściu na świat dziecka jako o zwiastunie cudownego życiowego wyzwania. Każdy z nas ma w życiu wiele różnych lekcji do odrobienia i nigdy nie wiemy, kto będzie naszym nauczycielem. W tym wypadku jest nim wasze dziecko.*

Czasami rodzice nie uświadamiają sobie własnego rozczarowania, a jeśli nawet zdają sobie z niego sprawę, to wstydzą się przyznać. Nie chcą pogodzić się z tym, że ich dziecko nie jest tak słodkie i grzeczne, jak się spodziewali, oraz że nie spotkała ich tak bardzo oczekiwana rodzicielska miłość od pierwszego wejrzenia. Nie potrafiłabym zliczyć znanych mi par rodziców, którzy przez to przeszli. Przytoczę opowieści niektórych z nich, powinno to bowiem dodać otuchy moim czytelnikom.

Mary i Tim. Mary jest kobietą o miłym i łagodnym sposobie bycia, pełnych wdzięku ruchach i cudownym usposobieniu. Jej mąż również jest człowiekiem spokojnym, zrównoważonym, a także mocno stąpającym po ziemi. Kiedy urodziła im się córeczka imieniem Mable, w ciągu pierwszych trzech dni wydawało się, że to Aniołek. Podczas pierwszej nocy przespała sześć godzin; podobnie było też następnej nocy. W trzecim dniu jednak, po przyjściu rodziców do domu, prawdziwa osobowość Mable zaczęła stopniowo się ujawniać. Dziewczynka spała sporadycznie i trudno ją było uspokoić; pojawiły się także trudności z zasypianiem. Na tym jednak nie koniec. Pod wpływem najmniejszego hałasu dziecko podskakiwało i zaczynało płakać. Gdy ktoś z odwiedzających brał ją na ręce, wiła się i krzyczała. Płakała też często bez wyraźnego powodu.

Mary i Tim nie mogli uwierzyć, że przy ich udziale przyszło na świat niemowlę o takim usposobieniu. Ciągle opowiadali sobie o dzieciach różnych znajomych, które łatwo zasypiały, bawiły się samodzielnie dowolnie długo i które można było, bez protestów i płaczu, wozić samochodami. Ich Mable była zupełnie inna. Pomogłam im ujrzeć to dziecko takie, jakie było w rzeczywistości – niemowlę o dużej wrażliwości. Mable lubiła przewidywalność, ponieważ jej układ nerwowy nie został w pełni ukształtowany; uspokajała się, gdy rodzice poświęcali jej więcej czasu oraz wtedy, kiedy w otoczeniu panował zupełny spokój. Przystosowując się do jej potrzeb, rodzice starali się okazać łagodność i cierpliwość. Ich mała córeczka była osobą delikatną, mającą własny, niepowtarzalny sposób bycia. Jej szczególna wrażliwość to nie żadna aberracja; z jej pomocą uczyła własnych rodziców akceptacji swojego unikatowego temperamentu. Biorąc pod uwagę ich własne osobowości, podejrzewałam, że jabłko nie spadło tak daleko od jabłoni, jak mogłoby się wydawać. Mable potrzebowała wolniejszego tempa życia – podobnie jak jej mama; pragnęła też spokoju i równowagi – zupełnie jak jej ojciec.

Głębsze zrozumienie tego wszystkiego, wraz z odrobiną zachęty, pomogło Timowi i Mary zaakceptować dziecko takie, jakie było naprawdę, zamiast porównywać je stale z potomstwem znajomych i doszukiwać się korzystnych podobieństw. Tempo życia wokół Mable zostało świadomie zwolnione; ograniczono też liczbę odwiedzających ją osób, a rodzice zaczęli bardziej wnikliwie obserwować jej zachowania.

Wkrótce Mary i Tim zauważyli, że Mable daje im wyraźne, łatwe do zrozumienia wskazówki. Kiedy czuła się przytłoczona nadmiarem wrażeń, odwracała buzię od każdego, kto na nią patrzył, a nawet od poruszającej się powoli grającej zabawki. Swoim niemowlęcym językiem dziewczynka mówiła im wówczas: „Dość mam pobudzeń!”. Jej mama stwierdziła, że szybko reagując na te sygnały, ułatwia dziecku zapadanie w drzemkę w ciągu dnia. Gdy jednak przeoczy komunikaty, córeczka zaczyna płakać i długo nie można jej uspokoić. Pewnego dnia, gdy wpadłam do nich w odwiedziny, Mary, pragnąc natychmiast podzielić się ze mną wiadomościami o Mable, niechcący zlekceważyła znaki dawane przez dziecko.

Mable wkrótce zaczęła płakać. Na szczęście jej mama z szacunkiem szepnęła jej do uszka: „Przepraszam cię, kochanie, że nie zwracałam na ciebie uwagi".

Jane i Arthur. Ta cudowna para – jedna z moich ulubionych – czekała na dziecko siedem lat. Również ich synek James przed opuszczeniem szpitala sprawiał wrażenie Aniołka. Niestety, po przyjeździe do domu zaczęły się płacze podczas przewijania, w trakcie kąpieli, a potem już pod lada pretekstem lub całkiem bez powodu. Jego rodzice lubią dobrą zabawę i są obdarzeni wielkim poczuciem humoru, jednak nawet im nie udawało się sprowokować go do uśmiechu. Sprawiał wrażenie dziecka głęboko nieszczęśliwego. „Bez przerwy płacze – skarżyła się Jane – i niecierpliwi się nawet podczas karmienia piersią. Muszę przyznać, że czekamy z niecierpliwością, aż zaśnie".

Oboje martwili się tak bardzo, że nawet głośne omawianie tematu sprawiało im przykrość. Trudno pogodzić się z tym, że nad własnym dzieckiem zebrały się czarne chmury. Jak wielu rodziców, także Jane i Arthur wierzyli, że ma to jakiś związek z nimi. „Popatrzmy na Jamesa jak na zupełnie odrębną osobę – zaproponowałam. – Widzę małego chłopca, który stara się powiedzieć:»Hej, mamo, ruszaj się żwawiej przy tym przewijaniu«, a kiedy indziej:»O, nie! Znowu karmienie? Co? Jeszcze jedna kąpiel?!«". Gdy tylko udzieliłam głosu nieznośnemu Jamesowi, natychmiast odezwało się poczucie humoru jego rodziców. Przedstawiłam im wtedy swoją teorię „starych dusz" pojawiających się jako Mali Buntownicy. Śmiali się, kiwając znacząco głowami. „Wie pani – powiedział Arthur – mój ojciec jest taki, i za to go kochamy. Uważamy, że jest to facet z charakterem". Nagle mały James przestał być postrzegany jako monstrum, które przyszło na świat po to, by złośliwie zatruwać im życie. Narodził się inny James – chłopczyk z temperamentem i potrzebami, w jednej chwili przestał być „rozwrzeszczanym bachorem", a stał się ludzką osobą zasługującą na szacunek.

Po tej rozmowie przyszedł czas na kąpiel. Zamiast się bać, śpieszyć i denerwować, Jane i Arthur podeszli do niej ze spokojem, dając chłopcu więcej czasu na przyzwyczajenie się do wody i cały czas z nim rozmawiając. „Wiem, synu, że to cię nie bawi, ale pewnego dnia – w niezbyt odległej przyszłości – będziesz płakał, gdy będziemy wyjmować cię z wody". James przestał też być owijany. Rodzice nauczyli się przewidywać jego potrzeby i zrozumieli, że gdy unikają kumulowania napięcia, działają z korzyścią dla niego i dla siebie. James ma teraz sześć miesięcy i nadal jest dzieckiem posępnym. Jane i Arthur zdołali już jednak zaakceptować jego naturę i wiedzą, jak postępować w chwilach, gdy jest w wyjątkowo złym humorze. Mały James ma szczęście, że ktoś stara się go zrozumieć w tym trudnym okresie.

Powyższe przykłady ilustrują dwa spośród najważniejszych aspektów zaklinania dzieci – zasadę szacunku i zdrowy rozsądek. W relacjach z niemowlętami – podobnie jak w stosunkach pomiędzy dorosłymi – nie ma uniwersalnych recept. To, że mały siostrzeniec lubił być trzymany w określony sposób podczas karmienia lub zawijany przed spaniem, nie musi oznaczać, iż nasze dziecko zareaguje tak samo. Córka przyjaciółki może mieć pogodne usposobienie i bez obaw przyjmować obcych, nie wynika z tego jednak, że nasze dziecko może lub musi zachowywać się tak samo. Porzućmy myślenie życzeniowe. Musimy zmierzyć się z rzeczywistością i ustalić, co będzie najlepsze dla naszego dziecka. Ręczę, że każdemu, kto obserwuje i słucha z uwagą, niemowlę potrafi dokładnie uświadomić swoje potrzeby i zasugerować sposób postępowania w trudnych sytuacjach.

W ostatecznym rozrachunku, dzięki tego rodzaju empatii i zrozumieniu, życie niemowlęcia staje się łatwiejsze, ponieważ wzmacniamy jego wiarę we własne siły, kompensując jego słabości. I tu mam dobrą wiadomość: niezależnie od typu temperamentu wszystkie niemowlęta rozwijają się i zachowują lepiej w warunkach spokoju, przewidywalności i ładu. Dlatego w następnym rozdziale opiszę pewną koncepcję uporządkowania działań, która pomoże waszym rodzinom głębiej odetchnąć.

ROZDZIAŁ II

ŁATWY PLAN

Jedz, kiedy jesteś głodny. Pij, gdy masz pragnienie.
Śpij, kiedy odczuwasz zmęczenie.

– Sentencja buddyjska

Czułam, że będzie szczęśliwsza, gdy od początku w jej
życiu zapanuje porządek. Widziałam też, jak ład
i spokój działają na dziecko mojej przyjaciółki.

– Matka pewnego Dziecka Podręcznikowego

Planowanie receptą na sukces

Codziennie dzwonią do mnie rodzice kompletnie zagubieni, oszołomieni i pełni niepokoju, a przede wszystkim niewyspani! Bombardują mnie pytaniami i błagają o rady, twierdząc, że jakość ich życia rodzinnego drastycznie się pogorszyła. Niezależnie od specyfiki zgłaszanych problemów proponuję wszystkim niezawodny sposób ich rozwiązania. Jest nim uporządkowanie codziennych działań.

Oto jeden z przykładów. Trzydziestotrzyletnia specjalistka od reklamy imieniem Terry, pracująca na kierowniczym stanowisku, była święcie przekonana, że jej pięciotygodniowy synek Garth jest niejadkiem. „Nie umie się dobrze przyssać – twierdziła. – Karmienie zajmuje godzinę i Garth ciągle odwraca się od piersi".

Moje pierwsze pytanie brzmiało: „Czy karmienie odbywa się regularnie?".

Chwila wahania rozmówczyni stanowiła dla mnie jasną i wyraźną odpowiedź, że tak nie jest. Obiecałam wpaść do niej nieco później tego samego dnia, by przyjrzeć się dziecku i posłuchać go, choć byłam niemal pewna, na czym polega problem.

„Harmonogram? Plan?! Nie, nie, wszystko tylko nie to! – protestowała Terry, słuchając moich propozycji. – Przez całe życie, w kolejnych miejscach pracy zmuszano mnie do przestrzegania jakichś terminów. Wychodzę z biura i chcę być z moim dzieckiem, a pani mi mówi, że jego też mam wtłaczać w jakieś schematy?".

Oto klasyczny przykład nieporozumienia wynikającego z osobistych uprzedzeń. Nie sugerowałam bynajmniej żadnych rygorystycznych formuł czy ścisłych dyscyplinarnych reguł, proponowałam natomiast wyjście z chaosu poprzez stworzenie elastycznej organizacyjnej podstawy, modyfikowanej zgodnie ze zmieniającymi się potrzebami dziecka. „Nie chodzi mi o harmonogram w znaczeniu, które pani z tym słowem kojarzy – wyjaśniłam – lecz o organizację dnia czy też plan tworzący podstawy pewnej regularności. Nie twierdzę, że opiekując się dzieckiem, powinna pani żyć z zegarkiem w ręku, potrzebna jest jednak pewna konsekwencja wprowadzająca porządek i rytm w życie niemowlęcia".

Widziałam, że wyjaśnienia te nie uwolniły Terry od sceptycyzmu, zaczęła jednak zmieniać sposób myślenia po moich zapewnieniach, iż proponowana metoda nie tylko rozwiąże tzw. problem Gartha, lecz także nauczy ją lepiej rozumieć przekazywane przez dziecko komunikaty. Wytłumaczyłam, że karmienie co godzinę wynika z niezrozumienia sygnałów, które niemowlę nam wysyła. Żadne normalne dziecko nie potrzebuje karmienia co godzinę. Podejrzewałam, że Garth potrafi skuteczniej zaspokajać głód, niż jego mama sobie to wyobraża. Odwracanie głowy od piersi oznaczało: „Skończyłem, mam dość", ona jednak starała się go zmuszać do dalszego ssania. Czy w takiej sytuacji można się dziwić, że dziecko okazuje niezadowolenie?

Mogłam również zauważyć u Terry pewne objawy zaniedbania. O czwartej po południu była jeszcze w kwiecistej piżamie i widziałam wyraźnie, że nie ma czasu dla siebie – choćby i piętnastu minut na wzięcie prysznica. (Tak, moje miłe panie, wiem, że po urodzeniu dziecka wiele z was chodzi w piżamach o czwartej po południu; mam jednak nadzieję, że nie będzie to już miało miejsca po ukończeniu przez wasze dzieci pięciu tygodni).

Przejdźmy teraz do rzeczy. (Później opowiem, jak Terry poradziła sobie ze swoim Garthem). Uregulowanie pór karmienia i innych czynności może się wydawać – jak w przypadku Terry – rozwiązaniem zbyt prostym. Wierzcie mi jednak, że to właśnie posunięcie w wielu przypadkach wystarcza – niezależnie od konkretnych problemów związanych z karmieniem, snem lub nierozpoznaną kolką. Jeśli więc wciąż macie kłopoty, to lektura tego rozdziału będzie krokiem we właściwą stronę.

Terry nieświadomie ignorowała sygnały swojego dziecka. Jednocześnie pozwalała, by nią dyrygowało, błędnie przy tym interpretując jego komunikaty – zamiast odczytywać je prawidłowo i zgodnie z nimi ustalić sensowny rytm karmienia. Wiem, że oddawanie dzieciom sterów obecnie jest w modzie. Być może jest to reakcja na rygorystyczny schematyzm stosowany niegdyś w wychowywaniu amerykańskich dzieci. Niestety, wielu rodziców, interpretując całkowicie błędnie tę słuszną skądinąd strategię, ulega złudzeniu, iż wszelkie formy dyscypliny i porządku mogą wpływać hamująco na rozwój dziecka i ograniczać jego naturalną ekspresję. Rodzicom tym pragnę powiedzieć: „Ludzie, na miłość boską, przecież to jest niemowlę, które jeszcze nie wie, co jest dla niego dobre i korzystne". (Pamiętajmy, kochani, że jest wielka różnica między odnoszeniem się do dziecka z szacunkiem a przyzwoleniem, aby nami rządziło).

Ponadto jako zwolenniczka całościowego podejścia do problemów rodzinnych uparcie powtarzam rodzicom: „Wasze dziecko jest częścią waszego życia, ale nie na odwrót. Jeżeli pozwolicie niemowlęciu rządzić i wyznaczać każdorazowo pory karmienia i snu, to po sześciu tygodniach w waszym domu zapanuje kompletny chaos – nie dlatego, że instynkty dziecka nie są dość wiarygodne, lecz dlatego, że nie potraficie właściwie odczytywać jego komunikatów, a nauczenie się tej sztuki wymaga wysiłku i czasu. A zatem proponuję stworzenie od samego początku bezpiecznego i spójnego środowiska oraz rytmu czynności, do którego każde niemowlę może się łatwo przystosować. Nazywam to Łatwym Planem, bo właśnie taki jest.

Łatwy Plan dla każdego

Łatwy Plan porządkuje opiekę nad noworodkiem. Stosuję go rutynowo w odniesieniu do wszystkich niemowląt – najchętniej od pierwszego dnia ich życia. Jego podstawą jest mniej więcej trzygodzinny cykl, w którym mieszczą się następujące czynności w podanej niżej kolejności:

Karmienie. Przyjmowanie pokarmu jest podstawową potrzebą każdego niemowlęcia niezależnie od tego, czy karmimy je piersią, czy z butelki. Noworodki to obżartuchy – w stosunku do masy ciała przyjmują dwa do trzech razy więcej kalorii niż dorosłe osoby z chorobliwą nadwagą! (W rozdziale IV omówię problemy karmienia bardziej szczegółowo).

Aktywność. Podczas pierwszych trzech miesięcy przeciętne niemowlę poświęca około siedemdziesięciu procent swojego czasu na przyjmowanie pokarmu i sen. Resztę wypełniają mu takie doświadczenia jak przewijanie, kąpiele, gaworzenie w łóżeczku lub na kocyku, spacery w wózku dziecięcym oraz wyglądanie przez okno w samochodzie z niemowlęcego fotelika. Tak wygląda ludzka aktywność w tym okresie – z punktu widzenia osoby dorosłej wydaje się niezbyt intensywna i złożona. (Więcej informacji na ten temat znajduje się w rozdziale V).

Sen. Niezależnie od tego, czy dziecko śpi jak suseł, czy też ma trudności z zasypianiem i sypia niespokojnie, każde niemowlę musi nauczyć się zapadania w sen w swoim łóżeczku (jest to właściwa dla tego wieku forma samodzielności). (Patrz: rozdział VI).

Odpoczynek osoby sprawującej opiekę. Kiedy wszystko zostało już powiedziane i zrobione, a dziecko smacznie śpi, czas na relaks i regenerację. Niemożliwe i nierealne? Przeciwnie – jak najbardziej rzeczywiste. Realizując proponowany przeze mnie Łatwy Plan, mamy co parę godzin czas na wypoczynek, regenerację sił, a po powrocie do pełnej formy – także na wykonanie prac domowych i załatwienie spraw, którymi nie można było się zająć, obsługując dziecko. Podczas pierwszych sześciu tygodni po porodzie kobieta potrzebuje przede wszystkim fizycznej i emocjonalnej rekonwalescencji po trudach i bólach rodzenia. Matki usiłujące od razu powrócić do codziennych zajęć w tempie i wymiarze sprzed ciąży i porodu oraz te, które karmią swoje dzieci na każde żądanie, płacą za to trochę później wysoką cenę. (Więcej na ten temat w rozdziale VII).

W porównaniu z innymi programami opieki nad niemowlętami nasz Łatwy Plan prezentuje sensowny i praktyczny złoty środek. Przyniesie on więc ulgę większości rodziców rozdartych między przeciwstawnymi koncepcjami i modnymi trendami wychowawczymi.

Na jednym biegunie znajdują się „eksperci zimnego chowu", propagujący bezduszną tresurę niemowląt zamiast pełnej miłości opieki. „Fachowcy" ci uważają, że dobre rodzicielstwo wiąże się z walką wewnętrzną, trzeba bowiem, na przykład, (ich zdaniem!) pozwolić się dziecku wypłakać, doznając przy tym od czasu do czasu niewielkiej frustracji. W rzeczywistości branie dziecka na ręce za każdym razem, gdy płacze, nie może go zepsuć. Z drugiej jednak strony trzeba przyzwyczajać niemowlę do regularności wpisującej się dobrze w życie rodziców i ich potrzeby. Na przeciwnym biegunie znajdują się orędownicy „dzieciokracji", zachęcający matki na przykład do karmienia „na żądanie". Ten termin moim zdaniem mówi sam za siebie, w rezultacie dziecko stale czegoś się domaga. Wyznawcy tej doktryny wierzą, że spełniając każdą zachciankę, wychowujemy dziecko dobrze przystosowane... co oznacza rezygnację z własnego życia. W rzeczywistości obie skrajne koncepcje są absurdalne i niepraktyczne. Stosując pierwszą z nich, nie okazujemy dziecku należnego mu szacunku; w drugiej nie szanujemy samych siebie. Łatwy Plan ma także kluczowe znaczenie w podejściu ogólnorodzinnym, ponieważ zapewnia zaspokojenie potrzeb wszystkich zainteresowanych, a nie tylko dziecka. Obserwujemy niemowlę, uważnie wsłuchując się w jego mowę, szanujemy jego potrzeby, a jednocześnie pomagamy mu przystosować się do życia rodzinnego. (Tabela na sąsiedniej stronie pozwala porównać naszą drogę środka z koncepcjami skrajnymi).

Tabela Łatwego Planu

Noworodki różnią się między sobą, niemniej jednak podczas pierwszych trzech miesięcy następujący schemat można uznać za typowy. Możemy go bez obaw modyfikować, w miarę jak dziecko sprawniej je oraz samo dłużej się bawi.

Karmienie: 25–40 minut z piersi lub butelki; przeciętne niemowlę o masie trzech lub więcej kilogramów może być karmione co 2,5–3 godziny

Aktywność: 45 minut (łącznie z przewijaniem, ubieraniem i – raz dziennie – przyjemną kąpielą)

Sen: 15 minut na zasypianie; drzemki od pół godziny do godziny; po dwóch lub trzech tygodniach okresy snu nocnego będą się stopniowo wydłużać

Odpoczynek osoby sprawującej opiekę: co najmniej godzina, gdy dziecko śpi; czas ten wydłuża się wraz z wiekiem niemowlęcia, w miarę jak sesje karmienia trwają coraz krócej, a drzemki coraz dłużej. Z upływem czasu dziecko bawi się bardziej samodzielnie

Plan w skrócie

Na żądanie	Łatwy Plan	Sztywny rygor
Karmienie na żądanie – 10–12 razy dziennie, kiedy dziecko płacze	Elastyczny schemat regularnego karmienia, aktywności i snu co 2,5–3 godziny, obejmujący również odpoczynek osoby opiekującej się dzieckiem	Przestrzeganie z zegarkiem w ręku narzuconych a priori regularnych pór karmienia, zwykle co 3–4 godziny
Brak przewidywalności – o wszystkim decyduje dziecko	Przewidywalność – rodzice ustalają rytm, do którego dziecko może się przystosować. Dziecko wie, czego ma oczekiwać	Przewidywalność połączona ze stresem i niepokojem u dziecka. Rodzice narzucają schemat, którego dziecko może nie akceptować
Rodzice nie usiłują zrozumieć mowy dziecka; często płacz interpretuje się błędnie jako oznakę głodu	Logika systemu pozwala rodzicom przewidywać potrzeby dziecka, a przez to ułatwia im zrozumienie różnych rodzajów jego płaczu	Płacz może być ignorowany, jeżeli nie pasuje do narzuconego schematu; rodzice nie uczą się interpretowania sygnałów dziecka
Rodzice nie mają swojego życia – dziecko określa program ich działania	Rodzice mogą planować swoje życie	Działaniem rodziców kieruje zegarek
Rodzice gubią się w domysłach; często w domu panuje chaos	Rodzice czują się pewniej w swojej roli, ponieważ rozumieją sens komunikatów dziecka i jego płaczu	Rodzice często mają uzasadnione poczucie winy, odczuwają niepokój, a nawet złość, gdy dziecko nie poddaje się schematowi

Dlaczego Łatwy Plan się sprawdza

Bez względu na swój wiek ludzie działają zgodnie z utrwalonymi nawykami, funkcjonują zatem lepiej w ramach regularnych wzorców zdarzeń. Struktura i rutyna to normalne elementy naszej codzienności. Wszystko ma swój logiczny porządek. Moja Niania mawiała: „Nie możesz dodać jajek do puddingu, który jest już przygotowany". W domach, miejscach pracy i szkołach, a nawet w świątyniach funkcjonują pewne systemy dające nam poczucie bezpieczeństwa. Pomyślmy przez chwilę o naszych codziennych programach zajęć. Większość z nas wykonuje powtarzające się czynności każdego ranka, w porze obiadowej i przed spaniem, nie zdając sobie z tego w pełni sprawy. Jak się czujemy, gdy zostają one zakłócone? Wyobraźmy sobie, że nie możemy wziąć rano prysznica z powodu awarii wodociągu, że zmuszeni jesteśmy jechać do pracy objazdem w związku z robotami drogowymi lub że opóźnia nam się obiad; tego rodzaju zakłócenia rozbijają cały dzień. Dlaczego więc dziecko miałoby reagować inaczej? Przecież potrzebuje regularności i porządku, dokładnie tak samo jak my. Oto dlaczego Łatwy Plan sprawdza się w praktyce.

Niemowlęta nie lubią niespodzianek. Ich delikatne organizmy działają najlepiej, gdy jedzą, śpią i bawią się każdego dnia o tych samych porach i w tej samej kolejności. Czynności te za każdym razem mogą się trochę różnić, ale nie za bardzo. Dzieci – a zwłaszcza noworodki i niemowlęta – lubią też wiedzieć, co będzie dalej. Nie reagują zbyt dobrze na niespodzianki. Weźmy pod uwagę przełomowe badania nad percepcją wzrokową, prowadzone przez doktora Marshalla Haitha z Uniwersytetu w Denver. Zauważył on, że oczy niemowląt, choć nieznacznie krótkowzroczne, są bardzo dobrze skoordynowane już w chwili narodzin. Niemowlę, spoglądając na przewidywalny wzorzec pojawiający się na telewizyjnym ekranie, szuka wzrokiem rzeczy mających się pojawić, zanim zostaną one wyświetlone. Śledząc ruchy gałek ocznych niemowląt, Haith wykazał, że „dziecko łatwiej tworzy oczekiwania, gdy obraz jest przewidywalny, a gdy dzieje się coś niezgodnego z jego oczekiwaniem, wówczas odczuwa niepokój". Czy można to uogólnić? Z całą pewnością – twierdzi doktor Haith; małe dzieci potrzebują regularności i porządku.

Łatwy Plan przyzwyczaja dziecko do naturalnego porządku jedzenia, aktywności i wypoczynku. Widziałam rodziców kładących dzieci do łóżek natychmiast po karmieniu, często dlatego, że zasypiają one przy piersi lub z butelką w dłoniach. Nie zalecam tej praktyki z dwóch powodów. Po pierwsze, dziecko uzależnia się od butelki lub piersi i nie potrafi bez nich zasnąć. Po drugie, czy dorosły kładzie się spać po każdym posiłku? Na ogół nie, chyba że był to wielki świąteczny indyk. Po jedzeniu podejmujemy jakąś formę aktywności. Nasze dorosłe życie jest, prawdę mówiąc, zorganizowane wokół posiłku porannego, po którym udajemy się do pracy, idziemy do szkoły lub oddajemy się zabawie, obiadu, po którym nadal pracujemy, uczymy się lub bawimy, oraz kolacji, po której kąpiemy się i idziemy spać. Dlaczego nie mielibyśmy oferować niemowlęciu tego samego naturalnego porządku życia?

Porządek i dobra organizacja dają wszystkim członkom rodziny poczucie bezpieczeństwa. Uporządkowanie codziennych czynności pomaga rodzicom wytworzyć rytm, do którego dziecko się przyzwyczaja, oraz zapewnić mu środowisko, w którym wie, co je czeka. Łatwy Plan nie jest schematem sztywnym – słuchamy niemowlęcia i reagujemy na jego specyficzne potrzeby – organizujemy jednak jego dzień według logicznego porządku. To my jesteśmy reżyserami i dyrygentami, a nie dziecko owinięte w pieluszki.

Przejdźmy do konkretnego przykładu. Wieczorem karmimy dziecko między godziną siedemnastą a osiemnastą (element I Łatwego Planu) piersią lub z butelki w jego pokoju albo przynajmniej w jakimś spokojnym zakątku mieszkania wydzielonym do tego celu – z dala od kuchennych zapachów, głośnej muzyki, zamieszania spowodowanego przez inne dzieci. Po karmieniu przychodzi czas na aktywność (element II Łatwego Planu), której wieczorną formą jest kąpiel. Kąpiemy dziecko codziennie w ten sam sposób. Kiedy jest już ubrane w piżamkę lub nocną koszulkę, zbliża się pora snu (element III Łatwego Planu), przygaszamy więc światło w sypialni dziecka i włączamy uspokajającą muzykę.

Piękno tego prostego programu polega na tym, że dziecko wie, podobnie jak inne osoby, co będzie się działo za chwilę. Oznacza to, że rodzice mogą planować swoje życie. Starsze dzieci nie są spychane na margines. Wszyscy otrzymują porcje miłości i uwagi, których potrzebują.

Łatwy Plan ułatwia rodzicom interpretację komunikatów dziecka. Zajmowałam się w swoim życiu bardzo wieloma niemowlętami, dlatego też znam ich język. Dziecko głodne, domagające się pożywienia, płacze inaczej niż wymagające zmiany pieluch bądź zmęczone i śpiące. Moim celem jest nauczenie rodziców słuchania i obserwowania, by również i oni mogli zrozumieć ów język osesków. Wymaga to jednak czasu, praktyki oraz okresu prób i błędów. W tym czasie realizacja Łatwego Planu pozwala domyślać się, o co dziecku chodzi, zanim nabierzemy biegłości w interpretowaniu jego sygnałów. (W następnym rozdziale znajdą państwo więcej informacji na temat znaczenia gestów niemowlęcia oraz jego płaczu i dźwięków nieartykułowanych).

Załóżmy na przykład, że niemowlę zostało nakarmione (element I) i przez dwadzieścia minut leżało sobie na kocyku w pokoju gościnnym, wpatrując się w czarno-białe faliste linie (w ten sposób zabawiało się pewne konkretne, znane mi dziecko). Owe dwadzieścia minut po karmieniu to okres aktywności (element II). Jeżeli po upływie tego czasu niemowlę nagle zaczyna płakać, możemy być prawie pewni, że jest już zmęczone i chce przejść do następnej fazy, którą jest sen (element III). Zamiast wpychać mu coś do buzi, wozić samochodem bądź sadzać na huśtawce lub którymś z owych diabelskich wibrujących fotelików podsuniętych amerykańskim mamom przez „niewidzialną rękę rynku" (które to urządzenia przysparzają jedynie niemowlętom dodatkowych cierpień), kładziemy dziecko do łóżeczka, budując wokół niego nastrój ciszy i spokoju. Co się wtedy dzieje? Dziecko oczywiście zasypia bez żadnych dodatkowych zabiegów.

Łatwy Plan daje nam solidną, a zarazem elastyczną podstawę organizacji życia dziecka. Zawiera bowiem pewne wytyczne i wskazówki, które rodzice mogą przystosować do temperamentu dziecka i – co równie ważne – do własnych potrzeb. Podam przykład. Pomagając małej Grecie i jej mamie imieniem June, próbowałam czterech różnych wersji Łatwego Planu. June karmiła dziecko piersią tylko w pierwszym miesiącu, a potem przeszła na pokarm z butelki. Zmiana sposobu karmienia często wymaga zmian w harmonogramie. Poza tym Greta była Małym Buntownikiem, jej mama musiała więc przyswoić sobie jej ściśle określone preferencje, a następnie się do nich przystosować. Nasze działania niezmiernie komplikowała zegarkowa obsesja June, która miała poczucie winy, gdy tylko Greta nie reagowała według przyjętego wcześniej harmonogramu. Biorąc pod uwagę wszystkie te czynniki, nietrudno zrozumieć, że musiałyśmy odpowiednio modyfikować założenia Łatwego Planu.

Konieczne zmiany towarzyszą również postępom dziecka – choć kolejność podstawowych elementów – karmienie, aktywność i sen – nie ulega zmianie. Na poprzednich stronach podałam typowy harmonogram zajęć niemowlęcia, funkcjonujący zwykle podczas pierwszych trzech miesięcy. W czwartym miesiącu u większości dzieci czas aktywności zaczyna się wydłużać, drzemki w ciągu dnia są rzadsze, a ssanie staje się skuteczniejsze, dzięki czemu karmienie trwa krócej. W tym czasie rodzice znają już swoje dziecko dosyć dobrze i dopasowanie harmonogramu do jego potrzeb nie sprawia im trudności.

Łatwy Plan ułatwia współdziałanie w opiece nad dzieckiem – z partnerem lub inną osobą. Kiedy główna opiekunka noworodka – zazwyczaj jego matka – nie znajduje czasu dla siebie, przeważnie zaczyna narzekać i mieć pretensje do partnera, który w jej odczuciu nie pomaga w wystarczającym stopniu wypełniać obowiązków rodzicielskich. W bardzo wielu domach obserwuję narastanie konfliktu na tym tle. Trudno sobie wyobrazić coś bardziej frustrującego dla młodej matki niż taka oto, typowa odpowiedź męża lub partnera: „O co ci chodzi? Dlaczego jesteś niezadowolona? Masz przecież tylko to dziecko do obsłużenia!".

„Musiałam ją nosić przez cały dzień. Płakała przez dwie godziny bez przerwy" – tłumaczy się młoda mama.

Kobieta potrzebuje porządnie się wyżalić. Jej partner myśli jednak kategoriami rozwiązywania problemów, wysuwa więc konkretne propozycje: „Kupię ci nosidełko" lub: „Dlaczego nie wyjdziesz z nią na spacer?". Kobietę ogarnia w końcu złość, ponieważ uważa, że jest niedoceniana. Jej partner czuje się sfrustrowany i dręczony. Nie ma pojęcia o tym, jak naprawdę wyglądał jej dzień, a w głowie potrafi tylko obracać to samo pytanie: „Czego ona ode mnie chce?". Największym pragnieniem męża jest wówczas schować się za dużą gazetą lub jak najszybciej włączyć telewizor i obejrzeć ulubiony mecz siatkówki. W tym momencie jego żonę ogarnia wściekłość i zamiast wspólnie obserwować i zaspokajać potrzeby niemowlęcia, oboje pogrążają się w ponurym rodzinnym dramacie.

Łatwy Plan jest dla takich rodziców kołem ratunkowym! Jego realizacja oznacza, że ojciec dziecka wie dokładnie, czym zajmuje się żona pod jego nieobecność – a co najważniejsze – może włączyć się do już uporządkowanych działań opiekuńczych. Stwierdziłam, że mężczyźni funkcjonują najlepiej, gdy otrzymują konkretne zadania. Jeżeli więc tata wraca do domu koło godziny szóstej, to mama może zdecydować, które czynności przy dziecku można mu powierzyć. Wielu mężczyzn uwielbia kąpanie niemowląt i ich wieczorne karmienie.

Rozwiązanie znacznie mniej popularne – choć stosowane w prawie jednej piątej wszystkich rodzin – polega na tym, że ojciec jest przez cały dzień w domu, a matka pracuje zawodowo i wraca późnym popołudniem. Niezależnie od przyjętego podziału ról proponuję rodzicom wspólne pół godziny we troje – wraz z dzieckiem – po powrocie osoby pracującej poza domem. Następnie ten, kto zajmował się dzieckiem od rana, powinien wyjść na spacer, by trochę się przewietrzyć.

WSKAZÓWKA: *Po powrocie z pracy należy natychmiast zmienić ubranie – nawet gdy przez cały dzień przebywamy w biurze. Odzież wchłania zapachy, które mogą drażnić wrażliwe zmysły niemowlęcia (przebierając się w strój domowy, nie musimy się też martwić, że coś się pogniecie, wyplami itp.).*

Wprowadzenie w życie Łatwego Planu przez Ryana i Sarah znacznie ograniczyło niemiłe dyskusje o tym, co jest najlepsze dla ich synka Teddy'ego. Kiedy zaczynałam pomagać Sarah w ustawieniu Łatwego Planu, Ryan dużo podróżował. Po powrocie do domu chciał spędzić jak najwięcej czasu ze swoim dzieckiem, brał go więc na ręce i zabawiał. Jest to zupełnie zrozumiałe i trudno się temu dziwić. Chłopczyk jednak szybko przyzwyczaił się do noszenia przez tatę i kiedy miał trzy tygodnie, Sarah w żaden sposób nie mogła położyć go spać. Ojciec dziecka niechcący przyzwyczaił je do długotrwałego noszenia na rękach, zwłaszcza przed zapadaniem w drzemkę i w sen. Kiedy Sarah zgłosiła się do mnie, wyjaśniłam, że musi przeprogramować Teddy'ego, ucząc go zasypiania bez takich „przygrywek" (patrz: ss. 175–189) – zwłaszcza że kochający tatuś wybierał się właśnie na kolejną dłuższą wyprawę, zostawiając biedną mamę z dzieckiem nawykłym do ciągłego noszenia na rękach. Przestawienie Teddy'ego z owej bocznicy na właściwe tory zajęło nam zaledwie dwa dni, ponieważ był noworodkiem. Na szczęście Ryan zrozumiał założenia Łatwego Planu i po powrocie wzorowo współdziałał z żoną w jego realizacji.

Co można radzić samotnym matkom i ojcom? Z początku jest im bardzo ciężko, bo nie mają nikogo, kto mógłby ich zastąpić. Mimo znacznego emocjonalnego obciążenia niektórzy – jak znana mi trzydziestoośmioletnia Karen – uważają, że są w sytuacji lepszej niż niektóre pary. „Nie muszę z nikim walczyć i uzgadniać, co i jak mam robić" – powiedziała mi. Wprowadzenie zasad Łatwego Planu jeszcze bardziej uprościło jej zadania, uwalniając od konieczności korzystania z pomocy osób trzecich. „Wszystko miałam spisane – wspomina Karen – i kiedy któraś z moich przyjaciółek lub ktoś z rodziny dyżurował z Matthew, osoby te wiedziały dokładnie, czego dziecko potrzebuje, kiedy zasypia, kiedy się bawi itd. Niczego nie trzeba się było domyślać".

WSKAZÓWKA: *Dla osób samotnie wychowujących dzieci prawdziwą ostoją są przyjaciele. Ci, którzy nie mogą lub nie chcą bezpośrednio pomagać przy dziecku, mogą udzielić wsparcia, wykonując niektóre prace domowe, robiąc zakupy lub załatwiając sprawy. Pamiętajmy, że trzeba ich o to poprosić. Nie oczekujmy od przyjaciół, że będą odgadywać nasze życzenia, i nie miejmy do nich żalu, gdy nie domyślili się sami, w czym mogliby pomóc.*

Dobry start to połowa suł   62/

Zdaję sobie sprawę, że pomysł uporządkowania
dzieckiem może być sprzeczny z tym, co słyszeli państwo w
z przyjaciółmi lub przeczytali w innych książkach. W niektórych
gach planowanie dnia noworodka i niemowlęcia jest bardzo niepopular-
ne, a wiele osób uważa je nawet za formę okrucieństwa. Jednocześnie ci
sami znajomi, krewni i autorzy sugerują zwykle uszeregowanie czynności wykonywanych przy dzieciach, które ukończyły trzeci miesiąc życia.
Uważają, że po upływie tego czasu można stwierdzić, czy niemowlę
prawidłowo przybiera na wadze i czy wykształciły się u niego w miarę
regularne wzorce snu.

W moim przekonaniu są to wierutne bzdury! Po co czekać trzy miesiące,
skoro w tym właśnie okresie dochodzi do domowych horrorów? Granica
trzech miesięcy jest czysto umowna, nie zachodzą bowiem w tym czasie
żadne istotne przemiany. Prawdą jest, że u większości niemowląt w ciągu
trzech miesięcy dochodzi do kolejnych postępów, jednak uporządkowanie
fizjologicznych reakcji nie zależy od wieku – to kwestia wyuczenia.
Niektóre niemowlęta – np. Aniołki i Dzieci Podręcznikowe – same regulują
pewne zachowania na długo przed upływem trzech miesięcy; inne dzieci
nie przejawiają takich skłonności. W tym drugim przypadku przed ukończeniem trzeciego miesiąca życia w miejsce uporządkowania pojawiają się
i utrwalają różne anomalie związane z jedzeniem i snem – trudności,
których można by uniknąć lub znacznie je zminimalizować, gdyby od
pierwszych dni podstawowe czynności zostały uporządkowane.

W naszym Łatwym Planie rodzice są dla swojego dziecka przewod-
nikami, a jednocześnie uczą się rozpoznawania jego potrzeb. Po trzech
miesiącach indywidualne wzorce zachowań niemowlęcia są im już znane,
a język jego komunikatów nie jest dla nich tajemnicą. Na tej podstawie
można od razu budować dobre nawyki. „Początek podróży powinien być
taki jak jej koniec" – mawiała moja Niania. Należy więc wyobrazić sobie,
jak ma wyglądać w przyszłości rodzina, i zacząć kształtować ją w tym
duchu, gdy tylko dziecko przekroczy próg domu. Ujmę to w taki sposób:
Jeżeli chcecie wcielać w życie moją koncepcję rodzicielstwa sprzyjającego
szczęściu całej rodziny, w której potrzeby dziecka powinny być zaspokajane
tak, aby jego życie harmonizowało z życiem i potrzebami pozostałych jej
członków – to stosujcie Łatwy Plan. Każdy ma oczywiście prawo wyboru
innego podejścia – ze wszystkimi tego konsekwencjami.

Problem polega na tym, że rodzice często nie zdają sobie sprawy z tego,
że dokonują wyboru poprzez swoje postawy i zachowania. Zjawisko takie

zywam „rodzicielstwem chaotycznym" lub „przypadkowym". Polega ono bądź na niezdecydowaniu w pierwszych tygodniach życia dziecka (a co za tym idzie, niestosowaniu żadnej określonej koncepcji), bądź całkowitym braku świadomości wpływu własnych zachowań i postaw na relacje z dzieckiem. Rodzicielstwo takich ludzi zaczyna się od falstartu, ponieważ nie wiedzą, o co im chodzi i do czego zmierzają (brakuje im wizji własnej rodziny). (Więcej informacji na temat rozwiązywania problemów rodzin chaotycznych i rodzicielstwa przypadkowego znajduje się w rozdziale IX).

Faktem jest, że trudne sytuacje stwarzają zwykle dorośli, a nie ich dzieci. Kiedy zostajemy rodzicami, powinniśmy ująć ster w dłonie. W końcu dorosłość zobowiązuje! To prawda, że każdy przychodzi na świat z niepowtarzalną osobowością i unikatowym temperamentem; prawdą jest jednak i to, że działania rodziców mają ogromny wpływ na rozwój tej osobowości. Widziałam już w swojej karierze wiele Aniołków i Dzieci Podręcznikowych przeistaczających się w koszmarne małe potworki w warunkach rodzinnego zamętu i bezhołowia. Niezależnie od typu osobowości dziecka jego nawyki są dziełem rodziców. Pamiętajmy o tym i przemyślmy to, co robimy.

Rodzicielstwo świadome

W literaturze buddyjskiej istnieje pojęcie „uważnej" bądź „intensywnej świadomości" (ang.: *mindfulness*), które oznacza pełną świadomość własnego otoczenia i całkowicie przytomną obecność w każdej chwili. Sugerowałabym zastosowanie tej koncepcji do pierwszego, najwcześniejszego stadium rodzicielstwa. Starajmy się intensywniej uświadomić sobie nawyki, które kształtujemy swoim zachowaniem.

Oto przykład. Rodzicom, którzy usypiają swoje dzieci, nosząc je po domu, proponuję robienie tego samego z dodatkiem dziesięciokilogramowego worka ziemniaków. Pozwala im to dokładniej zrozumieć, co ich czeka za kilka miesięcy.

Tych, którzy nieustannie pochylają się nad niemowlęciem, starając się je zabawiać, pytam: „Jak sobie wyobrażacie swoje życie, gdy dziecko będzie nieco starsze?". Bez względu na to, czy zamierzacie wrócić do pracy, czy siedzieć w domu, nie będziecie chyba szczęśliwi, jeśli dziecko bez przerwy domagać się będzie waszej uwagi? Czyż nie będziecie chcieli mieć odrobiny czasu dla siebie? Jeżeli tak, to podejmijcie już teraz kroki, które zapewnią wam tę niezależność.

Pomocne jest również myślenie w kategoriach własnych harmonogramów. Co się dzieje, gdy jakieś niespodziewane wydarzenia zakłócają porządek dnia lub nieoczekiwane przeszkody zmuszają do odstąpienia od zwykłych zajęć? Irytujemy się, jesteśmy sfrustrowani, a czasem nawet tracimy panowanie nad sobą, co z kolei wpływa na nasz apetyt i jakość snu. Noworodek reaguje tak samo, z tą różnicą, że nie potrafi sam przywrócić porządku. Musimy zrobić to za niego. Tworząc rozsądny plan, któremu dziecko może się podporządkować, zapewniamy mu poczucie bezpieczeństwa i łagodzimy szok przyjścia na świat.

Chaotyczni improwizatorzy i pedantyczni planiści

Niektórzy rodzice odrzucają od samego początku ideę planowania działań. Kiedy mówię im: „Od dziś zaczniemy wprowadzać harmonogram dnia waszego dziecka" – z przerażeniem łapią się za głowę.

„O, nie! – protestują. – Książki pouczają, że dziecko ma o wszystkim decydować, a my powinniśmy zaspokajać wszystkie jego potrzeby. W przeciwnym razie straci poczucie bezpieczeństwa". Ludzie, którzy tak mówią, padli ofiarą żałosnego nieporozumienia – utożsamiają uporządkowanie działań z ignorowaniem naturalnych rytmów dziecka lub też z koncepcją tolerowania płaczu i jego „przetrzymywania". Nie zdają sobie sprawy, że dzieje się odwrotnie – stosowanie Łatwego Planu pomaga rodzicom dokładniej zrozumieć potrzeby dziecka i lepiej je zaspokajać.

Są także rodzice tkwiący w błędnym przekonaniu, że jakiekolwiek zorganizowanie opieki nad dzieckiem odbierze im spontaniczność w ich własnym życiu. Niedawno odwiedziłam pewną młodą parę, która właśnie w ten sposób to rozumiała. Cały ich styl bycia – typowy dla wielu dwudziesto- i trzydziestolatków hołubiących własną wizję naturalnego rodzicielstwa – wskazywał na to, że nie życzą sobie jakiejkolwiek rutyny. Chloe, pracująca przedtem jako wykwalifikowana pomoc dentystyczna, rodziła w domu z pomocą akuszerki. Seth – zawodowo zajmujący się komputerami – celowo znalazł sobie zajęcie pozwalające wykonywać większą część pracy w domu, by móc uczestniczyć w opiece nad dzieckiem. Na wstępie zadałam im dwa podstawowe pytania: „O jakich porach mała Isabella jest zwykle karmiona piersią?" oraz „W jakich godzinach dziecko sypia w ciągu dnia?". Młodzi ludzie spojrzeli na mnie skonsternowani. Po chwili milczenia Seth odpowiedział: „Wie pani, to zależy od tego, jak nam się dzień układa".

Pary niechętnie nastawione do mojego Łatwego Planu można zaliczyć do dwóch przeciwstawnych kategorii. Niektórzy chaotyczni improwizatorzy chcą świadomie iść na żywioł – jak Chloe i Seth. Inni (tzw. urodzeni bałaganiarze!) są z natury niezorganizowani i czują, że nie potrafią się zmienić. (Co jest nieprawdą, o czym się wkrótce przekonamy). Są jeszcze tacy jak Terry – rodzice usiłujący zmienić wcześniejszy, uporządkowany styl życia, wprowadzając nieco swobody. Wszyscy ci ludzie słyszą co innego, niż im mówię. Kiedy używam słów „konstruktywna rutyna", oni słyszą „plan" i oczami duszy widzą wykazy, harmonogramy, i myślą o życiu z zegarkiem w ręku. Błędnie przypisują mi intencję eliminowania ich naturalnej spontaniczności.

Kiedy spotykam rodziców kompletnie niezorganizowanych lub całkiem beztroskich i nieodpowiedzialnych, mówię im uczciwie: „Nie mogą państwo nauczyć dziecka czegoś, czego sami nie potrafią. Trzeba najpierw wyrobić w sobie dobre nawyki, by móc je przekazać potomstwu. Mogę was nauczyć interpretacji płaczu dziecka i zaspokajania jego potrzeb, uprzedzam jednak, że nigdy nie zapewnicie mu poczucia bezpieczeństwa, dopóki nie podejmiecie jakichś kroków w celu zapewnienia mu odpowiedniego środowiska życia".

Na przeciwnym biegunie znajdują się rodzice mający obsesję planowania oraz robiący wszystko według podręcznika jak Dan i Rosalie, oboje zajmujący wysokie stanowiska kierownicze w Hollywood. Ich dom wygląda jak wzorzec metra, a oni sami odmierzają swój cenny czas z dokładnością do minuty. Kiedy Rosalie była w ciąży, wyobrażali sobie, że ich dziecko będzie podręcznikowe, jednak kilka tygodni po narodzinach małej Winifred nic nie działo się zgodnie z ich przewidywaniami. „Winnie przeważnie trzyma się harmonogramu, czasem jednak budzi się za wcześnie lub przyjmuje pokarm zbyt długo – referowała mi pani dyrektor. – Wtedy cały nasz dzień jest zdezorganizowany. Czy potrafi mi pani pomóc w doprowadzeniu jej do porządku?". Próbowałam wytłumaczyć tym ludziom, że jestem zwolenniczką organizacyjnej elastyczności, choć mocno podkreślam znaczenie konsekwencji. „Muszą państwo dostosowywać się do komunikatów dziecka – doradziłam. – Wasza córeczka przyzwyczaja się do świata. Nie możecie oczekiwać, że będzie żyła według waszego rozkładu dnia".

Do większości rodziców docierają te proste prawdy. Wcale nie jestem zdziwiona, gdy po kilku tygodniach lub miesiącach samodzielnych eksperymentów matki i ojcowie, którzy odrzucili moje propozycje, dzwonią do mnie ponownie. W tym czasie mają już przeważnie w domu chaos lub rozkrzyczane dziecko, którego komunikatów nie potrafią zrozumieć – ewentualnie jedno i drugie! Matki pedantki, świetnie zorganizowane i skuteczne przed urodzeniem dziecka, usiłują wtłoczyć je w dotychczasowy plan własnego życia. Nie mogą pojąć, dlaczego ich niezawodna metoda tym razem nie zdaje egzaminu. Kobiety robiące wszystko na żywioł i oddające dziecku rządy w domu w niedługim czasie mają do czynienia z bezradnym niemowlęciem, które potrząsa całym domem jak grzechotką. Nie mają czasu się umyć, ubrać, a nawet głębiej odetchnąć! Okazuje się czasem, że taka mama od kilku tygodni nie rozmawiała ze swoim mężem i nie jadła z nim wspólnego posiłku. Dla obu kategorii mam prostą odpowiedź: Zastąpcie chaos spokojem lub ograniczcie trochę swoją potrzebę kontrolowania; w obu przypadkach pomoże wam Łatwy Plan.

Od pedantów do luzaków

Niektórzy porządek i planowanie mają we krwi. Inni wolą żyć w chaosie lub na jego granicy. Większość ludzi mieści się pomiędzy tymi skrajnościami. Warto wiedzieć, gdzie się w tej skali plasujemy. Pomoże w tym przygotowany przeze mnie krótki test. Jego elementy opierają się na tym, z czym spotkałam się w domach wielu różnych rodzin w czasie minionych dwudziestu lat zawodowej działalności. Widząc, w jakim stanie rodzice utrzymują mieszkanie i jak zachowują się na co dzień, wiem, jak zareagują na moje propozycje i jak będą się do nich przystosowywać po przyjściu na świat dziecka.

Sumując uzyskane punkty i dzieląc wynik przez 12, otrzymujemy wskaźnik mieszczący się w przedziale od 1 do 5, którego wartość określa nasze miejsce w skali rozciągającej się od chorobliwej pedanterii do patologicznego chaosu. Jakie to ma znaczenie? Otóż osoby usytuowane blisko krańców tej skali to rodzice mający zwykle kłopoty z wprowadzaniem Łatwego Planu. Niektórym wydaje się on zbyt sformalizowany, a innym – przeciwnie – za mało rygorystyczny. Niska wartość wskaźnika (np. 1) lub wysoka (np. 5) nie oznacza całkowitej niezdolności do realizacji Łatwego Planu. Konieczne staje się głębsze przemyślenie jego założeń i wykazanie się większą cierpliwością niż demonstrowana przez rodziców usytuowanych pośrodku skali. Poniższe opisy wyjaśniają sens tego testu i ewentualne wyzwania.

Od 5 do 4. Wynik taki uzyskują osoby bardzo dobrze zorganizowane. W ich życiu jest miejsce na wszystko i wszystko ma swoje miejsce. Rodzice o takich cechach nie mają trudności z akceptacją idei konstruktywnej rutyny, a nawet przyjmują ją z uznaniem. Może im jednak sprawić kłopot konieczność elastycznego dopasowania nowych zadań do ugruntowanej praktyki życiowej, dokonania w niej zmian oraz dostosowania się do indywidualnego temperamentu i potrzeb dziecka.

Skala pedanteryjno-bałaganiarska

Przy każdym stwierdzeniu należy zaznaczyć liczbę, której znaczenie w kluczu najlepiej opisuje faktyczny stan rzeczy.

Klucz:
5 = Zawsze
4 = Przeważnie tak
3 = Czasami
2 = Przeważnie nie
1 = Nigdy

Moje życie codzienne jest zorganizowane.	5	4	3	2 1
Wolę, gdy goście telefonicznie uprzedzają o wizycie.	5	4	3	2 1
Po przyniesieniu zakupów lub prania natychmiast kładę wszystko na miejsce.	5	4	3	2 1
Stosuję priorytety, wykonując zadania codzienne i tygodniowe.	5	4	3	2 1
Moje biurko jest zawsze uporządkowane.	5	4	3	2 1
Raz w tygodniu kupuję artykuły spożywcze i inne niezbędne rzeczy.	5	4	3	2 1
Nienawidzę spóźniania się.	5	4	3	2 1
Staram się nie przeładowywać mojego programu zajęć.	5	4	3	2 1
Przed rozpoczęciem pracy przygotowuję sobie to, co będzie mi potrzebne.	5	4	3	2 1
Porządkuję i sprzątam szafy w regularnych odstępach czasu.	5	4	3	2 1
Po zakończeniu pracy odkładam na miejsce wszystko, czego używałem.	5	4	3	2 1
Planuję działania z wyprzedzeniem.	5	4	3	2 1

Od 4 do 3. To ludzie dość dobrze zorganizowani, niebędący jednak fanatykami porządku i harmonogramu. W ich mieszkaniach i biurach pojawia się czasem odrobina nieładu, w końcu jednak wszystko wraca na swoje miejsca, prostuje się i porządkuje. Wprowadzenie Łatwego Planu nie będzie dla takich rodziców przedsięwzięciem stresującym, a pewna doza elastyczności ułatwi im przystosowanie się do potrzeb i komunikatów dziecka – zwłaszcza gdy będą odmienne od ich oczekiwań.

Od 3 do 2. To umiarkowani bałaganiarze, którzy jednak – mimo skłonności do chaotyczności – panują nad tym, co robią. Realizacja Łatwego Planu wymagać będzie spisania jego szczegółowych założeń. Dotyczy to zwłaszcza dokładnych pór karmienia, zabawy i snu. Przyda się również notowanie wszystkiego, co ma być zrobione. (Na s. 74 znajduje się formularz ułatwiający te czynności). Osoby uzyskujące taki wynik są przyzwyczajone do niewielkiego bałaganu, w związku z czym życie z niemowlęciem nie będzie dla nich wielką niespodzianką.

Od 2 do 1. To rasowi bałaganiarze i skrajni wielbiciele chaosu, dla których realizacja jakiegokolwiek konsekwentnego planu wprowadzenia porządku może być trudnym wyzwaniem. Ktoś taki musi bezwzględnie wszystko zapisywać, co oznacza radykalną zmianę w jego stylu życia. Musi też sobie uświadomić, że pojawienie się dziecka jest radykalną zmianą w życiu.

Zmiana zwyczajów

Na szczęście ludzie potrafią dokonywać świadomych zmian w życiu – z wyjątkiem być może nielicznych rzadkich wyjątków (patrz: tekst wyodrębniony na następnej stronie). Doszłam do wniosku, że reprezentanci środka skali najłatwiej akceptują Łatwy Plan, ponieważ z natury są najbardziej elastyczni. Umieją docenić korzyści płynące z uporządkowania, a jednocześnie potrafią pogodzić się z pewnym bałaganem.

Rodzicom bardzo ambitnym i wymagającym moja metoda – zawierająca elementy organizacji działań i kierowania nimi – przynosi ulgę pod warunkiem, że potrafią uwolnić się od wewnętrznego przymusu dążenia do doskonałości. Często muszą oni solidnie popracować nad elastycznością. Ku mojej wielkiej radości widziałam także osoby zupełnie niezorganizowane, które właściwie pojęły logikę Łatwego Planu i odniosły korzyści z jego zastosowania.

Hannah. Hannah, której wskaźnik uporządkowania wynosił 5 w dniu naszego pierwszego spotkania, przeszła długą drogę przemian. Jeżeli powiem, że karmiła dziecko z zegarkiem w ręku, to należy to rozumieć dosłownie. W szpitalu powiedziano jej, że ma karmić małą Miriam przez dziesięć minut z każdej piersi (z którym to pomysłem zdecydowanie się nie zgadzam) i Hannah stosowała się dokładnie do tego zalecenia. Rozpoczynając karmienie, nastawiała minutnik. Po ohydnym i niepokoją-

cym dzwonku przystawiała dziecko do drugiej piersi. Dziesięć minut
później minutnik dzwonił ponownie i nie było odwołania – dobrze
zorganizowana mama odrywała swoją Miriam od piersi i szybko wynosiła
do jej pokoiku na drzemkę. Na tym ów horror bynajmniej się nie kończył.
Minutnik nastawiany był ponownie. „Wchodzę co dziesięć minut. Jeżeli
nadal płacze, uspokajam ją. Następnie zostawiam na kolejne dziesięć
minut i powtarzam procedurę dotąd, aż w końcu zaśnie". (Proszę zwrócić
uwagę, że nie miało znaczenia, czy Miriam płakała przez dziewięć minut
z owych dziesięciu; liczył się tylko minutnik).

Komu Łatwy Plan sprawia największe trudności

Poważne trudności w realizacji Łatwego Planu zdarzają się rzadko. Zwykle wynika
to z którejś z następujących przyczyn:

- **Brak perspektywy.** W życiu człowieka okres niemowlęctwa to krótka chwila.
Rodzice narzekający i postrzegający Łatwy Plan w kategoriach dożywocia nigdy nie
zrozumieją swojego dziecka i nie doświadczą wynikającej z tego radości.
- **Brak zaangażowania.** Szczegóły realizacji Łatwego Planu mogą ulegać zmianie,
należy je bowiem dostosować do cech dziecka i własnych potrzeb. Mimo to trzeba
się starać utrzymywać podstawowy rytm karmienia, aktywności, snu dziecka
i własnego odpoczynku dzień po dniu. Może to być trochę nużące, ale pamiętajcie –
ten system spełnia swoje zadanie!
- **Niezdolność do umiarkowania.** Uporczywe trwanie w skrajnościach prowadzi do
próby podporządkowania dziecka własnym potrzebom lub „dzieciokracji"
(i wynikającego z niej chaosu), która staje się jedyną regułą życia domowego.

„Proszę wyrzucić ten cholerny minutnik! – powiedziałam najdelikat-
niejszym i najbardziej taktownym tonem, na jaki mogłam się zdobyć. –
Posłuchamy płaczu Miriam i zobaczymy, co chce nam przekazać. Będziemy
też obserwowały jej karmienie oraz jej małe ciałko i wkrótce wysyłane
przez nią sygnały powiedzą nam, czego potrzebuje". Następnie wytłumaczyłam Hannah zasady Łatwego Planu i pomogłam wprowadzić je
w życie. Przyzwyczajenie się do nich zajęło tej kobiecie kilka tygodni,
dziewczynka natomiast bardzo szybko nauczyła się samodzielnie bawić po
każdym karmieniu, a w jej zachowaniu można było zaobserwować ogromną
ulgę. W stronę łóżeczka Hannah szła z dzieckiem dopiero wtedy, gdy
pojawiały się oznaki zmęczenia.

Terry. Wskaźnik uporządkowania tej kobiety wynosił (na podstawie testu) 3,5, choć początkowo żywiła pewną niechęć do idei opieki uporządkowanej według stałego planu. W rzeczywistości był on, jak sądzę, bliższy liczbie 4, zważywszy na to, że Terry miała za sobą wiele lat pracy na wysokich stanowiskach kierowniczych. Być może jej odpowiedzi pokazywały raczej to, jaka chciała być. Tak czy owak, po pokonaniu wstępnego oporu skoncentrowałyśmy się na uporządkowaniu karmienia małego Gartha. Przy mojej pomocy Terry przekonała się, że dziecko całkiem skutecznie zaspokaja apetyt, szuka jej piersi, kiedy jest głodny, i dobrze się przysysa. Niebawem moja klientka zaczęła odróżniać płacz sygnalizujący głód od tego, który wynikał ze zmęczenia. Zaproponowałam również codzienne notowanie długości karmienia, okresów aktywności i drzemek niemowlaka oraz własnego wypoczynku (patrz: s. 74). Mając przed sobą czarno na białym zapis realizowanego schematu, Terry zaczęła coraz lepiej interpretować płacz Gartha i potrafiła wygospodarować więcej czasu dla siebie. Czuła się też lepszą matką, co poprawiało jej samopoczucie we wszystkich innych dziedzinach życia.

Po dwóch tygodniach zadzwoniła, by z dumą mi oznajmić: „Tracy, jest dopiero wpół do jedenastej, a ja jestem już ubrana i gotowa do wyjścia z domu w swoich sprawach. To śmieszne – martwiłam się o swoją spontaniczność, gdy moje życie było zupełnie nieprzewidywalne. Teraz znajduję wreszcie czas, by być spontaniczna!".

Trisha i Jason. Para konsultantów pracujących w domu. W testach uporządkowania uzyskali wartości bliskie 1. Oboje po trzydziestce, bardzo sympatyczni i mili, lecz nawet podczas wstępnej konsultacji, gdy siadałam z nimi do rozmowy w salonie, czułam się zmuszona pozamykać drzwi prowadzące do pomieszczeń, w których pracowali, by nie mieć w polu widzenia zjełczałych pączków, brudnych filiżanek po kawie i stosów papierów bezładnie rozrzuconych wszędzie, gdzie się dało. Widać było wyraźnie, że w tym domu niepodzielnie króluje bałagan. Na wszystkich krzesłach i fotelach leżały brudne części garderoby, a na podłodze (w pokoju gościnnym!) poniewierały się skarpetki, swetry i różne przedmioty codziennego użytku. W kuchni szafki były pootwierane, a w zlewie piętrzyły się stosy brudnych naczyń. Wszystko to wcale nie martwiło i nie peszyło gospodarzy.

W odróżnieniu od innych tego typu par Jason i Trisha – wówczas w dziewiątym miesiącu ciąży – przyznawali, że po przyjściu na świat dziecka wszystko to powinno ulec zmianie. Pomogłam im zrozumieć, jakie konkretne i specyficzne zmiany w stylu życia będą musieli wprowadzić. Ich słodka pociecha będzie przede wszystkim wymagała wydzielonych dla niej ustronnych miejsc, w których będzie mogła spokojnie przyjmować pokarm, bawić się i spać bez nadmiernych zewnętrznych pobudzeń, prócz tego jednak rodzice powinni uszanować jej prawo do konsekwentnego uporządkowania tych prostych czynności.

Elizabeth urodziła się w sobotę, a następnego dnia była już w domu. Wręczyłam rodzicom listę rzeczy, które powinni mieć pod ręką. Na szczęście dla siebie i dziecka, większość z nich kupili. Pewną trudność sprawiło im wyodrębnienie dziecięcego kącika, wyjęcie wszystkiego z opakowań i ułożenie w taki sposób, by znajdowało się w zasięgu ręki. Mimo tych kilku potknięć Jason i Trisha okazali (ku mojemu wielkiemu zdumieniu) niebywałą wręcz konsekwencję w przestrzeganiu założeń Łatwego Planu. Pomagało im niewątpliwie usposobienie dziecka, które okazało się typowym Dzieckiem Podręcznikowym. Kiedy Elizabeth miała dwa tygodnie, wszystko chodziło już jak w zegarku (choć zegarka nikt w ręku nie trzymał!). Po siedmiu tygodniach dziewczynka potrafiła przesypiać pięć do sześciu godzin w nocy, nie budząc się i nie niepokojąc rodziców.

Proszę mnie źle nie zrozumieć! Trisha i Jason pozostali sobą – nie przeszli cudownej przemiany. Mieli jednak dobry start. Ich mieszkanie jest teraz nieco bardziej uporządkowane, w dalszym ciągu jednak wygląda jak tymczasowa kwatera wojenna. Elizabeth świetnie się rozwija, ponieważ rodzice zapewnili jej bezpieczne i wygodne środowisko oraz nadali jej życiu rytm, do którego mogła się przystosować. Podobnie rzecz się ma z Terry, która nadal czuje się rozdarta pomiędzy miłością do Gartha a tęsknotą do kariery zawodowej. Mimo iż obiecała sobie, że nie wróci do pracy, podejrzewam, że za jakiś czas pewnie zweryfikuje tę decyzję. Jeżeli to stanie się wtedy, gdy funkcjonowanie Łatwego Planu będzie już mocno ustabilizowane, to Garth spokojnie przyjmie tę zmianę. Również Hannah nie przestała być sobą. Wprawdzie nie włącza już minutnika, ale wnętrze jej domu nadal wygląda jak muzeum; Miriam nie zaczęła jeszcze chodzić, a w mieszkaniu nie ma prawie śladów obecności małego dziecka. Sukcesem jest jednak to, że Hannah nauczyła się języka swojej córeczki i potrafi się z nią porozumieć.

Jak niemowlęta przyjmują nasz Łatwy Plan?

Powodzenie realizacji Łatwego Planu zależy także od dziecka. Moją pierwszą podopieczną była Sara, dziewczynka należąca do grupy Dzieci Ruchliwych – bardzo wymagająca, absorbująca, o wysokim poziomie aktywności. Gdy tylko otwierała oczka, natychmiast czegoś chciała. Doprowadzała otoczenie do wyczerpania. Ratował nas tylko porządek działania. Układaniu Sary do snu towarzyszył rytuał, którego zawsze starałam się przestrzegać. Jakiekolwiek odstępstwa od niego wytrącały dziewczynkę z równowagi i zaczynały się brewerie. Później urodziła się jej młodsza siostrzyczka Sophie, która była Aniołkiem od pierwszych chwil swego życia. Przyzwyczajona do ekscesów Sary, nie mogłam wyjść z podziwu, obserwując niewzruszony spokój i cierpliwość jej siostry. Przyznam, że nieraz pochylałam się rano nad łóżeczkiem Sophie, by sprawdzić, czy jeszcze oddycha. I cóż tam znajdowałam? Radosne niemowlę, dawno już przebudzone, cichutko gaworzące i „rozmawiające" ze swoimi zabaweczkami. Jej cykl zajęć ustalił się niemal automatycznie – prawie bez mojego udziału!

Oczekując narodzin dziecka, chcielibyśmy wiedzieć, czego się po nim spodziewać. Trudno to przewidzieć. Mogę natomiast państwa zapewnić, że nie spotkałam jeszcze niemowlęcia, któremu by Łatwy Plan nie posłużył, ani też domu, w którym jego realizacja nie przyczyniłaby się do poprawy atmosfery. Aniołki i Dzieci Podręcznikowe mają dobrze wyregulowane zegary wewnętrzne zapewniające im udany start. Niewiele trzeba poprawiać – wystarczy uważna obserwacja. Noworodki należące do innych grup wymagają większej pomocy. Oto czego możemy oczekiwać od dzieci poszczególnych typów.

Aniołek. Łatwo przewidzieć, że dziecko o spokojnym i pogodnym usposobieniu przystosowuje się do schematu dnia. Taka właśnie była Emily. Łatwy Plan zastosowaliśmy już pierwszego dnia po przyjeździe ze szpitala. Pierwszą swoją noc w domu dziewczynka spędziła w łóżeczku, gdzie spała od godziny jedenastej wieczorem do piątej rano. I tak było przez pierwsze trzy tygodnie. Potem jej sen nocny wydłużył się do godziny siódmej. Matce Emily zazdrościły wszystkie jej przyjaciółki, z mojego doświadczenia wynika jednak, że wszystkie Aniołki karmione w dzień według planu zaczynają przesypiać noc najpóźniej w trzecim tygodniu.

Dziecko Podręcznikowe. Także i te dzieci bez trudu akceptują Łatwy Plan, ponieważ są we wszystkich reakcjach nadzwyczaj przewidywalne. Kiedy rytm się wytworzy, Dziecko Podręcznikowe funkcjonuje według niego bez żadnych odchyleń. Tommy regularnie budził się na karmienia i spał szczęśliwie od dziesiątej wieczorem do czwartej nad ranem, a po sześciu tygodniach – do szóstej. Zauważyłam, że niemowlęta z tej grupy uczą się przesypiać noc między siódmym a ósmym tygodniem życia.

Dziecko Wrażliwe. Są to dzieci najdelikatniejsze ze wszystkich, uwielbiające regularność i przewidywalność zdarzeń. Im bardziej konsekwentnie przestrzegamy harmonogramu, tym lepiej się z takim dzieckiem porozumiewamy i szybciej dochodzimy do dłuższego snu nocnego. Jeżeli jego sygnały są prawidłowo odczytywane, Dziecko Wrażliwe zaczyna przesypiać noc między ósmym a dziesiątym tygodniem życia. Gorzej się dzieje, gdy komunikaty są niewłaściwie rozumiane. Niemowlę o takim usposobieniu musi być bardzo regularnie obsługiwane, w przeciwnym razie trudno będzie uśmierzyć jego płacz, a wszelkie zabiegi czynione w tym celu będą je jeszcze bardziej irytować. Dobrym przykładem Dziecka Wrażliwego jest Iris, którą wyprowadzają z równowagi wszelkie nietypowe bodźce – od niespodziewanych odwiedzin do szczekania psa gdzieś poza domem. Jej mama musi pilnie obserwować wszystkie sygnały. Jeżeli przeoczy któryś z oznaczających głód lub zmęczenie i czeka zbyt długo z karmieniem lub położeniem do łóżka, to po kilku minutach Iris płacze tak, że nie sposób jej uspokoić.

Dziecko Ruchliwe. Ma swój własny rozumek i może protestować przeciw wszelkim próbom uporządkowania jego życia. Zdarza się też, że w chwili gdy rytm zajęć wydaje się już ustabilizowany, Dziecko Ruchliwe decyduje, że jednak zupełnie mu to nie odpowiada. Trzeba wtedy poświęcić cały dzień na obserwowanie komunikatów. Staramy się dociec, o co ono nas prosi, a następnie, modyfikując odpowiednio, przywrócić porządek. Niemowlęta z tej grupy dają wyraźnie do zrozumienia, co im odpowiada, a czego sobie stanowczo nie życzą. Bart – klasyczny przykład Dziecka Ruchliwego – zaczął nagle zasypiać przy piersi, gdy tylko matka usiłowała go nakarmić. Potem nie można go było obudzić. Zdarzyło się to po czterech tygodniach pomyślnego wprowadzania w życie Łatwego Planu. Zaproponowałam Pameli uważne słuchanie i obserwowanie dziecka przez cały dzień. Okazało się, że Bart krócej sypia w ciągu dnia i nie jest wyspany, kiedy się budzi, jak również, że jego mama, zamiast słuchać jego sygnałów, zbyt szybko i nerwowo interweniuje, widząc pierwsze oznaki budzenia. Kiedy Pam poczekała, zamiast go dobudzać, okazało się że Bart ponownie zasnął, a kiedy się obudził, był gotów do karmienia. W ten sposób przywróciłyśmy porządek, modyfikując harmonogram stosownie do potrzeb dziecka. Dzieci Ruchliwe rzadko przesypiają noc przed upływem dwunastu tygodni. Zachowują się tak, jakby nie chciały długo spać z obawy, że coś utracą. Często mają też trudności z zasypianiem.

Mały Buntownik. Niemowlę należące do tej grupy zazwyczaj protestuje przeciw każdej próbie usystematyzowania swojego życia, ponieważ sprzeciw i niezadowolenie dominują w jego osobowości. Jeżeli jednak konsekwentnie wprowadzimy jakąś regularność, wówczas jest znacznie szczęśliwsze. Reakcje Małych Buntowników są bardzo intensywne, lecz po zrealizowaniu Łatwego Planu nie powinno już być problemów z kąpielami, ubieraniem, a nawet z karmieniem, ponieważ nawet taki uparciuch woli wiedzieć, co go czeka, i jest bardziej zadowolony, gdy jego oczekiwania się spełniają. U niemowląt z tej grupy lekarze często rozpoznają kolkę, podczas gdy w rzeczywistości potrzebny jest tylko konsekwentny porządek działań. Dzieckiem tego rodzaju był Stuart. Nie chciał się bawić, nie lubił przewijania i marudził nawet przy matczynej piersi. Stale okazywał niezadowolenie. Własny rytm służył mu dobrze, nie służył natomiast jego mamie, która niechętnie budziła się w środku nocy bez wyraźnego uzasadnienia. Po wprowadzeniu schematu Łatwego Planu większa przewidywalność wydarzeń dnia wpłynęła korzystnie na nocny sen Stuarta oraz złagodziła jego zwyczajowe protesty. Mali Buntownicy zwykle zaczynają przesypiać noc w okolicach szóstego tygodnia. Wydają się najszczęśliwsi, gdy leżą w swoich łóżeczkach z dala od domowego zamętu.

Pragnę przypomnieć coś, o czym wspominałam w rozdziale I, charakteryzując pięć typów usposobień. Wszelkie tego rodzaju klasyfikacje mają z konieczności charakter przybliżony.

Jak uczyć się języka niemowląt?

Uczyniliśmy pierwszy krok, starając się nieco lepiej zrozumieć siebie; mamy też pewien pogląd na to, czego należy oczekiwać od niemowlęcia. Nie od razu jednak Kraków zbudowano. Pierwsze tygodnie wprowadzania Łatwego Planu mogą być trudne. Potrzebny jest czas i cierpliwość, a nade wszystko wytrwałość i konsekwencja w działaniu. Oto kilka pożytecznych wskazówek:

Prowadzenie notatek. Jednym ze sposobów, który polecam rodzicom – zwłaszcza tym mniej uporządkowanym – jest prowadzenie dzienniczka Łatwego Planu. Zapiski w dzienniczku dają nam świadomość, w jakim punkcie procesu aktualnie się znajdujemy; wynika z nich także, jak zachowuje się dziecko i co robi jego mama. Jest to szczególnie ważne podczas pierwszych sześciu tygodni. Warto rejestrować również przebieg własnego powrotu do zdrowia. W ciągu pierwszych sześciu tygodni życia dziecka regularny odpoczynek matki jest równie istotny jak nauka pielęgnacji i obsługi noworodka. Szczegółowo zajmiemy się tym tematem w rozdziale VII.

Wystarczy kilka dni, by zapoznać się dokładnie z zachowaniem niemowlęcia. W ciągu tygodnia zauważalny jest przyrost wagi, jeżeli dziecko dobrze przyjmuje pokarm. Możemy też zaobserwować dłuższe przysysanie się do piersi. Gdy jednak czas ssania nagle się wydłuża z trzydziestu do pięćdziesięciu minut lub godziny, to trzeba ustalić, czy jest to karmienie, czy też używanie piersi jako środka usypiającego. Żeby udzielić sobie odpowiedzi, musimy wystarczająco długo obserwować dziecko. I w ten właśnie sposób rodzice zaczynają poznawać język noworodków oraz indywidualne zwyczaje swojego potomka. Oto przykładowy dzienniczek:

Dzienniczek

	DATA								
Karmienie						Aktywność		Sen	Czas wolny matki
O jakich porach?	Ile (ml)?	Z prawej piersi (min)	Z lewej piersi (min)	Ruchy jelit	Oddawanie moczu	Rodzaj i czas	Kąpiel (rano czy wieczorem?)	Jak długo?	Wypoczynek? Sprawy? Wgląd w siebie? Komentarze?

W rozdziałach IV, V i VI omówię szczegółowo zagadnienia karmienia, ruchów jelit, oddawania moczu, aktywności i innych aspektów codziennego funkcjonowania niemowlęcia, znajdą się tam również dodatkowe wskazówki dotyczące oceny postępów dziecka. Dzienniczek można oczywiście dowolnie przystosować do własnych potrzeb i konkretnej sytuacji. Na przykład: gdy rodzice dzielą się opieką w równych częściach, można w nim zapisać, kto co będzie robił. Jeżeli dziecko urodziło się przedwcześnie lub przyjechało ze szpitala z jakimś problemem zdrowotnym, być może przyda się dodatkowa kolumna przeznaczona do notowania specjalnych czynności i zabiegów. Najważniejsza w tym wszystkim jest konsekwencja. Tak prowadzony dzienniczek pomaga w realizacji każdego programu.

Poznawanie osobowości dziecka. Szczególnym zadaniem rodziców jest rozpoznanie unikatowej i niepowtarzalnej osobowości własnego dziecka. Jeżeli macie córeczkę imieniem Rachel, nie nazywajcie jej – nawet w myślach – „dzieckiem" czy „niemowlakiem"; jest to przecież osoba, której na imię Rachel. Wiecie, jak powinien wyglądać dzień Rachel – jej karmienia, okresy aktywności i drzemki. Musicie jednak wsłuchiwać się w to, co Rachel ma wam do powiedzenia. Może to wymagać paru dni eksperymentowania, przyglądania się, uważnego obserwowania.

WSKAZÓWKA: *Pamiętajmy, że żadne dziecko nie jest „nasze". To odrębna osoba – dar, który otrzymujemy, by móc się kimś opiekować.*

Działajmy spokojnie i powoli. Niemowlęta dobrze reagują na delikatne, proste i powolne ruchy. Taki jest ich naturalny rytm, który powinniśmy uszanować. Zamiast prób narzucania naszego tempa życia spróbujmy dostosować się do ich tempa. W ten sposób dajemy sobie szansę obserwowania i słuchania. Przy małym dziecku nie wolno się śpieszyć. Starajmy się wczuć w rytm i tempo jego życia; czynimy przez to wielkie dobro jemu i sobie. Dlatego właśnie zalecam trzy głębokie oddechy przed każdym podejściem do niemowlęcia i wzięciem go na ręce. Do kwestii zwolnienia tempa oraz uważnego obserwowania powrócę jeszcze w następnym rozdziale.

ROZDZIAŁ III

JĘZYK NIEMOWLĄT

Uważamy, że matka, która potrafi odczytać komunikaty dziecka i zrozumieć, co niemowlę stara się jej przekazać, ma największe szanse zapewnienia mu takiego środowiska wychowawczego, które wzbogaci jego rozwój i ułatwi mu w przyszłości odnalezienie się w świecie.

– Dr Barry Lester
(*The Crying Game*, „Brown Alumni Magazine")

Niemowlęta – obcy w obcym świecie

Staram się pomóc rodzicom wczuć się w położenie noworodka i wyjaśniam, że czuje się on trochę jak przybysz z obcego kraju. Proszę ich, by wyobrazili sobie, że podróżują po fascynującym, ale zupełnie nieznanym terenie. Sceneria i pejzaże mogą być piękne, a ludzie ciepli i życzliwi – co łatwo wyczytać z ich oczu i uśmiechów. Mimo to zaspokojenie najprostszych potrzeb może okazać się trudne. Wchodzicie na przykład do restauracji i pytacie: „Gdzie jest toaleta?". W odpowiedzi pokazują wam stół i podtykają pod nos talerz pełen makaronu. Kiedy indziej dzieje się odwrotnie – chcecie zjeść solidny posiłek, a kelner prowadzi was do toalety!

Tak właśnie czują się noworodki od pierwszego dnia życia. Niezależnie od gustownie urządzonych pokoików oraz ciepłych i życzliwie nastawionych rodziców niemowlęta bombardowane są lawiną niezrozumiałych i nieznanych bodźców. Jedyna dostępna dla nich forma porozumienia – ich język – składa się z dwóch elementów – płaczu i ruchów ciała.

Należy również pamiętać, że niemowlęta rozwijają się w swoim tempie, często niezgodnym z naszymi wyobrażeniami. Z wyjątkiem niektórych

Dzieci Podręcznikowych większość niemowląt nie rozwija się według teoretycznych harmonogramów. Rodzice powinni przyglądać się, jak ich dziecko rozkwita, wspierać je, nie ingerując w każdej sytuacji, która odbiega od naukowych standardów.

Włączmy hamulce

Kiedy rodzice proszą mnie o ustalenie przyczyn marudzenia i płaczu ich pociechy, zwykle oczekują ode mnie natychmiastowej diagnozy i radykalnego działania. Wprawiam ich wtedy w zdumienie, mówiąc: „Powoli, mili państwo! Spróbujmy posłuchać, co ten mały człowiek nam mówi!". To rzekłszy, przyglądam się pilnie ruchom dziecka, zwracając uwagę na rączki i nóżki, ruchy języczka zaokrąglającego się lub wysuwanego z buzi i wsuwanego z powrotem, a także na wyginanie plecków. Każdy z tych gestów coś oznacza. Słucham następnie różnych rodzajów płaczu oraz innych dźwięków, które dziecko z siebie wydaje. Oceniam ich wysokość, intensywność i częstotliwość, wszystko to są bowiem elementy niemowlęcego języka.

Równocześnie chłonę atmosferę otoczenia. Wyobrażam sobie, co może czuć to dziecko w tej właśnie chwili. Starając się ocenić jego wygląd, artykułowane dźwięki i wykonywane gesty, rozglądam się po pokoju. Zwracam uwagę na temperaturę, a przede wszystkim wsłuchuję się w odgłosy dobiegające z innych części domu. Dyskretnie obserwuję też rodziców; interesuje mnie, czy są nerwowi, zmęczeni lub źli, i słucham tego, co mówią. Potem zadaję pytania, takie jak:

„Kiedy było ostatnie karmienie?".

„Czy nosi pani dziecko po mieszkaniu przed ułożeniem go do snu?".

„Czy dziecko często podnosi nóżki do piersi tak jak w tej chwili?".

Czekam na odpowiedzi. Zwykle nie przejmujemy przecież inicjatywy w rozmowie, zanim się nie zorientujemy, co inni jej uczestnicy mają do powiedzenia. Najpierw słuchamy, by wiedzieć, czy i jak się włączyć. W kontaktach z niemowlętami dorośli zachowują się jednak zupełnie inaczej, jakby działali bez zastanowienia. Gaworzą, kołyszą dziecko, ściągają mu pieluszki, łaskoczą je, rozweselają, potrząsają jego ciałem, a przede wszystkim mówią za szybko i zbyt głośno. Wydaje im się, że odpowiadają w ten sposób na jego komunikaty, lecz to nieprawda – większość ich zachowań to wyraz bezradności i niezrozumienia. Zdarza się też, że działania rodziców biorą się z odczuwalnego przez nich dyskomfortu, zamiast zaspokajać potrzeby dziecka. Nie trzeba dodawać, że zachowania takie często pogłębiają cierpienia i stres niemowlęcia, choć miały służyć czemuś zupełnie innemu.

Wieloletnie doświadczenie nauczyło mnie cenić zasadę: „Zanim coś zrobisz, pomyśl trzy razy", którą na trwałe sobie przyswoiłam. Wiem jednak, że początkującym rodzicom, stremowanym i nieprzyzwyczajonym do słuchania dziecięcego płaczu, przestrzeganie jej sprawia ogromną trudność. Wszystkim tym osobom proponuję zwolnienie tempa reagowania i stosowanie prostej czteropunktowej strategii.

Powoli!

Kiedy dziecko płacze lub marudzi, spróbujmy prostej strategii, która zajmie zaledwie parę dodatkowych chwil.

Stop. Pamiętajmy, że płacz jest elementem niemowlęcego języka.
Słuchamy. Co ten konkretny płacz wyraża?
Obserwujemy. Co dziecko robi? Co się poza tym dzieje?
O co chodzi? Na podstawie tego, co słyszymy i widzimy, staramy się ocenić sytuację i odpowiednio zareagować.

Stop. Przestańmy na chwilę się miotać; do dziecka nie trzeba rzucać się w panice, potykając się o własne nogi, gdy tylko zacznie płakać. Lepiej wziąć trzy głębokie wdechy, wyostrzając w ten sposób percepcję, oraz oczyścić umysł z różnych rad i podpowiedzi, które często utrudniają zachowanie obiektywizmu.

Słuchamy. Płacz jest jednym ze sposobów komunikowania się niemowlęcia. Proponuję zastanowić się przez chwilę, czego dziecko się domaga. Oczywiście nie znaczy to, że namawiam do niereagowania na płacz dziecka.

Obserwujemy. Co nam mówią ruchy dziecka? Co się dzieje w najbliższym otoczeniu? Co działo się, zanim niemowlę zaczęło po swojemu przemawiać?

O co chodzi? Łącząc w całość to, co słyszymy i widzimy, oraz biorąc pod uwagę, na co przyszła pora w ustalonym i realizowanym harmonogramie, możemy zrozumieć sens tego, co dziecko stara się nam przekazać.

Dlaczego wolniej?

Kiedy dziecko płacze, naturalnym odruchem jest próba udzielenia mu natychmiastowej pomocy. Można przy tym nabrać przekonania, że dziecko płaczące intensywnie cierpi lub nawet że sam płacz jest czymś złym i niepożądanym. Ma to jednak podłoże czysto emocjonalne i naszym pierwszym krokiem powinno być opanowanie. Zamiast rzucać się do dziecka bez jakiejkolwiek koncepcji działania, poczekajmy chwilę. Oto trzy ważne uzasadnienia tej propozycji.

1. Niemowlę powinno mieć szansę doskonalenia swojego „języka płaczu". Wszyscy rodzice chcą, by ich dzieci były komunikatywne – żeby potrafiły prosić o to, czego potrzebują, i umiały wyrażać swoje uczucia. Niestety, wiele osób odkłada naukę tych ważnych umiejętności do czasu opanowania języka werbalnego, podczas gdy pierwsze próby ekspresji przypadają na okres wczesnego niemowlęctwa. Wtedy to dziecko podejmuje próby porozumiewania się za pomocą dźwięków nieartykułowanych i różnych rodzajów płaczu.

Biorąc to wszystko pod uwagę, rozważmy, co się dzieje, gdy w odpowiedzi na każdy płacz niemowlęcia mama niezmiennie daje mu pierś do ssania lub wkłada do buzi smoczek. Wyrabiamy w dziecku przekonanie, że nie warto prosić o pomoc. Każdy z wielu rodzajów płaczu jest prośbą o pomoc w zaspokojeniu jakiejś konkretnej potrzeby. Nie wkładamy przecież dorosłemu skarpetki do ust, gdy ten mówi, że jest zmęczony. Niestety, tak właśnie postępujemy z naszymi niemowlętami, kiedy nie stać nas na ową chwilę uważnego słuchania.

Najgorsze jest to, że zamykając dziecku usta, zamiast starać się je zrozumieć, uczymy je niezabierania głosu, czyli pozbawiamy naturalnego środka ekspresji. Liczne badania wykazały, że płacz noworodka różnicuje się już w chwili narodzin. Jeżeli rodzice nie zadają sobie trudu słuchania rozmaitych rodzajów płaczu i nie uczą się ich rozumienia, to z biegiem czasu owo cenne zróżnicowanie zanika. Inaczej mówiąc, niemowlę, które na swój płacz nie otrzymuje żadnych odpowiedzi lub otrzymuje zawsze jedną i tę samą odpowiedź, uczy się, że nie warto wysyłać odmiennych sygnałów. Po pewnym czasie rezygnuje więc z różnicowania płaczu i zaczyna płakać zawsze tak samo.

2. Trzeba dać dziecku szansę doskonalenia umiejętności samodzielnego uspokajania się. Wszyscy wiemy, jak ważny jest świadomy relaks dla dorosłego. Upodobania mamy w tym zakresie bardzo różne. Jedni szukają odprężenia w gorącej kąpieli, inni korzystają z masaży, a jeszcze inni czytają książki lub odbywają spacery i marsze. Metod jest wiele, jednak znajomość tego, co nas uspokaja lub ułatwia zaśnięcie, uważamy za bardzo istotną. Umiejętności tego rodzaju występują także u dzieci w różnym wieku. Trzylatek może na przykład ssać kciuk lub przytulać pluszaka, gdy ma już dosyć pobudzających bodźców ze świata; nastolatek zamyka się w swoim pokoju i słucha ulubionej muzyki.

A jak to wygląda u niemowląt? W pierwszym roku życia nie można samodzielnie wyjść na spacer lub włączyć telewizora, są jednak pewne wrodzone odruchy – płacz i ssanie, powinniśmy więc pomagać dziecku w ich doskonaleniu. Podczas pierwszych trzech miesięcy życia niemowlaki przeważnie nie potrafią jeszcze znajdować własnych palców, mogą jednak płakać. Niezależnie od innych funkcji płacz pozwala izolować się od pobudzeń zewnętrznych, dlatego właśnie niemowlęta płaczą, kiedy są przemęczone. Reakcje takie zdarzają się także i u dorosłych. „Mam już tak dość, że chyba się rozpłaczę!" – ta typowa wypowiedź wyraża, ni mniej, ni więcej, tylko chęć zamknięcia oczu, zatkania uszu, otwarcia ust i płaczu – w celu odizolowania się od wszelkich wpływów zewnętrznych.

Korzyści z rozpoznawania rodzajów płaczu

Profesor Barry Lester – psychiatra i specjalista w dziedzinie ludzkich zachowań z Ośrodka Rozwoju Niemowląt przy Brown University – bada płacz niemowląt od ponad dwudziestu lat. W uzupełnieniu klasyfikacji płaczu prowadzi badania, które polegają na tym, że matki samodzielnie identyfikują rodzaje płaczu w pierwszym miesiącu życia dziecka. Odnotowując zgodność spostrzeżeń matek z klasyfikacją przyjętą przez naukowców, stwierdzono, że dzieci, których matki trafniej rozpoznają typy płaczu, po osiemnastu miesiącach są lepiej rozwinięte umysłowo oraz znają dwa i pół razy więcej słów niż ich rówieśnicy.

Nie zachęcam do ignorowania płaczu niemowląt – pozwalania im płakać dopóty, dopóki nie zasną; jestem jak najdalsza od takiej koncepcji, uważam ją bowiem za przejaw bezdusznego i prymitywnego okrucieństwa. Proponuję jednak potraktować płacz ze zmęczenia jako komunikat i prośbę i ocienić oraz wyciszyć miejsce, w którym dziecko przebywa. Zdarza się też czasem, że niemowlę płacze tylko przez kilka sekund (nazywam to zjawisko „głosem duszka"; patrz: s. 193) i ponownie zasypia. Kontynuacja snu oznacza, że samo się uspokoiło. Jeżeli będziemy w takich momentach interweniować – szybko utraci tę zdolność.

3. Powinniśmy uczyć się języka niemowlęcia. Reagując wolniej i mniej nerwowo, coraz lepiej poznajemy swoje dziecko i jego potrzeby. Obserwowanie płaczu przez dłuższą chwilę pozwala zrozumieć jego podłoże i odczytać towarzyszące mu komunikaty wyrażone językiem ciała. To z kolei stwarza możliwość rzeczywistego zaspokajania potrzeb dziecka – w przeciwieństwie do ciągłego podtykania mu pokarmu lub kołysania na rękach bez zastanowienia się, czego mu rzeczywiście potrzeba.

Muszę jednak z całą mocą podkreślić, że chwila zastanowienia nie jest równoważna ze zgodą na wypłakiwanie się dziecka; to tylko krótka przerwa konieczna do nauki niemowlęcego języka. Naszym celem jest zaspokajanie potrzeb dziecka, a nie bezlitosne pozostawianie go w stanie głębokiej frustracji. Stosując naszą metodę, dochodzi się do tak wielkiej wprawy w odczytywaniu intencji niemowlęcia, że po pewnym czasie staje się możliwe rozpoznawanie zmartwień i kłopotów, zanim zdołają wymknąć się spod kontroli. Reasumując, można powiedzieć, że proponowana technika krótkotrwałego intensywnego obserwowania i słuchania płaczu, która pozwala zrozumieć i ustalić jego przyczyny, doskonali świadome rodzicielstwo.

Zasady słuchania

Rozróżnianie typów płaczu wymaga pewnej praktyki, pamiętajmy jednak, że wsłuchiwanie się sprzyja zwracaniu uwagi na wiele ważnych sygnałów z otoczenia. W dalszych rozważaniach będziemy zakładać, że już zostały wprowadzone podstawowe założenia opisanego wcześniej Łatwego Planu. Oto kilka wskazówek pomagających świadomie słuchać płaczu niemowlęcia.

Pora dnia. O jakiej porze dnia dziecko zaczyna płakać? Czy zaraz po karmieniu, czy po zabawie? A może po spaniu? Może ma mokrą lub brudną pieluszkę? Może jest nadmiernie pobudzone? Spróbujmy odtworzyć wszystko, co działo się wcześniej, nawet poprzedniego dnia. Czy zdarzyło się coś nowego, na przykład pierwsze przekręcenie się na bok lub pierwsze próby pełzania? (Czasami szybki wzrost i / lub inna gwałtowna zmiana rozwojowa wpływa na apetyt dziecka, zapotrzebowanie na sen lub usposobienie; patrz: s. 97).

Środowisko. Co dzieje się w domu? Czy pies szczekał? Czy ktoś używał odkurzacza lub innego głośnego urządzenia? Czy z zewnątrz dochodzą jakieś uciążliwe hałasy? Każda z tych przyczyn mogła przestraszyć niemowlę lub wytrącić z równowagi. Czy ktoś coś gotował, a jeśli tak, czy dochodziły z kuchni ostre zapachy? Czy w domu rozchodziła się jakaś silna woń, np. z odświeżacza powietrza lub innego aerozolu? Noworodki są bardzo wrażliwe na bodźce zapachowe. Warto też zwrócić uwagę na temperaturę w pokoju. Czy były przeciągi? Czy dziecko nie jest zbyt grubo lub zbyt lekko ubrane? Jeżeli było na spacerze – może pojawiły się w jego zasięgu jakieś nieznane widoki, dźwięki, zapachy lub obce osoby?

Opiekująca się osoba. Niemowlę chłonie emocje dorosłych, a w szczególności swojej mamy. Jeżeli była zaniepokojona, zmęczona lub zła, dziecko na pewno to odczuło. A może był jakiś przykry telefon? Może matka na kogoś krzyczała? Jeśli natychmiast po takich wydarzeniach dziecko było karmione, to z całą pewnością czuło zmianę nastroju mamy.

Pamiętajmy, że przy płaczącym niemowlęciu rzadko kto potrafi zachować obiektywizm. Podobnie się dzieje, gdy jesteśmy świadkami braku równowagi emocjonalnej u osoby dorosłej; niemal każdy wyobraża sobie wówczas jej uczucia na podstawie własnych doświadczeń. Na widok zdjęcia przedstawiającego kobietę trzymającą się za brzuch ktoś może powiedzieć: „Na pewno coś ją boli". Ktoś inny skomentuje to jednak zupełnie inaczej: „Otrzymała dobrą nowinę – jest w ciąży". Słysząc płacz dziecka, także dokonujemy projekcji. Wydaje nam się, że wiemy, co ono czuje, i jeśli jest to konotacja negatywna, martwimy się. Niemowlętom udziela się nasza niepewność, a także nasza złość. Pamiętajmy o tym, gdy zaczynamy zbyt gwałtownie telepać wózkiem lub kołyską; czy przypadkiem nie staramy się w ten sposób wyładować własnej złości i niepokoju pod pozorem uspokajania biednego malca.

Bądźmy realistami. Można nie wiedzieć, jak się robi to czy owo. Zastanawianie się nad sposobem postępowania jest całkowicie dopuszczalne. Tak samo złość. Nie jest jednak w porządku, gdy zaczynamy przenosić własny niepokój lub wściekłość na dziecko! Tłumaczę matkom: „Żadne niemowlę nie umarło jeszcze od płaczu. Jeśli nawet miałoby płakać parę chwil dłużej, czasem warto wyjść z pokoju i opanować własne negatywne emocje".

WSKAZÓWKA: *Chcąc uspokoić dziecko, trzeba najpierw uspokoić siebie. Weźmy trzy głębokie wdechy, odczujmy własne emocje i spróbujmy zrozumieć ich źródło, a co najważniejsze – pozwólmy, by złość i niepokój nas opuściły.*

Płaczące dziecko = zła matka?

Trzydziestojednoletnia Janice, która przed urodzeniem własnego dziecka zawodowo opiekowała się niemowlętami, miała ogromne trudności z praktycznym przyswojeniem zasady zwolnienia tempa reakcji. Gdy tylko jej mały Eric zapłakał, natychmiast biegła na ratunek, działając jak nakręcony automat – usiłowała podsuwać mu pokarm lub wkładała do buzi smoczek. Powtarzałam jej do znudzenia: „Poczekaj chwilę, złotko, i popatrz, czego dziecko chce od ciebie". Moje słowa odbijały się od niej jak groch o ścianę, aż któregoś dnia Janice zdała sobie sprawę z tego, co się dzieje, i podzieliła się ze mną swoim objawieniem.

„Kiedy Eric miał dwa tygodnie – relacjonowała – odbyłam rozmowę z moją mamą, która potem wróciła do Chicago. Przyjechała, wraz z tatą i siostrą, po narodzinach chłopca, a po jego obrzezaniu wszyscy wyjechali. Kilka dni później podczas telefonicznej rozmowy mama usłyszała płacz Erica i natychmiast spytała protekcjonalnym tonem:»Co z nim jest? Co ty mu robisz?«".

Mimo ogromnego doświadczenia w obsłudze i pielęgnacji cudzych dzieci Janice czuła się bardzo niepewnie w roli matki. Insynuacja ukryta w agresywnych i pełnych dezaprobaty pytaniach matki kompletnie ją rozstroiła. Po telefonicznej rozmowie Janice nabrała przekonania, że coś robi źle. Kończąc rozmowę, matka dodała jeszcze do swoich krzywdzących ocen wypowiedź głęboko obraźliwą: „Ty nigdy nie płakałaś jako dziecko. Ja byłam doskonałą matką".

Był to klasyczny przykład funkcjonowania najbardziej absurdalnego i szkodliwego mitu o rodzicielstwie: Jeśli dziecko płacze, to znaczy, że ma złych rodziców. Janice miała wdrukowany w mózg ów bezsensowny komunikat. Traf chciał, że jej siostrze urodził się Aniołek – dziecko płaczące bardzo rzadko. Eric był Dzieckiem Wrażliwym – niemowlęciem znacznie bardziej pobudliwym, silnie reagującym na najlżejsze bodźce płynące z otoczenia. Niestety, Janice nie potrafiła ujrzeć jasno swojej sytuacji, ponieważ przeszkadzał jej w tym niepokój.

Po przedyskutowaniu sprawy jej ocena sytuacji zaczęła się zmieniać. Przede wszystkim przypomniała sobie, że jej matka zawsze zatrudniała na stałe zawodową opiekunkę do dzieci. Być może upływ czasu nadwerężył jej pamięć; nie jest też wykluczone, że opiekunka konsekwentnie usuwała płaczące niemowlęta z pola jej widzenia i świadomości (nie można wykluczyć, że na jej życzenie!). Tak czy owak, każde dziecko płacze, a jeśli nie, to coś z nim jest nie w porządku (patrz: tekst wyodrębniony na s. 80). Płacz jest nawet korzystny dla niemowląt, ponieważ ızy zawierają substancje antyseptyczne zapobiegające infekcjom oczu. W przypadku Erica płacz oznaczał po prostu zwykłą próbę sygnalizowania potrzeb.

Kiedy Eric zaczynał płakać, w głowie jego mamy odzywał się agresywny głos: „Jesteś złą matką!". Uciszenie go nie było łatwym zadaniem. Jednak poznanie źródła własnego niepokoju pomogło Janice przemyśleć działania i powstrzymać mechaniczny odruch uciszania dziecka, gdy tylko wydawało z siebie głos. Autorefleksja umożliwiła jej oddzielenie synka od emocji, których doświadczała. Pomogła jej także ujrzeć wyraźniej własne dziecko jako słodkiego, wrażliwego chłopczyka różniącego się bardzo od Aniołka, którego urodziła jej siostra, lecz będącego równie cudownym i godnym miłości darem.

Pomocna okazała się również wymiana myśli i doświadczeń z innymi początkującymi mamami w ramach prowadzonej przeze mnie grupy. Janice przekonała się, że nie tylko ona ma takie problemy. Muszę przyznać, iż spotykam wielu rodziców, którym pokonanie pierwszej przeszkody – odruchu natychmiastowej interwencji w atmosferze nerwowego pośpiechu – sprawia ogromne trudności. Ci, którym udaje się zwolnić nieco tempo, stają przed kolejną barierą – nie potrafią słuchać i obserwować bez poddawania się emocjom.

Płacz sygnalizujący niebezpieczeństwo

Płacz niemowlęcia jest zachowaniem normalnym i zdrowym. Należy jednak wezwać lekarza w następujących przypadkach:

- Gdy zazwyczaj zadowolone dziecko płacze przez dwie godziny lub dłużej.
- Gdy intensywnym płaczom towarzyszą
  - gorączka
  - wymioty
  - biegunka
  - drgawki
  - wiotczenie
  - bladość lub sinienie skóry
  - wysypka lub inne nietypowe zmiany skórne.
- Gdy dziecko nigdy nie płacze lub jego płacz jest szczególnie słaby i bardziej przypomina miauczenie kota niż płacz niemowlęcia.

Dlaczego tak trudno tego słuchać

Spokojne słuchanie i analizowanie płaczu dziecka sprawia wielu rodzicom znaczne trudności. Wynika to z kilku przyczyn, które poniżej opisuję. Niektóre z nich zapewne czytelnicy rozpoznają u siebie. Proszę się jednak nie zrażać – jesteśmy wystarczająco rozsądni, by zmienić własną perspektywę postrzegania.

W umyśle odzywa się głos innej osoby. Może to być głos któregoś z rodziców (jak w przypadku Janice), kogoś z przyjaciół lub znajomych bądź jakiegoś autorytetu, którego wypowiedź usłyszeliśmy w mediach. Do doświadczenia rodzicielskiego wnosimy również wszystkie swoje wcześniejsze interakcje z ludźmi, kształtujące w jakimś stopniu naszą wizję dobrego rodzicielstwa – tego, co powinniśmy i czego nie powinniśmy robić (dla odświeżenia pamięci proponuję powrót do s. 23, gdzie napisałam, co sama pod tym pojęciem rozumiem). Obejmują one w szczególności sposób, w jaki sami byliśmy traktowani w wieku niemowlęcym, postępowanie z dziećmi obserwowane w domach przyjaciół, a także wszystko to, co widzieliśmy na ekranach telewizyjnych i filmowych, oraz to, co przeczytaliśmy w książkach i prasie. Wszyscy słyszymy w swoich umysłach mniej lub bardziej obce głosy, chodzi jednak o to, że nie musimy ich słuchać.

WSKAZÓWKA: *Uprzytomnijmy sobie, jakie są wewnętrzne „zalecenia", a także to, że nie musimy ich wypełniać. Mogą one być dobre dla czyjegoś dziecka lub czyjejś rodziny, lecz niekoniecznie dla naszej.*

Głos wewnętrzny może nam również podpowiadać: „Zrób to dokładnie odwrotnie niż ten czy ów". Sugestie takie również mogą ograniczać. Nie ma przecież zupełnie złych rodziców. Starając się nie czynić tak jak pewna konkretna osoba, stajemy się jej negatywnym odbiciem. Powiedzmy, że mieliśmy matkę zbyt rygorystyczną i sami nie chcemy być tacy w stosunku do własnych dzieci. Mama mogła jednak być osobą świetnie zorganizowaną i twórczą. Po co więc wylewać dziecko z kąpielą?

WSKAZÓWKA: *Prawdziwa radość rodzicielstwa pojawia się wtedy, gdy czujemy w sobie moc i możemy podążać za własnym głosem wewnętrznym. Miejmy oczy otwarte, uczmy się, biorąc pod uwagę wszystkie możliwości i style zachowań. Następnie podejmujmy decyzje, wybierając to, co najlepsze dla nas i naszej rodziny.*

Przypisywanie płaczącemu dziecku emocji i intencji właściwych osobom dorosłym. Kiedy dziecko płacze, jego rodzice najczęściej pytają: „Czy jest mu smutno?". Spotykam się nawet z takimi wypowiedziami: „Wyglądało to tak, jakby płaczem chciał zepsuć nam kolację". U ludzi dorosłych płacz jest skrajnym wyrazem emocji – smutku, radości, a czasem wściekłości. Jakkolwiek w wieku dojrzałym ma on często negatywne konotacje, to jednak nie zaszkodzi od czasu do czasu sobie popłakać. Każdy z nas wytwarza w ciągu życia około trzydziestu wiader łez! Jednak wyrośliśmy już z pieluch i płaczemy z innych powodów niż niemowlęta. Ich płacz nie jest wyrazem smutku ani próbą manipulacji. Nie jest to również forma zemsty ani celowe działanie mające zepsuć nam dzień lub wieczór. Niemowlaki wyrażają płaczem rzeczy znacznie prostsze. Nie miały przecież jeszcze tych wszystkich doświadczeń, którymi my dysponujemy. Płaczący niemowlak mówi: „chciałabym zasnąć", „jestem głodny", „mam dosyć" lub „jest mi trochę chłodno".

WSKAZÓWKA: *Jeżeli masz skłonność przypisywania niemowlęciu emocji i intencji właściwych dorosłym, to pomyśl o nim jak o szczekającym szczeniaku lub miauczącym kotku. Nie przyszłoby ci do głowy, że któreś z nich cierpi, prawda? Uważasz raczej, że do ciebie „przemawiają", że coś komunikują. Spójrzmy w ten sposób na dziecko.*

Płacze zdrowego niemowlęcia

Co niemowlęta wyrażają	Czego niemowlęta nie wyrażają
Jestem głodny.	Jestem na ciebie zły.
Jestem zmęczony.	Jest mi smutno.
Jestem nadmiernie pobudzony.	Czuję się samotny.
Potrzebuję zmiany wrażeń.	Nudzę się.
Boli mnie brzuszek.	Chcę się na tobie zemścić.
Jest mi niewygodnie.	Chcę ci zatruć życie.
Jest mi za gorąco.	Czuję się porzucony.
Jest mi za chłodno.	Boję się ciemności.
Mam dosyć.	Nienawidzę swojego łóżeczka.
Potrzebuję przytulenia lub poklepania.	Chciałbym być dzieckiem kogoś innego!

Projekcja na dziecko własnych motywów i problemów. Yvonne, której dziecko marudzi przed zaśnięciem, nie toleruje najmniejszych nawet odgłosów dochodzących z pokoju dziecięcego przez walkie-talkie. Słysząc je, natychmiast interweniuje. „Biedny Adasiu – wzdycha. – Czy nie jesteś osamotniony? Czy nic cię nie przestraszyło?". Mały Adam nie ma problemów w przeciwieństwie do jego matki. „Biedny Adasiu" to w gruncie rzeczy użalanie się matki nad sobą. Jej mąż wiele podróżuje, a Yvonne niezbyt dobrze znosi samotność. W innej rodzinie tata imieniem Donald zamartwia się, gdy tylko jego trzytygodniowy Timothy zaczyna płakać. „Czy on nie ma gorączki?". „Czy podnoszenie nóżek w ten sposób nie jest oznaką jakiegoś bólu?". Jakby to nie wystarczało, Donald posuwa się dalej (dochodząc do granic absurdu): „Pewnie będzie miał zapalenie okrężnicy, tak jak ja".

Osobiste doświadczenia i kompleksy mogą osłabić zdolność obserwacji. Dobrym remedium jest znajomość własnej pięty achillesowej. Można przestać wyobrażać sobie najgorsze koszmary, kiedy tylko dziecko zapłacze. Powiedzmy, że ktoś nie lubi być sam. Osobie takiej wydaje się, że dziecko płacze z powodu osamotnienia. Hipochondrycy są przekonani, iż każdy płacz dziecka sygnalizuje początek choroby. Jednostki wybuchowe i skłonne do napadów złości przypisują tę cechę swoim dzieciom; dla nich płacz niemowlęcia to oczywista oznaka wściekłości. A jak postrzegają to osoby o niskim poczuciu własnej wartości? Oczywiście sądzą, że płaczące dziecko się sobie nie podoba. No i przypadek najczęstszy – poczucie winy u matek podejmujących pracę zawodową, które po powrocie do domu są święcie przekonane, że dziecko się za nimi stęskniło.

WSKAZÓWKA: *Zastanówmy się przez chwilę: „Czy naprawdę wczuwamy się w potrzeby dziecka, czy tylko reagujemy na własne emocje?".*

Niski stopień tolerancji dziecięcego płaczu może brać się ze wspomnianych już głosów wewnętrznych. Tak było z pewnością w przypadku Janice. Powiedzmy sobie jednak szczerze – niektóre niemowlęta potrafią się wydzierać w sposób trudny do wytrzymania. Osobiście nie traktuję żadnego płaczu dziecięcego jako czegoś negatywnego – może dlatego, że pracowałam z małymi dziećmi przez większą część życia – jednak niektórzy rodzice, przynajmniej na początku, bardzo negatywnie odbierają płacz. Obserwuję to za każdym razem, gdy włączam trzyminutowe nagranie „dziecięcego płaczu" podczas kursu dla kobiet w ciąży i przyszłych rodziców. Najpierw pojawia się nerwowy śmiech. Potem słuchacze zaczynają się wiercić w fotelach, a pod koniec testu u co najmniej połowy uczestników – zwłaszcza u mężczyzn – widać wyraźne oznaki niezadowolenia, a nawet złości. Po wyłączeniu taśmy pytam: „Jak długo dziecko płakało?". Rzadko padają odpowiedzi: „Poniżej sześciu minut". Inaczej mówiąc, dla większości ludzi czas wypełniony płaczem niemowlęcia liczy się podwójnie.

Niektórzy rodzice mają też obniżony próg tolerancji na wszelkiego rodzaju hałasy. Ich reakcje są z początku czysto fizyczne, później jednak włącza się umysł. Płacz niemowlęcia wypełnia świadomość takiego człowieka, wywołując w nim natychmiastową myśl: „Mój Boże! Nie wiem, co mam zrobić". Nietolerujący płaczu ojcowie często oczekują ode mnie, bym „coś z tym zrobiła". Również matki twierdzą często, że dzień, który zaczął się od dziecięcego płaczu, „mają już z głowy".

Leslie, której synek skończył dwa lata, przyznaje: „Teraz jest już łatwiej, bo Ethan potrafi powiedzieć, o co mu chodzi". Pamiętam pierwsze chwile macierzyństwa tej kobiety. Nie mogła wytrzymać płaczu dziecka, lecz nie z powodu hałasu; jego łzy chwytały ją za serce, ponieważ była przekonana, że w jakiś sposób przyczyniła się do jego cierpienia. Potrzebowałam aż trzech tygodni, podczas których zamieszkałam w domu Leslie, by przekonać ją, że płacz Ethana to po prostu jego naturalny głos.

Warto zauważyć, że nie tylko mamy próbują uspokajać niemowlęta za pomocą piersi. Pracowałam niedawno z rodziną, w której można było zaobserwować następujący błędny stereotyp: gdy tylko noworodek imieniem Scott zaczynał płakać, natychmiast jego ojciec Brett zmuszał swoją żonę, by podawała mu pierś. Mężczyzna ten nie tylko bardzo źle tolerował hałasy, lecz również nie radził sobie z własnym niepokojem, który przenosił na żonę. Rodzice ci nie grzeszyli pewnością siebie, mimo iż oboje pracowali na wysokich stanowiskach kierowniczych i dysponowali władzą. Oboje w głębi duszy wierzyli, że płacz ich synka jest czymś złym i niestosownym.

WSKAZÓWKA: *Osoby szczególnie wrażliwe na hałas muszą trochę nad sobą popracować. Życie jest takie, jakie jest, i trzeba to zaakceptować. Mam w domu niemowlę, a niemowlęta płaczą – taki jest ich sposób bycia. Nie będzie to trwać wiecznie. Im szybciej nauczę się języka niemowlęcia, tym mniej moje dziecko będzie płakało. Oczywiście, całkiem płakać nie przestanie. W tym czasie trzeba się nastawić pozytywnie, kupić sobie zatyczki do uszu lub używać odtwarzacza muzyki. Żadne z tych działań nie wyciszy płaczu całkowicie, jego subiektywna głośność będzie jednak trochę mniejsza. Moja przyjaciółka w Anglii mawiała: „Wolę słuchać Mozarta na tle płaczu niż samego płaczu".*

Płacz dziecka wprawia wielu dorosłych w zakłopotanie. Jest to uczucie powszechne, występujące jednak częściej u kobiet niż u mężczyzn. Kiedyś miałam okazję obserwować kliniczny przypadek w poczekalni dentystycznej, w której spędziłam około dwudziestu pięciu minut. Naprzeciw mnie siedziała młoda kobieta z niemowlakiem, którego wiek oszacowałam z wyglądu na 3–4 miesiące. Matka wręczyła dziecku zabawkę, a kiedy straciło nią zainteresowanie, wyjęła drugą. Również i ta atrakcja szybko się chłopcu znudziła, ponieważ nie umiał dłużej skupić uwagi na jednym przedmiocie. Na twarzy matki malowało się narastające przerażenie. „O, nie! Wiem już, co będzie dalej" – tę myśl miała niemal wypisaną na czole. I nie myliła się. Niemowlak zaczął się rozklejać, a delikatne marudzenie przekształciło się w charakterystyczne zawodzenie przemęczonego dziecka. Biedna kobieta rozglądała się najpierw dookoła z wyrazem nieopisanego zażenowania i wstydu na twarzy, a potem zaczęła wszystkich przepraszać.

Zrobiło mi się jej tak bardzo żal, że podeszłam i przedstawiłam się. „Nie ma za co przepraszać, słoneczko – powiedziałam. – Dziecko do pani przemawia: »Mamusiu, jestem jeszcze niemowlakiem i nie mogę się już na niczym skupić. Chciałbym się zdrzemnąć!«".

WSKAZÓWKA: *Wychodząc z niemowlęciem z domu, zabierajmy ze sobą wózek lub nosidełko; w ten sposób zapewnimy dziecku wygodne i bezpieczne miejsce do snu.*

Poniżej, w ramce, znajduje się twierdzenie, które należy powtarzać w nieskończoność przy każdej sposobności. Uważam je za szczególnie ważne, dlatego poprosiłam wydawcę o wyróżnienie go wielką czcionką i obramowaniem, aby dostrzegły je wszystkie mamy (proponuję też wywieszanie takich napisów w domach, w samochodach oraz w biurach, jak również noszenie ich kopii w portfelu).

Płacz dziecka nie oznacza, że ma ono złych rodziców

Należy również pamiętać, że dorosły i niemowlę to dwie odrębne istoty, płaczu dziecka nie należy więc przyjmować w sposób osobisty.

Sytuacja po trudnym porodzie. Wróćmy na chwilę do Chloe i Setha, o których pisałam w rozdziale II. Akcja porodowa u Chloe trwała dwadzieścia godzin, ponieważ Isabella utknęła w kanale rodnym matki.

Pięć miesięcy później Chloe wciąż żałowała swojego dziecka – lub tak jej się tylko wydawało. W rzeczywistości przenosiła na córkę własne rozczarowanie. Przed rozwiązaniem wyobrażała sobie, że urodzi bez żadnych kłopotów. Ów podskórny smutek i żal obserwowałam także u innych matek. Zamiast skupić się na dziecku, które szczęśliwie przyszło na świat, kobiety te rozpamiętywały swoje trudne porody, użalając się nad sobą, ponieważ to, co im się przydarzyło, nie spełniło ich oczekiwań. Czuły się winne, zwłaszcza gdy dziecko miało jakiś problem – a przy tym zupełnie bezradne. Nie potrafiły przejść nad tym do porządku dziennego, ponieważ nie uświadamiały sobie, co naprawdę dzieje się w ich psychice.

WSKAZÓWKA: *Jeżeli dwa miesiące po porodzie zdarzenie to nadal powraca we wspomnieniach, a opowieści o nim powtarzane są każdemu, kto tylko zechce ich słuchać, należałoby spróbować pomyśleć o nim w zupełnie odmienny sposób. Zamiast koncentrować się na „biednym dziecku", trzeba przyznać się do własnego rozczarowania.*

Kiedy spotykam matkę wciąż analizującą własny poród, proponuję jej rozmowę z kimś z rodziny lub bliską przyjaciółką; często wystarcza to do zmiany perspektywy. Starając się potwierdzić jej doświadczenie, a równocześnie zachęcić do przejścia nad nim do porządku, powiedziałam Chloe: „Rozumiem, że było to dla ciebie trudne przeżycie. Przeszłości nie możesz jednak zmienić, musisz więc iść do przodu".

Dokładna obserwacja ruchów niemowlęcia

Niemowlęcemu płaczowi towarzyszą charakterystyczne gesty, wyrazy twarzy i pozycje ciała. Odczytywanie tych komunikatów wymaga zaangażowania niemal wszystkich zmysłów – słuchu, wzroku, dotyku i powonienia – a także umysłu, który łączy sygnały w sensowną całość. Aby umożliwić rodzicom obserwację i interpretację języka niemowląt, przeanalizowałam zachowania wielu dzieci, którymi się opiekowałam. Niezależnie od brzmienia płaczu, starałam się ustalić, jak wyglądają niemowlęta głodne, zmęczone, zestresowane, przegrzane, zmarznięte oraz takie, które mają mokre pieluszki. Wyobrażałam je sobie jak na niemym filmie, co zmuszało mnie do skupienia uwagi na wyglądzie ich twarzy i ciał.

Poniżej przedstawiam zestawienie szczegółów, które przejrzałam w wyobraźni. Opisane elementy ruchowe dotyczą w zasadzie pierwszego półrocza życia; w okresie późniejszym niemowlęta zaczynają bardziej świadomie kontrolować swoje ruchy – mogą na przykład ssać palec w celu samouspokojenia. Podstawy ich języka pozostają niezmienione także w miesiącach późniejszych (w drugim półroczu). Poza tym rozpoczęcie obserwacji we wczesnym etapie sprzyja takiemu poznaniu dziecka, które pozwala zrozumieć jego indywidualny sposób wyrażania się.

Język ciała	Znaczenie
Główka	
⇨ Ruch z boku na bok	⇨ Zmęczenie
⇨ Odwracanie od obiektu	⇨ Potrzeba zmiany otoczenia
⇨ Skręt w bok i wyciąganie szyi w tył (buzia otwarta)	⇨ Głód
⇨ Opuszczanie w pozycji pionowej (jak ktoś, kto zasypia, jadąc metrem)	⇨ Zmęczenie

Język ciała	Znaczenie
Oczy	
⇨ Czerwone, przekrwione	⇨ Zmęczenie
⇨ Powoli zamykane i szybko otwierane (wielokrotnie raz za razem)	⇨ Zmęczenie
⇨ „Siedmiomilowe spojrzenie" (oczy szeroko otwarte, bez mrugania, powieki jak gdyby podparte wykałaczkami)	⇨ Przemęczenie; nadmiar bodźców

Język ciała	Znaczenie
Buzia/usta/język	
⇨ Ziewanie	⇨ Zmęczenie
⇨ Usta ściągnięte	⇨ Głód
⇨ Jak podczas płaczu, ale bez głosu; później płacz poprzedzony sapnięciem	⇨ Dziecko ma gazy lub coś je boli
⇨ Drżenie dolnej wargi	⇨ Przechłodzenie
⇨ Ssanie języka	⇨ Samouspokajanie, mylone czasem z głodem
⇨ Język zaokrąglony po bokach	⇨ Głód – klasyczny gest poszukiwania pokarmu
⇨ Język zawinięty do góry, jak u jaszczurki; bez odruchu ssania	⇨ Dziecko ma gazy lub coś je boli

Język ciała	Znaczenie

Twarz

⇨ Grymas, twarz często pomarszczona; w pozycji leżącej może być również przyśpieszony oddech, przewracanie oczami oraz wyraz twarzy przypominający uśmiech	⇨ Dziecko ma gazy lub inny ból; ewentualnie trwają ruchy jelit
⇨ Zaczerwienienie; mogą być widoczne żyłki na skroniach	⇨ Dziecko zbyt długo płakało i wstrzymywało oddech; rozszerzenie naczyń krwionośnych

Dłonie/rączki

⇨ Podnoszenie dłoni do buzi, próby ssania	⇨ Głód, jeżeli dziecko nie jadło od 2,5–3 godzin; w przeciwnym wypadku – potrzeba ssania
⇨ Zabawa paluszkami	⇨ Potrzeba zmiany otoczenia
⇨ Intensywne ruchy nieskoordynowane, dziecko może się podrapać	⇨ Przemęczenie lub gazy
⇨ Drżenie ramion, niezbyt intensywne	⇨ Dziecko ma gazy lub coś je boli

Tułów

⇨ Wyginanie do tyłu, poszukiwanie piersi lub butelki	⇨ Głód
⇨ Ruchy wijące z przenoszeniem pośladków z boku na bok	⇨ Mokra pieluszka lub chłód; mogą być również gazy
⇨ Usztywnienie	⇨ Dziecko ma gazy lub coś je boli
⇨ Drżenie	⇨ Chłód

Skóra

⇨ Chłodna i wilgotna, spocona	⇨ Przegrzanie lub zbyt długi płacz, który również powoduje utratę ciepła i energii
⇨ Sinienie kończyn	⇨ Chłód; gazy lub coś je boli; zbyt długi płacz; kiedy ciało traci ciepło i energię, krew odpływa z kończyn
⇨ Gęsia skórka	⇨ Chłód

Nóżki

⇨ Silne, nieskoordynowane kopanie	⇨ Zmęczenie
⇨ Podnoszenie do klatki piersiowej	⇨ Dziecko ma gazy lub boli je brzuszek

Co się dzieje?

Aby połączyć wszystkie obserwacje w całość i ustalić, co dzieje się z dzieckiem, proponuję sięgnąć do tablic na ss. 96–98, których zawartość pomoże ocenić głosy i ruchy niemowlęcia. Oczywiście każde niemowlę jest inne, są jednak pewne uniwersalne znaki mówiące o tym, czego dziecko potrzebuje. Uważna obserwacja pozwala zrozumieć język ciała. Proszę mi wierzyć, że jednym z najwdzięczniejszych aspektów mojej pracy jest obserwowanie rozwoju rodziców, a nie tylko ich dzieci. Niektórym mamom i tatom zdobywanie nowych umiejętności przychodzi trudniej niż innym. Większość osób, z którymi pracowałam, rozszyfrowała mowę swego niemowlęcia w ciągu dwóch tygodni, choć niektórym zajmowało to cały miesiąc.

Shelly. Shelly przyszła do mnie głęboko przekonana, że jej córeczka ma kolkę. Po krótkiej rozmowie okazało się, że nie chodzi o kolkę. Shelly była niedościgłą mistrzynią w szybkim podawaniu piersi. Gdy tylko Maggie wydawała z siebie głos, jej mama była już przy niej z ofertą karmienia. Brała ją na ręce i natychmiast przystawiała do piersi.

„Nie mogę pozwolić jej płakać, zbyt mnie to irytuje – przyznała. – Wolę dawać jej pierś, niż się na nią wściekać". Prócz czystego egoizmu w jej wypowiedzi przebijało również poczucie winy. „Na pewno coś robię nie tak. Może mój pokarm nie jest dobry?". Ów koktajl sprzecznych negatywnych emocji zmuszał Shelly do życia w permanentnym napięciu, którego nie była w stanie przerwać nawet na chwilę – nie mówiąc już o spokojnym słuchaniu płaczu dziecka i obserwowaniu go.

Aby jej uprzytomnić, co się dzieje, zaproponowałam najpierw prowadzenie dzienniczka (patrz: s. 74). Shelly miała w nim notować pory karmienia, zabawy i snu. Wystarczyło spojrzeć na jej notatki z dwóch dni, by wiedzieć, w czym tkwił problem. Maggie była karmiona chaotycznie co 25–45 minut. Tak zwana kolka wynikała z nadmiaru laktozy. Nie miałam wątpliwości, że kłopot zniknąłby samoistnie, gdyby tylko udało się wprowadzić Łatwy Plan, a wraz z nim regularne karmienie w rozsądnych odstępach czasu.

„Pani dziecko utraci zdolność komunikowania swoich potrzeb, jeżeli nie nauczy się pani rozpoznawania różnych rodzajów płaczu – wyjaśniłam. – Wszystkie typy płaczu zleją się w jedno uniwersalne zwracanie na siebie uwagi!".

W pierwszych dniach musiałam Shelly prowadzić za rękę – dosłownie. Po kilku sesjach moja klientka była jednak zafascynowana. Potrafiła odróżnić co najmniej dwa typy płaczu – głodowy, złożony z rytmicznych „ła-ła-ła..." oraz wywołany przemęczeniem, w którym występowały krótkie kaszlnięcia z głębi gardła, połączone z lekkim piskiem i wyginaniem kręgosłupa. Jeżeli w takim momencie Shelly nie położyła Maggie do łóżeczka, to za chwilę miałyśmy już do czynienia z intensywnym płaczem trudnym do uspokojenia.

Jak wcześniej wspomniałam, niepokoje emocjonalne rodziców oddziałują na dziecko. Tak było i u Shelly. Zrobiła jednak duże postępy w uważnej obserwacji i słuchaniu. Sądzę, że jeszcze bardziej udoskonali te umiejętności. Najważniejsze jest to, że obecny stan świadomości pozwala jej widzieć Maggie jako odrębną ludzką istotę mającą swoje uczucia i potrzeby.

Marcy. To jedna z moich najlepszych uczennic. Przyswoiwszy sobie sztukę dostrajania działań do potrzeb niemowlęcia, stała się wielką jej propagatorką. Przyszła do mnie, ponieważ bolały ją poranione piersi. Twierdziła, że jej synek nie umie dobrze ssać.

„Dylan płacze tylko wtedy, gdy jest głodny" – zapewniała mnie podczas pierwszego spotkania. Kiedy zaczęła mi wyjaśniać, że synek jest głodny prawie co godzinę, wiedziałam już, że Marcy nie potrafi odróżnić płaczu głodowego od innych rodzajów płaczu. Pomogłam jej zrozumieć, że powinna wprowadzić harmonogram karmień, dzięki czemu dzień się uporządkuje, a jej działania przestaną być przypadkowe. To rzekłszy, spędziłam z Marcy jedno popołudnie. W pewnym momencie Dylan zaczął popłakiwać w sposób przypominający nieco pokasływanie.

„Jest głodny" – oświadczyła Marcy. Miała rację; chłopczyk jadł dobrze, lecz po kilku minutach zaczął zasypiać.

„Obudź go delikatnie" – zaproponowałam. Marcy spojrzała na mnie takim wzrokiem, jakbym sugerowała tortury. Poprosiłam, by pogłaskała go po policzku (więcej sposobów rozbudzania niemowląt zasypiających przy karmieniu na s. 127). Dylan znowu zaczął ssać. Trzymał się przy piersi przez piętnaście minut, po czym zdrowo mu się odbiło. Po zakończeniu karmienia położyłam go na kocyku i rozłożyłam kilka kolorowych zabawek w jego polu widzenia. Był bardzo zadowolony około piętnastu minut, a następnie zaczął marudzić. Nie był to jeszcze płacz, lecz coś w rodzaju skargi.

„Widzisz? – powiedziała Marcy. – Znowu jest głodny".

„Nic podobnego, złotko – wyjaśniłam. – Jest po prostu zmęczony".

I położyłyśmy go do łóżeczka. (Nie będę w tym miejscu wdawać się w szczegóły, ponieważ temu zagadnieniu poświęcony jest cały rozdział VI). Powiem tylko, że w ciągu dwóch dni Dylan funkcjonował według Łatwego Planu, jedząc co trzy godziny, a jego mama czuła się jak nowo narodzona. „Mam takie wrażenie – powiedziała mi – jakbym opanowała obcy język złożony z dźwięków i ruchów". Zaczęła nawet doradzać innym mamom. „Twoje dziecko nie płacze teraz z głodu – wyjaśniała pewnej mamie z grupy. – Poczekaj chwilę i posłuchaj, co ma ci do powiedzenia".

Działanie w niemowlęcym tempie

Tak, wszystko wymaga praktyki, zdumiewające jest jednak, jak bardzo zmienia się sposób reagowania na zachowania niemowląt, gdy ktoś poważnie traktuje proponowaną przeze mnie metodę. Radykalnie zmienia się postrzeganie małego dziecka, które jawi się jako odrębna osoba zasługująca na uważne słuchanie jej indywidualnego głosu. Cała moja strategia sprowadza się do owych kilku chwil zastanowienia, dzięki którym stajemy się lepszymi rodzicami, niż kiedykolwiek mieliśmy nadzieję być.

Gdy wiemy już, co niemowlę nam mówi, i jesteśmy gotowi odpowiednio reagować, nie zapominajmy o ogólnej zasadzie: Przy małym dziecku poruszamy się powoli i działamy delikatnie.

Chcąc tę zasadę zilustrować, przeprowadzam taką oto demonstrację podczas kursów przygotowawczych dla przyszłych rodziców. Proszę uczestników, by położyli się na podłodze. Następnie, bez słowa ostrzeżenia, podchodzę do jednej z osób, chwytam jej nogi, podnosząc brutalnie do góry, i przenoszę nad głowę. Wszyscy wybuchają oczywiście gromkim śmiechem, ja jednak całkiem poważnie wyjaśniam. „Chciałam państwu pokazać, jak człowiek się czuje, gdy jest niemowlęciem!".

Nigdy nie zakładajmy, że można podchodzić do niemowlęcia bez przedstawienia się lub robić z nim cokolwiek bez ostrzeżenia, a dopiero potem tłumaczyć mu, co robimy. Jest to zachowanie nietaktowne. Jeżeli więc dziecko płacze i wiemy, że jego pielucha wymaga zmiany, to trzeba mu powiedzieć, co zamierzamy robić, a po zakończeniu przewijania wyrazić nadzieję, że teraz czuje się lepiej.

W następnych czterech rozdziałach opiszę bardziej szczegółowo czynności karmienia, przewijania, kąpieli, zabawy i snu. Bez względu na to, co robimy przy dziecku, powinniśmy zawsze działać spokojnie i powoli.

Przyczyna	Płacz	Obserwacje	Inne oceny/komentarze
Zmęczenie lub przemęczenie	Z początku kapryśne, nieregularne marudzenie, przy braku szybkiej reakcji przechodzące w płacz przemęczeniowy; po trzech krótkich zawodzeniach płacz intensywny, następnie po dwóch krótkich oddechach płacz dłuższy i głośniejszy. Zwykle płacz się przedłuża, a jeśli nikt nie reaguje, dziecko w końcu zasypia.	Mruganie, ziewanie. Jeżeli dziecko nie zostało położone do łóżeczka, zaczyna się wyginanie kręgosłupa, kopanie i chaotyczne ruchy rączkami; może chwytać własne uszy lub policzki i zadrapać się (odruch); trzymane na rękach wije się, usiłując obrócić się w kierunku ciała matki. Po dłuższym płaczu twarz się zaczerwienia.	Ze wszystkich rodzajów płaczu najczęściej mylony z płaczem głodowym. Dlatego należy dokładnie się weń wsłuchiwać. Może występować po zabawie lub po czyichś gaworzeniach skierowanych do dziecka. Ruchy wijące często mylnie interpretuje się jako objaw kolki.
Nadmiar bodźców	Długi, intensywny płacz, podobny do przemęczeniowego.	Chaotyczne ruchy rąk i nóg; odwracanie główki od światła; odwracanie się od osób usiłujących zabawiać.	Zwykle występuje w sytuacji, gdy dziecko ma już dość zabawy, a ktoś nadal usiłuje je zabawiać.
Potrzeba zmiany otoczenia	Kapryśne marudzenie, które nie zaczyna się od płaczu, ale raczej od oznak irytacji.	Odwracanie się od przedmiotów umieszczanych w polu widzenia; zabawa palcami.	Jeżeli zachowanie się pogarsza po zmianie pozycji ciała, to może znaczyć, że dziecko jest zmęczone i chce spać.

Przyczyna	Płacz	Obserwacje	Inne oceny/komentarze
Ból/gazy	Łatwo rozpoznawalny gwałtowny płacz w wysokim rejestrze, zaczynający się bez żadnych wstępów; dziecko może wstrzymywać oddech między kolejnymi sekwencjami płaczu.	Napięcie i usztywnienie całego ciała, przedłużające cykl, ponieważ gazy nie mogą się wtedy uwolnić; podnoszenie nóżek do twarzy, twarz pomarszczona z grymasem bólu, ruch języka ku górze – jak u jaszczurki.	Wszystkie noworodki połykają powietrze, co może powodować gazy. W ciągu całego dnia można usłyszeć piskliwe, wibrujące dźwięki wydobywające się z tylnej części gardła dziecka; to właśnie jest połykanie powietrza. Gazy mogą też być efektem nieregularnego karmienia.

Złość – patrz: Nadmiar bodźców i Zmęczenie. Niemowlęta nie przeżywają czegoś takiego jak złość – jest to projekcja osób dorosłych. Komunikaty dziecka nie są po prostu odczytywane prawidłowo.

Głód	Lekki odgłos pokasływania z tylnej części gardła, po którym zaczyna się pierwszy płacz. Na początku krótki, potem bardziej rytmiczny: „łaa-łaa-łaa".	Dziecko zaczyna delikatnie oblizywać usta, a następnie wysuwa język i przekrzywia główkę na bok; kieruje piąstkę w stronę twarzy.	Najlepszym sposobem identyfikacji głodu jest sprawdzenie, kiedy dziecko ostatnio jadło. Stosowanie Łatwego Planu pozwala wyeliminować domysły. (Wszystko na temat karmienia w rozdziale IV).
Zbyt chłodno	Głośny płacz połączony z drżeniem dolnej wargi.	Gęsia skórka; możliwość drżenia; chłodne kończyny (dłonie, stopy), a także nosek; skóra może czasem być lekko sinawa.	Może wystąpić u noworodka po kąpieli lub podczas przewijania i ubierania.

Przyczyna	Płacz	Obserwacje	Inne oceny/komentarze
Przegrzanie	Marudzenie trochę przypominające zadyszkę, trwające około pięciu minut; przy braku odpowiedzi przechodzi w płacz.	Ciało dziecka jest gorące i spocone; rumiane; zadyszka zamiast regularnego oddychania; mogą pojawić się wypieki na twarzy i tułowiu.	Różni się od gorączki tym, że płacz jest podobny do występującego przy bólu; skóra sucha, a nie wilgotna. (Na wszelki wypadek można zmierzyć dziecku temperaturę).
„Gdzie poszłaś? Chcę się przytulić".	Miaukliwe dźwięki przechodzące w krótkie „łaa" przypominające miauczenie kota; płacz natychmiast ustaje po wzięciu dziecka na ręce.	Rozglądanie się, szukanie wzrokiem matki.	Szybka reakcja pozwala uniknąć brania na ręce. Wystarczy poklepanie po pleckach i kojące słowa. Takie rozwiązanie jest lepsze, ponieważ rozwija samodzielność.
Przejedzenie	Marudzenie po karmieniu, czasem przechodzące w płacz.	Częste plucie.	Zdarza się, gdy senność i nadmiar bodźców błędnie interpretuje się jako głód.
Ruchy jelit	Chrząkania lub płacz podczas karmienia.	Ruchy wijące i usuwanie się; przerywanie karmienia; dziecko ma ruchy jelit.	Może być mylone z głodem; matki często myślą, że „robią coś źle".

ROZDZIAŁ IV

KARMIENIE – CZYJE SĄ TE USTA?

Kiedy opiekunka mówi ci, że dziecko jest głodne, przyjrzyj się dobrze i zobacz, co się dzieje. Dzięki Bogu, czytałam i chodziłam na kursy.

— Matka trzytygodniowego noworodka

Najpierw jedzenie, a potem moralność.

— Bertolt Brecht

Dylemat matek

Przyjmowanie pokarmu jest głównym warunkiem ludzkiego przetrwania. Dorośli mają szerokie możliwości wyboru tego, co chcą jeść. Każda dieta ma swoich zagorzałych zwolenników i zajadłych przeciwników. Bez trudu zebrałabym sto osób skłonnych popierać wegetarianizm i tyle samo amatorów pokarmów wysokobiałkowych. Nie ma to znaczenia, kto ma rację, ponieważ niezależnie od opinii różnych specjalistów sami musimy podjąć decyzję.

Kobiety spodziewające się dziecka zapewne obserwują dyskusję na temat karmienia piersią i sztucznego. Na pewno warto karmić piersią, natomiast nie zawsze będzie to możliwe. Trzeba umiejętnie wyważyć własną decyzję i nie poddawać się presji otoczenia.

Co ma zrobić debiutująca mama? Starać się zachować spokój, rozważyć decyzję i wybrać to, co dla niej najlepsze. Proponuję wysłuchać wszystkich opinii, zachowując przy tym ostrożność i biorąc pod uwagę, co i z kim konsultujemy. Przede wszystkim trzeba zdawać sobie sprawę, co kto usiłuje nam „sprzedać". Jeśli chodzi o przyjaciółki, warto poznać ich doświadczenia, zwracając nieco mniej uwagi na opowieści „mrożące krew w żyłach". To prawda, że wśród dzieci karmionych piersią zdarzają się przypadki niedokarmienia; nie wszystkie rodzaje mleka modyfikowanego są całkiem zdrowe. Są to jednak przykłady daleko odbiegające od normy.

W tym rozdziale postaram się pomóc czytelniczkom w wypracowaniu decyzji – bez odwoływania się do argumentów naukowych i danych statystycznych, którymi bombardują autorzy promujący karmienie piersią. Nalegam, żebyście zapoznały się z wiedzą na ten temat oraz wzięły pod uwagę moje wskazówki. Jednak przede wszystkim polegajcie na instynkcie.

Słuszna decyzja/niewłaściwe przesłanki

Smuci mnie ogromnie fakt, iż wiele matek poszukujących „najlepszego" lub „najsłuszniejszego" rozwiązania, podejmuje decyzję, wychodząc z zupełnie niewłaściwych przesłanek. Raz po raz, interweniując w charakterze doradcy laktacyjnego, spotykam kolejne młode matki, które usiłują włączyć się do legionu karmiących piersią. Czynią to pod presją mężów lub innych osób w rodzinie, w obawie utraty prestiżu wśród przyjaciółek lub ulegając bezkrytycznie jakiejś lekturze czy zasłyszanej opinii przekonującej, iż nie ma innego wyboru.

Przykładem niechaj będzie Lara, kobieta, która zadzwoniła do mnie po nieudanym rozpoczęciu karmienia piersią. Jej synek Jason nie przysysał się prawidłowo i płakał przy każdej próbie przystawienia do piersi. Okres poporodowy Lary był szczególnie przykry, ponieważ poród odbył się przez cesarskie cięcie. Przyczyną jej cierpień były nie tylko rany na piersiach, lecz przede wszystkim bóle pooperacyjne. Mąż Lary czuł się zupełnie bezradny i niezdolny do udzielenia jej jakiegokolwiek wsparcia – jak na mężczyznę nie była to, trzeba przyznać, pożądana postawa.

Wszyscy uważali za stosowne udzielać tej parze rad i pouczeń. Przyjaciółki Lary odwiedzały ją i zalecały karmienie piersią. Szczególnie jedna z nich działała wybitnie obciążająco. Znamy dobrze ten typ. Kiedy się jej powie, że miało się po porodzie bóle głowy, natychmiast oznajmi, że miała migrenę; jeśli ktoś miał cięcie cesarskie, to ona miała „imperatorskie", a słysząc o bólach piersi, nie omieszka zaznaczyć, że w jej przypadku wywiązała się infekcja. Tak więc trzeba przyznać, że od tej osoby Lara doznawała mocno problematycznego pocieszenia!

Swój udział miała również matka Lary – kobieta o ponurym i surowym usposobieniu, przekonująca najmłodszą córkę, że „musi przez to przejść" i że „nie jest pierwszą osobą karmiącą swoje dziecko". Równie niesympatyczna okazała się starsza siostra, która miała Larze do powiedzenia tylko to, że ona nie miała problemów z karmieniem, a jej dzieci dobrze się przysysały. Ojca Lary nie było nigdzie w zasięgu wzroku, jej matka poinformowała jednak wszystkich, którzy zechcieli jej słuchać, że przejął się on tak bardzo cierpieniami córki, iż nie mógł się zdobyć na ponowną wizytę w szpitalu.

Po kilku minutach obserwowania tych interakcji uprzejmie poprosiłam wszystkich o wyjście z pokoju i zapytałam Larę, jak się czuje.

„Nie dam sobie z tym rady, Tracy" – powiedziała, a dwie wielkie łzy spłynęły po jej policzkach. Karmienie piersią było dla niej „ponad siły". Podczas ciąży wyobrażała sobie, że dziecko będzie delikatnie ssało jej pierś, a miłość do niego będzie wylewała się z niej wszystkimi porami. Rzeczywistość w niczym nie przypominała owego fantastycznego obrazu Madonny z Dzieciątkiem. Lara była pogrążona w poczuciu winy i przerażeniu.

„W porządku – odpowiedziałam. – Jest to przygnębiające. I zarazem bardzo odpowiedzialne. Z moją pomocą dasz sobie jednak radę".

Uśmiechnęła się niepewnie. Aby ją jeszcze bardziej podtrzymać na duchu, powiedziałam, że każda matka doświadcza jakiejś wersji tego, co jest w tej chwili jej udziałem. Wiele kobiet, podobnie jak Lara, nie zdaje sobie sprawy z tego, że karmienie piersią to umiejętność, której można się nauczyć, wymagająca przygotowania i praktyki. A nie każda matka może i powinna to robić.

Jak karmić dziecko – podejmowanie decyzji

- Pamiętaj, że to, co naturalne, jest dla dziecka najzdrowsze.
- Przestudiuj różnice między karmieniem piersią a sztucznym.
- Weź pod uwagę względy organizacyjne i własny styl życia.
- Zastanów się nad sobą, biorąc pod uwagę cierpliwość, konieczność karmienia w miejscach publicznych, własne odczucia związane z piersiami i brodawkami oraz ukształtowane pojęcia o macierzyństwie, które mogą wpłynąć na twój punkt widzenia.

Dokonywanie wyboru

Po pierwsze, trzeba powiedzieć, że karmienie piersią ma wiele zalet, więcej, niż większość matek sobie wyobraża. Jeśli jednak młoda mama zdecyduje się przejść na karmienie butelką, może najpierw próbować ściągać pokarm, jeśli jest go za mało – przejść na mleko modyfikowane.

I nie będzie to znaczyło, że jest złą mamą. Powiedziałam Larze: „Nie chodzi tylko o potrzeby dziecka, lecz także o twoje". Wywierając presję na matkę, która nie chce lub nie może karmić piersią lub nie poświęciła dość czasu rozważeniu wszystkich za i przeciw, wyświadczamy jej i jej dziecku niedźwiedzią przysługę.

Chodzi o to, że mamy możliwość wyboru. Wybór zależy od indywidualnych uwarunkowań, przy czym w grę wchodzą czynniki emocjonalne, a nie tylko fizjologia. Uświadamiam kobietom, żeby wzięły pod uwagę możliwe uwarunkowania dotyczące i dziecka, i ich samych. Zachęcam do uczestnictwa w kursach, podczas których można zobaczyć prawdziwe karmienie. Nakłaniam do poszukiwania matek karmiących piersią i wysłuchania wszystkiego, co mają do powiedzenia. Uważam, że warto również poradzić się pediatry, położnej lub specjalistów ze szkoły rodzenia, ewentualnie dotrzeć do konsultantek i instruktorek specjalizujących się w laktacji.

Pamiętajmy również, że pediatrzy zwykle preferują karmienie piersią. Zbierając informacje, warto więc zasięgnąć opinii kilku lekarzy tej specjalności, nie wiążąc się z żadnym z nich, przed wypracowaniem ostatecznej decyzji. Znam kilku pediatrów w Los Angeles bardzo negatywnie nastawionych do karmienia mlekiem modyfikowanym; niektórzy z nich nie chcą nawet przyjmować kobiet niekarmiących piersią. Matka, która zdecydowała się karmić dziecko butelką, będzie się czuła bardzo niemiło w kontakcie z takim lekarzem. Z drugiej strony, chcąc karmić piersią, trzeba uważać, żeby nie trafić do pediatry, którego wiedza w tym zakresie jest bardzo ograniczona; w takim przypadku jego usługi mogą również okazać się niepełnowartościowe.

W wielu książkach znaleźć można zestawienia zalet i wad karmienia piersią i sztucznego, postaram się więc podejść do tej kwestii z nieco innej strony. Decyzja w tej sprawie jest zawsze silnie emocjonalna i wydaje się nie poddawać racjonalnym kryteriom. Omówię w związku z tym te jej aspekty, które muszą być brane pod uwagę, a także moje przemyślenia.

Tworzenie się więzi między matką i dzieckiem. Zwolennicy karmienia piersią uzasadniają je „tworzeniem się więzi". Kobieta odczuwa oczywiście szczególnego rodzaju bliskość z dzieckiem, kiedy ssie ono jej piersi, jednak matki karmiące swoje pociechy mlekiem modyfikowanym również czują tego rodzaju bliskość. Poza tym nie sądzę, by to właśnie zacieśniało więź między matką i dzieckiem. Prawdziwe zbliżenie pojawia się wówczas, gdy wiemy, kim jest nasze dziecko.

Zdrowie dziecka. Wyniki wielu badań zdecydowanie potwierdzają korzystny wpływ karmienia piersią (pod warunkiem, że matka jest zdrowa i dobrze odżywiona). Prawdą jest, że mleko kobiece składa się głównie z makrofagów, czyli komórek zabijających bakterie, grzyby i wirusy, oraz obfituje w składniki odżywcze. Propagatorzy karmienia piersią przytaczają długie listy chorób, którym naturalny pokarm może zapobiec, a wśród nich infekcje uszu i gardła, zaburzenia trawienne oraz choroby górnych dróg oddechowych. Generalnie zgadzam się z poglądem, iż mleko kobiece jest dobre dla niemowląt, nawet jednak w tym twierdzeniu musimy zachować umiar. Cytowane często wyniki badań mają charakter statystycznych prawdopodobieństw; zdarza się, że dzieci karmione piersią także zapadają na te choroby. Ponadto skład naturalnego pokarmu zmienia się z godziny na godzinę i z miesiąca na miesiąc, a przy tym jest różny u różnych kobiet. Z drugiej strony współczesne mleko modyfikowane jest lepsze niż kiedykolwiek i obfituje w cenne składniki odżywcze. Z pewnością nie oferuje dziecku tej ochrony immunologicznej, jaką zapewnia pokarm matki, ale z całą pewnością dostarcza kompletu składników odżywczych niezbędnych do życia i rozwoju, w ilościach zalecanych aktualnie przez lekarzy. (Patrz także: *Mody w dziedzinie karmienia* – s. 105).

Rekonwalescencja w okresie połogu. Po porodzie karmienie piersią przynosi kobiecie szereg korzyści. Wydzielający się w tym czasie hormon – oksytocyna – przyśpiesza wydalenie łożyska i obkurcza naczynia krwionośne macicy, minimalizując utratę krwi. W miarę kontynuacji karmienia wielokrotne wydzielanie tego hormonu powoduje szybszy powrót macicy do rozmiarów przedciążowych. Inną korzyścią jest szybsza redukcja nadwagi po porodzie, ponieważ proces wytwarzania mleka pochłania kalorie. Ujemną stroną jest jednak to, że karmiąca matka musi utrzymywać nadwagę w granicach 5 kg, by móc zapewnić dziecku odpowiednie odżywienie. Przy karmieniu sztucznym nie ma takich problemów. Bolesność i wrażliwość piersi może występować bez względu na sposób karmienia. Rezygnując z karmienia piersią, trzeba się liczyć z dość bolesnym okresem wysychania piersi, z drugiej jednak strony kobieta karmiąca może mieć inne problemy z piersiami (patrz: s. 122).

Długofalowe korzyści dla zdrowia matki. Badania sugerują – choć nie dowodzą w sposób ostateczny – że karmienie piersią może stanowić ochronę przed nowotworami piersi i jajników oraz osteoporozą w okresie przedmenopauzalnym.

Wizerunek ciała matki. „Chciałabym wyglądać tak jak przed zajściem w ciążę" – te słowa często się słyszy z ust kobiet po porodzie. Nie jest to tylko kwestia pozbycia się nadwagi. Chodzi im raczej o wygląd ciała. Niektórym młodym matkom wydaje się, że karmienie piersią jest równoznaczne z fizycznym „zaniedbaniem". Faktem jest, że u większości kobiet karmienie piersią zmienia ich wygląd bardziej niż ciąża. W okresie karmienia zachodzą pewne nieodwracalne zmiany fizjologiczne związane z przystosowaniem piersi do skutecznego wytwarzania pokarmu. Przewody mleczne wypełniają się, a w chwili przysysania się dziecka zatoki mlekonośne pulsują, wysyłając do mózgu sygnały warunkujące podtrzymywanie napływu pokarmu (patrz: tekst wyodrębniony na s. 112). Po zakończeniu karmienia piersi ponownie ulegają zmianom, rzadko jednak nie powracają do stanu sprzed ciąży.

Trudności. Jakkolwiek karmienie piersią jest – z samej definicji – czynnością „naturalną", to jednak, technicznie rzecz biorąc, stanowi nabytą umiejętność i może się okazać trudniejsze, przynajmniej na początku, niż podawanie dziecku pokarmu z butelki.

Wygoda. Słyszymy wiele o wygodzie karmienia piersią. Po części jest to prawda, zwłaszcza w środku nocy – dziecko płacze, mama podaje mu pierś i po krzyku! Jeżeli karmienie odbywa się wyłącznie metodą naturalną, to można zapomnieć o ciągłym sterylizowaniu butelek i smoczków. Wiele karmiących kobiet odciąga jednak nadmiar pokarmu; w takim przypadku nie obejdzie się bez buteleczek, woreczków etc. Karmienie piersią może rzeczywiście być wygodne na tzw. własnych śmieciach, wiele pań napotyka jednak trudności ze znalezieniem odpowiedniego miejsca i czasu na te czynności w pracy. I wreszcie kwestia temperatury – pokarm naturalny ma zawsze właściwą ciepłotę. Oto jednak coś, o czym nie wszyscy wiemy: mleka modyfikowanego nie trzeba podgrzewać (niemowlęta najwyraźniej nie czują różnicy), a więc przynajmniej mleko gotowe (niewymagające łączenia składników i mieszania) jest prawie tak samo wygodne jak mleko kobiece. Obydwa rodzaje pokarmu wymagają ściśle określonych warunków przechowywania (patrz: s. 118 – *Przechowywanie kobiecego mleka*, s. 129 – *Przechowywanie mleka modyfikowanego*).

Koszt. Przeciętne niemowlę zjada w pierwszym roku swego życia około 435 l pokarmu, co odpowiada dziennej dawce koło 1200 ml (noworodki oczywiście jedzą mniej). Karmienie piersią jest najtańsze, ponieważ pokarm naturalny nic nie kosztuje. Jeżeli nawet wliczymy fachowy instruktaż, kursy, różne akcesoria oraz wypożyczenie laktatora na jeden rok, to obciążenia te w skali miesięcznej wciąż będą mniejsze niż koszt mleka modyfikowanego. Mleko początkowe dla niemowląt oferowane jest w kilku postaciach: w proszku (do rozpuszczania w wodzie), w formie koncentratu (do połączenia z wodą w proporcji 1:1) oraz w wersji gotowej do użycia (takie mleko początkowe jest oczywiście najdroższe). (Nie uwzględniam kosztów butelek i smoczków, ponieważ matki karmiące piersią również zaopatrują się w butelki).

Mody w dziedzinie karmienia

Obecnie karmienie piersią jest „szaleństwem dnia". Nie oznacza to, że mleko modyfikowane jest „złe". W pierwszych dziesięcioleciach po II wojnie światowej panowało powszechne przekonanie, że mleko początkowe jest dla niemowląt najlepszym rozwiązaniem i tylko jedna trzecia kobiet karmiła piersią. Obecnie karmi piersią około sześćdziesięciu procent matek, lecz mniej niż połowa z nich kontynuuje karmienie w drugim półroczu. Kto wie, co nas czeka? Kiedy piszę te słowa, naukowcy prowadzą eksperymenty z krowami, których celem jest taka genetyczna modyfikacja tych zwierząt, by wytwarzały... ludzkie mleko! Jeśli to się stanie, pewnie będziemy świadkami ponownej intensywnej promocji mleka krowiego.

W artykule opublikowanym w roku 1999 na łamach „Journal of Nutrition" sugeruje się, że „może ostatecznie być możliwe projektowanie mleka modyfikowanego lepiej spełniającego indywidualne potrzeby niemowląt niż pokarm pochodzący z piersi ich matek".

Rola partnera. Niektórym ojcom wydaje się, że zostają odstawieni na boczny tor, gdy ich żony karmią piersią. Decyzja w tej sprawie należy jednak do kobiety. Kobiety – niezależnie od sposobu karmienia – chciałyby widzieć u swoich partnerów większe zaangażowanie i mają w tym względzie słuszność. Udział w wychowaniu wspólnego potomstwa to kwestia motywacji i zainteresowania, a nie metody karmienia. Ojciec może uczestniczyć w karmieniu niemowlęcia bez względu na to, czy jego matka postanowi karmić mlekiem początkowym, czy piersią (w tym drugim przypadku trzeba się oczywiście zdecydować na odciąganie i magazynowanie pokarmu). W obu wariantach pomoc partnera daje matce bardzo potrzebne chwile wytchnienia.

Przeciwwskazania dla dziecka. Analizując wyniki badań metabolicznych przeprowadzanych rutynowo u wszystkich noworodków w celu wyeliminowania (bądź stwierdzenia!) pewnych chorób, pediatra może odradzić

SŁOWO DO OJCÓW. Ojciec dziecka może nakłaniać żonę do karmienia piersią, ponieważ tak karmiła jego matka lub siostra, bądź w przekonaniu, iż jest to najlepsza metoda. Inny ojciec może odwodzić swą partnerkę od takiego pomysłu. W obu przypadkach kobieta jest odrębną jednostką ludzką mającą w życiu prawo wyboru także i w tej kwestii. Chęć karmienia dziecka piersią nie oznacza mniejszej miłości do partnera, podobnie jak niechęć do takiego karmienia nie oznacza, że matka jest zła. Nie chcę przez to powiedzieć, że tematy te nie powinny być przedmiotem dyskusji między partnerami, jednak ostateczna decyzja należy do matki.

matce karmienie piersią. W pewnych przypadkach zalecane jest specjalne mleko początkowe niezawierające laktozy. Podobnie u noworodków ze skłonnością do żółtaczki (nadmiarem bilirubiny, żółtawej substancji zwykle rozkładanej w wątrobie) niektóre szpitale zalecają przy wypisie karmienie mlekiem modyfikowanym (patrz: ss. 132–134). Jeżeli chodzi o uczulenia na mleko początkowe, to często słyszę od matek, że ich dzieci dostają wysypek lub gazów po takim lub innym mleku, wiem jednak bardzo dobrze, że niemowlęta karmione wyłącznie piersią również miewają wysypki i gazy.

Przeciwwskazania dla matki. Niektóre matki nie mogą karmić w sposób naturalny z powodu przebytej operacji piersi (patrz: tekst wyodrębniony obok), infekcji (np. HIV) lub przyjmowanych leków, takich jak lit lub środki uspokajające. Wyniki badań wskazują, że takie czynniki fizyczne jak wielkość piersi i kształt brodawki nie mają istotnego znaczenia; mimo to niektóre matki mają więcej problemów niż inne, jeżeli chodzi o przepływ pokarmu i przysysanie się dziecka. Większość tych trudności można przezwyciężyć (patrz: ss. 122–124), nie wszystkim jednak wystarcza potrzebnej do tego cierpliwości.

W podsumowaniu tematu można powiedzieć, że karmienie piersią jest korzystne dla dziecka, zwłaszcza w pierwszym miesiącu. Jeżeli matka nie decyduje się na nie lub nie może w ten sposób karmić, to mleko początkowe dobrze spełnia swoją funkcję, a dla niektórych niemowlaków pod pewnymi względami jest korzystniejsze od mleka kobiecego. Kobieta może uważać, że nie ma czasu na karmienie piersią (co oznacza, że nie chce tego czasu znaleźć lub takie karmienie nie mieści się w jej priorytetach). Karmienie piersią może się jej też po prostu nie podobać. W szczególności, gdy nie jest to jej pierwsze dziecko, może się obawiać, że jej widok w roli matki karmiącej może w jakiś sposób naruszyć rodzinną równowagę – na przykład starsze dzieci mogą się czuć zazdrosne.

Tak czy owak, gdy kobieta nie chce karmić piersią, powinniśmy udzielić jej wsparcia i przestać pogłębiać w niej poczucie winy. Powinniśmy także przestać używać słowa „zaangażowanie" wyłącznie w powiązaniu z karmieniem piersią. Każdy sposób karmienia niemowlęcia wymaga przecież zaangażowania.

Po operacjach piersi...

- Kobiety, które poddawały się operacjom rekonstrukcji lub zmniejszania piersi, powinny ustalić, czy chirurg przecinał brodawkę lub obszar za mostkiem. Nawet wówczas, gdy przewody mleczne zostały odcięte, dziecko można karmić z użyciem systemu wspomagającego, w którym niemowlę ssie równocześnie brodawkę i rurkę doprowadzającą pokarm.
- Konsultantka w dziedzinie laktacji może pomóc ustalić, czy dziecko prawidłowo się przysysa i – w razie konieczności – pokazać, jak działa system wspomagający.
- Niemowlę należy ważyć co tydzień przez co najmniej sześć pierwszych tygodni; upewniamy się w ten sposób, czy prawidłowo przybiera na wadze.

Szczęśliwe karmienie

Udany start to połowa sukcesu (szczegóły na temat pierwszych karmień piersią znajdują się na s. 112, a analogiczne szczegóły dotyczące karmienia mlekiem modyfikowanym – na s. 128). Ogromnie ważne jest wydzielenie w domu specjalnego miejsca przeznaczonego do karmienia niemowlęcia. Pierwszym krokiem jest więc ustalenie, gdzie nasze dziecko będzie otrzymywało posiłki w ciszy i spokoju. Krok drugi to rezygnacja z wszelkiego pośpiechu. Niedopuszczalne jest prowadzenie podczas karmienia jakichkolwiek rozmów, w tym telefonicznych. Karmienie jest procesem interaktywnym; nie tylko dziecko, ale również matka powinna skupić na nim całą swoją uwagę. Tylko w ten sposób można swoje dziecko poznać, dając się równocześnie jemu poznać. Warto również wiedzieć, że starsze niemowlęta są bardziej podatne na wzrokowe i słuchowe zakłócenia, które mogą zdezorganizować ich posiłek.

Matki często pytają: „Czy mogę przemawiać do dziecka podczas karmienia?". Jak najbardziej, ale cicho i miło. Trzeba o tym myśleć jak o intymnej rozmowie podczas kolacji przy świecach. Do niemowlęcia należy mówić cicho, nie szczędząc mu słów zachęty. „Weź jeszcze troszeczkę, powinieneś zjeść jeszcze trochę". Często używam też dziecięcych monosylab w rodzaju „guu-guu" i głaszczę dzieci po główkach. Służy to nie tylko nawiązaniu kontaktu, lecz także podtrzymuje u dziecka stan czuwania. Kiedy maleństwo zamyka oczy i przestaje ssać, mówię do niego: „Jesteś tu? Hej, nie śpimy, kiedy jemy. To przecież twoje jedyne zadanie!".

Sposoby jedzenia

Temperament dziecka ma wpływ na sposób przyjmowania pokarmu. Łatwo przewidzieć, że **Aniołki** i **Dzieci Podręcznikowe** nie sprawiają kłopotów. Okazuje się jednak, że i **Dzieci Ruchliwe** nie mają problemów z karmieniem.

Dzieci Wrażliwe często bywają sfrustrowane, zwłaszcza gdy są karmione piersią. Ich usposobienie nie pozwala na większą elastyczność. Jeśli zaczęliśmy karmić niemowlę z tej grupy w określonej pozycji, musimy się jej trzymać, bo będzie chciało być tak karmione za każdym razem. Podczas karmienia **Dziecka Wrażliwego** nie wolno też głośno rozmawiać, zmieniać pozycji lub przechodzić do drugiego pokoju.

Mali Buntownicy są niecierpliwi. Przy karmieniu piersią nie chcą czekać na napływ pokarmu. Czasami ciągną matkę za pierś. Zwykle dobrze sobie radzą z butelką pod warunkiem, że ma końcówkę ze swobodnym przepływem.

WSKAZÓWKA: Kiedy dziecko przerywa ssanie podczas karmienia, delikatnie pocieramy ruchem okrężnym kciuka wewnętrzną powierzchnię dłoni dziecka; pocieramy plecki lub powierzchnie pod pachami; przebieramy palcami dłoni w górę i w dół po kręgosłupie (nazywam ten zabieg „chodzeniem po deseczce"). Nigdy nie kładziemy mokrej myjki na czole dziecka ani nie łaskoczemy mu stóp, jak niektórzy sugerują. To tak, jakbyśmy wchodzili pod stół i mówili: „Nie zjadłeś całego kurczaczka; połaskoczę cię w stopy, to może nabierzesz apetytu". Jeżeli żaden z tych sposobów nie działa, radzę pozostawić dziecko w spokoju na pół godziny i po prostu pozwolić mu zasnąć. W przypadku gdy dziecko regularnie zasypia podczas karmienia i trudno je rozbudzić, należy zwrócić się o poradę do pediatry.

Jak już wspominałam w rozdziale II, nigdy nie zalecam karmienia na każde żądanie, bez względu na to, jaki sposób matka wybiera. Postępowanie takie kształtuje w dziecku nawyk nieustannego domagania się, zresztą nie tylko jedzenia. Nieumiejętność rozróżniania rodzajów płaczu niemowlęcia sprawia, że rodzice interpretują każdy płacz jako objaw głodu. Dlatego właśnie tyle niemowląt jest przekarmianych. Błędnie rozpoznaje się u nich „kolkę" (patrz: s. 266). Realizując proponowany przeze mnie czteropunktowy Łatwy Plan, karmimy dziecko piersią co 2,5–3 godziny lub mlekiem modyfikowanym co 3–4 godziny i wiemy, że płacz między karmieniami nie wynika z głodu, ale jest powodowany innymi przyczynami.

W dalszym ciągu omówię szereg konkretnych zagadnień związanych z karmieniem piersią (s. 112), sztucznym (s. 128) i mieszanym (s. 131). Najpierw jednak zajmiemy się sprawami, na które sposób karmienia nie ma decydującego wpływu.

Pozycje podczas karmienia. Niezależnie od tego, czy karmimy piersią, czy z butelki, niemowlę należy wygodnie ułożyć w zgięciu ręki, mniej więcej na poziomie piersi (również wtedy, gdy karmimy z butelki). Główka dziecka powinna być lekko uniesiona, a ciałko wyprostowane. Dziecko nie powinno być zmuszone do napinania szyi w celu przyssania się do piersi lub butelki. Rączka od strony matki może być opuszczona przy ciele lub też może obejmować jej bok. Unikamy przechylania dziecka do tyłu; jego główka nie może być nigdy niżej niż reszta ciała, utrudnia to bowiem przełykanie. Podczas karmienia z butelki niemowlę powinno leżeć na pleckach, a przy karmieniu piersią pochylamy je lekko w stronę ciała matki, zbliżając jego twarz do brodawki sutkowej.

Czkawka. Występuje u wszystkich niemowląt – czasami po karmieniu, a niekiedy po drzemce. Uważa się, że jest spowodowana przez wypełnienie żołądka lub zbyt szybkie przyjmowanie pokarmu – co zdarza się również u osób dorosłych, pośpiesznie pochłaniających pożywienie. Następuje zakłócenie rytmu przepony. Niewiele można z tym zrobić, pamiętajmy więc, że czkawka przechodzi równie szybko, jak się pojawia.

Odbijanie. Wszystkie niemowlęta połykają powietrze. Często towarzyszy temu charakterystyczny odgłos. Powietrze zbiera się w żołądku dziecka, tworząc niewielki pęcherzyk; powoduje to czasem przedwczesne uczucie sytości i dlatego właśnie dbamy o to, by dzieciom się odbijało. Mam zwyczaj wywoływania tego odruchu przed podaniem dziecku piersi lub butelki, ponieważ wiem, że niemowlęta połykają powietrze także wówczas, gdy leżą. Po zakończeniu karmienia prowokujemy odbijanie ponownie; czynimy to również, gdy dziecko przerywa karmienie i zaczyna marudzić. Bardzo często przyczyną takiego zachowania jest właśnie powietrze, które zgromadziło się w żołądku.

Istnieją dwa sposoby wywoływania odbijania. Możemy posadzić dziecko na swoich kolanach i delikatnie masować mu plecki, podtrzymując brodę dłonią drugiej ręki. Sposób drugi, który preferuję, polega na uniesieniu dziecka z rączkami luźno opuszczonymi i ułożeniu go na własnym barku. Nóżki powinny zwieszać się w dół, co ułatwia uwalnianie powietrza. Delikatnie masujemy niemowlę ruchem ku górze po lewej stronie, na wysokości brzuszka. (Poklepując niżej, trafiamy na nerki). U niektórych dzieci wystarcza łagodny masaż, u innych konieczne jest poklepywanie.

Jeżeli po pięciu minutach masowania i poklepywania odbicie nie nastąpiło, to można z dużym prawdopodobieństwem założyć, że w brzuszku nie ma pęcherzyków powietrza. Jeśli po położeniu dziecko zaczyna się wić, wystarczy je ponownie podnieść; przeważnie odbije mu się wtedy jak należy. Zdarza się, że powietrze przechodzi z żołądka do jelit, powodując znaczny dyskomfort. Rozpoznajemy to po unoszeniu nóżek w kierunku brzuszka i usztywnianiu całego ciała. Towarzyszy temu oczywiście charakterystyczny płacz. Czasami słyszymy też oddawanie gazów, po którym najczęściej następuje odprężenie. (Więcej wskazówek na temat gazów na s. 269).

Ilość przyjmowanego pokarmu i przybieranie na wadze. Często matki martwią się o to, czy ich dzieci otrzymują wystarczające ilości pokarmu. Karmienie sztuczne pozwala ilości te dokładnie kontrolować. Niektóre kobiety karmiące piersią odczują łaskotanie lub szczypanie towarzyszące napływaniu pokarmu, co daje im pewność, że wytwarzają i dostarczają dziecku pokarm. Jeżeli jednak kobieta nie ma takich odczuć – a często tak jest – to radzę wsłuchiwać się w odgłos przełykania przez dziecko pokarmu. (Matki karmiące piersią mogą również skorzystać z sugestii zawartej w tekście wyodrębnionym na s. 131). Ogólnie biorąc, zadowolenie dziecka po karmieniu świadczy o tym, że otrzymało właściwą ilość pożywienia.

Przypominam też rodzicom, że „to, co weszło, musi wyjść". Niemowlak robi siusiu sześć do dziewięciu razy w ciągu doby. Mocz powinien być jasnożółty lub prawie całkiem bezbarwny. Ruchy jelita związane z wypróżnieniem występują dwa do pięciu razy na dobę. Normalny stolec przybiera barwę od ciemnożółtej do jasnobrązowej, a jego konsystencja przypomina musztardę.

WSKAZÓWKA: *Pieluchy jednorazowe (pampersy) wchłaniają mocz tak dokładnie, że trudno się zorientować, czy dziecko go oddawało i jakie było jego zabarwienie. Podczas pierwszych dziesięciu dni proponuję wkładać pieluszki tetrowe, by ustalić, jak często dziecko siusia.*

Najlepszym wskaźnikiem ilości przyjmowanego pokarmu jest przyrost wagi ciała. Trzeba jednak wiedzieć, że w pierwszych dniach życia noworodki zazwyczaj tracą około dziesięciu procent swojej wagi urodzeniowej. W macicy trwa ciągłe odżywianie płodu za pośrednictwem łożyska. Po narodzinach organizm dziecka musi przestawić się na odżywianie niezależne, a proces ten trwa. Większość niemowląt urodzonych terminowo (donoszonych) odzyskuje wagę urodzeniową w ciągu 7–10 dni pod warunkiem, że otrzymuje wystarczającą ilość pożywienia i kalorii. W niektórych przypadkach trwa to nieco dłużej, jeżeli jednak nie następuje w ciągu dwóch tygodni, należy udać się do lekarza pediatry. Uznaje się, że noworodki, które nie odzyskały wagi urodzeniowej w trzecim tygodniu życia, rozwijają się nieprawidłowo.

WSKAZÓWKA: *Noworodki o wadze urodzeniowej poniżej 3 kg nie mogą sobie pozwolić na utratę dziesięciu procent wagi. W takich przypadkach zaleca się dokarmianie mlekiem modyfikowanym przed rozpoczęciem karmienia piersią.*

Normalny przyrost wagi niemowlęcia wynosi 120–210 g tygodniowo. Przed popadnięciem w obsesję na ten temat radzę jednak wziąć pod uwagę, że na ogół dzieci karmione piersią są szczuplejsze i przybierają na wadze nieco wolniej niż ich rówieśnicy otrzymujący tylko pokarm z butelki. Niektóre matki, wiedzione niepokojem, kupują lub wypożyczają specjalne wagi. Uważam, że dziecko regularnie badane przez pediatrę może być ważone raz w tygodniu podczas pierwszego miesiąca, a potem raz w miesiącu. To w zupełności wystarcza. Mając wagę w domu, należy pamiętać, że masa ciała niemowlęcia ulega dobowym wahaniom, nie należy więc ważyć dziecka częściej niż co 4–5 dni.

Zasady karmienia piersią

Istnieją książki w całości poświęcone karmieniu piersią. Jeżeli decyzja w tej sprawie została już podjęta, to założę się, że na półce stoi co najmniej kilka tomów. Zasadnicze znaczenie ma praktyka i cierpliwość – jak przy uczeniu się każdej innej umiejętności. Polecam lektury, uczestnictwo w kursach lub zapisanie się do odpowiedniej grupy wsparcia. Postaram się, abyście zrozumiały, jak przebiega proces wytwarzania pokarmu przez organizm kobiety (patrz: tekst poniżej), a także przedstawię w tym rozdziale to wszystko, co sama uważam za najważniejsze.

Jak piersi wytwarzają mleko

Natychmiast po urodzeniu dziecka mózg kobiety wydziela prolaktynę – hormon inicjujący i podtrzymujący wytwarzanie pokarmu. Prolaktyna oraz inny hormon zwany oksytocyną wydzielają się za każdym razem, gdy dziecko zaczyna ssać pierś. Otoczka brodawki sutkowej – otaczający ją ciemniejszy obszar – jest wystarczająco przyczepna, by umożliwić dziecku dobre przyssanie, a jednocześnie dość miękka, by mogło ono bez trudu ściskać ją ustami. Podczas ssania zatoki mlekonośne znajdujące się w obrębie otoczki wysyłają do mózgu sygnał: „Wytwarzać mleko!". Kiedy dziecko ssie, zatoki pulsują, uaktywniając przewody mleczne łączące brodawki z pęcherzykami – niewielkimi woreczkami wewnątrz piersi, w których pokarm się gromadzi. Delikatne ściskanie działa jak pompka ściągająca mleko z pęcherzyków do przewodów mlecznych i brodawki działającej jak lejek, przez który pokarm wlewa się do ust dziecka.

Ćwiczenia podczas ciąży. Nieprawidłowe przysysanie się niemowlęcia jest główną (a często jedyną) przyczyną utrudniającą karmienie piersią. U matek, z którymi pracuję, zapobiegamy temu jeszcze przed porodem. Spotykam się z nimi 4–6 tygodni przed spodziewaną datą rozwiązania, wyjaśniam, jak funkcjonują piersi, i pokazuję, jak należy przyklejać do nich niewielkie okrągłe plastry opatrunkowe w odległości około 2,5 cm nad i pod brodawką, czyli dokładnie w miejscach, w których będzie się trzymało pierś podczas karmienia. Ćwiczenie to pozwala kobietom przyzwyczaić się do właściwego ułożenia palców dłoni. Proponuję czytelniczkom praktyczne wypróbowanie tej metody.

Warto pamiętać, że niemowlę nie wysysa mleka z brodawki sutkowej; pokarm jest wytwarzany dzięki stymulacji, jakiej dostarcza odruch ssania. Im silniejsza jest ta stymulacja, tym więcej pokarmu wypływa. Oznacza to, że o powodzeniu decydują prawidłowa pozycja i przyssanie się niemowlęcia. Wystarczy skorygować te dwa parametry, żeby karmienie piersią stało się „naturalne", czyli bezproblemowe. Jeżeli dziecko zostało niewłaściwie ułożone i nie przyssało się prawidłowo, wówczas zatoki mlekonośne nie przesyłają komunikatów do mózgu i hormony, sterujące karmieniem, nie mogą się wydzielać. W rezultacie pokarm nie napływa, co powoduje cierpienia zarówno matki, jak i dziecka.

WSKAZÓWKA: *Prawidłowe przyssanie wymaga, żeby usta dziecka obejmowały brodawkę wraz z fragmentem otoczki. Jeżeli chodzi o właściwą pozycję, to szyjka dziecka powinna być lekko odgięta, tak by nosek i bródka dotykały piersi. Zapewnia to dziecku dostęp powietrza bez konieczności przytrzymywania piersi. W przypadku dużych piersi można podłożyć pod pierś na przykład zwiniętą skarpetkę, by unieść ją nieco wyżej.*

Pierwsze karmienie powinno odbyć się w możliwie najkrótszym czasie po urodzeniu. Pierwsze karmienie jest takie ważne nie dlatego, że noworodek koniecznie musi być głodny. Przede wszystkim pierwsze karmienie utrwala w jego pamięci prawidłowy sposób przyssania. Jeżeli to możliwe, radzę zapewnić sobie obecność w sali porodowej wykwalifikowanej pielęgniarki, konsultantki laktacyjnej, dobrej przyjaciółki lub własnej mamy (o ile sama karmiła piersią), która pomoże dziecku dobrze się przyssać za pierwszym razem. Po każdym porodzie naturalnym, przy którym asystuję, staram się przystawić dziecko do piersi możliwie jak najszybciej na sali porodowej. Im dłużej się z tym zwleka, tym większe trudności mogą powstać. W ciągu pierwszej godziny lub dwóch noworodek jest najbardziej przytomny. Potem zapada w swego rodzaju szok trwający dwa do trzech dni, który jest następstwem wędrówki w kanale rodnym. W tym okresie je i śpi zazwyczaj nieregularnie. W przypadku cesarskiego cięcia do pierwszego karmienia dochodzi najczęściej nie wcześniej niż po trzech godzinach; zarówno matka, jak i dziecko są wówczas oszołomieni. W takich warunkach dobre przyssanie wymaga więcej czasu i cierpliwości. (Jednak nie doradzam rodzicom budzenia noworodków do karmienia, chyba że waga urodzeniowa jest szczególnie niska, poniżej 2,75 kg).

W ciągu pierwszych 2–3 dni pokarm to przede wszystkim siara, zawierająca wiele substancji odżywczych. Jest to wydzielina gęsta i żółtawa, przypominająca wyglądem miód, o bardzo dużej zawartości białka. Gdy pokarm składa się niemal wyłącznie z siary, karmimy piętnaście minut z jednej i tyle samo z drugiej piersi. Z chwilą pojawienia się mleka właściwego przechodzimy na karmienie jednostronne (patrz: niżej).

Karmienie piersią – pierwsze cztery dni

Matkom, których dzieci ważyły w chwili narodzin ponad 3 kg, zwykle doradzam podany poniżej plan pierwszych karmień.

	Pierś lewa	Pierś prawa
Dzień pierwszy: karmienie przez cały dzień na każde żądanie dziecka	5 minut	5 minut
Dzień drugi: karmienie co 2 godziny	10 minut	10 minut
Dzień trzeci: karmienie co 2,5 godziny	15 minut	15 minut
Dzień czwarty: początek karmienia jednostronnego według Łatwego Planu	Maksimum 40 minut, co 2,5–3 godziny, zmieniając piersi przy kolejnych karmieniach	

Znajomość własnego pokarmu i mechanizmu jego wytwarzania. Trzeba poznać smak pokarmu; pozwoli to ocenić, czy pokarm przechowywany nie jest skwaszony. Zwracamy też uwagę na odczucia związane z wypełnieniem piersi. Napływ pokarmu wywołuje wrażenie łaskotania. U niektórych kobiet pokarm zbiera się szybko, zwłaszcza gdy odruch wyrzucania pokarmu jest im już znany; pokarm wypływa wówczas dość gwałtownie i dziecko może się nim zakrztusić. Aby powstrzymać zbyt szybki wypływ pokarmu, kładziemy palec na brodawce – tak jak przy tamowaniu krwawienia w miejscu skaleczenia. Brak odczuć nie powinien niepokoić, skala wrażliwości jest zróżnicowana. Jeżeli odruch wydzielania pokarmu jest powolny, wówczas niemowlę może wydawać się zirytowane, co objawia się częstym przerywaniem i wznawianiem ssania. Zwolniony napływ pokarmu może być oznaką napięcia psychicznego matki; proponuję w takich przypadkach chwilę relaksu przed karmieniem, połączoną ze słuchaniem muzyki medytacyjnej. Jeśli to nie pomaga, można posłużyć się ręcznym laktatorem do zainicjowania napływu i przystawiać dziecko do piersi wtedy, gdy pokarm już z niej wypływa. Może to potrwać około trzech minut, jednak w ten sposób oszczędzamy dziecku niepokoju.

Nie zmieniamy piersi. Wiele pielęgniarek, lekarzy i instruktorek laktacyjnych w Stanach Zjednoczonych zaleca zmianę piersi po dziesięciu minutach po to, żeby umożliwić dziecku ssanie obu piersi przy każdym karmieniu. Rzut oka na tekst zamieszczony poniżej pozwala zrozumieć, dlaczego takie zalecenia są dla dziecka niekorzystne.

Szczególnie podczas pierwszych tygodni dążymy do tego, żeby niemowlę otrzymywało porcję mleka końcowego w każdym karmieniu. Przy zmianie piersi po dziesięciu minutach dziecko dostaje niewiele mleka środkowego. Praktyka taka sygnalizuje organizmowi matki, że mleko końcowe nie jest potrzebne, w związku z czym organizm przestaje je wytwarzać.

Z czego składa się mleko kobiece

Naturalny pokarm, odstawiony w butelce na jedną godzinę, podzieli się na trzy części, przy czym najgęściejsza będzie warstwa najniższa.

Mleko początkowe (wydziela się w ciągu pierwszych 5–10 minut karmienia). Ma konsystencję podobną do chudego krowiego mleka. W posiłku dziecka odgrywa rolę zupy, zaspokajając jego pragnienie. Jest bogate w oksytocynę, hormon wydzielający się także podczas aktywności erotycznej, mający wpływ na matkę i dziecko. Karmiąca kobieta czuje się odprężona, podobnie jak po orgazmie, a dziecko ogarnia senność. Ta część pokarmu zawiera najwięcej laktozy.

Mleko środkowe (zaczyna się wydzielać po 5–8 minutach karmienia). Zawiera duże ilości białka i przypomina wyglądem tłuste krowie mleko. Cenne dla rozwoju kości i mózgu dziecka.

Mleko końcowe (zaczyna się wydzielać po 15–18 minutach karmienia). Jest gęste i ma konsystencję śmietany. Zawiera bardzo cenne dla organizmu dziecka tłuszcze, jest więc „deserem", dzięki któremu niemowlę przybiera na wadze.

Kiedy podczas karmienia niemowlę ssie tę samą pierś, otrzymuje za każdym razem wszystkie trzy rodzaje pokarmu, co oznacza, że jego dieta jest zrównoważona. Zauważmy przy sposobności, że matki bliźniaków muszą tak karmić, ponieważ nie mają innego wyboru. Czy w tym przypadku zmiana piersi w trakcie karmienia nie wydawałaby się szczególnie nierozsądna? Zapewniam, że w przypadku jednego niemowlęcia jest nią także.

WSKAZÓWKA: *Po każdym karmieniu warto oznaczyć pierś, z której będziemy karmić następnym razem. Uczucie napełnienia może również wskazywać, która pierś nie była ostatnio opróżniana.*

Mit kapusty

Karmiące matki słyszą często zalecenia, by nie jeść kapusty, czekolady, czosnku i innych tego typu pokarmów, ponieważ mogą one „przenikać" do ich mleka. To nonsens! Normalna, urozmaicona dieta nie ma wpływu na kobiece mleko. Przypominają mi się w tym miejscu kobiety indyjskie, których ostra, pikantna dieta mogłaby zaburzyć trawienie większości dorosłych Amerykanów. A jednak ich pokarm dobrze służy niemowlętom.

Przyczyną gazów u dziecka nie jest obecność kapusty lub czegokolwiek podobnego w pożywieniu matki. Zjawisko to powstaje na skutek połykania powietrza, nieprawidłowego odbijania (przed karmieniem, w trakcie i po jego zakończeniu) oraz niedojrzałości układu trawiennego niemowląt.

Od czasu do czasu może wystąpić wrażliwość dziecka na niektóre składniki pożywienia matki. Przeważnie są to białka pochodzące z mleka krowiego, soi, pszenicy, ryb, kukurydzy, jajek i orzechów. Jeżeli matka jest przekonana, że dziecko reaguje na jakiś element jej diety, powinna pokarm ten wyeliminować z jadłospisu na dwa do trzech tygodni i po upływie tego okresu wprowadzić go ponownie.

Należy pamiętać, że również ćwiczenia fizyczne wpływają na jakość kobiecego mleka. Podczas intensywnego wysiłku mięśnie wytwarzają kwas mlekowy, który może wywołać ból brzuszka u niemowląt karmionych piersią. Powinna upłynąć co najmniej godzina od zakończenia treningu do rozpoczęcia karmienia.

Matki korzystające z mojej pomocy od dnia porodu zaczynają karmić jednostronnie w trzecim lub czwartym dniu. Otrzymuję od nich często rozpaczliwe telefony, w których donoszą mi o zaleceniach pediatrów lub instruktorek laktacyjnych. Zwykle dzieje się to pomiędzy drugim a ósmym tygodniem życia dziecka.

Oto przykład. Maria, której synek miał trzy tygodnie, powiedziała mi: „Moje dziecko je co godzinę lub najdalej co półtorej. Nic nie mogę na to poradzić". Pediatra zupełnie się tym nie przejmował. Justin przybierał na wadze powoli, ale przybierał. To, że dziecko jadło co godzinę, zupełnie lekarza nie martwiło – w końcu to nie on karmił chłopca! Wprowadziłam Marię w tajniki jednostronnego karmienia. Ponieważ jej organizm był już przyzwyczajony do zmian, musiałyśmy przestawiać Justina stopniowo. Zaczynałyśmy od pięciu minut z jednej strony i reszty karmienia z drugiej. W ten sposób przez trzy dni została odciążona pierś, która miała być nieużywana, i matka uniknęła jej obrzmienia (patrz: s. 122). Najważniejsze, że do mózgu Marii dotarły sygnały: „Nie będziemy potrzebowały drugiej piersi w tym momencie". Pokarm powstający w piersi nieużywanej był wchłaniany i przechowywany do następnego karmienia przypadającego za trzy godziny. Po czterech dniach Maria mogła już karmić metodą jednostronną.

Ilości pokarmu

Jeżeli nie odciągamy i nie sprawdzamy ilości pokarmu (patrz: dalej), trudno ocenić, ile faktycznie dziecko otrzymuje. Jakkolwiek nie zalecam karmienia według zegarka, to jednak wiele matek prosi o określenie przybliżonego czasu karmienia. U niemowląt starszych ssanie staje się bardziej efektywne, w związku z czym karmienie zajmuje mniej czasu. Poniżej podaję ramowe okresy karmienia wraz z przybliżonymi ilościami pokarmu:

4–8 tygodni: Do 40 minut (60–150 ml)
8–12 tygodni: Do 30 minut (120–180 ml)
3–6 miesięcy: Do 20 minut (150–240 ml)

WSKAZÓWKA: *Jeżeli ilość pokarmu budzi wątpliwości, proponuję raz dziennie, piętnaście minut przed karmieniem, odciągnąć pokarm z piersi i sprawdzić, ile go jest. Biorąc pod uwagę, że dziecko może odessać co najmniej 30 ml pokarmu więcej, niż uzyskujemy za pomocą laktatora, możemy oszacować ilość wydzielanego jednorazowo pokarmu.*

Nie patrzymy na zegarek. W karmieniu piersią nie chodzi o minuty i mililitry, lecz o coś zupełnie innego – świadomość siebie i dziecka. Karmienie piersią musi odbywać się częściej niż z butelki, ponieważ pokarm naturalny trawiony jest szybciej niż mleko modyfikowane. Jeżeli więc karmimy niemowlę dwu- lub trzymiesięczne co trzy godziny przez 40 minut, to możemy mieć pewność, że cały pokarm zostanie strawiony. (Patrz: tekst zawierający orientacyjne pory karmienia).

Przechowywanie kobiecego mleka

Kiedyś odwiedziłam matkę, która wpadła w rozpacz, ponieważ prawie trzy litry odciągniętego i zmagazynowanego pokarmu uległo rozmrożeniu w związku z przerwą w dopływie prądu. Kiedy to usłyszałam, zaniemówiłam. Po chwili zapytałam: „Kochanie, czy zamierzasz pobić rekord świata i znaleźć się w księdze Guinnessa? Dlaczego zmagazynowałaś aż tyle pokarmu?". Odciąganie i przechowywanie kobiecego mleka to oczywiście znakomity pomysł, nie popadajmy jednak w przesadę. Oto wskazówki, które warto zapamiętać.

- Świeżo odciągnięty pokarm należy natychmiast umieścić w lodówce; przechowuje się go nie dłużej niż 72 godziny.
- W zamrażarce lub zamrażalniku pokarm można przechowywać do sześciu miesięcy, jednak po upływie tego czasu potrzeby dziecka będą już inne. Zapotrzebowania pokarmowe niemowlęcia miesięcznego, trzymiesięcznego i półrocznego znacznie się od siebie różnią. Cud naturalnego karmienia polega na tym, że skład pokarmu zmienia się wraz z rozwojem dziecka. Jeśli zamrożony pokarm ma zaspokoić zapotrzebowanie kaloryczne, to nie należy przechowywać więcej niż dwanaście pojemników 120-mililitrowych. W pierwszej kolejności wykorzystujemy oczywiście pokarm najstarszy.
- Kobiece mleko przechowuje się w sterylizowanych butelkach lub w woreczkach plastikowych przeznaczonych specjalnie do tego celu (chemikalia wydzielające się ze zwykłych torebek foliowych mogą wchodzić w reakcje z pokarmem i zmieniać jego skład). Każdy woreczek lub butelkę opatrujemy datą i godziną. Pokarm przechowujemy w pojemnikach 60- i 120-mililitrowych dla uniknięcia strat.
- Pamiętajmy, że pokarm jest ludzką wydzieliną. Zawsze myjemy ręce i unikamy niepotrzebnego przelewania. Najlepiej odciągać mleko wprost do woreczków, w których będzie zamrażane.
- Rozmrażanie polega na umieszczeniu szczelnego pojemnika w misce z ciepłą wodą na około trzydziestu minut. Nigdy nie używamy do tego celu kuchenek mikrofalowych, które zmieniają mleko, rozkładając zawarte w nim białka. Wstrząsamy pojemnikiem, by wymieszać tłuszcz, który mógł się oddzielić i unieść podczas rozmrażania. Pokarm rozmrożony trzeba natychmiast wykorzystać; nie wolno go przechowywać w lodówce dłużej niż 24 godziny. Można go mieszać z pokarmem świeżym, nie należy go jednak nigdy ponownie zamrażać.

WSKAZÓWKA: *Po zakończeniu karmienia wycieramy brodawki czystą myjką. Resztki pokarmu mogą stać się pożywką dla bakterii i przyczyną powstania pleśniawek na piersi i w ustach dziecka. Nigdy nie używamy do tego celu mydła, ponieważ odtłuszcza i wysusza brodawki.*

Brońmy prawa do wyboru sposobu karmienia. W Stanach Zjednoczonych obecnie niemal wszyscy zalecają zmianę piersi podczas karmienia. Trzymajmy się jednak systemu, na który się zdecydowaliśmy.

WSKAZÓWKA DLA PARTNERÓW I PRZYJACIÓŁ: *Kiedy żona (lub przyjaciółka) zaczyna po raz pierwszy karmić piersią, trzeba uczyć się tego, czego ona się uczy, zachowując postawę uważnego obserwatora. Warto się upewnić, czy dziecko prawidłowo się przysysa. Przestrzegam jednak przed przesadną czujnością. Jakkolwiek może to płynąć z najlepszych intencji, zaklinam was, panowie, nie bawcie się w trenerów i nie szafujcie uwagami w rodzaju „Super! Złapał!... O, kurczę, zsunął się z piersi... Złapał znowu... Tak, trzyma, ssie jak maszyna... Uups, znowu odjechał... Co ty robisz? Podnieś go trochę... Taak, teraz dobrze, bardzo dobrze... Ech! Znowu się odsadził!". Spróbujcie wejść na chwilę w położenie karmiącej kobiety! Ona potrzebuje miłości i wsparcia, a nie dopingu i kibicowania! Opanowanie sztuki karmienia piersią i tak jest wystarczająco trudne.*

Szukajmy mądrych doradców. Techniki karmienia piersią przekazywane były z pokolenia na pokolenie od tysięcy lat do lat czterdziestych, pięćdziesiątych i sześćdziesiątych XX wieku, kiedy to matki rzuciły się na butelki z mlekiem modyfikowanym. Rezultat jest taki, że dzisiejsze młode matki często nie mają się do kogo zwrócić o radę i pomoc, ponieważ ich matki karmiły dzieci mlekiem modyfikowanym. Ponadto współczesne mamy otrzymują sprzeczne wskazówki. Na przykład: pielęgniarka w szpitalu, aktualnie pełniąca dyżur, każe położnicy ułożyć dziecko w określony sposób; jej koleżanka z drugiej zmiany zaleca coś zupełnie przeciwnego. Brak jasności w sprawie karmienia piersią wpływa negatywnie na stan emocjonalny kobiet, a co za tym idzie – na laktację. W pewnych przypadkach kobieta może całkowicie utracić zdolność karmienia piersią. Usiłując łagodzić skutki tego zamieszania, organizuję niezależne grupy wsparcia. Nikt lepiej nie pomoże młodej mamie przejść przez trudne początki niż inna kobieta mająca to już za sobą. Jeżeli w najbliższym otoczeniu nie ma nikogo, kto mógłby udzielić wsparcia, proponuję poszukać konsultantki laktacyjnej, która przedstawi zasady profilaktyki i do której będzie można się zwrócić w razie ewentualnych problemów.

Laktatory i odciąganie pokarmu

Odciąganie kobiecego mleka ma wspomagać i ułatwiać karmienie piersią, a nie je zastępować. Zabieg ten pozwala opróżniać piersi oraz gromadzić zapas naturalnego pokarmu, który może być dziecku podany pod nieobecność matki. Odciąganie zapobiega również obrzmiewaniu piersi (patrz: s. 122). Instruktorka laktacyjna powinna zademonstrować i objaśnić prawidłowe posługiwanie się laktatorem.

Typ laktatora. Jeżeli dziecko urodziło się przed terminem, może okazać się potrzebny laktator elektryczny o dużej wydajności (szpitalny). W przypadku gdy rozłąki z niemowlakiem będą sporadyczne, wystarczy pompka ręczna lub nożna. Warto się również nauczyć manualnego ściągania pokarmu – na wypadek awarii energetycznej.

Kupować czy wypożyczać? Zakup laktatora ma sens, gdy matka planuje powrót do pracy, a jednocześnie zamierza karmić piersią co najmniej do roku. Jeżeli planowany okres karmienia nie przekracza sześciu miesięcy, to bardziej uzasadnione wydaje się wypożyczenie. Wypożyczenie laktatora szpitalnego obejmuje również jego obsługę, można więc używać go wspólnie z innymi matkami; w takim przypadku każda z mam powinna zakupić własne końcówki i akcesoria. Dostępne w sklepach i aptekach laktatory do użytku domowego są przeznaczone raczej dla jednej osoby.

Na co zwracać uwagę? Kupując lub wypożyczając laktator, należy zwrócić uwagę na regulację obrotów silnika i siły ssania. Zdecydowanie odradzam modele, w których regulacja pompy odbywa się manualnie i polega na przyciskaniu palcem przewodu – rozwiązanie takie nie jest bezpieczne.

Kiedy odciągać? Przeważnie pokarm jest gotowy do odciągania po upływie godziny od zakończenia karmienia. Chcąc zwiększyć ilość pozyskiwanego pokarmu, należy przez dwa dni używać laktatora dziesięć minut po karmieniu. Jeżeli w miejscu pracy nie ma możliwości odciągania pokarmu w normalnych porach karmienia, to trzeba się postarać robić to o stałych godzinach – np. poświęcając na ten cel piętnaście minut z przerwy obiadowej.

Gdzie odciągać? Nie radzę odciągać pokarmu w toalecie w miejscu pracy; jest to niewskazane ze względów sanitarnych. Proponuję zamykać się w pokoju biurowym lub znaleźć jakieś inne spokojne i czyste miejsce. Jedna ze znajomych matek mówiła mi, że w jej firmie wydzielono specjalne pomieszczenie dla matek karmiących, utrzymywane w idealnej czystości.

Prowadzenie dzienniczka karmienia. Po kilku dniach jednostronnego karmienia proponuję mamom spisywanie godzin karmień, czasu ich trwania, a także informacji, z której piersi dziecko jadło. Dla ułatwienia daję paniom tabelkę, której wzór znajduje się poniżej. Proponuję przystosowanie jej do indywidualnych potrzeb. Pierwsze kolumny są wypełnione przykładowymi danymi.

WSKAZÓWKA: *Doradców trzeba szukać mądrze – wśród ludzi cierpliwych, obdarzonych poczuciem humoru i życzliwie nastawionych do karmienia piersią. Postawy negatywne oraz wszelkie „opowieści dziwnej treści" traktujmy z przymrużeniem oka. Przychodzi mi w związku z tym na myśl biedna Gretchen, która powiedziała mi, że nie będzie karmić piersią, „ponieważ dziecko jej przyjaciółki połknęło brodawkę".*

Pora dnia	Która pierś?	Czas karmienia	Czy słychać przełykanie?	Liczba mokrych pieluszek od ostatniego karmienia	Liczba i barwa stolców od ostatniego karmienia	Dodatki: woda/ mleko modyfikowane	Ilość odciągniętego pokarmu	Inne informacje
6:00	☒ L ☐ P	35 min	☒ T ☐ N	1	1 żółty bardzo rzadki	brak	30 g o 7:15	Niewielkie marudzenie po karmieniu
8:15	☐ L ☒ P	30 min	☒ T ☐ N	1	0	brak	45 g o 8:30	Trzeba było budzić podczas karmienia
	☐ L ☐ P		☐ T ☐ N					
	☐ L ☐ P		☐ T ☐ N					
	☐ L ☐ P		☐ T ☐ N					
	☐ L ☐ P		☐ T ☐ N					
	☐ L ☐ P		☐ T ☐ N					

Reguła czterdziestu dni. Niektóre matki opanowują sztukę karmienia w ciągu kilku dni; innym zajmuje to trochę więcej czasu. Mamy z drugiej grupy nie powinny wpadać w panikę. Proponuję nie oczekiwać od siebie zbyt wiele podczas pierwszych czterdziestu dni. Oczywiście wszyscy (nie wyłączając taty) chcą, żeby karmienie szło gładko od pierwszego dnia, w związku z czym już po dwóch lub trzech dniach pojawiają się troska i zniecierpliwienie. Przeważnie jednak karmienie komfortowe i prawidłowe wymaga wprawy, a tej nie nabiera się z dnia na dzień. Dlaczego akurat czterdzieści dni? To około sześciu tygodni, czyli – zgodnie z definicją medyczną – okres poporodowy (więcej na ten temat w rozdziale VII). Niektóre matki potrzebują tyle właśnie czasu, żeby opanować karmienie piersią. Nawet przy prawidłowym przysysaniu mogą pojawić się problemy z piersiami (patrz: zestawienie poniżej). Zdarza się, że i dziecko nie przystosowuje się od razu. Oboje – matka i dziecko – potrzebują czasu, by przyzwyczaić się do karmienia. Nie da się uniknąć okresu prób i błędów.

WSKAZÓWKA: *Kalorie przyjmowane przez matkę w ciągu całego dnia zasilają organizm jej i dziecka. Dlatego istotne jest utrzymywanie w okresie karmienia pełnowartościowej diety. Wykluczone są w tym czasie diety odchudzające. Pożywienie matki karmiącej powinno być zdrowe, zrównoważone oraz bogate w białko i złożone węglowodany. Nie wolno również zapominać o tym, że kobiece mleko jest płynem, i pić co najmniej szesnaście szklanek wody w ciągu doby, czyli dwukrotnie więcej, niż się zaleca.*

Problemy związane z karmieniem piersią

Problem	Objawy	Co robić
Obrzmienie. W piersiach gromadzą się płyny. Czasami jest to tylko pokarm, częściej jednak również krew, limfa i woda. Są to nadmiary płynów ustrojowych gromadzące się zwłaszcza po cesarskim cięciu.	Piersi są twarde, rozgrzane i spuchnięte; mogą temu towarzyszyć objawy podobne do grypowych – gorączka, dreszcze, pocenie się w nocy; mogą wystąpić trudności z przysysaniem się dziecka, a w konsekwencji bóle brodawek.	Należy stosować na piersi ciepłe okłady z wilgotnych pieluszek tetrowych oraz wykonywać ćwiczenia z unoszeniem ramion powyżej barków (jak przy rzucaniu piłką) – pięć serii co dwie godziny, na krótko przed karmieniem. Ponadto należy ćwiczyć krążenia ramion i stóp w kostkach. Jeżeli sytuacja nie poprawi się po 24 godzinach, należy zasięgnąć porady lekarza.

Problem	Objawy	Co robić
Zablokowane przewody mleczne (zastoje). Pokarm krzepnie w przewodach, przyjmując konsystencję twarogu.	Umiejscowione zgrubienia w piersiach, bolesne w dotyku.	Nieusunięte zastoje i skrzepy pokarmu prowadzą do zapalenia sutka (patrz: niżej). Piersi należy rozgrzewać i rozcierać wokół zgrubień ruchami okrężnymi skierowanymi w stronę brodawek. Wyobrażamy sobie przy tym, że ugniatamy twarożek, starając się przekształcić go w mleko. (Pokarm usuwany w ten sposób z piersi może nie być widoczny).
Bóle brodawek	Na brodawkach sutkowych mogą powstawać pęknięcia, otarcia, podrażnienia i/lub zaczerwienienia; w przypadkach chronicznych występują pęcherzyki, stany zapalne, krwawienia oraz bóle podczas karmień, a także między nimi.	Stan normalny w pierwszych dniach karmienia; objawy znikają, gdy dziecko zaczyna rytmicznie ssać. Utrzymywanie się objawów świadczy o nieprawidłowym przysysaniu. Wskazana konsultacja specjalisty w dziedzinie laktacji.
Nadmiar oksytocyny	Podczas karmienia niektóre kobiety odczuwają senność w związku z wydzielaniem się „hormonu miłości" – tego samego, który wytwarzany jest podczas orgazmu.	Nie da się temu zapobiec; dobrym pomysłem jest zwiększenie odpoczynku między karmieniami.

Problem	Objawy	Co robić
Bóle głowy	Występują podczas karmienia i po jego zakończeniu; jest to rezultat wydzielania oksytocyny i prolaktyny przez przysadkę mózgową.	W przypadku bólów chronicznych i uporczywych należy udać się do lekarza.
Wysypka	Na całym ciele, jak przy pokrzywce.	Reakcja alergiczna na oksytocynę. Zwykle zaleca się antyhistaminy, należy jednak skonsultować sprawę z lekarzem.
Infekcje grzybicze	Piersi są bolesne lub występuje w nich pieczenie; dziecko może mieć w tym czasie pieluszkowe zapalenie skóry z czerwonymi punkcikami.	Udać się do lekarza. Może być wskazane leczenie infekcji u matki i dziecka; niemowlę będzie potrzebowało kremu lub maści. Specyfików zapisanych dziecku nie należy jednak używać do piersi – może to spowodować zatkanie gruczołów mlecznych.
Zapalenie sutka. Jest to stan zapalny gruczołu sutkowego.	Nierówna czerwona linia w poprzek piersi; rozgrzane piersi; mogą wystąpić objawy grypowe.	Natychmiast udać się do lekarza.

Dylematy związane z karmieniem piersią – głód, potrzeba ssania czy przyśpieszenie wzrostu dziecka?

Należy pamiętać o tym, że noworodki odczuwają fizyczną potrzebę ssania około szesnastu godzin na dobę. Matki karmiące piersią często mylą te objawy z manifestowaniem głodu (patrz: ss. 96–98). Łatwy do rozpoznania sposób opisała kiedyś Dale – kobieta karmiąca piersią, która poprosiła mnie o radę. „Wydaje się, że Troy bez przerwy jest głodny. Kiedy płacze i przystawiam go do piersi, ssie przez trzy minuty, a potem zasypia. Staram się go budzić, ponieważ obawiam się, że otrzymuje za mało pokarmu". Dziecko, o którym mowa, ważyło 4,5 kg w trzecim tygodniu życia, nie mogło więc być niedożywione. Jego matka notorycznie myliła odruch ssania z objawami głodu i podawała dziecku pierś, mimo iż godzinę wcześniej najadło się do syta. Kiedy Troy zasypiał przy piersi, Dale budziła go, głaszcząc i pobudzając palcem, nigdy jednak nie udało się wmusić mu więcej niż kilka łyków pokarmu. Następnie Troy był odstawiany od piersi, problem jednak w tym, że po 20–30 minutach miał już za sobą pełny cykl snu (patrz: s. 193). Kiedy Dale odstawiała go od piersi, znajdował się prawdopodobnie w fazie snu charakteryzującej się szybkimi ruchami oczu (REM). Zmiana położenia budziła go, a zakłócenie snu wywoływało odruch ssania, który nie był objawem głodu, lecz stresu. Czynnością ssania dziecko usiłowało przynieść sobie ulgę, matka zasiadała jednak znów do karmienia i w ten sposób zaczynał się kolejny obrót błędnego koła.

Dale wytworzyła u swojego dziecka nawyk „pojadania" i „zajadania stresu". Niestety, jest to dość powszechne zjawisko. Pomyślmy: dlaczego nie dajemy starszym dzieciom słodyczy między posiłkami? Ponieważ nawyk sięgania po przekąski zakłóca rytm zdrowego apetytu i uniemożliwia dziecku normalne jedzenie posiłków. Podobnie jest z niemowlętami, które karmi się co godzinę lub półtorej. Zjawisko to występuje rzadziej przy karmieniu z butelki, ponieważ matka widzi, ile mleka niemowlę wypiło. Bez względu na przyjętą metodę przestrzeganie harmonogramu karmień (co trzy godziny) daje nam pewność, że dziecko wypija swoje porcje; zwykle też nie trzeba go budzić podczas karmienia, ponieważ jest wyspane i wypoczęte.

Weźmy pod rozwagę sytuację, która może zakłócić karmienie piersią – nagłe przyśpieszenie wzrostu. Powiedzmy, że karmimy niemowlę regularnie co 2,5–3 godziny i nagle zauważamy zwiększony apetyt. Dziecko sprawia wrażenie, jakby chciało jeść przez cały dzień. Należy przypuszczać, że jest to objaw przyspieszonego wzrostu. W ciągu jednego dnia lub dwóch niemowlę potrzebuje większej ilości pożywienia niż zwykle. Skoki takie występują zwykle co 3–4 tygodnie. Uważnie obserwując dziecko, łatwo możemy zauważyć, że anomalia taka nie trwa dłużej niż 48 godzin, po czym apetyt niemowlaka wraca do normy i można powrócić do harmonogramu Łatwego Planu.

Stosujmy zdrowy rozsądek

Zalecam ustalony harmonogram karmienia niemowląt, jeżeli jednak dziecko regularnie płacze z głodu po dwóch godzinach, należy je karmić z taką częstotliwością, jakiej się domaga. Podczas gwałtownego wzrostu często trzeba karmić niemowlęta stosownie do właściwie rozpoznanych potrzeb dziecka. Uparcie jednak twierdzę, że karmienie przebiega sprawniej i układ trawienny niemowlęcia pracuje lepiej, gdy otrzymuje ono posiłki o regularnych porach.

Uważam też, że od czasu do czasu, zwłaszcza w okresach szybkiego wzrostu, dziecko potrzebuje więcej czułości lub dodatkowego karmienia. Przygnębiające jest dla mnie to, że rodzice, przez swoją niewiedzę lub brak wrażliwości, kształtują u własnych dzieci złe nawyki; niestety, nie jest to wina niemowląt. Zastosowanie zdrowego rozsądku w najwcześniejszym okresie życia dziecka może je uchronić od cierpień i chorób w późniejszych jego etapach. (Więcej o przezwyciężaniu złych nawyków w rozdziale IX).

Nie należy mylić objawów przyspieszenia wzrostu dziecka ze zmniejszonym wydzielaniem pokarmu lub jego całkowitym wysychaniem. Dziecko rośnie, jego potrzeby przejściowo się zwiększają, intensywniej ssie, organizm matki odbiera to jako komunikat: „Wytwarzać więcej!". Zdrowa matka dostarcza dziecku takich ilości pokarmu, jakich ono potrzebuje. U niemowląt karmionych mlekiem modyfikowanym, np. w cyklu trzygodzinnym, zachodzi potrzeba zwiększenia ilości pokarmu. Matki karmiące piersią powinny zrobić to samo. Jeżeli opanowana została wcześniej technika karmienia jednostronnego (co zwykle następuje, gdy dziecko waży około 6 kg), to po opróżnieniu jednej piersi uruchamia się dodatkowo drugą, z której dostanie tyle dodatkowego pokarmu, ile zechce.

Jeżeli dziecko wydaje się szczególnie głodne wyłącznie w nocy, to prawdopodobnie nie jest to objaw przyspieszonego wzrostu. Zachowanie takie świadczy raczej o niedoborach kalorycznych i konieczności dostosowania harmonogramu Łatwego Planu. Może to być dobry moment do wykorzystania propozycji opisanych na ss. 191–195.

WSKAZÓWKA: *Rano, po dobrym wypoczynku nocnym, kobiece mleko zawiera najwięcej tłuszczu. Jeżeli dziecko wydaje się szczególnie głodne w nocy, proponuję odciąganie rano tłustego pokarmu i podawanie go późnym wieczorem. Zapewni to dziecku dodatkowe kalorie, których potrzebuje, a jednocześnie pozwoli matce i jej partnerowi odetchnąć. Najważniejsze będzie jednak uciszenie owego denerwującego głosu wewnętrznego, który zadaje ciągle niepokojące pytanie: „Czy wytwarzam dość pokarmu, by utrzymać dziecko przy życiu?".*

Zmory karmienia piersią

Co się dzieje?	Dlaczego?	Co robić?
„Moje dziecko często wije się w połowie karmienia".	U niemowląt do czterech miesięcy może to oznaczać potrzebę wypróżnienia się. Dziecko nie może równocześnie ssać i robić kupki.	Odstawić od piersi, położyć na kolanach, pozwolić się wypróżnić i wznowić karmienie.
„Moje dziecko często zasypia, kiedy usiłuję je karmić".	Dziecko mogło otrzymać dużą dawkę oksytocyny (patrz: tekst wyodrębniony na s. 115). Inną przyczyną może być faktyczny brak łaknienia w danym momencie.	Wskazówki dotyczące budzenia niemowląt zasypiających podczas karmienia znajdują się na s. 109. Trzeba jednak zadać sobie pytanie: „Czy moje dziecko jest karmione regularnie?". To najlepszy sposób ustalenia, czy naprawdę jest głodne. Jeżeli je co godzinę, są to przekąski, a nie pełnowartościowe posiłki. Radzę zastosować harmonogram Łatwego Planu.

Co się dzieje?	Dlaczego?	Co robić?
„Moje dziecko wielokrotnie przerywa ssanie podczas karmienia".	Może w ten sposób okazywać zniecierpliwienie z powodu zbyt wolnego napływu mleka. Jeżeli dziecko podciąga nóżki, to przyczyną są gazy. Trzecim powodem może być brak łaknienia.	Jeżeli sytuacja się powtarza, to najprawdopodobniej odruch napływu mleka jest zbyt powolny. Można go zwiększyć, zasysając mleko laktatorem (patrz: s. 120). W przypadku gazów stosujemy metody opisane na s. 269. Jeżeli żadne z tych remediów nie działa, to należy przyjąć, że dziecko nie jest głodne, i odstawić je od piersi.
„Moje dziecko sprawia wrażenie, jakby zapominało, jak ma się przysysać".	Wszystkie niemowlęta, a zwłaszcza płci męskiej, czasami zapominają; wynika to z dekoncentracji. Może to być również spowodowane wyjątkowo silnym głodem.	Wkładamy mały palec do buzi dziecka na kilka sekund, by skupić jego uwagę i przypomnieć mu o ssaniu, a następnie przystawiamy je do piersi. Jeżeli niemowlę ma bardzo silny apetyt, a matka wie, że pokarm napływa powoli, proponuję zasysanie piersi laktatorem przed karmieniem.

Zasady karmienia mlekiem modyfikowanym

Nieważne, jak ktoś uzasadnia taki wybór. Jeżeli po zapoznaniu się z literaturą i przestudiowaniu przedmiotu matka doszła do wniosku, że chce karmić dziecko mlekiem modyfikowanym – w porządku. Brońmy prawa do takiego wyboru. Bernice, która przeczytała wszystko, co potrafiła znaleźć, nie wyłączając skomplikowanych opracowań medycznych, powiedziała mi: „Gdybym była głupsza, niż jestem, Tracy, dałabym się wpędzić w poczucie winy. Dzięki informacjom, które posiadam na temat mleka modyfikowanego dla niemowląt, takim, które nie są znane nawet pielęgniarkom, moja decyzja musiała zostać uszanowana. Współczuję jednak kobietom, które nie mają w sobie takiej siły jak ja". Najlepszą obroną przed krytyką mleka modyfikowanego – choć nie powinnyśmy jej potrzebować – są fakty.

Przed wyborem mleka modyfikowanego zapoznajmy się z jego składem. Można kupić wiele typów mleka dla niemowląt. Są wyprodukowane z mleka krowiego lub soi. Jestem zwolenniczką mleka opartego na krowim mleku, chociaż wszystkie rodzaje mleka są wzbogacone w witaminy, żelazo i inne składniki odżywcze. Istotna różnica polega na zastąpieniu tłuszczu zwierzęcego olejem roślinnym. Mimo iż mleko modyfikowane na bazie soi nie zawiera białka zwierzęcego i laktozy – składników, którym przypisuje się winę za kolkę i niektóre rodzaje alergii – zalecam matkom, aby w pierwszej kolejności wypróbowały niskouczuleniowe mleko modyfikowane na bazie krowiego. Nie ma ostatecznych i niepodważalnych dowodów na to, że soja chroni przed wymienionymi dolegliwościami. Ponadto krowie mleko zawiera składniki odżywcze, których brak w mleku sojowym. Co się zaś tyczy wysypek i gazów powodowanych przez mleko modyfikowane, pamiętajmy, że zdarzają się one również u niemowląt karmionych piersią. Objawy, o których mowa, przeważnie nie są przejawem negatywnych reakcji organizmu dziecka na mleko początkowe, chociaż symptomy ostrzejsze – takie jak gwałtowne wymioty lub biegunki – mogą mieć takie podłoże.

Przechowywanie mleka modyfikowanego

Mleko w proszku, w postaci koncentratu lub najwygodniejsze w praktyce mleko gotowe sprzedawane w puszkach, opatrywane są przez producentów datami. Puszki można przechowywać zgodnie z uwidocznioną na nich datą przydatności. Mleko znajdujące się w buteleczce – niezależnie od typu – może być przechowywane nie dłużej niż 24 godziny. Większość producentów nie zaleca zamrażania. Podobnie jak z pokarmem naturalnym, nie używajmy kuchenek mikrofalowych. Kuchenka taka nie zmienia wprawdzie składu mleka, rozgrzewa je jednak nierównomiernie, co może być przyczyną poparzenia ust dziecka. Nie wolno ponownie podać pozostałego w butelce pokarmu, którego dziecko wcześniej nie zjadło. Dla uniknięcia marnotrawstwa proponuję przygotowanie mleka w buteleczkach o pojemności 60–120 ml – do czasu, aż niemowlak będzie potrzebował więcej jedzenia.

Smoczki butelek powinny być zbliżone kształtem do brodawek matki. Rynek oferuje wiele rodzajów smoczków – płaskie, wydłużone, krótkie, bulwiaste. Najlepsza jest butelka zaopatrzona w specjalny zawór, dzięki któremu niemowlę musi silnie ssać, aby otrzymać pokarm, podobnie jak z piersi matki. Smoczki w mniejszym lub większym stopniu regulują wypływ zawartości butelki, oznacza to, że strumień pokarmu reguluje siła ciążenia, a nie odruch ssania. Z reguły zalecam używanie w okresie pierwszych 3–4 tygodni butelek zaopatrzonych w specjalny zawór, mimo iż jest to sprzęt droższy od innych. Proponuję także smoczki ze spowolnionym przepływem w drugim miesiącu, końcówki drugiego stadium w miesiącu trzecim oraz smoczki z normalnym przepływem od czwartego miesiąca do czasu przestawiania dziecka na pokarmy stałe. Matki planujące karmienie mieszane (naturalne i sztuczne) powinny koniecznie znaleźć smoczki jak najbardziej zbliżone kształtem do własnych brodawek.

Ilości mleka modyfikowanego

Przy karmieniu mlekiem modyfikowanym skład pokarmu nie ulega zmianie w przeciwieństwie do pokarmu naturalnego. W obu przypadkach jednak niemowlę je coraz więcej.

Do 3 tygodni: 90 ml co 3 godziny
3–6 tygodni: 120 ml co 3 godziny
6–12 tygodni: 120–180 ml (zwykle po trzech miesiącach ustala się 180 ml) co 4 godziny
3–6 miesięcy: ilość pokarmu zwiększa się do 240 ml co 4 godziny

Bądź szczególnie delikatna podczas pierwszego karmienia. Oferując dziecku butelkę po raz pierwszy, pogładźmy delikatnie jego usta smoczkiem i poczekajmy, aż je otworzy. Następnie wsuńmy smoczek do buzi i pozwólmy się do niego przyssać. Nigdy nie wkładamy smoczka siłą w usta niemowlęcia.

Nie porównujmy harmonogramu karmienia sztucznego z naturalnym. Niemowlę wolniej trawi mleko modyfikowane niż pokarm kobiecy. Oznacza to, że niemowlęta karmione sztucznie często jedzą co cztery godziny, a nie co trzy.

Trzecia możliwość – pierś i butelka

W sprawie wyboru sposobu karmienia zajmuję bezstronne stanowisko. Zawsze jednak powtarzam rodzicom, że nawet odrobina kobiecego pokarmu jest lepsza niż jego całkowity brak. Niektóre matki bywają zaskoczone taką opinią; dotyczy to zwłaszcza tych, które korzystały z konsultacji lekarzy lub organizacji propagujących karmienie piersią na zasadzie „wszystko albo nic".

„Naprawdę można podawać jedno i drugie? – pytają zdumione. – Można karmić piersią i podawać dziecku butelkę z mlekiem modyfikowanym?". Niezmiennie odpowiadam: „Oczywiście, że można, choć istnieje niebezpieczeństwo, że dziecko wybierze butelkę, a odrzuci pierś, ponieważ z butelki mleko płynie łatwiej". Wyjaśniam też, że możliwe jest zarówno dokarmianie mlekiem modyfikowanym niemowlęcia karmionego piersią, jak również podawanie pokarmu naturalnego wprost z piersi i z butelek (pokarmu odciąganego).

Mit pomieszania sutków

Mówi się o tzw. pomieszaniu sutków, posługując się tym argumentem przeciwko karmieniu mieszanemu. Nie podzielam tej opinii. Dezorientację dziecka mogą wywoływać różne sposoby wypływu pokarmu, a temu można łatwo zaradzić. Niemowlę karmione piersią używa innych mięśni języka niż dziecko, które ssie przez smoczek. W pierwszym przypadku dokonuje się także automatyczna, naturalna regulacja ilości pokarmu poprzez zmiany sposobu ssania. W przypadku drugim pokarm wypływa z butelki ciągłym strumieniem pod działaniem siły ciążenia. Jeżeli dziecko karmione butelką krztusi się, polecam używanie smoczków, które wymagają od niemowlęcia silnego ssania.

Niektóre matki od samego początku mają ustalone preferencje. Bernice, która podczas ciąży przestudiowała mnóstwo materiałów informacyjnych, była pewna, że będzie karmić swoje dziecko mlekiem modyfikowanym. Margaret była zdecydowana karmić piersią i nie chciała słyszeć o jakichkolwiek substytutach. Co mają jednak zrobić matki o mniej radykalnych poglądach i zamiarach? Niektóre z nich mają za mało mleka w pierwszych dniach po porodzie i muszą dokarmiać noworodki mlekiem początkowym. Są i takie, które od początku decydują się na karmienie mieszane, nie chcąc pogodzić się z życiowymi ograniczeniami. Jest jeszcze i trzecia grupa. Jej przedstawicielki nastawiają się na jeden ze sposobów karmienia, a później zmieniają zdanie. Najczęściej przechodzą od karmienia piersią do mleka modyfikowanego. Proszę mi jednak wierzyć – zdarzają się również przypadki odwrotne.

Niemowlę, które nie ukończyło jeszcze trzeciego tygodnia życia, można stosunkowo łatwo przestawić z piersi na butelkę i odwrotnie, a także nauczyć przyjmowania obu rodzajów pokarmu. Po upływie trzech tygodni zmiany takie mogą okazać się trudne zarówno dla matki, jak i dla dziecka (patrz: tekst wyodrębniony na s. 134). Jeżeli więc mamy wątpliwości co do karmienia piersią w klasycznej, pełnej formie, radzę podejmować ostateczną decyzję jak najwcześniej.

Opiszę teraz, jak niektóre matki starały się wykorzystać zalety obydwu sposobów karmienia.

Carrie: jej dzieci potrzebowały dokarmiania. Matki, które rodziły przez cesarskie cięcie, mogą nie mieć wystarczającej ilości pokarmu w pierwszych dniach życia dziecka. Morfina, podawana zwykle po operacji, wyłącza wiele mechanizmów. Matka może też nie zdawać sobie sprawy, że jej pokarm nie spływa. Wtedy dziecko karmione piersią cierpi z powodu ostrego odwodnienia lub nawet umiera z głodu. Biedactwa te ssały z całej siły, nic jednak nie wypływało z matczynych piersi, a ich matki nic o tym nie wiedziały. Dlatego właśnie trzeba kontrolować u noworodka wydalanie moczu i stolca, a także ważyć dziecko raz w tygodniu.

Niestety, wiele kobiet nie wie o tym, że czasem potrzeba tygodnia, żeby ich piersi wezbrały mlekiem. Jeżeli matka nie ma pokarmu, to dziecko nie będzie się dobrze rozwijało mimo prawidłowego przyssania i właściwej pozycji przy piersi. W szpitalach zdarza się, że pielęgniarka informuje matkę, iż należałoby podać dziecku wodę z glukozą lub mleko modyfikowane, na co słyszy kategoryczne: „Proszę nie dawać mojemu dziecku żadnego mleka sztucznego!". Matka, która wydaje takie dyspozycje, gdzieś się zapewne dowiedziała, że „uzupełniające mleko modyfikowane rujnują karmienie piersią". Moje kochane! Świetnie, że chcecie karmić piersią, ale prawda jest taka: jeśli nie macie dość pokarmu, to nie macie również wyboru.

Jeżeli zdecydowałyście się na mleko początkowe, to i tak podawajcie dziecku pierś. Ssanie uaktywnia zatoki mlekonośne, czego żaden mechaniczny laktator nie może zrobić. Ssanie noworodka powoduje wysyłanie komunikatów do mózgu matki, które uruchamiają wydzielanie pokarmu; mechaniczna pompka jedynie opróżnia pęcherzyki mleczne, w których pokarm się gromadzi. A zatem dajemy mleko modyfikowane i równocześnie ściągamy pokarm co dwie godziny, by zwiększyć jego napływ. Carrie urodziła bliźniaki przez cesarskie cięcie i w ciągu pierwszych trzech dni nie miała pokarmu. Poziom cukru we krwi noworodków był niski, podałyśmy im więc natychmiast sztuczny pokarm. Obecnie Carrie karmi chłopców piersią przez dwadzieścia minut co dwie godziny, dodajemy im jednak po 30 ml mleka modyfikowanego.

Freda: nie chciała karmić piersią, pragnęła jednak zapewnić dziecku naturalny pokarm. Jak wcześniej wspomniałam, niektóre kobiety rezygnują z karmienia piersią w obawie o utratę dobrej figury, a w szczególności biustu, są jednak świadome wielorakich korzyści, jakie dziecko czerpie z mleka matki. Freda karmiła piersią tylko kilka dni, żeby pobudzić wydzielanie mleka, a następnie odciągała pokarm, przez miesiąc podając go dziecku w butelkach. Na początku drugiego miesiąca mleko zaczęło zanikać. Ściąganie mleka kobiecego za pomocą laktatorów nie pozwala podtrzymać jego wydzielania dłużej niż przez pięć tygodni.

Kathryn: obawa o rodzinną harmonię. Będąc w ciąży z trzecim dzieckiem, Kathryn zdecydowała, że będzie je karmić piersią, podobnie jak jego siostrę Shannon, mającą siedem lat, i pięcioletnią Ericę. Steven w szpitalu dobrze się przysysał, kiedy jednak Kathryn znalazła się w domu, nie mogła podołać wszystkim obowiązkom. Nie miała dość czasu, żeby karmić piersią regularnie, a więc, choć niechętnie, sięgnęła po mleko modyfikowane. Dwa tygodnie później zostałam wezwana w charakterze „ostatniej deski ratunku". „Naprawdę chciałabym karmić go dwa razy dziennie: rano, kiedy się budzi, i w porze południowej, przed przyjściem starszych dzieci ze szkoły". Powiedziałam Kathryn, że piersi karmiącej matki są cudem natury – jeżeli będzie karmić chłopca dwa razy dziennie, to jej organizm wytworzy dokładnie tyle pokarmu, ile będzie trzeba. Kathryn przystawiała Stevena do piersi dwa razy na dobę i jednocześnie używała laktatora sześć razy dziennie. Z początku trzeba było dokarmiać niemowlę mlekiem modyfikowanym. Po pięciu dniach mogła już być zadowolona z karmienia piersią, a używanie laktatora upewniło ją, że ma pokarm i nie musi się martwić. Kiedy proces laktacji ustabilizował się, laktator można było odstawić. Kathryn zachowała intymny kontakt z dzieckiem, którego tak bardzo pragnęła, a jednocześnie nie doszło do dezorganizacji życia rodzinnego, której się obawiała.

Vera: powrót do pracy. Matka, która zamierza szybko wrócić do pracy, ma do wyboru dwie możliwości: odciąganie i magazynowanie pokarmu lub rezygnację z karmienia piersią i przejście na mleko modyfikowane.

Niektóre panie zwlekają do ostatniego tygodnia, a następnie dodają buteleczkę mleka modyfikowanego raz lub dwa razy dziennie. Jeżeli jednak niemowlę nie miało do czynienia z butelkami, proponuję wprowadzanie ich na trzy tygodnie przed planowanym powrotem do pracy. Vera była sekretarką w dużej firmie przemysłowej i nie mogła pozwolić sobie na dłuższe pozostanie w domu. Postanowiła karmić piersią rano, dawać dziecku mleko modyfikowane w godzinach pracy i ponownie karmić piersią po powrocie z biura. Jej mąż podawał dziecku ostatnią porcję pokarmu przed spaniem.

Zmiana sposobu karmienia

Podczas pierwszych trzech tygodni życia niemowlęta łatwo przestawiają się z piersi na butelkę i odwrotnie. Później mogą wystąpić trudności. Dziecko karmione piersią odrzuca butelkę, ponieważ jego usta znają tylko ludzkie ciało. Może się również zdarzyć odwrotna sytuacja – dziecko nieprzyzwyczajone do brodawek matki nie będzie umiało się do nich przysysać.

Niemowlęta karmione wyłącznie piersią z reguły odmawiają przyjmowania pokarmu z butelki w ciągu dnia. Kiedy matka wraca z pracy i chce karmić piersią do późnego wieczora, mały człowiek ma całkiem inne pomysły. Kulminacja takich zakłóceń następuje w nocy, podczas której dziecko wielokrotnie budzi matkę, chcąc zrekompensować sobie utracone za dnia posiłki. Nie wie oczywiście, że jest noc, i niewiele je to obchodzi; ma pusty żołądek i chce go napełnić.

Co robić w takich sytuacjach? Przez dwa dni karmimy dziecko wyłącznie z butelki i nie podajemy piersi (lub odwrotnie, jeśli chcemy powrócić do karmienia naturalnego). Pamiętajmy, że niemowlęta zawsze chcą wrócić do tej metody karmienia, którą najpierw poznały. Niezależnie od tego, czy jest to pierś, czy butelka, raz zapisany w pamięci wzorzec nigdy nie zostanie odrzucony.

Ostrzegam, że przestawianie jest bardzo trudne. Dziecko będzie sfrustrowane i będzie często płakało. Jego płacz oznacza: „Co za diabelstwo usiłujesz włożyć mi do buzi?". Na porządku dziennym będzie plucie i krztuszenie się – zwłaszcza przy przechodzeniu z karmienia piersią na sztuczne – ponieważ niemowlę nie wie, jak regulować strumień pokarmu wypływający z gumowej końcówki.

Z podobnymi sytuacjami mamy do czynienia wtedy, gdy matka chce mieć więcej czasu dla siebie, oraz wówczas, kiedy musi podróżować. Kobieta pracująca w domu – np. malarka lub pisarka – może zdecydować się na odciąganie pokarmu i częściowe powierzenie karmienia zawodowej opiekunce, podającej dziecku mleko matki z butelki.

WSKAZÓWKA: *Największym wrogiem matki pracującej jest zmęczenie. Jednym ze sposobów minimalizacji wyczerpania podczas pierwszych kilku dni po powrocie do pracy jest rozpoczynanie w czwartek, a nie w poniedziałek.*

Jan: zabieg chirurgiczny uniemożliwił karmienie. W przypadkach poważnych chorób lub operacji kontynuowanie karmienia piersią często okazuje się fizycznie niemożliwe. W takich okolicznościach Światowa Organizacja Zdrowia (WHO) sugeruje zwracanie się do innych matek o kobiece mleko. Powiem jednak szczerze – jest to piękna fantazja i nic ponadto. Kiedy dziecko Jan miało zaledwie miesiąc, powiedziano jej, że musi poddać się operacji, która będzie wymagała rozłąki z dzieckiem przez co najmniej trzy dni. Dzwoniłam wtedy do dwudziestu sześciu matek, które, jak wiedziałam, karmią piersią, i tylko jedna z nich zadeklarowała gotowość ofiarowania swojego pokarmu – w ilości 240 ml. Nie prosiłam przecież o złoto, tylko o kobiece mleko! Okazało się na szczęście, że Jan była w stanie odciągnąć sporą ilość własnego pokarmu, dawała jednak dziecku także mleko modyfikowane i – proszę mi wierzyć – niemowlę na tym nie ucierpiało.

Odwieczny dylemat – dawać smoczek czy nie?

Smoczki znane są od stuleci nie bez przyczyny. Usta należą do tych niewielu części ciała, których noworodek używa świadomie. Ssanie jest istotną potrzebą niemowlęcia.

Współczesny spór o smoczek nie powstał z powodu jego niewłaściwego używania. Smoczek stosowany nieprawidłowo uzależnia, bez niego dziecko nie potrafi się uspokoić. Jak wcześniej wspomniałam, wielu rodziców używa smoczków do skutecznego uciszania niemowląt, zamiast przyjrzeć im się uważnie i posłuchać, jakie potrzeby sygnalizują.

Zalecam używanie smoczka podczas pierwszych trzech miesięcy. Zapewnienie dziecku możliwości ssania uspokaja je przed snem lub drzemką, a także pozwala wykluczyć któreś z nocnych karmień. Od czwartego miesiąca niemowlęta mają już większą kontrolę nad dłońmi i potrafią same uspokajać, używając kciuków lub innych palców.

Mitów o smoczkach jest wiele. Niektórzy uważają, że dziecko, któremu daje się smoczki, nie nauczy się ssać kciuka. To bzdura! Gwarantuję, że każde niemowlę wyrzuci smoczek, gdy tylko uzyska dostęp do własnego palca.

Przy zakupie smoczków stosujemy te same zasady, którymi kierowałyśmy się, wybierając końcówki butelek na pokarm. Kształt smoczka powinien być taki, do jakiego dziecko jest przyzwyczajone.

Pochwała ssania kciuka

Ssanie palców jest ważną formą stymulacji oralnej i zachowania samouspokajającego. Nawet płód ssie kciuk. Po urodzeniu niemowlęta zaczynają ssać kciuki lub inne palce dłoni w nocy, zazwyczaj wtedy, gdy nikt nie widzi. Problem jednak polega na tym, że nasze własne negatywne skojarzenia z ssaniem palca wpływają na nasze opinie. Być może byliśmy w dzieciństwie karani lub zawstydzani, kiedy to robiliśmy. Może któreś z rodziców „dało nam po łapach", nazywając tę naturalną czynność „złym nawykiem".

Czy to się komuś podoba, czy nie, faktem jest, że ssanie jest głównym zajęciem niemowląt, jest to więc coś, do czego powinniśmy je zachęcać. Bądźmy obiektywni. Czynność ta to pierwszy krok w kierunku kontrolowania własnego ciała i własnych emocji. W chwili gdy niemowlę odkrywa, że ma kciuk oraz że jego ssanie może poprawić mu samopoczucie, uzyskuje poczucie kontroli nad własnym ciałem i jest to jego wielkie osiągnięcie. Smoczek może również przynieść ulgę, kontroluje go jednak wielka osoba, no i można go zgubić. Własny kciuk jest zawsze na swoim miejscu; zawsze też daje się włożyć do ust i wyjąć, wedle życzenia. Dziecko przestanie ssać kciuki, kiedy do tego dojrzeje.

Odstawianie od piersi

Termin ten ma dwa różne znaczenia. Wbrew popularnym i błędnym mniemaniom nie chodzi o pozbawienie dziecka mleka matki, lecz jedynie o stopniowe przechodzenie od pokarmu płynnego – naturalnego bądź sztucznego – do pożywienia o stałym stanie skupienia. Często niemowlęta nie muszą być w ogóle „odstawiane" od piersi. W miarę wprowadzania stałych pokarmów dziecko przyjmuje coraz mniej pożywienia z piersi lub z butelki, ponieważ uzyskuje znaczne ilości składników odżywczych z innych źródeł. Niektóre niemowlęta faktycznie, same z siebie, porzucają pierś matki w ósmym lub dziewiątym miesiącu życia, ucząc się jedzenia z kubeczków. Inne dzieci są mniej skłonne do takiej zmiany. Trevor po ukończeniu roku nie był jeszcze gotowy do rezygnacji z naturalnego pokarmu, choć jego rodzice już dawno do tego dojrzeli. Powiedziałam jego matce Eileen, żeby stanowczo mu odmawiała „Cycuszka już nie!" – za każdym razem, gdy pociągał ją za koszulę. Robił to przez parę następnych dni. Ostrzegłam też rodziców: „W ciągu najbliższych kilku dni dziecko będzie w złym nastroju i będzie usiłowało was odwieść od tej zmiany. W końcu przez ponad rok ten chłopiec nigdy nie widział butelki". Po kilku dniach Trevor zajadał już chętnie ze swojego kubeczka.

Większość pediatrów nie zaleca wprowadzania stałych pokarmów przed ukończeniem przez dziecko szóstego miesiąca życia. Zgadzam się z tą zasadą, z wyjątkiem niemowląt bardzo dużych (osiągających po czterech miesiącach wagę w granicach 8,5–11 kg) oraz cierpiących na refluks (odpływ) żołądkowo-przełykowy. Po sześciu miesiącach u niemowląt zwiększa się zapotrzebowanie na żelazo zawarte w pokarmach stałych, ponieważ organiczne zapasy tego pierwiastka są już w tym momencie bliskie wyczerpania. Zanika w tym czasie również odruch wysuwania języka, do którego cokolwiek dotyka (np. brodawka lub łyżeczka), dzięki czemu dziecko może bez przeszkód przełykać pokarmy półpłynne. W połowie pierwszego roku zwiększa się także kontrola ruchów głowy i szyi, w związku czym pojawia się możliwość komunikowania braku zainteresowania pokarmem lub kontynuacją jedzenia przez odwracanie głowy i odchylanie jej do tyłu.

Wprowadzanie pokarmów stałych jest właściwie całkiem proste, o ile przestrzegamy następujących trzech ważnych wskazań:

• *Zaczynamy od jednego stałego pokarmu.* Preferuję jabłka, ponieważ są lekkostrawne, jeżeli jednak pediatra zaleca co innego – np. płatki ryżowe – należy się do tego zastosować. Przez dwa tygodnie podajemy nowy pokarm dwa razy dziennie, rano i po południu; w trzecim tygodniu możemy wprowadzić drugi rodzaj pokarmu stałego.

• *Nowy rodzaj pokarmu zawsze wprowadzamy rano.* W ten sposób mamy cały dzień na zaobserwowanie ewentualnych negatywnych reakcji, takich jak wysypka, wymioty lub biegunka.

• *Nigdy nie mieszamy pokarmów.* Przestrzegając tej zasady, będziemy wiedzieć, jakie reakcje alergiczne wywołują poszczególne pokarmy.

Dobre maniery podczas karmienia

Pod koniec czwartego miesiąca rączki dziecka zaczynają aktywnie badać otoczenie. W tym samym czasie niemowlę zaczyna poruszać głową i wykonywać ruchy skrętne tułowia. Oznacza to, że podczas karmienia dziecko chwyta w dłonie ubranie matki i jej biżuterię, dotyka palcami jej brody, nosa i oczu, jeżeli tylko może ich dosięgnąć. Nieco później mogą powstać także inne złe nawyki, które bardzo trudno wykorzenić, gdy są już mocno utrwalone. Uważam, że należy bardzo wcześnie uczyć, jak to określam, „dobrych manier" związanych z karmieniem. W każdym przypadku wymaga to połączenia delikatności ze stanowczością w przypominaniu dziecku ustanawianych przez matkę granic. Trzeba też starać się karmić w spokojnym środowisku, by zmniejszyć do minimum zewnętrzne zakłócenia.

Manipulowanie. Cierpliwie i delikatnie ujmujemy rączkę dziecka, odsuwając ją od własnego ciała i mówiąc: „Mamusia tego nie lubi".

Odwracanie główki. Najgorzej jest wtedy, gdy dziecko pod wpływem jakichś bodźców zewnętrznych stara się odwrócić głowę, nie wypuszczając z ust brodawki. Kiedy tak się dzieje, odstawiamy je na chwilę od piersi i mówimy: „Mamusia tego nie lubi".

Gryzienie. Niemal każda matka karmiąca piersią dziecko, które zaczyna ząbkować, zostaje przez nie pogryziona. Nie powinno się to jednak zdarzyć więcej niż raz. Nie bójmy się odpowiednio zareagować, odciągając pierś i mówiąc: „Oj, to boli. Nie gryź mamy". To przeważnie wystarcza, w przeciwnym razie trzeba odstawić dziecko od piersi.

Szarpanie odzieży. Dzieci uczące się chodzić, nadal karmione piersią, robią to czasem, gdy chcą, by pomóc im w uspokojeniu się. Mówimy wtedy po prostu: „Mama nie chce zdejmować bluzki. Nie ciągnij".

Na dalszych stronach, w tabelce pod nagłówkiem *Pokarmy stałe – pierwsze dwanaście tygodni*, znajduje się zestawienie pokarmów, które proponuję wprowadzać w kolejnych tygodniach. Stosując ten system, można w dziewiątym miesiącu dawać dziecku rosół z kury jako dodatek smakowy do płatków zbożowych (które na ogół smakują jak kleik) lub do purée warzywnych domowego wyrobu. Proponuję natomiast wstrzymanie się z mięsem, jajkami i pełnotłustym mlekiem do ukończenia pierwszego roku życia. Pediatra powinien naturalnie mieć w tej sprawie ostatnie słowo.

Nie należy wmuszać dziecku czegokolwiek i walczyć z nim, gdy nie chce jeść takiego czy innego pokarmu. Karmienie powinno być doświadczeniem przyjemnym zarówno dla dziecka, jak i dla rodziny. Jak już wspomniałam na początku tego rozdziału, jedzenie jest podstawą ludzkiego przetrwania. Jeżeli mamy w życiu odrobinę szczęścia, osoby, które opiekują się nami w dzieciństwie, pomagają nam zapoznać się ze smakiem i innymi właściwościami dobrego pożywienia oraz uczą nas, jak się nim cieszyć. Podejście do pokarmów i czynności jedzenia zaczyna się kształtować już w okresie niemowlęcym. Upodobanie do dobrego pożywienia to jeden z najcudowniejszych darów, jakie możemy dziecku ofiarować. Zdrowa i zrównoważona dieta to źródło energii i siły, których dziecko potrzebuje w ciągu całego dnia. W następnym rozdziale przekonamy się, że należyte zaspokajanie tej potrzeby wcale nie jest łatwe.

Pokarmy stałe – pierwsze dwanaście tygodni

Poniższy dwunastotygodniowy schemat przeznaczony jest dla niemowląt sześciomiesięcznych. Poranne karmienie odbywa się jak dotychczas – z piersi lub z butelki, a dwie godziny później podajemy „śniadanko". „Obiadek" wypada w połowie dnia, a „kolacyjka" późnym popołudniem. Śniadanka i kolacyjki uzupełniamy pokarmem płynnym z piersi lub butelki. Pamiętajmy, że każde dziecko jest inne, i pytajmy pediatrę o radę w konkretnym przypadku.

Tydzień	Śniadanie	Obiad	Kolacja	Komentarze
1. (wiek: 6 miesięcy)	Gruszki, 2 łyżeczki	Butelka lub pierś	Gruszki, 2 łyżeczki	
2.	Gruszki, 2 łyżeczki	Butelka lub pierś	Gruszki, 2 łyżeczki	
3.	Dynia, 2 łyżeczki	Butelka lub pierś	Gruszki, 2 łyżeczki	
4.	Słodkie ziemniaki, 2 łyżeczki	Dynia, 2 łyżeczki	Gruszki, 2 łyżeczki	
5. (wiek: 7 miesięcy)	Owsianka, 4 łyżeczki	Dynia, 4 łyżeczki	Gruszki	Zwiększać ilość stosownie do potrzeb dziecka
6.	Owsianka i gruszka, po 4 łyżeczki	Dynia, 8 łyżeczek	Owsianka i słodki ziemniak, po 4 łyżeczki	Można dawać więcej niż jeden pokarm w posiłku

Tydzień	Śniadanie	Obiad	Kolacja	Komentarze
7.	Brzoskwinia, 8 łyżeczek	Owsianka i dynia, po 4 łyżeczki	Owsianka i gruszka, po 4 łyżeczki	
8. (wiek: 8 miesięcy)	Banan			Od tego momentu można mieszać i łączyć wymienione pokarmy, wprowadzając nowy pokarm raz w tygodniu, jak pokazano po lewej stronie, 8–12 łyżeczek w jednym posiłku
9.	Marchewka			
10.	Groszek			
11.	Zielona fasolka			Można kontynuować mieszanie i łączenie pokarmów, wprowadzając nowy pokarm raz w tygodniu, 8–12 łyżeczek w jednym posiłku
12. (wiek: 9 miesięcy)	Jabłko			

ROZDZIAŁ V

AKTYWNOŚĆ – BUDZIMY SIĘ I SPRAWDZAMY PIELUCHĘ

Małe dzieci – w tym także niemowlęta – myślą, obserwują i rozumują. Niemowlę rozważa docierające do niego informacje, wyciąga wnioski, eksperymentuje, rozwiązuje problemy, a przede wszystkim poszukuje prawdy. Nie czyni tego oczywiście w sposób tak świadomy jak naukowcy. Również problemy, które dziecko w tym wieku stara się rozwiązywać, mają charakter codzienny, dotyczą bowiem głównie zapoznawania się z ludźmi i przedmiotami, a nie skomplikowanych struktur gwiazd i atomów. Jednak nawet najmłodsze dziecko wie o świecie sporo i aktywnie stara się swoją wiedzę powiększać.

– Alison Gopnik, Andrew N. Meltzoff i Patricia K. Kuhl,
Naukowiec w kołysce

W stanie czuwania

Dla noworodka każdy dzień jest cudownym objawieniem. Od chwili narodzin rozwój ludzkiej istoty to nieustający postęp. Dotyczy to również zdolności badania środowiska oraz czerpania radości z kontaktu z otoczeniem. Pomyślmy: kiedy nasze dziecko miało za sobą tylko tydzień samodzielnego życia, było siedem razy starsze niż w pierwszym dniu. Po miesiącu znajduje się już w położeniu niezwykle odległym od tego, w którym rozpoczynało swoją wędrówkę po świecie. I tak to przebiega. Zmiany obserwujemy głównie w okresach aktywności, czyli wtedy, gdy dziecko nie śpi, a jego umysł poddaje się wpływom jednego bądź większej liczby zmysłów. (Przyjmowanie pokarmu też jest formą aktywności, pobudzającą zmysł smaku; tą problematyką zajęliśmy się już w osobnym rozdziale).

Percepcja zmysłowa dziecka zaczyna rozwijać się jeszcze w łonie matki. Naukowcy przypuszczają, że noworodek potrafi rozpoznawać jej głos po narodzinach, ponieważ jest mu dobrze znany z życia płodowego. W łonie matki dziecko słyszy jej głos, aczkolwiek jest on trochę przytłumiony. Z chwilą przyjścia na świat percepcja zmysłowa uaktywnia się w następującej kolejności: słuch, dotyk, wzrok, powonienie i smak. Dorosłemu człowiekowi może się wydawać, że niemowlę – leżące na stoliku do przewijania, poddające się zabiegom zmiany pieluszek i ubierania, kąpieli i nacierania oliwką bądź też wpatrujące się w ruchomą grającą zabawkę i usiłujące chwycić w dłonie pluszaka – nie jest szczególnie aktywne. Faktycznie jednak te proste i zarazem zróżnicowane wysiłki pozwalają dziecku wyostrzyć zmysły, a przez to poznawać siebie i otaczający świat.

W ostatnich latach wiele pisano na temat maksymalizacji potencjału dziecka. Niektórzy specjaliści sugerowali, żeby od pierwszych dni życia dziecka tak kształtować środowisko, w którym przebywa, aby zapewnić mu możliwie najlepszy start życiowy. Rodzice z całą pewnością są naszymi pierwszymi nauczycielami, uważam jednak, że ważniejsze od przekazywania niemowlętom wiedzy jest pobudzanie ich naturalnej ciekawości i cywilizowanie ich, czyli ułatwianie im zrozumienia funkcjonowania świata oraz przekazywanie zasad współżycia z innymi ludźmi.

Kierując się tym przekonaniem, zachęcam rodziców, żeby traktowali aktywność dziecka jako okazję do rozwijania w nim poczucia bezpieczeństwa i niezależności. Te dwa cele mogą wydawać się wzajemnie sprzeczne, faktycznie jednak idą ze sobą w parze. Prawdą jest bowiem, że dziecko w dowolnym wieku tym lepiej potrafi samodzielnie badać otaczającą je rzeczywistość i znajdować w niej zadowolenie bez oglądania się na czyjąś pomoc (z wyjątkiem sytuacji, gdy znajduje się w niebezpieczeństwie), im bardziej czuje się bezpieczne. Drugi człon naszego Łatwego Planu zawiera w związku z tym następujący paradoks: aktywność wzmacnia naszą więź z dziećmi, a równocześnie pomaga nam udzielać im pierwszych lekcji wolności.

Prawdopodobnie nie musimy tak wiele robić dla naszych dzieci, jak nam się czasem wydaje. Nie znaczy to, że mamy je pozostawić własnemu losowi, lecz że powinniśmy w sposób zrównoważony łączyć wsparcie i przewodnictwo z poszanowaniem naturalnego kierunku ich indywidualnego rozwoju. Niemowlę, w czasie gdy nie śpi, bez naszej pomocy słucha, czuje, obserwuje, wącha i bada zmysłem smaku wszystko, co pojawia się w jego zasięgu. Zwłaszcza w pierwszych miesiącach życia, gdy wszystko jest nowe (i w pewnym stopniu onieśmielające), najważniejszym zadaniem rodziców jest dbanie o to, aby kolejne doświadczenia dziecka dawały mu poczucie zadowolenia i bezpieczeństwa, zachęcając do kontynuowania eksploracji i dalszego rozwoju. Stworzenie takich warunków nazywam „kręgiem szacunku".

Tworzenie kręgu szacunku

Wyjmując dziecko z łóżeczka, kąpiąc je i bawiąc się z nim, pamiętajmy, że jest to odrębna osoba zasługująca na naszą niepodzielną uwagę i szacunek, zdolna do samodzielnego działania. Proponuję rodzicom otoczenie dziecka w wyobraźni kręgiem, który będzie zakreślać jego osobistą przestrzeń. Do kręgu szacunku nie wkracza się nigdy bez pytania o pozwolenie, trzeba więc dziecku powiedzieć, dlaczego to robimy. Może się to wydawać sztuczne, a nawet głupie, proszę jednak nie zapominać, że nie jest to „tylko" niemowlę, lecz przede wszystkim osoba. Stosując wymienione niżej podstawowe zasady, które w dalszej części rozdziału objaśnię bardziej szczegółowo i zilustruję przykładami, będą państwo mogli bez trudu i w sposób naturalny przestrzegać granic kręgu szacunku podczas wszystkich kontaktów z dzieckiem i form jego aktywności.

• *Bądźmy ze swoim dzieckiem.* Niepodzielnie skupmy całą uwagę na dziecku w momencie, w którym się nim zajmujemy. Takie chwile tworzą więź, więc należy się skoncentrować. Podchodząc do dziecka, nie rozmawiajmy przez telefon, nie martwmy się o pranie i nie błądźmy myślami wokół sprawozdania, które mamy napisać.

• *Dostarczajmy wrażeń zmysłowych, unikając nadmiernej stymulacji.* Nasza cywilizacja grzeszy nadmiarem wszystkiego – w tym także bodźców zmysłowych. Rodzice niechcący przyczyniają się do przeciążania dziecka, nie zdając sobie sprawy, jak delikatne są zmysły niemowlęcia i jak wiele przez nie wchłaniają (patrz: tekst wyodrębniony na sąsiedniej stronie). Nie sugeruję przez to, byśmy przestali śpiewać naszym dzieciom, nastawiać im muzykę, pokazywać przedmioty o żywych barwach czy nawet kupować zabawki, trzeba jednak wiedzieć, że w umysłach niemowląt nadmiar bodźców wywołuje zamęt i niepokój, a ich ograniczenie pozwala ćwiczyć skupienie uwagi i aktywne badanie.

• *Środowisko dziecka powinno być interesujące, przyjemne i bezpieczne.* Nie są do tego potrzebne pieniądze, jedynie zdrowy rozsądek.

Niemowlę wie więcej, niż sądzicie

W minionym dwudziestoleciu, głównie dzięki wykorzystaniu w badaniach nagrań, naukowcy odkryli, jak dużo informacji przetwarza umysł niemowlęcia. Był czas, gdy myślało się o noworodkach w kategoriach *tabula rasa*; dziś wiemy, że dziecko przychodzi na świat z w pełni rozwiniętymi zmysłami i szybko poszerzającymi się umiejętnościami pozwalającymi obserwować, myśleć, a nawet rozumować. Obserwując mimikę i język ciała niemowląt, ruchy ich oczu i odruchy ssania (intensyfikujące się w stanach podniecenia), naukowcy potwierdzili ich zdumiewające możliwości. Kilka z tych odkryć podaję poniżej; o innych będzie mowa przy różnych okazjach w dalszej części rozdziału.

- Niemowlęta rozróżniają obrazy. Już w roku 1964 naukowcy odkryli, że niemowlę nie przygląda się dłużej powtarzającym się obrazom, podczas gdy nowe obrazy przyciągają jego uwagę.
- Niemowlęta świadomie dążą do nawiązania kontaktu. Wydają głosy, uśmiechają się i wykonują ruchy w rytmie zgodnym z intonacją głosu drugiej osoby.
- Już w trzecim miesiącu życia niemowlęta mają oczekiwania. W warunkach laboratoryjnych, po obejrzeniu serii obrazów, niemowlęta potrafiły rozpoznawać wzory i wykonywały ruchy oczu w oczekiwaniu na kolejny obraz, co oznacza, że spodziewały się jego pojawienia się.
- Niemowlęta zapamiętują. Udokumentowano naukowo pamięć u niemowląt pięciotygodniowych. W jednym z doświadczeń dzieci niespełna trzyletnie zaprowadzono do tego samego laboratorium, w którym były obserwowane w wieku niemowlęcym (od szóstego do czterdziestego tygodnia życia). Mimo iż nie używały słów do opisu wcześniejszego doświadczenia, wszystkie wykazały znajomość zadań, które ponownie polecono im wykonać (sięganie po przedmioty w warunkach oświetlenia i w ciemności).

- *Uczmy dziecko samodzielności.* Może się to kłócić z naszą intuicją – w jaki sposób niemowlę może być samodzielne? Moi mili, nie sugeruję przecież, że ma się wyprowadzić z domu, a wy macie pomagać mu w pakowaniu walizek. Na to jeszcze za wcześnie. To oczywiste, że niemowlę nie może być życiowo samowystarczalne, możemy mu jednak zacząć pomagać w odważnym badaniu otoczenia i zachęcać do samodzielnej zabawy. Kiedy więc przychodzi czas na zabawę, lepiej więcej obserwować, a mniej ingerować i narzucać.

• ***Rozmawiajmy z dzieckiem, zamiast wygłaszać przy nim monologi.*** Dialog to wymiana informacji, które płyną w obu kierunkach. Kiedy dziecko przejawia aktywność, obserwujemy i słuchamy, czekając na jego wypowiedź. Jeżeli stara się wzbudzić nasze zainteresowanie, to oczywiście reagujemy. Jeśli prosi o zmianę otoczenia, z szacunkiem spełniamy jego prośbę. Jeżeli nic takiego się nie dzieje, pozwalamy mu spokojnie badać świat.

• ***Aktywnie inspirujmy, oddając dziecku przewodnictwo.*** Nie powinno się stawiać dziecka w sytuacji, w której nie może samodzielnie czegoś podjąć (lub z czegoś zrezygnować). W szczególności nie dajemy mu zabawek wykraczających poza jego „trójkąt uczenia" (więcej na ten temat na ss. 150–153).

Proponuję stosować te zasady przez cały dzień – od rana, od chwili obudzenia dziecka do wieczornego usypiania. Pamiętajmy, że każdy – w tym również niemowlę – ma swoją osobistą przestrzeń, którą należy uszanować. W dalszej części tego rozdziału pokażę, jak w codziennej praktyce wprowadzać opisane wyżej zasady.

Pora wstawać!

Moje kochane, jak byście się czuły, gdyby każdego ranka wasz partner wchodził do sypialni, w chwili gdy opuszczacie właśnie krainę snów, i zrywał z was kołdrę? Powiedzmy też, że za każdym razem krzyczałby: „Pobudka! Czas wstawać!". Czy nie byłoby to cokolwiek denerwujące? Tak właśnie czują się niemowlęta, których rodzice nie zadają sobie trudu rozpoczynania dnia dziecka jak należy.

Witając niemowlę o poranku, powinniśmy być delikatni, spokojni i pełni szacunku. Można też zacząć dzień piosenką, skoro na dobranoc śpiewa się kołysanki. Sama zawsze tak robię i mam na tę okoliczność pewną starą angielską melodyjkę. Kto chce mnie naśladować, niech wybierze coś pogodnego i wesołego, co będzie kojarzyć się w umyśle dziecka z radosnym powitaniem. Można też coś wymyślić, jak to uczyniła Beverly, zmieniając tekst popularnej piosenki *Happy birthday to you.* Po odśpiewaniu muzycznej „pobudki" zwracam się do malca mniej więcej tak: „Hej, Jeremy! Czy dobrze spałeś? Miło cię widzieć. Pewnie jesteś głodny". Pochylając się nad nim, zapowiadam: „Mam zamiar wyjąć cię z łóżeczka. Hop-laa – raz, dwa, trzy – i jesteś u mnie!". Później, w ciągu dnia po drzemce, dodaję:

„Założę się, że po drzemce czujesz się wyśmienicie. Co za piękne przeciąganie!". Tym razem również zapowiadam zamiar wyjęcia dziecka z łóżeczka, podobnie jak rano po obudzeniu.

Oczywiście niezależnie od naszego sposobu porannego powitania kochany niemowlak ma swoje własne pomysły. Podobnie jak dorośli małe dzieci budzą się w rozmaitych nastrojach i różnie rozpoczynają dzień. Niektóre budzą się z uśmiechem, który długo nie opuszcza ich twarzy; inne marszczą się, a jeszcze inne płaczą. Są dzieci gotowe natychmiast powitać dzień z nadzieją; są też i takie, którym potrzebna jest odrobina zachęty.

Oto czego można oczekiwać po obudzeniu od niemowląt poszczególnych typów.

Aniołki. To dzieci, których nieustającego poczucia szczęścia i harmonii z otoczeniem nic nie jest w stanie zakłócić. Budzą się z uśmiechem, gaworzą, popiskują, słowem idylla. Z zadowoleniem podejmują każdą zabawę w łóżeczku, czekając cierpliwie, aż ktoś się nimi zajmie. Są oczywiście pewne granice ich cierpliwości, a mianowicie: dojmujący głód oraz pielucha przesiąknięta na wskroś wszelkiego rodzaju „materią niechcianą". Reasumując – Aniołki rzadko posuwają się poza alarm 1. stopnia (patrz: tekst wyodrębniony na następnej stronie).

Dzieci Podręcznikowe. Jeżeli nie zareagujemy na alarm 1. stopnia, to możemy spodziewać się umiarkowanej postaci alarmu 2. stopnia, który będzie oznaczał: „Proszę tu przyjść!". Gdy naszą odpowiedzą jest wejście ze słowami: „Jestem tutaj – nigdzie się nie oddaliłam", to za chwilę mamy spokój. W innym przypadku można się spodziewać głośnego i wyraźnego alarmu 3. stopnia.

Dzieci Wrażliwe. Te dzieci niemal zawsze zaczynają dzień od płaczu. Ponieważ bardzo potrzebują psychicznego wsparcia, często domagają się go gwałtownie, co oznacza kolejne alarmy 1., 2. i 3. stopnia następujące dość szybko po sobie. Dzieci takie nie potrafią być same dłużej niż przez pięć minut. Rozklejają się zupełnie, jeżeli alarmy 1. i 2. stopnia nie przynoszą efektu.

Mali Buntownicy. Również w tej grupie trzy alarmy mogą pojawić się szybko po sobie, ponieważ te dzieci bardzo nie lubią mokrych pieluch i wszelkich innych niewygód. Rano trudno je skłonić do uśmiechu – nawet stojąc na głowie lub wykonując salta na przemian do tyłu i do przodu.

Dzieci Ruchliwe. Są to niemowlaki niezwykle aktywne, o dużej energii życiowej. Często po obudzeniu przechodzą od razu do alarmu 2. stopnia, nie bawiąc się w półśrodki. Zaczynają od marudzenia zmieniającego się w płacz z „pokasływaniem", a jeśli nikt się nie pojawi, krzyczą wniebogłosy.

Trzy alarmy

Niektóre niemowlęta po obudzeniu zajmują się zabawą i nigdy nie wykraczają poza alarm 1. stopnia. W łóżeczku czują się dobrze i cierpliwie oczekują na pojawienie się osoby, która zmieni im pieluszki i je nakarmi. Są jednak i takie dzieci, które usilnie alarmują, a trzy rodzaje alarmów następują po sobie błyskawicznie, bez względu na szybkość naszych reakcji.

Alarm 1. stopnia Delikatne marudzenie połączone z niespokojnymi ruchami ciała. Znaczenie: „Halo? Jest tam ktoś? Dlaczego do mnie nie przychodzicie?".
Alarm 2. stopnia Gardłowy, przerywany płacz przypominający trochę pokasływanie. W przerwach dziecko nasłuchuje. Oznacza to: „Hej, chodźcie tu!".
Alarm 3. stopnia Głośny, intensywny płacz połączony z chaotycznymi ruchami rączek i nóżek. Znaczenie: „Proszę przyjść natychmiast! Nie żartuję!".

Ciekawe jest to, że sposób witania dnia, charakterystyczny dla niemowlęcia, utrwala się i występuje u starszego dziecka. Pisałam wcześniej o mojej córce Sophie, która zachowywała się rano tak spokojnie, że sprawdzałam, czy coś się jej nie stało. I cóż się okazuje? Sophie do dziś budzi się łatwo i wyskakuje z łóżka jak sprężyna. Jej siostra – będąca w dzieciństwie typowym Dzieckiem Ruchliwym – nadal potrzebuje trochę czasu, żeby przestawić się ze snu na dzienną aktywność. W odróżnieniu od Sophie – rozpoczynającej rozmowę natychmiast po obudzeniu – Sara nie lubi mojej porannej paplaniny o dniu, który się rozpoczął; chce, żebym jej pozwoliła rozpocząć rozmowę.

Przewijanie i ubieranie

Jak wcześniej wspomniałam, często proszę młodych rodziców uczestniczących w moich kursach, żeby położyli się na plecach i zamknęli oczy. Następnie, bez ostrzeżenia, podchodzę do któregoś z mężczyzn i podnoszę mu obie nogi nad głowę. Nie muszę dodawać, że delikwent jest kompletnie zszokowany, a pozostali, widząc, co się dzieje, mają niezłą zabawę. Po pierwszym ataku zbiorowego śmiechu wyjaśniam sens tej zaskakującej demonstracji. „Tak właśnie, proszę państwa, czuje się niemowlę, któremu ktoś zmienia pieluszki bez ostrzeżenia i wyjaśnień. Jest to wtargnięcie do kręgu szacunku drugiej osoby. Gdybym powiedziała:»John, za chwilę podniosę do góry twoje obie nogi«, wówczas John nie tylko byłby przygotowany na to, co go czeka, lecz wiedziałby, że biorę pod uwagę jego uczucia. Niemowlętom należy się tyle samo szacunku i uwagi".

Naukowcy stwierdzili, że mózg niemowlęcia rejestruje dotyk po trzech sekundach. Dla dziecka w tym wieku podniesienie nóg, obnażenie dolnej połowy ciała i wycieranie pośladków jest przeżyciem przerażającym, zwłaszcza gdy towarzyszy mu dezynfekowanie pępka zimnym spirytusem. Badania wykazały również, że niemowlęta mają bardzo czułe powonienie. Nawet noworodki odwracają ze wstrętem główki od brzydko pachnących patyczków higienicznych zanurzonych w alkoholu. Tygodniowy noworodek identyfikuje matkę za pomocą węchu. Biorąc to wszystko pod uwagę, widzimy, że wkraczanie w osobistą przestrzeń niemowlęcia, którą nazwałam „kręgiem szacunku", wywołuje w nim intensywną świadomość, że coś się dzieje, choć nie potrafi ono jeszcze wyrazić swojego odczucia.

Pieluchy czy pampersy?

Ostatnio jesteśmy świadkami powrotu pieluszek tetrowych wielokrotnego użytku, znakomita większość rodziców wciąż jednak kupuje pampersy. Jest to kwestia wyboru. Lubię pieluchy tetrowe, ponieważ są tańsze, delikatniejsze i ekologiczne.

Niektóre dzieci są uczulone na zawarte w pampersach granulki wchłaniające wilgoć. Uczulenie to może przypominać pieluszkowe zapalenie skóry i często bywa z nim mylone. Różnica polega na tym, że przy zapaleniu objawy są umiejscowione zwykle wokół odbytu, podczas gdy uczulenie obejmuje skórę przykrytą pampersem – aż do talii.

Pieluchy jednorazowe niemal całkowicie wchłaniają mocz, w związku z czym tylko Mały Buntownik potrafi się zorientować, że ma mokro. Zdarza się, że dziecko trzyletnie nie siada na nocnik, ponieważ stosowane od urodzenia pampersy nigdy nie pozwalały mu uświadamiać sobie wyraźnie, że siusia!

Pieluszki wielokrotnego użytku mają właściwie tylko jedną wadę. Trzeba je często zmieniać, aby nie doprowadzić do pieluszkowego zapalenia skóry.

Większość małych dzieci płacze na stoliku do przewijania, ponieważ nie rozumie, co się z nimi robi, a także nie lubi związanych z tym doznań. Powiedzmy szczerze: czego można oczekiwać od dziecka, gdy układa się je z rozłożonymi nóżkami? Jak my się czujemy na fotelach ginekologicznych? Przyznam się, że zawsze żądam od lekarza, by powiedział mi dokładnie, co zamierza zrobić. Niemowlę nie potrafi nas poprosić o zwolnienie tempa działań i uszanowanie granic osobistej przestrzeni; jedynym jego środkiem wyrazu jest płacz, mający takie samo znaczenie.

Kiedy słyszę od jakiejś mamy: „Edward nie znosi przewijaka", odpowiadam: „Twoje dziecko nie boi się przewijaka, złotko, tylko tego, co się na nim dzieje. Sądzę, że powinnaś mniej się śpieszyć, a więcej z nim rozmawiać". Poza tym z przewijaniem niemowląt jest tak jak ze wszystkim, chcąc zrobić coś dobrze, trzeba się na tym skoncentrować. Na litość boską, nie podchodźmy do dziecka, ściskając między uchem i barkiem telefon bezprzewodowy. Spójrzmy na to z jego perspektywy. Wyobraźmy sobie, jak ono nas widzi, kiedy się nad nim w ten sposób pochylamy – nie mówiąc już o tym, że ów cud techniki może w każdej chwili spaść mu na głowę. Dziecko odbiera w takiej chwili od matki jednoznaczny komunikat: „Mam cię w nosie!".

Zmieniając pieluszkę niemowlęciu, staram się z nim wdać w rozmowę. Pochylam się, zbliżam do niego twarz na odległość 30–40 cm, spoglądam na niego prosto, nie z ukosa, ponieważ małe dzieci lepiej w ten sposób widzą, i zaczynam rozmowę, która towarzyszy wszystkim moim działaniom. „Będziemy teraz zmieniać pieluszkę. Położę cię tutaj, żebym mogła zdjąć ci spodenki. – Przemawiam w ten sposób, by dziecko wiedziało, co robię. – Rozpinam teraz twoją piżamkę. Już rozpięta. Ooo, jakie piękne masz nóżki! Zaraz ci je podniosę. O właśnie... Otwieramy pieluszkę... Widzę, że masz tu dla mnie prezencik... Będę cię teraz wycierać". Dziewczynki wycieram zawsze od przodu do tyłu, a chłopcom zakrywam członka, by nie nastąpił z niego jakiś nieoczekiwany wytrysk... prosto na moją twarz. Jeżeli dziecko zaczyna płakać, pytam: „Czy robię to zbyt szybko? Jeśli tak, to mogę zwolnić".

WSKAZÓWKA: *Kiedy dziecko jest rozebrane, delikatnie kładziemy na jego piersiach dłoń lub niedużego pluszaka. Niemowlę czuje, że nie jest tak bardzo na widoku, i nie odczuwa lęku.*

Muszę w tym miejscu dodać, że w niektórych przypadkach przewijanie należałoby przyśpieszyć. Widziałam takie mamy, którym zmiana pieluszki zajmowała dwadzieścia minut. To stanowczo za długo. Zakładając, że wymieniamy pieluszkę przed karmieniem, karmimy czterdzieści minut i przewijamy dziecko jeszcze raz po karmieniu, to przy takim tempie czynności te zajmują godzinę i dwadzieścia minut. Będzie to oczywiście niekorzystnie wpływało na okres aktywności z powodu czasu, jaki pochłania przewijanie, oraz stresu i zmęczenia w przypadku, gdy dziecko wyjątkowo tego zabiegu nie lubi.

WSKAZÓWKA: *W okresie pierwszych 3–4 tygodni warto zainwestować w tanie koszulki wiązane lub zapinane z przodu na zatrzaski; ułatwi to dostęp do pieluch podczas przewijania. Na początku trzeba się liczyć z tym, że od czasu do czasu pieluszka przecieknie. Zgromadzenie zapasu czystych śpioszków pozwala oszczędzić czas i zmartwienie.*

Opanowanie umiejętności sprawnego przewijania niemowlęcia może zająć kilka tygodni; należy dążyć do tego, by spokojne wykonanie tej czynności nie trwało dłużej niż pięć minut. Trzeba mieć oczywiście wszystko przygotowane – akcesoria do wycierania, czystą pieluszkę otwartą i do podłożenia pod dziecko oraz pojemnik na brudne pieluchy.

WSKAZÓWKA: *Osobom, które po raz pierwszy przewijają noworodka, proponuję wsunięcie czystej pieluszki pod brudną. Otwieramy następnie zanieczyszczoną pieluszkę, lecz nie wyjmujemy jej, dopóki nie oczyścimy dziecku okolicy genitaliów i odbytu. Dopiero po zakończeniu tych czynności usuwamy zużytą pieluszkę, a nowa znajduje się już na właściwym miejscu.*

Jeżeli wszystkie sposoby uspokojenia dziecka zawodzą, spróbujmy przewijać je na kolanach. Wiele niemowląt woli takie rozwiązanie, które jednocześnie uwalnia nas od konieczności stania nad stolikiem.

Nadmiar zabawek to nadmiar pobudzeń

Niemowlę jest już nakarmione i przewinięte, czas więc na zabawę. I tu właśnie rodzice popełniają najwięcej błędów. Jedni nie zdają sobie sprawy, że małe dziecko nieustannie się uczy nawet wówczas, gdy tylko się w coś wpatruje; inni starają się bez przerwy swoje dzieci zabawiać – stale do nich mówią, pokazują im zabawki, potrząsają przed nimi różnymi rzeczami itd. Żaden z tych sposobów nie jest godny polecenia. Wśród rodziców, z którymi rozmawiałam osobiście, przeważało nadmierne zaangażowanie. To właśnie oni regularnie do mnie telefonują. Trzy tygodnie temu zadzwoniła do mnie Mae – mama trzytygodniowej Sereny:

„Tracy, z Sereną jest coś nie tak!". – W tle słyszę płacz dziecka oraz głos jego ojca, Wendella, rozpaczliwie starającego się je uspokoić. „Dobrze – odpowiadam. – Powiedz mi, co się działo, zanim zaczęła płakać".

„Bawiła się" – słyszę niewinną odpowiedź Mae.

„W jaki sposób?". – Proszę pamiętać, że mówimy o trzytygodniowym noworodku, a nie o dziecku uczącym się chodzić.

„Położyliśmy ją na chwilę na leżaczku, ale zaczęła marudzić, więc przenieśliśmy ją na fotelik".

„A potem?".

„To jej się też nie spodobało, więc położyliśmy ją na kocu i Wendell usiłował jej czytać – kontynuowała Mae. – Teraz wydaje nam się, że jest zmęczona, ale w dalszym ciągu nie chce zasnąć".

Dodam jeszcze coś, czego Mae nie powiedziała, ponieważ prawdopodobnie nie przyszło jej do głowy, że może to mieć jakieś znaczenie. Otóż leżak, o którym była mowa, miał pozytywkę, fotelik wibrował, a koc był częścią zestawu złożonego z koca i czerwono-biało-czarnych figurek tańczących nad głową dziecka. Do tego wszystkiego tatuś cały czas pokazywał córeczce kolorowe obrazki.

Co wywiera wpływ na niemowlę

Słuch (bodźce akustyczne)	Mowa Buczenie Śpiew Bicie serca Muzyka	Powonienie (bodźce węchowe)	Ludzie Zapachy kuchenne Perfumy Ostre przyprawy
Wzrok (bodźce wizualne)	Karty czarno-białe Materiały w paski Ruchome zabawki Twarze Otoczenie	Smak (bodźce smakowe)	Mleko Inne pokarmy
Dotyk (bodźce czuciowe)	Kontakt ze skórą, ustami, włosami Przytulanie Masaż Woda Tkaniny	Ruch (bodźce przedsionkowe)	Kołysanie Noszenie Bujanie Wożenie (w wózku, w samochodzie)

Powiedzą państwo, że przesadzam. Ani trochę, moi mili! Widziałam podobne sceny w bardzo wielu domach.

„Podejrzewam, że wasza panienka ma zbyt dużo wrażeń" – odpowiedziałam, wyjaśniając, że biedne małe dziecko przeżyło właśnie coś, co w skali jego możliwości odpowiada pobytowi w Disneylandzie od rana do późnego wieczora!

„Ale ona lubi swoje zabawki" – protestowali rodzice Sereny.

Nie mam zwyczaju polemizować z rodzicami, sugeruję im jednak przestrzeganie kardynalnej zasady: oddalić od dziecka wszystko, co się trzęsie, grzechocze, brzęczy, wije, piszczy lub wibruje. Proponuję wyeliminowanie tych rzeczy na trzy dni z otoczenia niemowlęcia i obserwowanie, czy nie będzie spokojniejsze. (Zwykle tak jest, jeżeli przyczyna nie wywołuje niepokoju dziecka).

Ze smutkiem wypada stwierdzić, że rodzice Sereny – jak większość współczesnych rodziców – padli ofiarą naszej cywilizacji. Każdego roku rodzi się około czterech milionów dzieci. Produkcja i sprzedaż akcesoriów dla niemowląt to ogromny przemysł. Rokrocznie wydaje się miliardy dolarów na przekonywanie nas o tym, iż musimy stworzyć odpowiednie „środowisko" dla niemowląt, a rodzice poddają się ochoczo temu komercyjnemu naciskowi. Ogłupieni przez reklamy, wierzą w to, że nie dostarczając dziecku ciągłej „rozrywki", w jakiś sposób je zawodzą, ponieważ nie ma ono wystarczającej „stymulacji intelektualnej". Jeżeli jakimś cudem udało im się oprzeć promocyjnym naciskom, to zawsze znajdą się jacyś znajomi gotowi ich wyśmiać lub upokorzyć. „Naprawdę nie kupiliście Serenie krzesełka na gumach do podskakiwania w drzwiach?". Pytania takie wypowiadane są oczywiście tonem oskarżającym, jak gdyby córka Mae i Wendella została pozbawiona jakiegoś ogromnie ważnego czynnika rozwoju: to bzdura!

Należy oczywiście śpiewać dzieciom i nastawiać im muzykę. Powinno się też pokazywać im przedmioty o żywych barwach, a nawet kupować zabawki. Jeżeli jednak dajemy niemowlęciu za duży wybór, to z całą pewnością będziemy mieli wkrótce do czynienia z objawami nadmiernej stymulacji. Wystarczającym problemem dla noworodka jest porzucenie błogiego komfortu, jakiego doświadczał w łonie matki, poddanie się siłom przepychającym go przez jej drogi rodne – z których nierzadko bywa brutalnie wyciągany – i wreszcie przystosowanie się do oślepiającego światła sali porodowej. Na drodze narodzin przerażone dziecko napotyka narzędzia chirurgiczne, ma do czynienia z lekami, a różne obce dłonie ciągną je, szczypią i trą zaledwie w parę sekund po przyjściu na świat. Jak wspomniałam w rozdziale I, każde niemowlę jest niepowtarzalne, jednak większość noworodków przeżywa stres na samym początku samodzielnego życia. Jednostkom bardziej wrażliwym narodziny dostarczają tak wielu bodźców, że nie są w stanie sobie z nimi poradzić.

Mit przyzwyczajania niemowląt do dźwięków domowych

Często radzi się rodzicom, by przyzwyczajali dzieci do głośnych dźwięków. Pytam, czy ktokolwiek z was byłby zadowolony, gdybym weszła w środku nocy do jego sypialni i zaczęła tam grać lub odtwarzać głośną muzykę? Powiedzielibyście, że to chamstwo! Dlaczego więc nie przyznajecie waszemu niemowlęciu prawa do szacunku i spokoju?

Dodajmy do tego widoki i dźwięki charakterystyczne dla współczesnego mieszkania – telewizory, radioodbiorniki, zwierzęta domowe, przejeżdżające w pobliżu samochody, odkurzacze, kosiarki do trawy i niezliczone inne urządzenia. Dołóżmy własne głosy przeniknięte niepokojem, który nosimy w sobie, głosy naszych rodziców, teściów i innych *bona fide* odwiedzających, ich szepty, gruchania itd., itd. Uff! To chyba sporo do przetworzenia, gdy dysponuje się tylko kilkoma kilogramami nerwów i mięśni. Pomyślcie! Ktoś chce odpocząć po koszmarnych doświadczeniach narodzin, a tu przychodzi mama z tatą, przynoszą wszystkie gadżety, na jakie ich stać, i oczekują zabawy. W takiej sytuacji nawet niemowlę z grupy Aniołków może zacząć płakać.

Zabawa w granicach naturalnych możliwości dziecka

Co dokładnie rozumiemy przez zabawę? No cóż, trzeba wziąć pod uwagę wszystko to, co dziecko potrafi robić. Większość poradników podaje wskaźniki dotyczące niemowlęcia, jestem jednak przeciwna publikowaniu takich danych. Nie dlatego, żeby nie mogły być pomocne; dobrze przecież wiedzieć, co jest typowe w określonym wieku. Na podstawie tego rodzaju informacji organizuję kursy dla matek, podczas których mówimy o noworodkach (do trzech miesięcy) i o niemowlętach (w przedziałach 3–6, 6–9 oraz 9–12 miesięcy). Wielu rodziców zupełnie sobie jednak nie uświadamia, że wśród normalnych dzieci występuje wielkie zróżnicowanie możliwości i samoświadomości. Temat ten powraca na moich zajęciach jak bumerang. Niemal w każdej grupie matka, która gdzieś przeczytała, że w piątym miesiącu niemowlę przekręca się na bok, sygnalizuje swój niepokój. „Tracy, on na pewno jest opóźniony – przekonuje mnie ze smutkiem, okazuje się bowiem, że jej synek rozwija się niezupełnie zgodnie z jakimś podręcznikiem. – Jak mam go uczyć przekręcania?".

Nie jestem zwolenniczką wywierania jakiejkolwiek presji na niemowlę. Powtarzam rodzicom do znudzenia, że ich dzieci są unikatowymi indywidualnościami, a dane zawarte w poradnikach mają charakter statystyczny, nie uwzględniają więc różnic i osobliwości. Można je traktować wyłącznie jako wielkości średnie i wyraz ogólnych prawidłowości. Każde dziecko przechodzi przez kolejne stadia rozwoju w czasie i terminach sobie właściwych.

Poza tym dzieci to nie psy, które się „układa". Szacunek dla istoty ludzkiej wymaga akceptacji właściwego dla niej tempa rozwoju, bez prób przyśpieszania i bez wpadania w panikę, gdy dziecko okazuje się mniej zaawansowane od dziecka znajomych lub nie dorasta do jakiegoś książkowego opisu. Pozwólmy mu żyć po swojemu. Matka Natura ma swój cudowny, logiczny plan. Jeżeli zaczniemy przekręcać niemowlę na bok, kiedy nie jest jeszcze do tego gotowe, to nie nauczy się ono szybciej tej czynności. Jeżeli się nie przekręca, to znaczy, że nie rozwinęły się w nim jeszcze odpowiednie fizjologiczne zdolności. Starając się przyśpieszyć ten proces, narażamy nasze dziecko na niepotrzebny stres.

Z tych względów sugeruję rodzicom pozostawanie w granicach „trójkąta uczenia się" – czyli takich fizycznych i umysłowych zadań, którymi dziecko potrafi samodzielnie manipulować, znajdując w tym przyjemność. Oto przykład. Niemal każdy noworodek, którego oglądam, ma w swoim pokoiku stosy grzechotek we wszystkich możliwych kształtach i kolorach, wykonane z najrozmaitszych materiałów. A tymczasem żaden noworodek nie potrzebuje żadnej grzechotki, ponieważ nie potrafi jej jeszcze wziąć do rączki. Rodzice oczywiście grzechoczą mu przed nosem wszystkim, czym się da, nie można jednak powiedzieć, by była to odpowiednia zabawa. Zapamiętajmy następującą zasadę: kiedy niemowlę ma zabawkę, obserwujemy je raczej, a nie zastępujemy w zabawie.

Chcąc się dowiedzieć, jaki jest trójkąt uczenia się niemowlęcia, bierzemy pod uwagę jego aktualne osiągnięcia, czyli to, co potrafi robić. Inaczej mówiąc, zamiast wertować poradniki, powinniśmy obserwować swoje dziecko. Pozostając w granicach trójkąta uczenia się, mamy pewność, że dziecko zdobywa wiedzę w sposób naturalny, w tempie, jakie mu odpowiada.

Od pierwszego dnia

Nawet najwybitniejsi specjaliści nie są w stanie dokładnie okroślić momentu, w którym niemowlę zaczyna pojmować. Dlatego od pierwszego dnia życia dziecka należy:

- wyjaśniać mu wszystko, co robimy przy nim lub dla niego
- opowiadać mu o naszych codziennych działaniach
- pokazywać zdjęcia rodzinne, nazywając osoby po imieniu
- wskazywać i identyfikować obiekty („Widzisz pieska?", „Popatrz, dzidzia taka jak ty")
- czytać proste teksty i pokazywać obrazki
- grać muzykę i śpiewać (patrz: tekst wyodrębniony na następnej stronie zawierający dokładne wskazówki).

Życie noworodka – etap obserwacji i słuchania. W okresie pierwszych 6–8 tygodni niemowlę jest stworzeniem patrzącym i słuchającym, stopniowo jednak zwiększa się jego czujność i świadomość otoczenia. Jakkolwiek jego wzrok sięga tylko na odległość 20–30 cm, to jednak rozpoznaje osoby, które do niego podchodzą, i może je nawet powitać uśmiechem lub głosem. Nie żałujmy krótkiej chwili, by mu „odpowiedzieć". Naukowcy stwierdzili, że w chwili narodzin dziecko potrafi odróżniać twarze i głosy ludzkie od innych widoków i dźwięków – i oczywiście bardziej mu one odpowiadają. Po kilku dniach rozpoznaje już znajome twarze i głosy; spogląda też na nie chętniej niż na przedmioty i osoby nieznane.

Kiedy niemowlę nie patrzy na twarz matki, można zauważyć jego szczególne upodobanie do przyglądania się wszelkiego rodzaju liniom prostym. Z czego to wynika? Otóż dziecko widzi te linie jako obiekty poruszające się, ponieważ jego siatkówka nie jest jeszcze ustabilizowana. Nie trzeba wydawać pieniędzy na wymyślne karty, by zabawić noworodka. Wystarczy wyrysować linie proste czarnym flamastrem na białym kartonie. Rysunek taki pozwala dziecku skupić wzrok; jest to istotne, ponieważ jego widzenie jest wciąż nieostre i dwuwymiarowe.

Jeśli ktoś koniecznie chce kupić zabawkę dla noworodka, proponuję tzw. skrzyneczkę maciczną. Jest to urządzenie umieszczane w łóżeczku dziecka, imitujące dźwięki, które słyszało ono w łonie matki. Można je nabyć przed przyjściem dziecka na świat. Ogólnie biorąc, do łóżeczka noworodka można włożyć najwyżej jedną lub dwie zabawki. Zmieniamy zabawkę, gdy niemowlę przestaje się jej przyglądać. Zalecam ostrożność, jeżeli chodzi o kolory; intensywne barwy działają pobudzająco, pastelowe natomiast uspokajają. Możemy wybierać kolory zabawek, które wywołują pożądane efekty, i dostosować je do pory dnia. Oznacza to, że w chwili, gdy dziecko szykuje się do drzemki, nie należy wkładać mu do łóżeczka błyszczącej czerwono-czarnej karty.

Muzyka dla niemowląt

Niemowlęta kochają muzykę, lecz musi być odpowiednia dla ich wieku. Na zakończenie kursów dla matek prezentuję muzykę dla niemowląt w następującej kolejności:

Do trzech miesięcy. Proponuję kołysanki w delikatnej i kojącej tonacji; melodie skoczne i silnie rytmizowane nie są odpowiednie na tym etapie rozwoju. Mamy obdarzone przyjemnymi głosami zachęcam oczywiście do śpiewania własnych kołysanek.
Sześć miesięcy. Z myślą o dzieciach w tym wieku przedstawiam na zakończenie kursu tylko jedną piosenkę, dość dobrze rytmizowaną.
Dziewięć miesięcy. Odtwarzam trzy z zalecanych wcześniej piosenek, lecz każdą z nich tylko jeden raz.
Dwanaście miesięcy. Dodaję nową piosenkę i każdy z czterech utworów powtarzam dwukrotnie. Na tym etapie możemy również wprowadzać gesty towarzyszące muzyce.

Etap unoszenia głowy i kontrolowania szyi. Kiedy niemowlę przekręca główkę – co dzieje się zwykle w drugim miesiącu życia – poruszając nią w lewo i w prawo, a czasem również lekko unosząc (przeważnie w trzecim miesiącu), może również bardziej kontrolować gałki oczne. W tym czasie dziecko obserwuje ręce matki. Badania dowiodły, że nawet niemowlęta jednomiesięczne potrafią naśladować wyraz twarzy osób dorosłych. Jeśli ktoś pokazuje dziecku język lub tylko otwiera usta, po chwili niemowlę robi to samo. Jest to okres, w którym ma sens wieszanie w polu widzenia dziecka ruchomego zestawu wolno poruszających się zabawek (tzw. mobilu); dobrze, jeśli da się on łatwo przenosić znad łóżeczka do miejsca zabaw (np. kojca). Wiem z doświadczenia, że to właśnie jest jeden z pierwszych zakupów dziecięcych większości rodziców, zwracam jednak uwagę, że w okresie pierwszych dwóch miesięcy mobil jest głównie ozdobą niemowlęcego łóżeczka. Dzieci w tym wieku lubią odwracać główkę (najczęściej w prawo), nie należy więc umieszczać wspomnianej zabawki na linii ich wzroku, jak również w odległości większej niż 35 cm. W tej fazie rozwoju (około 8 tygodni) dziecko zaczyna widzieć trójwymiarowo, prostuje tułów, dłonie ma przeważnie otwarte oraz zaczyna je łączyć i chwytać – przeważnie przypadkowo. Potrafi też pamiętać i dokładniej przewidywać mające nastąpić zdarzenia. W wieku dwóch miesięcy niemowlę może już rozpoznać i przywołać z pamięci wizerunek kogoś, kogo widziało poprzedniego dnia. Następnym krokiem w rozwoju jest radosne wiercenie się na widok matki oraz śledzenie jej wzrokiem, gdy chodzi po pokoju.

Jak już wspomniałam, linie proste skupiają uwagę noworodków i niemowląt czterotygodniowych. Po ośmiu tygodniach dziecko zaczyna się już uśmiechać na widok podobizn ludzkich twarzy; można mu też pokazywać rysunki składające się z linii falistych, okręgi i proste obrazki – takie jak domek czy uśmiechnięta buzia – oraz wstawiać do łóżeczka lusterko. Gdy dziecko się uśmiechnie, jego odbicie odpowie mu uśmiechem. Musimy jednak o czymś pamiętać: niemowlęta lubią wprawdzie przyglądać się różnym rzeczom, kiedy jednak mają już dość oglądania, nie potrafią usunąć ich z pola widzenia, ponieważ nie są wystarczająco sprawne ruchowo. Bądźmy czujni; jeżeli dziecko wydaje z siebie głosy zniecierpliwienia określane zwykle mianem „marudzenia", to znaczy, że ma już dosyć pewnych wrażeń. Trzeba mu pomóc, zanim na dobre się rozpłacze.

Etap sięgania po rzeczy i ich chwytania. Niemowlę trzy-, czteromiesięczne może już sięgnąć po rzecz i chwycić ją dłonią. Fascynuje się wszystkim, co może w ten sposób potraktować – nie wyłączając części własnego ciała. Rzecz jasna, każdy zdobyty przedmiot wędruje wprost do buzi. W tym czasie dziecko potrafi również unosić brodę i wydawać gulgoczące dźwięki. Najlepszy partner do zabaw to oczywiście mama, jest to jednak również odpowiedni czas na podsunięcie dziecku prostych zabawek, takich jak grzechotki, byle były bezpieczne i wydawały dźwięki lub były przyjemne w dotyku. Niemowlęta uwielbiają odkrycia, a szczególnie fascynuje je możliwość wywoływania reakcji. Przyjrzyjmy się maluchowi, który potrząsa grzechotką; szeroko otwiera oczy. Dziecko rozumie już związek przyczyny i skutku, dlatego każda rzecz, która pod wpływem jego działania wydaje dźwięki, daje mu poczucie sukcesu. Reakcje są znacznie żywsze i wyraźniejsze niż przedtem, z dnia na dzień postępy stają się bardziej widoczne (z przyjemnością można się też wsłuchiwać w gaworzenie niemowlęcia). Dziecko wie, jak zwrócić na siebie uwagę matki lub opiekunki, gdy ma już czegoś dosyć. Rzuca zabawką, wydając gardłowy odgłos przypominający kaszel, lub zaczyna regularnie marudzić.

Etap przekręcania się na boki. Zdolność samodzielnego obrócenia ciała w lewo lub w prawo, pojawiająca się od końca trzeciego miesiąca do piątego miesiąca, zapoczątkowuje naturalną ruchliwość dziecka. Zanim się spostrzeżemy, będzie się ono przekręcało w obie strony, znajdując w tym wielką przyjemność. Zabawki wydające dźwięki nadal interesują dziecko, można jednak również dawać dziecku do oglądania różne proste przedmioty codziennego użytku, np. łyżeczkę. Będą one dla niego niewyczerpanym źródłem radości. Proponuję wręczyć dziecku plastikowy talerzyk i obserwować jego zachowania. Przedmiot będzie obracany w dłoniach w różne strony, odpychany, a potem ponownie chwytany. Oto mały naukowiec prowadzący swoje badania. Do twórczej zabawy nadają się również sześciany, kulki lub piramidki. Nie uwierzą państwo, że dziecko w tym wieku, biorąc przedmioty do buzi, pomaga sobie w identyfikowaniu ich kształtów. Z badań naukowych wynika, że bardzo małe dzieci potrafią rozpoznawać kształty w ten właśnie sposób. Badania dowodzą, że jednomiesięczne niemowlęta prawidłowo łączą obrazy wzrokowe z doznaniami czuciowymi. Dawano im smoczki o szorstkiej i gładkiej powierzchni oraz pokazywano obrazy jednych i drugich; niemowlęta spoglądały dłużej na wizerunki przedmiotów o takich właściwościach, jakie w danej chwili ssały.

Etap siadania. Niemowlę nie może usiąść, dopóki całe jego ciało nie nabierze właściwych proporcji. Zwykle dzieje się to pod koniec szóstego miesiąca życia. Wcześniej główka niemowlęcia jest zbyt ciężka, a środek ciężkości ciała znajduje się zbyt blisko główki. Wraz z umiejętnością samodzielnego siadania w pełni rozwija się trójwymiarowe widzenie. Z pozycji siedzącej świat wygląda przecież zupełnie inaczej. Równocześnie pojawia się zdolność przekładania przedmiotów z rączki do rączki, wskazywania ich oraz wykonywania innych gestów dłońmi. Ciekawość wywołuje chęć zbliżenia się do różnych obiektów, lecz fizycznie dziecko nie ma jeszcze takiej możliwości. Pozwólmy mu badać rzeczywistość po swojemu. Panuje już przecież nad głową, rękami i tułowiem, choć nie potrafi jeszcze posługiwać się nogami. Może pochylić się, by dosięgnąć czegoś, co chce uchwycić, i przewrócić się na pierś pod ciężarem główki, która wciąż jest dość ciężka w porównaniu z resztą ciała. W takiej sytuacji niemowlę macha rączkami i kopie nóżkami, jakby chciało pofrunąć. Rodzice często biegną do niego, gdy tylko usłyszą najlżejszy odgłos niezadowolenia, i podają mu zabawkę, zamiast poczekać i przyjrzeć się, co nastąpi. Zawsze ich powstrzymuję! Nie podsuwajcie zabawki natychmiast. Najpierw pospieszcie z zachętą. Starajcie się obudzić w dziecku wiarę we własne siły, mówiąc: „Znakomicie. Prawie ci się udało". Trzeba jednak zachować umiar, nie jest to bowiem trening dorosłego olimpijczyka. Pozwólmy dziecku trochę powalczyć, oferując mu rodzicielskie wsparcie. Kiedy nasza pociecha zrobiła już wszystko, co w jej mocy, wówczas możemy jej podać zabawkę.

Proponuję kupowanie dziecku prostych zabawek zachęcających do aktywności, np. pudełek, z których wyskakują różne figurki po naciśnięciu właściwej dźwigni lub przycisku. Takie zabawki są najlepsze, ponieważ niemowlę odczuwa zadowolenie, obserwując natychmiastowe skutki swoich działań. Oczywiście pojawia się pokusa kupowania dziecku bardzo wielu rzeczy. Nie należy jej ulegać; pamiętajmy, że im mniej, tym lepiej, a wiele artykułów, które współczesny przemysł zabawkarski oferuje, nie będzie dziecka bawiło. Śmieję się w duchu, słuchając relacji rodziców, których dzieci osiągnęły to stadium rozwoju, ponieważ najczęściej powtarza się w nich zdanie: „Moje dziecko nie lubi tej zabawki". Ludzie wypowiadający się w ten sposób nie wiedzą, że nie jest to kwestia upodobania – dziecko po prostu nie wie, co ma zrobić, by zabawka zrobiła coś dla niego.

Etap raczkowania. Między ósmym a dziesiątym miesiącem życia niemowlę zaczyna pełzać. Najwyższy czas, by odpowiednio przygotować dom lub mieszkanie – o ile nie uczyniono tego wcześniej (patrz: tekst wyodrębniony na s. 163) – umożliwiając dziecku aktywne i bezpieczne badanie. Dziecko pełzające dość szybko podejmuje próby podnoszenia się i stawania. Pierwsze samodzielne przemieszczenia niektórych niemowląt polegają na ruchu do tyłu lub pełzaniu w kółko. Dzieje się tak wówczas, gdy nóżki są już gotowe do parterowych wędrówek, ale ciałko nie ma jeszcze odpowiedniej długości i siły, by unieść ciężar głowy. Ciekawość i rozwój fizyczny idą w parze. Wcześniej niemowlę nie potrafiło przetworzyć skomplikowanych wzorców myślowych, np.: „Chcę tę zabawkę po drugiej stronie pokoju, muszę więc zrobić to i to, by się tam dostać". Teraz wszystko to zaczyna już funkcjonować.

Kiedy dziecko potrafi skupić uwagę na konkretnych celach, zaczyna pracowicie pełzać, krążąc niczym pracowita pszczółka. Nie zadowala go już siedzenie na kolanach mamy. W dalszym ciągu lubi się przytulać, przede wszystkim jednak czuje potrzebę badania otoczenia i wyładowywania swojej naturalnej energii. Odkrywa nowe sposoby wydobywania dźwięków, a równocześnie zaczyna „broić". Najlepsze na tym etapie są zabawki, do których można coś wkładać i z których można coś wyjmować. Z początku ta druga czynność dominuje, co oznacza, że wszystko będzie wyjmowane i wysypywane, a nic nie powróci na swoje miejsca. Między dziesiątym a dwunastym miesiącem życia pojawiają się sprawności pozwalające dziecku łączyć i składać rzeczy w większe całości, a nawet zbierać z podłogi rozrzucone zabawki i wrzucać je do pudełek. Mniej więcej w tym samym czasie niemowlę opanowuje czynność zbierania małych przedmiotów; wiąże się to z wykonywaniem precyzyjnych ruchów pozwalających używać kciuka i palca wskazującego w charakterze szczypiec. Wspaniałą zabawą jest również toczenie przedmiotów okrągłych i pociąganie ich za sobą. Dziecko roczne zaczyna powoli przywiązywać się do konkretnych zabawek, zwłaszcza do pluszaków i ulubionych kocyków.

WSKAZÓWKA: *Wszystko, czym bawi się niemowlę, powinno dać się umyć lub wyprać; powinno też być odporne na rzucanie oraz pozbawione ostrych krawędzi i nitek mogących się odrywać i trafiać do ust dziecka, a stamtąd do jego żołądka. Przedmioty mieszczące się wewnątrz kartonowej rolki po papierze toaletowym są zbyt małych rozmiarów; czymś takim dziecko może się zadławić bądź wepchnąć to sobie do ucha lub nosa.*

Śpiewając dziecku piosenki, możemy dodawać do nich ruchy, które będzie naśladowało. Melodie i rytmy uczą koordynacji i przygotowują do nauki mowy. W omawianym okresie rozwoju ulubioną zabawą jest „a-ku-ku!". Uczy ona zrozumienia trwałości obiektów. Jest to bardzo ważne, kiedy bowiem dziecko rozumie już tę ideę, to wie, że matka wychodząca do drugiego pokoju nie znika, a jedynie przestaje być widoczna. Można to wzmacniać, mówiąc: „Zaraz do ciebie wrócę". Wiele przedmiotów znajdujących się w domu może służyć dziecku do zabawy. Aby je wykorzystać, trzeba wykazać trochę twórczej inwencji. Łyżka oraz talerz lub garnek świetnie nadają się do walenia, a cedzak – jako tarcza do zabawy w „a-ku-ku!".

Obserwując poszerzanie się niemowlęcego repertuaru czynności fizycznych i umysłowych, trzeba pamiętać, że dziecko jest indywidualnością. Nie będzie się więc zachowywało identycznie jak urodzone w tym samym czasie dziecko siostry lub sąsiadki. Może być aktywniejsze lub mniej aktywne, z pewnością jednak jego zachowania będą się różniły. Będzie miało swoje idiosynkrazje oraz swoje upodobania i awersje. Trzeba je obserwować; poznawać jego osobowość na podstawie tego, co robi, i nie zmuszać go, by było takie, jakim go sobie wymarzyliśmy. Dziecko, któremu rodzice zapewniają bezpieczeństwo i wsparcie oraz okazują miłość, będzie pomyślnie się rozwijać, stając się zdumiewającą i niepowtarzalną małą istotą. Będzie żyło w ciągłym ruchu, ucząc się każdego dnia nowych umiejętności; nieraz nas też zadziwi.

Bezpieczeństwo niemowlęcia w mieszkaniu

Przystosowanie wnętrza mieszkania lub domu do potrzeb małego dziecka jest ważne, a przy tym dość skomplikowane. Chcemy ustrzec dziecko przed tragicznymi zdarzeniami, takimi jak zatrucia, poparzenia, utopienia, skaleczenia czy upadki ze schodów. Pragniemy również chronić mieszkanie przed ewentualnymi zniszczeniami, które ciekawe życia niemowlę łatwo może spowodować. Powstaje pytanie: jak daleko mamy się w tych działaniach posunąć? Na niepokojach, obawach i przezorności rodziców robi się oczywiście niezłe interesy. Pewna matka powiedziała mi niedawno, że zapewnienie dziecku bezpieczeństwa w domu kosztowało ją 4000 dolarów. Okazało się, że ktoś podający się za specjalistę zainstalował kosztowne zamki wszędzie, gdzie się dało, nie wyłączając takich miejsc, do których dziecko nie będzie miało dostępu przez najbliższe 8–10 lat! Ten sam ekspert zdołał namówić ową panią na instalację zapór i bramek w miejscach, do których żadne niemowlę z całą pewnością dotrzeć by nie zdołało. Osobiście jestem zwolenniczką rozwiązań prostych i mniej kosztownych (patrz: tekst wyodrębniony na s. 163). Na przykład: doskonały „placyk zabaw" dla niemowlęcia można utworzyć, ograniczając przestrzeń metra kwadratowego czy dwóch miękkimi poduszkami i elementami umeblowania.

Pamiętajmy, że usuwając zbyt wiele elementów wyposażenia mieszkania, ograniczamy możliwości eksploracji dziecka. Eliminujemy również sytuacje, w których niemowlę uczy się odróżniać to, co wolno, od tego, czego nie wolno, a także zachowań właściwych od niewłaściwych. Pozwolę sobie zilustrować to przykładem z mojego własnego życia.

Kiedy córki znalazły się w wieku, w którym dla ich bezpieczeństwa trzeba odpowiednio przygotować mieszkanie, usunęłam z ich potencjalnego zasięgu niebezpieczne chemikalia, zablokowałam drzwi prowadzące do pomieszczeń wyłączonych z dziecięcej eksploracji oraz przedsięwzięłam szereg innych niezbędnych kroków. Równocześnie uczyłam dziewczynki szacunku dla mojej własności. Zawarłyśmy umowę dotyczącą figurek porcelanowych, stojących na niskiej półce w pokoju gościnnym. Kiedy Sara zaczęła raczkować, interesowało ją wszystko. Pewnego dnia zauważyłam, że owe figurki intensywnie przyciągają jej uwagę. Nie czekając, aż chwyci je w dłonie, powiedziałam: „To jest mamusi. Możesz to potrzymać, kiedy jestem z tobą, ale to nie jest zabawka".

Sara – jak większość niemowląt – kilkakrotnie mnie sprawdzała. Trafiała do półki bezbłędnie, gdy jednak miała już wziąć figurkę do ręki, mówiłam pogodnym, lecz stanowczym tonem: „E-ee. Nie dotykamy tego. To jest mamusi – to nie jest zabawka". Gdy to tłumaczenie nie wystarczało, dodawałam stanowczym głosem: „Nie!". W ciągu trzech dni Sara przestała zauważać te przedmioty. Identyczną procedurę zastosowałam później wobec Sophie.

Po kilku latach odwiedziła mnie przyjaciółka, której synek bawił się z moją Sophie. W jej domu niższe półki były kompletnie ogołocone – pozdejmowano z nich wszystkie przedmioty. Nietrudno się domyślić, że jej synek, który nie znał żadnych ograniczeń, był gotów włączyć moje figurki do swojej zabawy. Próbowałam postąpić z nim podobnie jak kiedyś z Sarą, spokojne upomnienie nie dawało jednak żadnego efektu. W końcu powiedziałam dość ostro: „Nie!". Przyjaciółka spojrzała na mnie przerażonym wzrokiem. „Tracy, nie mówimy nigdy w ten sposób do George'a".

„Najwyższy czas zacząć, serdeńko – odpowiedziałam. – Nie mogę pozwolić na to, by twój synek niszczył rzecz, której moje dziewczynki nie dotykają. Poza tym nie jest to wina George'a, tylko wasza, bo nie nauczyliście go, że są rzeczy jego i rzeczy wasze".

Z tej opowieści płynie bardzo prosta lekcja. Jeżeli usuniecie z zasięgu dziecka wszystkie przedmioty, to nigdy nie nauczy się ono szanować rzeczy pięknych i delikatnych, znajdujących się w waszym mieszkaniu, i z całą pewnością nie będzie wiedziało, jak się zachować w innych domach. Poza tym będziecie nieraz czuć się zawstydzeni i upokorzeni tak jak matka George'a, gdy inni rodzice zaczną informować wasze dzieci o rzeczach i miejscach w domu, do których dostęp wymaga pozwolenia.

Wszystkim rodzicom, którym doradzam, proponuję wydzielenie w mieszkaniu bezpiecznego obszaru, w którym niemowlę może swobodnie się poruszać. Jeżeli dziecko chce się czemuś przyjrzeć, nie brońmy mu. Niech bierze przedmioty do rąk i manipuluje nimi, lecz zawsze w obecności kogoś dorosłego. Warto wiedzieć, że niemowlęta szybko tracą zainteresowanie rzeczami dorosłych. Jeżeli pozwolimy dziecku wziąć taką rzecz do rączek i obejrzeć, najprawdopodobniej szybko się nią znudzi. Coś innego wpadnie mu w oko i „bezcenny skarb" zostanie porzucony.

Podstawowe zasady bezpieczeństwa niemowląt

Trzeba przyjrzeć się wnętrzu mieszkania oczami małego dziecka (z jego poziomu). Proponuję w tym celu pełzanie na czworakach! Poniżej omówię najpoważniejsze niebezpieczeństwa, którym należy zapobiec.

- **Zatrucia.** Usuwamy wszystkie płyny do mycia i czyszczenia oraz inne niebezpieczne substancje spod zlewu kuchennego i umywalki, a następnie umieszczamy je w szafkach na najwyższym poziomie. Nawet gdy szafki kuchenne mają specjalne zamki zabezpieczające przed otwarciem przez dzieci, warto mieć w domu apteczkę pierwszej pomocy. Dzieci uczące się chodzić (i wspinać!) potrafią wykazać wiele sprytu w poszukiwaniu wrażeń. W razie podejrzenia, że dziecko mogło połknąć jakąś trującą substancję, należy natychmiast wezwać lekarza lub pogotowie.
- **Skażenie powietrza.** Należy zlecić badanie domu na obecność radonu – radioaktywnego gazu wydzielającego się w sposób naturalny z podłoża; założyć czujniki dymu i tlenku węgla (wymagające regularnego sprawdzania stanu baterii); rzucić palenie i nie pozwalać nikomu palić w domu i w samochodzie.
- **Uduszenia.** Linki do zasłon, żaluzji i rolet oraz wszelkie kable elektryczne powinny się znaleźć poza zasięgiem niemowlęcia.
- **Porażenia prądem.** Wszystkie gniazdka sieciowe należy zabezpieczyć, a we wszystkich oprawkach lamp powinny znajdować się żarówki.
- **Utonięcia.** Nigdy nie zostawiamy dziecka w wanience bez dozoru. Uzasadniona jest także instalacja zamka na pokrywie muszli klozetowej. Nawet chodzące niemowlę ma środek ciężkości położony bardzo wysoko, może więc wpaść do sedesu i się utopić.
- **Oparzenia.** Uchwyty drzwiczek piekarnika powinny być osłonięte. To samo dotyczy kranów i wylewek z gorącą wodą. W sklepach z armaturą można nabyć odpowiednie osłonki plastikowe lub przynajmniej owinąć rozgrzewające się części ręcznikiem. Działania te zapobiegają oparzeniom, a także urazom, jakim może ulec dziecko, uderzając główką o kran. Temperatura ciepłej wody bieżącej nie powinna przekraczać 50°; wskazane jest odpowiednie jej wyregulowanie, o ile istnieje taka możliwość.
- **Upadki i urazy na schodach.** Gdy dziecko zaczęło już aktywnie przemieszczać się po mieszkaniu, należy wzmóc czujność i stale je obserwować, zwłaszcza gdy w użyciu jest nadal stolik do przewijania. W domach z wewnętrznymi schodami uzasadniona jest instalacja zapór i bramek na górze i na dole. Nie popadajmy jednak po ich założeniu w zbytnie samozadowolenie. Kiedy dziecko uczy się wspinać po stopniach schodów, trzeba być przy nim i je asekurować. Niemowlęta łatwo się uczą wchodzenia do góry, nie mają jednak pojęcia, jak zejść na dół.

• **Wypadki w łóżeczkach.** Zgodnie z przepisami Federalnej Komisji Bezpieczeństwa Produktów Konsumenckich odległość między listewkami lub drążkami łóżeczka dziecięcego nie powinna być większa niż 6 cm. Nie zaleca się używania łóżeczek wyprodukowanych przed 1991 rokiem, w którym przepis ten wprowadzono, oraz starych łóżeczek. Łóżeczkowe „zderzaki" – wynalazek amerykański – były dla mnie szokiem, kiedy pierwszy raz przyjechałam do USA. Przeważnie radziłam rodzicom, by je usuwali, ponieważ aktywne niemowlę może się wsunąć pod coś takiego i utknąć, nie mówiąc już o możliwości uduszenia.

WSKAZÓWKA: Wystarczy zaledwie kilka dni, by nauczyć niemowlę, żeby czegoś nie dotykało. Podejrzewam jednak, że nie będą państwo pewnie skłonni podejmować ryzyka, na które ja się zdecydowałam. Proponuję więc zastąpić najcenniejsze kosztowności i pamiątki niedrogimi ozdobami.

Trzeba wziąć również pod uwagę, że dla niemowlaka szczelina w obudowie odtwarzacza płyt niewiele się różni od tej w skrzynce pocztowej. Jest to znakomite miejsce do wkładania paluszków, krakersów i czegokolwiek, co da się tam włożyć. Zamiast się martwić i denerwować, trzeba ją zasłonić. Może się również opłacić zakup miniaturowej wersji urządzeń, które fascynują dziecko. Większość niemowląt uwielbia wszelkiego rodzaju gałki i przyciski. Dlaczego więc nie mogłyby się cieszyć zabawkami w kształcie telewizyjnego pilota, przenośnego radia lub czegokolwiek innego, co nadaje się do manipulacji? Pamiętajmy, że dziecko nie chce nam niczego zniszczyć ani uruchamiać skomplikowanego sprzętu elektronicznego; odczuwa tylko potrzebę naśladowania tego, co my robimy.

Czas kąpieli

Po ciężkim dniu wypełnionym jedzeniem, spaniem i zabawami niemowlę zasługuje na odrobinę wypoczynku i relaksu w wieczornej kąpieli. Łatwo zauważyć, że po dwóch lub trzech tygodniach życia zaczynają się nasilać wieczorne marudzenia. W miarę wzrostu aktywności i wchłaniania więcej bodźców z otoczenia dziecko coraz bardziej potrzebuje uspokojenia po całym dniu. Kąpiel może być formą aktywności i zabawy po karmieniu o godzinie piątej lub szóstej po południu. Najlepiej, gdy dziecko znajdzie się w wodzie około piętnastu minut po ostatnim odbiciu. Można oczywiście kąpać je rano lub o innej porze dnia, wieczór uważam jednak za czas najbardziej odpowiedni. Jest to także okazja do zacieśniania rodzinnych więzi, a często ulubione zajęcie taty.

Z wyjątkiem Dzieci Wrażliwych, które nie znoszą kąpieli przez pierwsze trzy miesiące, oraz Małych Buntowników z trudem tolerujących ten zabieg większość niemowląt uwielbia kąpiele pod warunkiem, że się nie śpieszymy i przestrzegamy wskazówek zawartych w następnym podrozdziale.

Pierwszą prawdziwą kąpiel organizujemy, gdy noworodek ma około czternastu dni. Do tego czasu resztki pępowiny powinny już odpaść, a u chłopców poddanych obrzezaniu rany przeważnie się zagoiły. Wcześniej myje się noworodka gąbką lub myjkami (patrz: tekst wyodrębniony na tej stronie). W obu przypadkach powinniśmy starać się widzieć to doświadczenie z perspektywy niemowlęcia. A więc powinna to być zabawa i okazja do nawiązania kontaktu. Optymalna kąpiel trwa co najmniej 15–20 minut. Podobnie jak przy ubieraniu i zmianie pieluch dziecku należy się szacunek. Kierując się zdrowym rozsądkiem i pamiętając, jak bardzo niemowlę czuje się bezbronne, staramy się działać jak najdelikatniej.

Mycie noworodków

- Wszystko, co będzie potrzebne – myjki, ciepła woda, spirytus, waciki, oliwka i ręcznik – powinno znaleźć się w bezpośrednim zasięgu. Przedmioty te powinny być gotowe do natychmiastowego użycia.
- Myjemy poszczególne części ciała – od główki do stóp – i każdą z nich delikatnie osuszamy, przykładając ręcznik i nie pocierając.
- Okolice pachwin myjemy osobną malutką myjką, ruchami od genitaliów w kierunku odbytu.
- Powieki i okolice oczu przecieramy wacikami, oddzielnymi dla każdego oka, ruchami od nosa w kierunku skroni.
- Resztki pępowiny dezynfekujemy spirytusem za pomocą patyczka higienicznego z watką, docierając do samej podstawy. Czasem noworodki, choć to nie boli, po prostu czują intensywny chłód.
- Jeżeli chłopiec został poddany obrzezaniu, nacięcie powinno się chronić przed kontaktem z moczem, przykrywając je gazą lub watą nasączoną wazeliną. Do czasu całkowitego zagojenia członka nie należy oblewać go wodą.

Ubierając dziecko po kąpieli, nie usiłujmy zakładać mu przez głowę jednoczęściowych śpioszków (lub koszulki), a następnie wprowadzać siłą rączek w rękawy. Głowy noworodków są – w stosunku do ich ciał – bardzo ciężkie. Do ósmego miesiąca życia jedna trzecia wagi niemowlęcia przypada na głowę. Kiedy staramy się założyć dziecku coś przez głowę, to kręci nią na wszystkie strony. Opór napotkamy również wtedy, gdy usiłujemy wepchnąć rączki niemowlęcia w rękawy. Ponieważ jest ono przyzwyczajone do pozycji płodowej, będzie wyciągać rączki z rękawów, starając się trzymać je jak najbliżej ciała. Aby sobie z tym poradzić, trzeba zaczynać ubieranie od nadgarstków i naciągać rękawki na ręce dziecka, a nie odwrotnie.

Aby całkowicie uniknąć zmagań podczas ubierania, odradzam rodzicom kupowanie koszulek wkładanych przez głowę. (Jeżeli kilka takich ubranek zostało już nabytych lub podarowanych, odsyłam do tekstu wyodrębnionego na tej stronie). Zalecam koszulki z zatrzaskami z przodu oraz jednoczęściowe śpioszki z zatrzaskami wzdłuż całego ciała lub rzepami na ramionach. Łatwość ubierania i wygoda są w tym wypadku ważniejsze od stylu.

Koszulkowy dylemat

Nie zalecam koszulek wkładanych przez głowę. Jeżeli zostały już kupione, to można uniknąć nieprzyjemnych zmagań podczas ich zakładania, stosując się do poniższych zaleceń.

• Kładziemy dziecko na pleckach.
• Wkładamy palce własnych dłoni w rękawki od zewnątrz, chwytamy dłonie dziecka i przeciągamy przez rękawki jak przy nawlekaniu igły.
• Zbieramy materiał w dłoniach, rozciągając szeroko otwór na szyję. Zaczynamy wkładanie pod brodą i szybkim ruchem przesuwamy koszulkę w górę twarzy dziecka, a następnie w kierunku tyłu głowy.

Jeżeli niemowlę płacze podczas kąpieli mimo stosowania wskazówek podanych w następnym podrozdziale – zapewniających bezpieczeństwo, wykluczających pośpiech i dających dziecku maksimum przyjemności – to znaczy, że skłania je do tego typ wrażliwości i temperament, a nie błędy popełnione przez rodziców. Gdy płacz systematycznie się powtarza, proponuję odczekać kilka dni i spróbować kąpieli ponownie. Gdy i to nie pomoże – jak często się zdarza z niemowlętami z grupy Dzieci Wrażliwych – nie pozostaje nic innego, jak myć dziecko gąbką i myjkami przez cały pierwszy, a nawet i drugi miesiąc życia. Nic złego z tego nie wyniknie. Każdy musi uczyć się języka swego dziecka, by zrozumieć jego komunikaty. W tym wypadku przesłanie jest jednoznaczne: „Nie lubię tego, co ze mną wyczyniacie – nie mogę tego znieść".

Dziesięć zasad udanej kąpieli

Opiszę teraz zalecaną przeze mnie procedurę kąpieli. Przed rozpoczęciem trzeba sobie wszystko przygotować, aby nie było niepotrzebnego zamieszania w momencie wyjmowania mokrego dziecka z wody. Przy okazji pragnę zaznaczyć, że znane mi są pomysły kąpania niemowląt w kuchennym zlewozmywaku; zalecam łazienkę, miejsce, moim zdaniem, bardziej odpowiednie do kąpieli.

Zapoznając się z kolejnymi posunięciami, pamiętajmy, że podczas kąpieli powinniśmy z dzieckiem rozmawiać. Przemawiajmy do niego, słuchajmy go i obserwujmy jego reakcje, a przede wszystkim wyjaśniamy mu, co robimy.

1. Tworzymy nastrój. W pomieszczeniu, w którym mamy kąpać dziecko, powinno być ciepło (22–24°C). Włączamy spokojną muzykę, która również nam pomoże się zrelaksować.

2. Napełniamy wanienkę wodą do dwóch trzecich pojemności. Wlewamy wprost do wody filiżankę płynu do kąpieli dla niemowląt. Temperatura kąpieli powinna wynosić około 38°C – nieznacznie powyżej temperatury ciała. Sprawdzamy ją wewnętrzną powierzchnią nadgarstka (nigdy nie robimy tego dłonią); powinniśmy odczuwać wodę jako ciepłą, lecz nie gorącą, ponieważ skóra niemowlęcia jest bardziej wrażliwa od naszej.

3. Podnosimy dziecko. Kładziemy wewnętrzną powierzchnię prawej dłoni na piersiach dziecka i rozstawiamy palce tak, by trzy z nich sięgały pod jego lewą pachę, a kciuk i palec wskazujący leżały na klatce piersiowej. (U osób leworęcznych na odwrót). Wsuwamy lewą dłoń pod szyję i barki dziecka, unosząc delikatnie górną połowę jego ciała i przenosząc ciężar ciała na prawą dłoń. Wsuwamy lewą dłoń pod pośladki dziecka i unosimy je. Ciało niemowlęcia znajduje się teraz w pozycji siedzącej z lekkim nachyleniem do przodu i opiera się na naszej lewej dłoni.

Podstawowe akcesoria kąpielowe

✓ Płaskodenna plastikowa wanienka (osobiście lubię ustawiać wanienki na łazienkowych toaletkach, a nie na podłodze, ponieważ nie trzeba się schylać, a poza tym mebel ten ma zwykle szuflady i półki pozwalające rozmieścić wszystko w zasięgu rąk)

✓ Odpowiednia ilość ciepłej i czystej wody

✓ Płyn do kąpieli dla niemowląt

✓ Dwie myjki

✓ Duży ręcznik (może być z kapturem)

✓ Ubranka i czysta pieluszka przygotowana na stoliku do przewijania.

4. Wkładamy dziecko do wody. Powoli opuszczamy malucha do wody w pozycji siedzącej, zanurzając najpierw jego stópki, a potem pośladki. Przenosimy następnie lewą dłoń na tył jego głowy i szyi, by zapewnić mu oparcie. Powoli zanurzamy dziecko w wodzie. Prawa dłoń jest teraz wolna. Bierzemy w nią myjkę, zwilżamy w wodzie i kładziemy dziecku na piersiach, żeby je ogrzać.

Nigdy nie zanurzamy najpierw plecków dziecka. Postępowanie takie dezorientuje niemowlę, które czuje się podobnie jak przy skoku w tył do basenu.

5. Nie używamy mydła. Nie zapominajmy, że wlaliśmy do wody płyn do kąpieli. Palcami myjemy dziecku szyjkę i okolice pachwin. Nieznacznie unosimy nóżki, by uzyskać dostęp do pośladków. Bierzemy następnie dzbanek lub podobne naczynie z czystą wodą i polewamy ciało dziecka, spłukując mydliny. Pamiętajcie, że wasze niemowlę nie bawiło się w piaskownicy, nie jest więc bardzo brudne. Na tym etapie kąpiel służy przede wszystkim przyzwyczajeniu do rutyny.

6. Myjemy myjką włoski na głowie. Owłosienie głowy u niemowląt często bywa dość skąpe. Bez względu na to, jak dużo dziecko ma włosów i jak gęsto rosną, nie stosujemy szamponów. Myjemy owłosioną część główki myjką i spłukujemy czystą wodą w taki sposób, by nie ściekała do oczu.

7. Pilnujemy, by woda nie dostała się do uszu dziecka. Dłoń podtrzymująca plecki nie powinna zanurzać się zbyt głęboko.

8. Przygotowujemy się do zakończenia kąpieli. Wolną ręką chwytamy ręcznik z kapturkiem (lub duży ręcznik bez kapturka). Wkładamy sobie kapturek (lub narożnik zwykłego ręcznika) między zęby, a końce pod pachy.

Nigdy nie zostawiamy niemowlęcia w wanience bez dozoru. Jeżeli zapomnieliśmy naszykować płyn do kąpieli, myjemy dziecko w czystej wodzie, utrwalając sobie w pamięci wszystko, co jest potrzebne, z myślą o następnej kąpieli.

---

9. Wyjmujemy dziecko z kąpieli. Ostrożnie unosimy dziecko do pozycji siedzącej, w której znajdowało się na początku kąpieli. Większa część ciężaru powinna spoczywać na prawej dłoni, której odchylone palce podtrzymują klatkę piersiową niemowlęcia. Unosimy dziecko plecami do siebie, umieszczając jego główkę na środku własnej klatki piersiowej, nieco poniżej kapturka lub narożnika zwykłego ręcznika. Owijamy ciało końcami ręcznika i opuszczamy na główkę kapturek lub trzymany w zębach narożnik.

10. Przenosimy dziecko na stolik do przewijania i ubieramy. Przez pierwsze trzy miesiące robimy wszystko dokładnie w ten sam sposób. Powtarzanie procedury daje nam poczucie bezpieczeństwa. Po pewnym czasie, w zależności od usposobienia dziecka, możemy przed założeniem nocnej bielizny zafundować mu relaksujący masaż.

Masaż niemowlęcia

Najstarsze badania dotyczące wpływu masażu na zdrowie niemowląt koncentrowały się na wcześniakach. Wykazano w nich, że kontrolowana stymulacja może przyśpieszyć rozwój mózgu i układu nerwowego, poprawić krążenie, podwyższyć tonus mięśniowy oraz redukować stres i drażliwość. Logicznym wnioskiem z tych badań było przypuszczenie, iż masaż może również wpływać korzystnie na noworodki urodzone w terminie. Dalsze badania potwierdziły tę hipotezę, uznano więc ten zabieg za doskonały sposób na podtrzymywanie zdrowia i stymulowanie rozwoju.

Miałam możliwość przekonać się o tym, że masaż uczy niemowlęta wrażliwości na dotyk, rozwijając w nich świadomość siły tego zmysłu. Dziecko poddawane masażom jako niemowlę czuje większą harmonię ze swoim ciałem w następnym okresie życia. W moim kalifornijskim gabinecie prowadzę kursy masażu dla niemowląt, które cieszą się bodaj największą popularnością. Masaż niemowlęcia to dla rodziców możliwość lepszego poznania ciałka dziecka i nauczenia go relaksu. Dla rodziców i dziecka jest to również okazja do nawiązania intymnego kontaktu i wzajemnego dostrojenia.

Warto zwrócić uwagę na kolejność uaktywniania się zmysłów. Po słuchu, który funkcjonuje jeszcze w łonie matki, następnie rozwija się czucie dotykowe. Podczas narodzin noworodek doświadcza zarówno zmian temperatury, jak i stymulacji skórnej. Jego płacz mówi nam: „Hej, czuję to". Doznania zmysłowe poprzedzają rozwój emocji – niemowlę czuje ciepło, chłód, ból i głód, nie rozumiejąc jeszcze, co one znaczą.

Optymalny czas rozpoczęcia masaży to początek czwartego miesiąca życia, choć znam matki, które wcześniej próbowały to robić. Należy więc wybierać taką porę, kiedy nigdzie się nie śpieszymy, nie mamy nic pilnego do załatwienia i możemy całkowicie skupić się na dziecku. Jeżeli mielibyśmy działać w pośpiechu lub bez przekonania, to lepiej wcale tego nie robić. Nie należy również oczekiwać, że niemowlę będzie leżało spokojnie przez piętnaście minut podczas pierwszego masażu. Nie wolno kontynuować masażu na siłę; lepiej ograniczyć się do trzech minut i stopniowo ten czas wydłużać. Bardzo lubię połączenie masażu z wieczorną kąpielą, jest bowiem relaksujące dla dziecka i osoby dorosłej. Nadaje się do tego również inna pora pod warunkiem, że dysponujemy czasem.

Niektóre niemowlęta reagują na masaż lepiej niż inne. Stosunkowo szybko przystosowują się do niego Aniołki, Dzieci Podręcznikowe i Dzieci Ruchliwe. Z Dziećmi Wrażliwymi i Małymi Buntownikami trzeba zaczynać wolniej, ponieważ dłużej trwa ich adaptacja do nowego rodzaju bodźców. Po pewnym czasie masaż może stopniowo podnieść u nich ten próg tolerancji. Podczas masażu dziecko z grupy Wrażliwych doznaje ulgi, jak gdyby uwalniając się częściowo od własnej nadwrażliwości. Dla Małego Buntownika masaż to głównie nauka relaksu. Zabieg ten może nawet pomóc dziecku cierpiącemu na kolki, obniżając napięcie pogłębiające jego dyskomfort.

Jednym z moich największych sukcesów był masaż Timothy'ego – dziecka nadwrażliwego do tego stopnia, że trudno mu było zmienić pieluszkę. Chłopiec płakał, gdy próbowałam zanurzyć go w wanience, w związku z czym swoją pierwszą kąpiel odbył dopiero w szóstym tygodniu życia. Usposobienie Timothy'ego poważnie martwiło jego mamę Lanę. Ojciec chłopca, Gregory, pytał, w czym mógłby pomóc, aby odciążyć żonę. O jedenastej wieczorem karmił dziecko naturalnym pokarmem z butelki, w ciągu dnia przebywał jednak poza domem. Zaproponowałam mu, by spróbował wykąpać swojego wrażliwego synka. Dość często zwracam się do ojców z tą propozycją. Daje im ona szansę lepszego poznania dziecka oraz – co nie mniej ważne – odnalezienia w sobie potrzeby udzielania wsparcia i opieki.

Gregory rozpoczął pierwszą kąpiel chłopca bardzo spokojnie i w niedługim czasie był w stanie ułożyć Timothy'ego w wodzie bez większych protestów. Zachęcona tym sukcesem zaproponowałam, żeby zrobił dziecku masaż. Najpierw Gregory bardzo uważnie obserwował, jak ja to robię, zwracając uwagę na poszczególne posunięcia opisane w następnym podrozdziale. Działaliśmy bardzo ostrożnie, pozwalając dziecku przyzwyczaić się do dotyku mojego, a potem ojca.

Podstawowe akcesoria do masażu

Masaż można wykonywać na podłodze lub na stoliku do przewijania. Wybieramy pozycję, która jest dla nas najwygodniejsza. Oto, czego będziemy potrzebowali:

✓ Poduszka
✓ Wodoodporna podkładka
✓ Dwa miękkie ręczniki kąpielowe z długim włosem
✓ Oliwka dla niemowląt, olej roślinny lub specjalny olejek do masażu dziecięcego (nigdy nie używamy intensywnie pachnących olejków aromaterapeutycznych, ponieważ są za ostre dla skóry niemowlęcej i zbyt silnie działają na zmysł powonienia dziecka)

Timothy ma teraz prawie rok i wciąż jest bardzo wrażliwy, zrobił jednak ogromne postępy. Jego stale rosnąca odporność na zewnętrzną stymulację jest, przynajmniej częściowo, bezpośrednim rezultatem wieczornych kąpieli i masaży, które jego ojciec nadal wykonuje. Korzyści byłyby oczywiście nie mniejsze, gdyby Tima masowała jego mama, jednak po całym dniu spędzonym z Dzieckiem Wrażliwym Lanie należał się wieczorny odpoczynek niezbędny dla regeneracji sił. Niezależnie od wszystkiego dzieci potrzebują tych chwil, w których realizuje się ich bliska więź z ojcem. Daje im ona innego rodzaju pewność i wiarę w siebie. Tak więc Lana doświadczała intymnej bliskości z dzieckiem, karmiąc je piersią, a Gregory budował swoją więź poprzez dotyk, przytulanie i kontakt skórny.

Dziesięć zasad udanego masażu

Podobnie jak w przypadku kąpieli proponuję czytelnikom procedurę masażu złożoną z dziesięciu posunięć. Zaczynamy oczywiście od przygotowania niezbędnych akcesoriów (patrz: tekst wyodrębniony *Podstawowe akcesoria do masażu*). Pamiętajmy, że nie wolno się śpieszyć. Dziecku trzeba powiedzieć przed dotknięciem jego ciała, co zamierzamy z nim robić, a potem objaśniać mu kolejne czynności. Jeżeli w którymkolwiek momencie mamy wrażenie, że dziecko nie czuje się dobrze, przerywamy masaż (nie czekamy, aż dziecko zacznie płakać; widoczną oznaką niezadowolenia są ruchy wijące – mówimy wówczas, że niemowlę wije się jak piskorz). Nie spodziewajmy się, że za pierwszym razem niemowlę będzie spokojnie leżało. Przyzwyczajenie do takiego zabiegu buduje się stopniowo, za każdym razem wydłużając masaż o kilka minut. Zaczynamy od paru ruchów trwających dwie lub trzy minuty. Przez parę tygodni lub dłużej dochodzimy stopniowo do piętnasto- lub dwudziestominutowych masaży.

1. Tworzymy odpowiednie środowisko i nastrój. W pokoju powinno być ciepło (około 24°C) i przytulnie. Włączamy spokojną muzykę. Stanowisko do masażu składa się z miękkiej poduszki, na którą kładziemy wodoodporną podkładkę i ręcznik kąpielowy z długim włosem.

2. Przygotowujemy się do rozpoczęcia masażu. Zadajemy sobie pytanie: „Czy rzeczywiście potrafię być tu i teraz z moim dzieckiem, czy też lepiej przystąpić do zabiegu w innym, bardziej sprzyjającym czasie?". Jeżeli jesteśmy pewni, że możemy oddać się bez reszty temu doświadczeniu, myjemy ręce i wykonujemy kilka głębokich oddechów. Następnie przygotowujemy dziecko, kładąc je na poduszce przykrytej ręcznikiem, przemawiając do niego i wyjaśniając: „Będziemy teraz masować twoje maleńkie ciałko". Mówiąc o tym, co będziemy robić, wylewamy niewielką ilość olejku (1–2 łyżeczki) na swoje dłonie i wcieramy go, w ten sposób go rozgrzewając.

3. Prosimy o pozwolenie rozpoczęcia masażu. Będziemy zaczynać od stóp niemowlęcia i posuwać się w górę aż do jego główki. Zanim jednak dotkniemy jego ciała, wyjaśniamy: „Mam zamiar podnieść teraz twoją małą stópkę i pogłaskać ją od spodu".

4. Zaczynamy od stóp i nóżek. Stopy masujemy naprzemiennym ruchem kciuków – jeden kciuk pociera stópkę ku górze, a za nim idzie drugi, w tym samym kierunku. Delikatnie gładzimy podeszwę stopy, od pięty do palców, uciskając lekko całą powierzchnię. Delikatnie ściskamy poszczególne paluszki. Możemy przy tym śpiewać dziecku jakąś rytmiczną piosenkę z zabawnym tekstem. W drugiej kolejności masujemy górną powierzchnię stopy w kierunku kostki. Następnie delikatnie obejmujemy nóżkę dłońmi. Gdy jedna dłoń skręca ją lekko w lewo, druga skręca w prawo. Efektem ruchów przypominających „skręcanie liny" jest poprawa krążenia w nóżkach dziecka. Masujemy w ten sposób całą nóżkę od dołu do góry, a potem robimy to samo z drugą, po czym wsuwamy dłonie i masujemy obydwa pośladki, głaszcząc nóżki ruchami ku dołowi aż do stóp.

5. *Przechodzimy do brzuszka.* Przenosimy dłonie na brzuszek dziecka i wykonujemy nimi ruchy „zamiatające" w kierunku na zewnątrz. Używając kciuków, masujemy delikatnie brzuszek od pępka na boki. „Przechodzimy" wyprostowanymi palcami z brzuszka na klatkę piersiową.

6. *Masujemy klatkę piersiową.* Mówimy dziecku: „Kocham cię" i rozpoczynamy „ruchy słońca i księżyca". Używając obu palców wskazujących, opisujemy na skórze dziecka okrąg – „słońce" – zaczynający się w górnej części klatki piersiowej i kończący w okolicy pępka. Następnie prawą dłonią kreślimy „księżyc" (odwrócone C), z powrotem do punktu wyjścia; to samo robimy lewą dłonią (normalne C). Powtarzamy te czynności kilkakrotnie, po czym wykonujemy ruch w kształcie serca – ze wszystkimi palcami na piersiach dziecka; zaczynając w rejonie mostka, „rysujemy" serce, łącząc dłonie w okolicy pępka.

7. *Masujemy rączki i dłonie.* Masaż rączek zaczynamy od „skręcania liny" (jak przy nóżkach), a następnie masujemy je otwartymi dłońmi. Wałkujemy pojedynczo paluszki dłoni, śpiewając rytmiczną piosenkę. Po wierzchniej stronie dłoni wykonujemy niewielkie kółka wokół nadgarstka.

8. *Przechodzimy do twarzy.* Twarzy dziecka dotykamy wyjątkowo delikatnie. Masujemy czółko i skronie oraz kciukami okolice wokół oczu. Gładzimy policzki ruchami od nasady nosa do uszu i od uszu do dolnej wargi. Wykonujemy małe kółka wokół dolnej szczęki i za uszami. Pocieramy małżowiny uszne i podbródek. To uczyniwszy, odwracamy dziecko na brzuszek.

9. *Masujemy główkę i plecki.* Kreślimy kółka na tylnej powierzchni głowy dziecka i na jego barkach. Następnie głaszczemy tę okolicę ruchami do góry i na dół. Przechodząc do pleców, wykonujemy kółka wzdłuż mięśni kręgosłupa rozmieszczonych równolegle po jego obu stronach. Przesuwamy dłonie na całej długości ciała – od szczytu pleców do pośladków, a potem wzdłuż nóg do kostek.

10. Kończymy masaż. „Skończyliśmy, kochanie. Czy czujesz się dobrze?".

Jeżeli za każdym razem będziemy postępowali zgodnie z opisaną procedurą, to dziecko będzie z przyjemnością oczekiwało na kolejny masaż. Przypomnę jeszcze raz o szacunku dla wrażliwości niemowlęcia. Nigdy nie kontynuujemy masażu, gdy dziecko płacze. Odczekajmy parę tygodni i spróbujmy ponownie, tym razem jeszcze krócej niż poprzednio. Mogę państwa zapewnić, że przyzwyczajając niemowlę do przyjemności, jaką daje dotyk, zapewnicie mu wielorakie korzyści; jedną z nich będzie łatwość zasypiania, ale to już temat następnego rozdziału.

ROZDZIAŁ VI

SEN – TO NIE POWÓD DO PŁACZU

Po dwóch tygodniach macierzyństwa uświadomiłam sobie nagle, że już nigdy nie wyśpię się jak należy. No, nigdy to może za dużo powiedziane. Miałam jakiś cień nadziei, że wyśpię się porządnie, gdy moje dziecko zda na wyższą uczelnię. Byłam jednak pewna ponad wszystko, że nie nastąpi to w okresie jego niemowlęctwa.

– Sandi Kahn Shelton,
Sleeping Through the Night and Other Lies

Dziecko zdrowe to dziecko wyspane

Na początku sen jest głównym zajęciem niemowląt. Zdarza się, że w pierwszym tygodniu noworodki przesypiają dwadzieścia trzy godziny w ciągu doby! I tak jest dobrze, jak by powiedziała Martha Stewart. Wszyscy potrzebujemy snu, jednak dla niemowląt jest on po prostu racją bytu. Podczas snu w ich mózgach powstają nowe komórki, niezbędne dla umysłowego, fizycznego i emocjonalnego rozwoju. Dzieci, które zdrowo śpią, są, podobnie jak dorośli po dobrze przespanej nocy lub solidnej drzemce, czujne, skupione i zrelaksowane. Dziecko wyspane nie ma żadnych problemów z karmieniem, zabawą, mobilizacją energii życiowej oraz prawidłowym reagowaniem w kontaktach z ludźmi pojawiającymi się w jego otoczeniu.

Niemowlęciu, które nie sypia zdrowo i regularnie, brakuje zasobów neurologicznych niezbędnych do skutecznego funkcjonowania. Dziecko takie jest marudne, niechętnie je. Nie dysponuje też energią potrzebną do badania świata. Najgorsze jest jednak to, że zmęczone dziecko nie może zasnąć! Zasypia dopiero w stanie krańcowego wyczerpania. Bardzo przykry jest widok małego dziecka całkowicie wytrąconego z równowagi, które chcąc zasnąć i oddalić się od świata zewnętrznego, musi płakać prawie do nieprzytomności. Przygnębiające jest również to, że sen taki bywa niespokojny i krótkotrwały – czasami nie trwa dłużej niż dwadzieścia minut – co oznacza, że dziecko niemal bez przerwy męczy się i marudzi. Wszystko to może wydawać się oczywiste. Wiele osób nie wie jednak o tym, że niemowlę potrzebuje pomocy rodziców, by wykształcić prawidłowe nawyki związane ze snem. Rodzice często nie zdają sobie sprawy, że to oni, a nie ich dzieci, muszą kontrolować pory snu. Ta właśnie nieświadomość jest przyczyną większości problemów z układaniem niemowląt do snu i ich zasypianiem.

Sytuację pogarsza presja otoczenia. Pierwsze pytanie, które słyszy ojciec lub matka niemowlęcia, jest zawsze takie samo: „Czy dziecko przesypia już noc?". Po czterech miesiącach pytanie może nieco się zmienić („Czy dziecko dobrze sypia?"), zawsze jednak jego podtekst wywołuje w biednych rodzicach – którzy często sami nie mogą się wyspać – napięcie i poczucie winy.

Nauczę państwa rozpoznawania zmęczenia, zanim przekształci się w przemęczenie. Wyjaśnię, co należy robić, gdy ów cenny moment został przeoczony, a związane z nim możliwości utracone. Zasugeruję też, jak pomagać niemowlęciu w zasypianiu i jak powstrzymać narastanie trudności, zanim zostaną utrwalone i przekształcą się w problemy nie do rozwiązania.

Rozsądne podejście do snu

Każdy ma własny pogląd na usypianie małych dzieci oraz swój sposób postępowania w sytuacji, gdy niemowlę nie chce lub nie może zasnąć. Nie będę się rozpisywać na temat różnych teorii lansowanych w minionych dekadach. Pisząc tę książkę w roku 2000, zdaję sobie sprawę, że uwagę rodziców (i mediów) przyciągają obecnie dwa krańcowo przeciwstawne sposoby myślenia. Jeden z nich wiąże się z praktyką snu zbiorowego, ideą wspólnoty snu i koncepcją tzw. łóżka rodzinnego. Pomysł ten wywodzi się od kalifornijskiego pediatry doktora Williama Searsa i nazywany jest – od jego nazwiska – metodą Searsa. Doktor Sears spopularyzował ideę, zgodnie z którą pozwala się dzieciom spać w łóżku rodziców dopóty, dopóki same nie poproszą o przeniesienie do własnego łóżeczka. Praktykę tę uzasadnia się potrzebą rozwijania u dziecka pozytywnych skojarzeń z porą snu (z czym najzupełniej się zgadzam). Zwolennicy metody Searsa twierdzą, że najlepszym na to sposobem jest trzymanie dziecka na rękach, przytulanie, kołysanie i masowanie dopóty, dopóki nie zaśnie (z czym całkowicie się nie zgadzam). Doktor Sears – jak dotąd najaktywniejszy propagator tej metody – w roku 1998 spytał redaktorkę magazynu „Child": „Dlaczego rodzic miałby chcieć wkładać swoje dziecko do kojca z drabinkami i pozostawiać je samo w ciemnym pokoju?".

Inni wyznawcy filozofii łoża rodzinnego powołują się często na praktyki rodzicielskie mieszkańców wyspy Bali, gdzie niemowlętom nie pozwala się dotykać ziemi przed ukończeniem trzeciego miesiąca życia. (My oczywiście nie mieszkamy na wyspie Bali). Zgodnie z sugestiami La Leche League niemowlęciu mającemu za sobą trudny dzień matka powinna okazać zainteresowanie i wsparcie, biorąc je na noc do swojego łóżka. Wszystkie te pomysły lansuje się w imię „więzi" i „poczucia bezpieczeństwa", przy czym zwolennicy tych praktyk nie widzą nic złego w rezygnacji rodziców z ich własnego czasu, prywatności, a nawet potrzeby snu. Jedna z promotorek idei łoża rodzinnego, Pat Yearian, której wypowiedzi zamieszcza czasopismo „The Womanly Art of Breastfeeding", w duchu wdrażania tej praktyki sugeruje niezadowolonym rodzicom, by zmienili swoją perspektywę: „Jeśli potraficie się dostosować, zdobywając się na większą akceptację (tego, że dziecko będzie wielokrotnie was budziło), to staniecie się zdolni do radosnego przeżywania owych spokojnych nocnych chwil z waszym niemowlęciem, które chce być trzymane i karmione, czy też z dzieckiem nieco starszym po prostu pragnącym czyjejś bliskości".

Drugą skrajność reprezentuje podejście tzw. opóźnionej reakcji, nazywane często „ferberyzacją" – od nazwiska doktora Richarda Ferbera, dyrektora Pediatrycznego Ośrodka Zaburzeń Snu przy Bostońskim Szpitalu Dziecięcym. Jego teoria opiera się na założeniu, iż zaburzenia snu są wyuczone, w związku z czym można ich „oduczyć" (z czym zgadzam się bez zastrzeżeń). W tym celu doktor Ferber proponuje układanie niemowląt w ich własnych łóżeczkach, kiedy znajdują się jeszcze w stanie czuwania, i uczenie samodzielnego zasypiania (z tym punktem również się zgadzam). Kiedy dziecko płacze, zamiast zasypiać, daje nam do zrozumienia: „Przyjdźcie do mnie i zabierzcie mnie stąd". Doktor Ferber sugeruje pozostawianie dziecka płaczącego w łóżeczku na coraz dłuższe okresy – pięć minut pierwszej nocy, dziesięć minut następnej, potem piętnaście minut i tak dalej (i w tym miejscu nasze drogi z doktorem Ferberem zdecydowanie się rozchodzą). Wypowiadając się na łamach pisma „Child", doktor Ferber wyjaśnia: „Kiedy dziecko chce się bawić czymś niebezpiecznym, mówimy mu »nie« i ustanawiamy granice, których nie powinno przekraczać... Z uczeniem zasad obowiązujących w porze nocnej jest tak samo. Zdrowy sen w nocy leży w najlepszym interesie dziecka".

Z pewnością obie szkoły mają pewne zalety; specjaliści, którzy je propagują, legitymują się naukową wiedzą i akademickimi referencjami. Jest całkiem zrozumiałe, że sprawy te wywołują zażarte dyskusje i polemiki prasowe. Jesienią 1999 roku, po ostrzeżeniu Federalnej Komisji Bezpieczeństwa Produktów Konsumenckich skierowanym do rodziców i dotyczącym „układania niemowląt do snu w łóżkach osób dorosłych bądź spania z nimi w jednym łóżku", gdzie narażone są na ryzyko uduszenia i przygniecenia, redaktorka magazynu „Mothering", Peggy O'Mare bardzo ostro i gwałtownie potępiła ten dokument w artykule zatytułowanym *Won z mojej sypialni!*. Pytała w nim między innymi, kim są owi rodzice, w liczbie sześćdziesięciu czterech osób, którzy rzekomo przygnietli w nocy swoje dzieci. Czy przypadkiem nie byli pijani? A może nafaszerowani narkotykami lub lekami? Równocześnie każda krytyka strategii opóźnionego reagowania doktora Ferbera ze strony prasy lub specjalistów, zarzucająca jej niewrażliwość na potrzeby dziecka, a nawet zwykłe okrucieństwo, wywołuje namiętny chór głosów legionu rodziców. Są oni głęboko przekonani, iż ta metoda uratowała ich zdrowie i małżeństwo, a przy okazji nauczyła dziecko spokojnie spać w nocy.

Być może już opowiedzieliście się za jedną z tych metod i znaleźliście się w gronie jej zwolenników. Jeżeli skutecznie funkcjonuje ona w waszym domu, służąc dobrze dziecku i pozwalając rodzicom utrzymać ich styl życia, to należy bezwzględnie się jej trzymać. Problem w tym, że ludzie, którzy zwracają się do mnie po pomoc, często mają już za sobą próby stosowania zarówno jednej, jak i drugiej metody. W typowym przypadku jednemu z rodziców podoba się idea łóżka rodzinnego i osoba ta stara się „sprzedać" koncepcję Searsa partnerowi. Jest to w końcu bardzo romantyczna wizja, pod wieloma względami cofająca nas do czasów większej prostoty. Spanie z dzieckiem należy do tej samej kategorii pomysłów co „zejście na ziemię" (czyli życie bliżej podłogi) czy też idea „kurnej chaty". Wiąże się z tym również perspektywa ułatwienia nocnych karmień. Rozentuzjazmowani młodzi rodzice decydują się zatem nie kupować dziecku łóżeczka. Ich entuzjazm wyczerpuje się jednak po kilku miesiącach. Nieustająca czujność, by dziecka nie przygnieść, połączona z nadwrażliwością na wszelkie dobiegające od niego odgłosy odbiera im zdolność do normalnego, zdrowego snu.

Niemowlę może się budzić co dwie godziny, oczekując, że ktoś zwróci na nie uwagę. W niektórych przypadkach wystarczy poklepanie lub przytulenie i dziecko ponownie zasypia. Są jednak i takie niemowlęta, którym po obudzeniu wydaje się, że nadszedł czas zabawy. Dochodzi do tego, że rodzice muszą czuwać z dzieckiem na zmianę – jedna noc w łóżku, następna w pokoju gościnnym – by wreszcie normalnie się wyspać. Jeżeli jednak na początku oboje nie byli w równym stopniu przekonani, to teraz osoba sceptycznie nastawiona zaczyna okazywać niezadowolenie. Rozczarowanie koncepcją łóżka rodzinnego prowadzi zwykle do drugiej skrajności, w takiej sytuacji bowiem propozycja doktora Ferbera wydaje się rodzicom kusząca.

Tak więc tata z mamą kupują swemu dziecku łóżeczko, uznając, że czas najwyższy, by spało oddzielnie. Pomyślmy, co taka drastyczna zmiana oznacza dla dziecka. „Mamusia i tatuś byli ze mną w łóżku przez wiele miesięcy, przytulali mnie, gruchali do mnie i robili wszystko, co mnie uszczęśliwiało, a teraz trach! Z dnia na dzień zostałem wygnany, umieszczony w pokoju na drugim końcu mieszkania, w którym jest tak dziwnie, że czuję się tam zagubiony i opuszczony. Nie myślę, że jest to »więzienie«, i nie boję się ciemności, ponieważ w moim niemowlęcym umyśle nie ma takich pojęć, myślę sobie jednak:»Gdzie oni wszyscy odeszli? Gdzie są te ciepłe ciała, które leżały koło mnie?«. Płaczę więc, bo tylko tak mogę pytać:»Gdzie jesteście?«. Płaczę i płaczę, i płaczę, i nikt nie przychodzi. W końcu przychodzą. Poklepują mnie, mówią, że jestem dobrym dzieckiem, i z powrotem idą spać. Ale przecież nikt mnie nie nauczył, jak mam zasypiać sam. Jestem tylko niemowlakiem!”.

Moim zdaniem rozwiązania skrajne nie służą dobrze większości ludzi, a z całą pewnością nie pomagają dzieciom. Dlatego proponuję od samego początku złoty środek – podejście zdroworozsądkowe, które nazywam „rozsądnym snem”.

Na czym polega koncepcja rozsądnego snu?

Przede wszystkim jest antyekstremistyczna. Moja filozofia zawiera w sobie pewne aspekty obu metod, uważam jednak, iż teoria doktora Ferbera nie bierze pod uwagę uczuć dziecka, podczas gdy idea łóżka rodzinnego naraża rodziców na zbyt duże stresy. Koncepcja rozsądnego snu jest zgodna z zasadą całościowego, holistycznego podejścia do życia rodzinnego, w którym szanuje się potrzeby wszystkich członków rodziny. Jestem przekonana, że niemowlę powinno się uczyć samodzielnego zasypiania; potrzebne mu jest do tego poczucie bezpieczeństwa we własnym łóżeczku. Małe dziecko pragnie jednak również ukojenia ze strony matki lub innej osoby wtedy, gdy cierpi lub jest sfrustrowane. Równocześnie rodzice potrzebują wypoczynku, chwil, które przeznaczają wyłącznie dla siebie nawzajem, oraz życia, które nie jest wypełnione tylko opieką nad dzieckiem. Potrzebują oczywiście także czasu, energii i uwagi, które będą mogli poświęcić bez reszty swojemu potomkowi. Cele te nie muszą się wykluczać. Aby harmonijnie je realizować, proponuję uwzględnić zasady opisane dalej w tym podrozdziale, na których opiera się koncepcja rozsądnego snu. W dalszej części rozdziału przekonają się państwo, jak te zasady realizować.

Zacznijmy od tego, co chcemy kontynuować. Jeżeli pociąga nas idea wspólnego spania z dzieckiem, przemyślmy ją gruntownie. Czy naprawdę chcemy żyć w ten sposób za trzy miesiące? Za sześć miesięcy? Za rok? Pamiętajmy, że wszystko, co robimy, uczy czegoś tę małą istotę, kształtując w niej nawyki. A zatem, usypiając niemowlę na własnych piersiach lub nosząc je i kołysząc przez czterdzieści minut, przekazujemy mu komunikat: „Tak właśnie masz zasypiać". Gdy już raz wejdziemy na tę drogę, musimy być przygotowani do przytulania i kołysania dziecka przed snem przez długie miesiące i lata.

Nie zaniedbujemy dziecka, ucząc go samodzielności. Kiedy, zwracając się do rodziców jednodniowego noworodka, mówię: „Będziemy go teraz usamodzielniać", spoglądają na mnie ze zdziwieniem. „Usamodzielniać? Tracy, przecież ma za sobą zaledwie jeden dzień życia". „Owszem, a kiedy chcecie zacząć?". I na to pytanie nikt nie potrafi odpowiedzieć – nie wyłączając naukowców – ponieważ nie wiemy dokładnie, w którym momencie niemowlę zaczyna rozumieć świat i rozwijać umiejętności potrzebne do współdziałania ze środowiskiem. Dlatego właśnie radzę im: „Zacznijcie teraz". Nauka samodzielności nie polega jednak na pozostawieniu płaczącego dziecka samemu sobie – „żeby się wypłakało". Przeciwnie, zaspokajamy jego potrzeby, bierzemy je na ręce, gdy płacze. Gdy jednak jego potrzeby zostały zaspokojone, kładziemy je do łóżeczka.

Obserwujmy, nie interweniując. Wspominałam o tym, omawiając zabawę z dzieckiem. To, co wtedy powiedziałam, odnosi się także do snu i usypiania. Zapadanie niemowlęcia w sen odbywa się zgodnie z pewnym przewidywalnym cyklem (patrz opis na następnej stronie). Rodzice, którzy to rozumieją, powstrzymują się od niepotrzebnych interwencji. Zamiast zakłócać naturalny przebieg aktywności dziecka, pozwalają mu samodzielnie zasnąć.

Nie uzależniajmy dziecka od ułatwień. Przez „ułatwienie" rozumiem każde urządzenie, przedmiot lub działania, które po usunięciu wywołuje u niemowlęcia dyskomfort i niezadowolenie. Nie możemy oczekiwać opanowania umiejętności zasypiania, jeśli równocześnie przyzwyczajamy dziecko do tego, że klatka piersiowa ojca, półgodzinne noszenie na rękach lub pierś matki pojawiają się zawsze, gdy trzeba się uspokoić. Jak wspomniałam w rozdziale IV, należę do obrońców smoczków, ale nie zalecam ich używania w tym celu i w takim charakterze. Po pierwsze, nie jest wyrazem szacunku wpychanie dziecku w usta smoczka lub piersi w celu uciszenia go. Po drugie, jeśli postępujemy w ten sposób bądź też nosimy, kołyszemy lub w nieskończoność przytulamy niemowlę z zamiarem uśpienia go, to uzależniamy je od ułatwień i pozbawiamy szansy rozwijania umiejętności samouspokajania, uniemożliwiając mu jednocześnie uczenie się samodzielnego zasypiania.

Jak zasypiają niemowlęta różnych typów

Proces zapadania w sen przebiega w trzech przewidywalnych fazach. Niezależnie od tego warto wiedzieć, jak nasze dziecko zasypia. Aniołki i Dzieci Podręcznikowe zasypiają łatwo i samodzielnie, o ile dorośli nie zakłócają ich cyklu interwencjami.

Wobec niemowląt z grupy Dzieci Wrażliwych, które bardzo łatwo się rozklejają, trzeba być nadzwyczaj ostrożnym. Jeżeli przegapimy właściwy moment, dziecko zacznie płakać i trudno je będzie uspokoić.

Dzieci Ruchliwe przed snem wykonują wiele niespokojnych ruchów; chcąc ułatwić im zaśnięcie, trzeba ograniczyć ilość bodźców wizualnych. Zmęczone dziecko spogląda czasem dzikim wzrokiem z szeroko otwartymi oczami, jakby powieki popodpierały zapałki.

Zasypiający Mały Buntownik może trochę marudzić, w końcu jednak zadowolony usypia.

(Patrz także: ogólne charakterystyki typów niemowląt na ss. 71–72).

W celu usunięcia nieporozumień trzeba wyjaśnić, że to, co nazwałam „ułatwieniem" – i co wywołuje u dziecka uzależnienie – nie ma nic wspólnego z przedmiotami takimi jak pluszaki czy ulubione kocyki, które niemowlę sobie wybiera i do których się przywiązuje. U większości niemowląt preferencja ta nie występuje w sposób naturalny przed siódmym lub ósmym miesiącem życia. W tym wczesnym okresie wszystkie tego rodzaju „przywiązania" przeważnie istnieją tylko w wyobraźni rodziców. Jeżeli dziecko czuje się lepiej w towarzystwie jakiegoś misia czy zajączka, to oczywiście nie będziemy mu go odbierać. Jestem jednak przeciwna dawaniu czegokolwiek w celu uspokojenia lub ułatwienia zasypiania. Niemowlę powinno samo się tego nauczyć.

Tworzymy rytuały związane ze snem nocnym i dziennymi drzemkami. Każde zaśnięcie powinno być poprzedzone tymi samymi czynnościami przygotowawczymi. Jak wielokrotnie wspominałam, niemowlęta żyją w świecie swoich nawyków. Lubią wiedzieć, co będzie się działo za chwilę, a badania naukowe wykazały, że nawet noworodki przyzwyczajone do oczekiwania na określone bodźce przewidują ich pojawianie się.

Poznajmy sposób zasypiania dziecka. Wszelkie recepty na usypianie niemowląt mają to do siebie, że nie dają się zastosować do wszystkich dzieci. Dlatego właśnie, oferując rodzicom wiele wskazówek, a także charakteryzując trzy przewidywalne fazy (patrz: tekst wyodrębniony na stronie obok) zasypiania, zalecam im zawsze dokładne poznanie własnego dziecka.

Najlepszą metodą jest prowadzenie dzienniczka snu. Zaczynamy rano od zapisania pory, o jakiej dziecko się obudziło, a następnie notujemy kolejne drzemki. Rejestrujemy w dzienniczku dokładną godzinę wieczornego zaśnięcia oraz wszystkie nocne przebudzenia. Prowadzimy zapisy przez cztery dni; jest to okres wystarczająco długi, by można się było zorientować w schemacie snu dziecka – nawet gdy jego drzemki wydają się nieregularne.

Marcy była pewna, że nie zdoła uchwycić żadnej prawidłowości w porach zasypiania ośmiomiesięcznego synka Dylana. „Tracy, on nigdy nie zasypia o tej samej porze" – zapewniała mnie. Jednak po czterech dniach notowania okazało się, że mimo nieregularności Dylan zawsze odbywa krótką drzemkę między godziną dziewiątą i dziesiątą rano, a między dwunastą trzydzieści a czternastą codziennie śpi czterdzieści minut. Dało się również zaobserwować zjawisko regularnego marudzenia około piątej po południu, po którym zwykle następowała drzemka dwudziestominutowa. Zebrane w ten sposób informacje pomogły Marcy rozplanować swoje zajęcia i – co nie mniej ważne – zrozumieć nastroje chłopca. Stało się możliwe uporządkowanie codziennych czynności dziecka zgodnie z jego naturalnymi biorytmami, co zapewniło mu należyty wypoczynek. Kiedy Dylan zaczynał marudzić, Marcy mogła szybciej działać, ponieważ wiedziała, kiedy będzie gotów do kolejnej drzemki.

Trzy fazy zasypiania

Zapadając w sen, dziecko przechodzi przez trzy opisane niżej fazy. Cały proces trwa zwykle około dwudziestu minut.

Faza 1. Oznaki senności. Niemowlę nie potrafi powiedzieć: „Jestem zmęczony" lub „Chce mi się spać". Jednak ziewa lub w inny sposób sygnalizuje, że jest senne (patrz: tekst wyodrębniony na s. 185). Po trzecim ziewnięciu należy położyć je do łóżeczka. Jeżeli tego nie zrobimy, dziecko zacznie płakać, zamiast przejść do drugiej fazy zasypiania.

Faza 2. Zasypianie. W tej fazie wzrok dziecka nieruchomieje. Jest to tzw. siedmiomilowe spojrzenie trwające trzy do czterech minut. Niemowlę ma otwarte oczy, niczego jednak nie widzi.

Faza 3. Początek snu. Oznaką zapadania w sen jest zamknięcie oczu i bezwładne opadnięcie głowy na piersi lub na bok. Dziecko przypomina wtedy osobę drzemiącą w pociągu. Gdy wydaje nam się, że śpi już na dobre, nagle otwiera oczy, główkę odchyla do tyłu, na chwilę prostuje całe ciało. Następnie niemowlę ponownie zamyka oczy i cały cykl powtarza się od trzech do pięciu razy, po czym ostatecznie dziecko wkracza do krainy snów.

Żółta brukowana dróżka do krainy snów

Przypomnijmy sobie *Czarnoksiężnika z Krainy Oz*, w którym Dorotka wędrowała żółtą brukowaną dróżką w poszukiwaniu kogoś, kto wskazałby jej drogę do domu. Po serii niepowodzeń i przerażających momentów dziewczynka w końcu odnalazła własną mądrość. Pomoc, której udzielam rodzicom, w znacznej mierze prowadzi do stworzenia podobnej sytuacji. Przypominam im mianowicie, że to oni powinni wyrobić w dziecku dobre nawyki związane ze snem. Określone postawy dziecka wobec snu i zasypiania mają charakter wyuczony, a zatem mama i tata muszą nauczyć swoje niemowlę udawania się na spoczynek. Na tym właśnie polega rozsądne podejście do tego zagadnienia.

Budujemy drogę do snu. Niemowlęta rozwijają się świetnie, gdy biorą udział w przewidywalnych zdarzeniach, ucząc się przez powtarzanie. Wynika stąd, że szykując dziecko do snu – zarówno dziennego, jak i nocnego – powinniśmy wykonywać te same czynności, aby w ich umysłach za każdym razem powstawała myśl: „O, to oznacza, że pójdę spać". Codziennie należy spełniać te same rytuały, zachowując w nich stały porządek. Mówimy: „A teraz, dzidziu, idziemy spać". Albo: „Czas na spanko". Wynosząc dziecko do jego pokoju, zachowujemy się bardzo spokojnie, nie okazując najmniejszego pośpiechu. Zawsze przed tym sprawdzamy, czy nie trzeba zmienić pieluchy, chcemy bowiem, by maluszkowi nic nie zakłóciło zasypiania. Zasłaniamy okna lub opuszczamy żaluzje. Zwykle mówię wtedy: „Do widzenia, słoneczko; do zobaczenia po drzemce". Wieczorem, kładąc dziecko do snu nocnego, żegnam je trochę innymi słowami, np.: „Dobranoc, księżycowa panienko". Nie uznaję układania niemowlęcia do snu w pokoju gościnnym lub w kuchni; uważam, że jest to nietaktowne. Czy ktokolwiek z nas chciałby spać za stoiskami w domu towarowym, wokół których kłębią się tłumy? Z pewnością nie. Niemowlę też nie chce tak sypiać!

Wypatrujemy przydrożnych znaków. Podobnie jak u dorosłych oznaką senności u niemowląt jest ziewanie, które wynika ze zmęczenia. Następuje niewielki spadek ilości tlenu dostarczanego przez płuca, serce i układ krążenia. Odruch ziewania służy pobieraniu dodatkowych porcji tlenu (udawanie ziewania zmusza nas do głębszych wdechów). Radzę rodzicom, by starali się działać już po pierwszym ziewnięciu dziecka, a jeśli to się nie udaje, najdalej po trzecim. Niezauważenie lub zignorowanie tych znaków (patrz: tekst wyodrębniony) prowadzi u niektórych niemowląt (np. u Dzieci Wrażliwych) do utraty równowagi i intensywnego płaczu.

WSKAZÓWKA: *Tworząc nastrój, powinniśmy podkreślać korzyści płynące z wypoczynku. Sen i zasypianie nie mogą kojarzyć się dziecku z walką bądź karą. Jeżeli słowa „Idziesz spać!" lub „Musisz teraz odpocząć" wypowiadane są kategorycznym tonem tak, jak byśmy ogłaszali wyrok, to dziecko wzrasta w przekonaniu, że sen to coś złego oraz że zasypiając, traci coś z zabawy.*

Zwalniamy, zbliżając się do celu. Dorośli przed spaniem czytają lub oglądają telewizję; pomaga im to wyłączyć się stopniowo z dziennej aktywności. Niemowlęta potrzebują czegoś podobnego. Przed udaniem się na nocny spoczynek kąpiel i – w przypadku dzieci trzymiesięcznych i starszych – masaż pomagają przygotować je do snu. Nawet przed dzienną drzemką puszczam dzieciom kołysanki. Przez pięć minut siedzę z przytulonym dzieckiem w bujanym fotelu lub na podłodze. Można też opowiedzieć bajeczkę lub szeptać do ucha miłe słowa. Mamy uspokoić dziecko, a nie je uśpić. Dlatego, dostrzegając „siedmiomilowe spojrzenie" lub przymykanie powiek, delikatnie układam niemowlę w łóżeczku. (Nigdy nie jest za wcześnie na bajeczki przed spaniem, książki wprowadzam jednak dopiero w szóstym miesiącu, kiedy dziecko już siada i potrafi się skupić).

Oznaki senności

Niemowlęta, podobnie jak dorośli, ziewają i mają trudności ze skupieniem uwagi, gdy są zmęczone. W miarę rozwoju ciała potrafią wyrazić stan senności innymi sposobami.

Niemowlęta unoszące główki. Gdy stają się senne, odwracają twarz od osób i przedmiotów, jak gdyby w intencji odcięcia się od świata. Dziecko, które znajduje się na rękach, wtula główkę w pierś trzymającej je osoby. Niemowlę leżące wykonuje bezwładne ruchy rączkami i nóżkami.

Niemowlęta kontrolujące ręce i nogi. Dzieci zmęczone mogą trzeć oczy, pociągać swoje uszy lub drapać się po twarzy.

Niemowlęta zaczynające się przemieszczać. Gdy chce im się spać, tracą zainteresowanie zabawkami i trudniej im skoordynować ruchy. Dziecko trzymane na rękach usztywnia plecy, wyginając się do tyłu. W łóżeczku podpełza do narożnika i układa w nim główkę lub przekręca się na bok i nie może się odwrócić.

Niemowlęta raczkujące i/lub chodzące. Pierwszą oznaką zmęczenia i senności są kłopoty z koordynacją. Dziecko upada, gdy próbuje wstać; podczas chodzenia potyka się i zderza z przedmiotami. Mając pełną władzę nad ciałem, często trzyma się kurczowo osoby usiłującej je położyć. Zdarza się też, że stoi w łóżeczku, nie wiedząc, jak się położyć – do chwili upadku ze zmęczenia (co nie należy do rzadkości).

Kładziemy dziecko do łóżeczka, zanim znajdzie się w krainie snów. Wiele osób sądzi, że niemowlę można położyć do łóżka dopiero wtedy, gdy głęboko śpi. Jest to pogląd błędny. Chcąc dziecku pomóc w zdobyciu umiejętności samodzielnego zasypiania, najlepiej układać je w łóżeczku na początku trzeciej fazy. Jeżeli zaśnie nam na rękach lub w kołyszącym się fotelu, a następnie obudzi się w łóżeczku, to czuje się tak jak my, gdybyśmy obudzili się w łóżku wystawionym podczas snu do ogrodu. Budzimy się i zastanawiamy: „Gdzie ja jestem i jak się tu znalazłem?".

Niemowlę także jest zaskoczone, z tym że nie potrafi jeszcze rozumować: „Aha, ktoś wyniósł łóżko razem ze mną podczas mojego snu". Nie umiejąc zracjonalizować sytuacji, niemowlę jest zdezorientowane, a nawet przestraszone. W następstwie takich praktyk dziecko przestaje czuć się bezpiecznie we własnym łóżku.

WSKAZÓWKA: *Nie zapraszajmy gości w porach układania dziecka do snu. Czyniąc tak, jesteśmy wobec niego nie w porządku. Niemowlę chce uczestniczyć w tym, co się wokół niego dzieje. Widzi odwiedzających i wie, że przyszli je obejrzeć. Myśli sobie: „Mmm... nowe twarze, na które można popatrzeć i które pewnie będą się uśmiechały. Co? Rodzice chcą pozbawić mnie tej atrakcji, kładąc mnie spać? To mi się nie podoba".*

Kładąc niemowlę do łóżeczka, wypowiadam zawsze te same słowa: „Układam cię do snu w twoim łóżeczku. Wiesz, jak dobrze się w nim czujesz po obudzeniu". To rzekłszy, pilnie obserwuję dziecko. Może czasem trochę pomarudzić, szczególnie podczas krótkich przebudzeń w trzeciej fazie. Rodzice zwykle w takich chwilach podbiegają. Niektóre niemowlęta same się uspokajają, jeżeli jednak dziecko wybuchnie płaczem, rytmiczne poklepanie go po pleckach upewnia, że nie jest samo. Kiedy tylko płacz ustanie, przestajemy poklepywać. Jeśli będziemy tę czynność kontynuować, niemowlę zacznie ją kojarzyć z zasypianiem i, co gorsza, będzie mu ona potrzebną do zaśnięcia.

WSKAZÓWKA: *Zalecam zwykle układanie niemowląt na wznak. Możemy jednak również położyć dziecko na boku, podkładając zwinięte ręczniki lub poduszkę w kształcie klina. W takim przypadku przechylamy je każdorazowo w inną stronę.*

Jeśli droga do krainy snów jest nieco wyboista, ułatwiamy dziecku zaśnięcie za pomocą smoczka. Lubię używać smoczków podczas pierwszych trzech miesięcy, kiedy tworzymy podstawowe nawyki i schematy działania. Uwalnia to matkę od roli „uspokajacza". Zarazem ostrzegam przed nadużywaniem smoczków. Przy prawidłowym ich stosowaniu dziecko ssie zachłannie przez 6–7 minut, następnie zwalnia i wreszcie wypluwa smoczek. Oznacza to, że energia ssania została wyładowana i niemowlę znajduje się w drodze do krainy snów. W tym momencie zwykle mama lub tata (mając jak najlepsze chęci, którymi piekło jest wybrukowane) podchodzi ze słowami: „O, biedactwo, wypluło smoczek!"

i wpycha go dziecku do buzi. Proszę nigdy tego nie robić! Gdyby smoczek był nadal potrzebny, niemowlę poinformowałoby nas o tym, wydając gulgoczące dźwięki i wykonując wijące ruchy.

Prawidłowe i nieprawidłowe używanie smoczka – opowieść o Quincy

Jak wspomniałam w rozdziale IV, granica między właściwym i niewłaściwym stosowaniem smoczków jest dość trudna do uchwycenia (patrz: s. 135). W szóstym lub siódmym tygodniu rodzice mogą wyjmować smoczek z ust dziecka po zaśnięciu, o ile nie został przez nie wypluty. Jeżeli niemowlę trzymiesięczne lub starsze budzi się i płacze, domagając się smoczka, uważam to za objaw jego nadużywania. Przypominam sobie sześciomiesięcznego chłopca imieniem Quincy, którego rodzice wezwali mnie, ponieważ Quincy budził się w środku nocy. Jedynie smoczek był w stanie go uspokoić. Dowiadując się szczegółów, odkryłam to, czego się spodziewałam – kiedy Quincy spontanicznie wypluwał smoczek, rodzice systematycznie wciskali mu go do buzi. Oczywiście dziecko uzależniło się od smoczka, a jego brak zakłócał mu sen. Przedstawiłam rodzicom swój plan. Odstawimy smoczek całkowicie. W nocy, gdy Quincy się zbudzi, będę go poklepywać. Już drugiej nocy chłopiec potrzebował mniej poklepywania, a po trzech spał znacznie lepiej, ponieważ wypracował własną technikę uspokajania się. Polegała ona na ssaniu własnego języka. W nocy wydawał odgłosy podobne do Kaczora Donalda, w dzień jednak był znacznie szczęśliwszym małym chłopcem.

W wielu przypadkach, realizując założenia przedstawionego wcześniej czteropunktowego Łatwego Planu (patrz: rozdział II), nie trzeba podejmować żadnych innych działań prócz wyżej opisanych, aby dziecko miało pozytywne skojarzenia ze snem. Powtarzanie czynności daje niemowlętom poczucie bezpieczeństwa i przewidywalności. Uczą się one zdumiewająco szybko umiejętności potrzebnych do zdrowego zasypiania, a jednocześnie oczekują snu jako doświadczenia przyjemnego i regenerującego. Zdarza się oczywiście, że dziecko jest przemęczone, ma bóle związane z ząbkowaniem lub gorączkuje (patrz: ss. 194–195). Są to jednak wyjątki potwierdzające regułę.

Należy również pamiętać, że niemowlę potrzebuje aż dwudziestu minut, by w naturalny sposób zasnąć, nie starajmy się więc niczego przyśpieszać.

W przeciwnym razie doprowadzamy do marudzenia, płaczu i rozkojarzenia trzech faz zasypiania. Jeżeli np. coś dziecku przeszkodzi w fazie trzeciej – jakiś huk, szczekanie psa lub głośne zatrzaśnięcie drzwi – to nastąpi wybudzenie do stanu czuwania i trzeba będzie wszystko zaczynać od początku. Niczym się to nie różni od sytuacji, gdy dzwonek telefonu budzi dorosłą osobę zapadającą w sen. Zdenerwowanie lub nadmiar bodźców może czasem utrudnić ponowne zaśnięcie. Dokładnie tego samego doświadczają niemowlęta.

Gdy przeoczyliśmy pierwszą fazę

Jest zrozumiałe, że na początku, gdy rodzice nie znają jeszcze dokładnie różnych typów płaczu i języka ciała swojego dziecka, mogą nie zdążyć przed trzecim ziewaniem. Nie ma to wielkiego znaczenia, gdy chodzi o Aniołka lub Dziecko Podręcznikowe, te niemowlęta można bowiem uspokoić stosunkowo szybko. Jeśli jednak mamy do czynienia z Dzieckiem Wrażliwym, Ruchliwym lub Małym Buntownikiem, należałoby mieć w zanadrzu parę chwytów awaryjnych na wypadek przegapienia pierwszej fazy zasypiania. W tym momencie dziecko jest już bliskie granicy przemęczenia. Może się też zdarzyć – jak wyżej wspomniałam – nagłe przebudzenie spowodowane głośnym hałasem; w takiej sytuacji niemowlę jest zwykle przestraszone i potrzebuje naszej pomocy.

Przyczyny większości problemów ze snem

Przed układaniem do snu:

- Dziecko jest karmione
- Dziecko chodzi z czyjąś pomocą
- Dziecko jest kołysane lub potrząsane
- Pozwolono dziecku zasnąć na piersiach osoby dorosłej
  lub...
- Rodzice podchodzą do śpiącego niemowlęcia przy najlżejszym jego poruszeniu.
  Interwencje te najczęściej są zbędne, ponieważ dziecko potrafiłoby zasnąć ponownie bez pomocy. Problem jednak polega na tym, że niepotrzebnie przyzwyczaja się ono do obecności rodziców na każde zawołanie (więcej na ten temat na s. 194).

Przede wszystkim pragnę powiedzieć, czego nie należy robić w żadnej z tych dwóch sytuacji. Nigdy dzieckiem nie potrząsamy i nie podrzucamy go. Nigdy nie chodzimy z nim po mieszkaniu i nie kołyszemy go zbyt energicznie. Pamiętajmy, że jego dyskomfort wynika z nadmiaru bodźców. Dziecko płacze, ponieważ ma dość wrażeń, a płacz jest sposobem blokowania dodatkowych dźwięków. Nie chcemy przecież jeszcze bardziej go rozdrażnić. Tak właśnie zaczyna się kształtowanie złych nawyków. Mama z tatą chodzą z dzieckiem po pokoju i kołyszą je do snu. Kiedy malec waży już osiem lub dziesięć kilogramów, starają się go uśpić bez ułatwień, które do tej pory stosowali. Wtedy zaczyna się płacz, którym niemowlę daje do zrozumienia: „Hej, nie robimy tego w ten sposób. Zwykle kołysaliście mnie do snu i chodziliście ze mną. Co jest grane?".

Aby uniknąć takiego scenariusza, trzeba przestrzegać pewnych wskazówek. Oto one:

Owijanie. Noworodki z natury rzeczy nie są przyzwyczajone do otwartych przestrzeni. Poza tym nie wiedzą, że ich nóżki i rączki do nich należą. Kiedy są przemęczone, potrzebują unieruchomienia, ponieważ widok własnych poruszających się kończyn przeraża je i rozbudza. Myślą, że ktoś coś z nimi robi, a doświadczenie to dodatkowo pobudza i tak już przeciążone zmysły. Owijanie – jedna z najstarszych technik usypiania małych dzieci – może wydawać się anachronizmem, jednak współczesne badania potwierdzają jego skuteczność i celowość. Aby owinąć dziecko prawidłowo, składamy kwadratowy kocyk wzdłuż przekątnej, tworząc trójkąt. Kładziemy na nim niemowlę w taki sposób, by szyjka znajdowała się na wysokości krawędzi złożenia. Jedną rączkę dziecka układamy mu na piersiach pod kątem czterdziestu pięciu stopni i owijamy jego ciało pojedynczą warstwą kocyka. Następnie robimy to samo z drugiej strony. Proponuję owijanie noworodka podczas pierwszych sześciu tygodni. W siódmym tygodniu, gdy niemowlę stara się unieść rączki do buzi, pomagamy mu w tym, zginając je w łokciach i zostawiając dłonie na wierzchu, blisko twarzy.

Wsparcie psychiczne. Chcąc upewnić dziecko, że jesteśmy przy nim, poklepujemy mu plecki rytmicznie w tempie bicia serca. Możemy dodać do tego dźwięk sz... sz... sz... sz..., naśladujący odgłosy, które niemowlę słyszało w łonie matki. Robimy to jak najciszej i najłagodniej, wtrącając słowa: „W porządku, to tylko twoje zasypianie". Układając dziecko w łóżeczku, kontynuujemy rytmiczne poklepywanie i powtarzanie dźwięku sz... sz... sz... sz... W ten sposób przejście ze stanu czuwania do snu staje się płynniejsze.

Ograniczenie pobudzeń wzrokowych. Dla zmęczonego niemowlęcia – zwłaszcza z grupy Dzieci Wrażliwych – pobudzenie wzroku przez światło i widok poruszających się przedmiotów są trudne do wytrzymania. Dlatego właśnie zaciemniamy pomieszczenie, w którym będziemy układać dziecko do snu. To jednak niektórym niemowlętom nie wystarcza. Czasami konieczne jest przytrzymanie otwartej dłoni nad oczami dziecka (bez dotykania jego twarzy), aby dokładniej odciąć dopływ wrażeń wzrokowych. Trzymając je na rękach, stajemy w miejscu najsłabiej oświetlonym, a jeśli jest szczególnie pobudzone – w zupełnej ciemności (np. w pomieszczeniu zamkniętym i nieoświetlonym).

Wytrwałość i cierpliwość. Przemęczone niemowlę to dla rodziców trudne wyzwanie. Doprowadzenie go do normy wymaga ogromnej cierpliwości i wytrwałości, zwłaszcza gdy nabrało złych nawyków. Wyobraźmy sobie taką scenę. Niemowlę płacze, rodzice je poklepują, a ono płacze jeszcze głośniej. Płacz spowodowany przemęczeniem przeważnie narasta; zwiększa się jego natężenie i podnosi wysokość wydawanych dźwięków; piskliwym krzykiem dziecko informuje nas: „Jestem wyczerpany!". Co jakiś czas płacz ustaje, by po chwili powrócić. Przeważnie powtarza się trzykrotnie, nim niemowlę ostatecznie się uspokoi. Co się jednak dzieje, gdy po drugim *crescendo* rodzice mają już dość? Wracają oczywiście do swoich wcześniejszych sposobów – noszenia na rękach, podawania piersi bądź huśtania na leżaku.

Tekst do powtarzania:
UCZĄC DZIECKO SAMODZIELNOŚCI, NIE ZANIEDBUJEMY GO!

Nigdy nie pozostawiam płaczącego dziecka własnemu losowi, wręcz przeciwnie – wsłuchuję się w jego głos. Jeżeli ja mu nie pomogę, to któż przetłumaczy jego przesłanie i zrozumie jego potrzeby? Jednocześnie nie zalecam trzymania niemowląt na rękach i pocieszania ich w ten sposób, gdy ich potrzeby zostały zaspokojone. W chwili gdy dziecko się uspokaja, natychmiast je kładziemy. W ten sposób obdarowujemy je samodzielnością.

Problem polega na tym, że kolejne ustępstwa i niekonsekwencja rodziców wzmacniają złe nawyki dziecka, co oznacza, że podczas zasypiania będzie nadal potrzebowało ich pomocy. Uzależnienie powstaje bardzo szybko –

wystarczy, że niekorzystna sytuacja kilka razy się powtarza. Dzieje się tak dlatego, że niemowlęta mają ograniczoną pamięć. W sprawie kłopotów z zasypianiem otrzymuję wiele telefonów od rodziców, których dzieci osiągnęły wagę 8–9 kg i których noszenie na rękach staje się coraz trudniejsze. Najpoważniejsze problemy pojawiają się zwykle między szóstym a ósmym tygodniem życia dziecka. Odpowiadając rodzicom, mówię: „Muszą państwo zrozumieć, co się dzieje, i przyjąć odpowiedzialność za złe nawyki, które dziecku zaszczepiliście. Następnie musicie podjąć z pełnym przekonaniem wytrwałe działanie, które pomoże mu je przezwyciężyć i nauczyć się czegoś lepszego". (Więcej informacji na temat zmiany złych nawyków znajduje się w rozdziale IX).

Przesypianie całej nocy

W rozdziale omawiającym sen niemowlęcia nie może zabraknąć odpowiedzi na zasadnicze pytanie. Kiedy niemowlę zaczyna przesypiać całą noc? Na końcu tego rozdziału znajdą państwo zestawienie tego, czego można ogólnie oczekiwać od niemowląt w różnych stadiach ich rozwoju. Proszę pamiętać, że są to ogólne wskazówki oparte na prawdopodobieństwie statystycznym. Tylko niemowlęta z grupy Dzieci Podręcznikowych zachowują się zgodnie z tymi danymi (czemu zawdzięczają swoją nazwę). Jeżeli zwyczaje dziecka odbiegają od danych ujętych w zestawieniu, nie znaczy to, że coś złego się dzieje; fakt ten świadczy tylko o jego odmienności.

Zacznijmy te rozważania od przypomnienia, że „dzień" niemowlęcia (a zwłaszcza noworodka) trwa 24 godziny. Nowo narodzone dziecko nie dostrzega różnicy między dniem i nocą, a zasada przesypiania nocy nic dla niego nie znaczy. Jest to coś, czego my chcemy (i musimy) je nauczyć. Sen nocny nie jest u bardzo małych dzieci zjawiskiem naturalnym, wymaga więc treningu; musimy niemowlę nauczyć postrzegania różnicy między dniem a nocą. Oto niektóre wskazówki przekazywane przeze mnie rodzicom.

Stopniowe ograniczanie snu dziennego. Nie ulega wątpliwości, że realizacja Łatwego Planu (opisanego w rozdziale II) sprzyja szybszemu uregulowaniu snu nocnego. Mam również nadzieję, że notują państwo godziny karmień i drzemek swojego dziecka, by lepiej zrozumieć jego potrzeby. Jeżeli np. niemowlę rano marudzi, a potem śpi pół godziny w porze następnego karmienia, to trzeba mu na to pozwolić (choć zgodnie ze sztywnym harmonogramem musielibyśmy je budzić). Nie znaczy to, że możemy całkowicie odejść od rozsądnego harmonogramu. W ciągu dnia dziecko nie powinno spać częściej, niż jest karmione, czyli, inaczej mówiąc, nie częściej niż co trzy godziny. Jeżeli tego nie dopilnujemy, pojawią się problemy z jego snem nocnym. Gwarantuję, że niemowlę, które spało nieprzerwanie sześć godzin w ciągu dnia, nie będzie w nocy spać dłużej niż trzy godziny. Gdy już do tego doszło, możemy mieć pewność, że noc stała się jego dniem i *vice versa*. Jedynym sposobem przestawienia jest konsekwentne budzenie i stopniowe zmniejszanie czasu przesypianego za dnia, a tym samym wydłużanie snu nocnego.

Karmienie do syta. Chcąc, by dziecko dobrze w nocy spało, trzeba je „zatankować do pełna". Może to brzmieć nieelegancko, faktem jednak jest, że niemowlę solidnie nakarmione śpi lepiej, a głodne – częściej się budzi. Po upływie sześciu tygodni od dnia narodzin proponuję rodzicom dwa rozwiązania – częstsze karmienie przed ułożeniem dziecka do snu nocnego (np. co dwie godziny) oraz karmienie bezpośrednio przed snem lub we śnie. Na przykład podajemy pierś (lub butelkę) o godzinie szóstej i o ósmej wieczorem, a następnie o wpół do jedenastej lub o jedenastej. Ostatnie nocne karmienie odbywa się we śnie. W tym celu podnosimy dziecko z łóżeczka, delikatnie kładziemy końcówkę butelki lub brodawkę sutkową na jego dolnej wardze i pozwalamy mu ssać, starając się go nie budzić. Po takim karmieniu nie trzeba prowokować odbijania, niemowlę śpiące jest bowiem zwykle tak odprężone, że nie połyka powietrza. Karmiąc dziecko podczas snu, zachowujemy milczenie; nie zmieniamy również pieluszki – chyba że jest przesiąknięta moczem lub zanieczyszczona. Obie techniki pozwalają niemowlęciu przespać środkową część nocy, ponieważ ma ono zapas kalorii na pięć do sześciu godzin.

WSKAZÓWKA: *Karmienie we śnie może wykonywać ojciec. O tej porze mężczyźni są przeważnie w domu i większość z nich z przyjemnością to robi.*

Używanie smoczka. Smoczek może być bardzo pomocny w odzwyczajaniu dziecka od nocnych karmień – pod warunkiem, że nie pozwolimy mu się od niego uzależnić. Niemowlę ważące 5 kg i przyjmujące co najmniej 750–900 ml pokarmu w ciągu dnia lub karmione piersią sześć do ośmiu razy (4–5 sesji dziennych oraz 2–3 wieczorne w krótszych odstępach) nie potrzebuje dodatkowego nocnego karmienia. W tym momencie rozsądne użycie smoczka może się opłacić. Normalne karmienie w nocy trwa dwadzieścia minut. Jeżeli więc dziecko budzi się i płaczem domaga butelki lub piersi, po czym w ciągu pięciu minut przyjmuje mniej niż 30 ml pokarmu, to lepiej dać mu zamiast tego smoczek. Podczas pierwszej nocy prawdopodobnie nie będzie spało przez dwadzieścia minut ze smoczkiem w buzi. Drugiej nocy będzie to już tylko dziesięć minut, a za trzecim razem będziemy świadkami intensywnego wiercenia się we śnie w porze, w której dotąd odbywało się karmienie. Jeżeli w takich okolicznościach dziecko się budzi, dajemy mu smoczek. Innymi słowy, zastępujemy butelkę lub pierś stymulacją ust za pomocą smoczka. Po pewnym czasie niemowlę przestanie się budzić.

Sen niemowląt

Podczas snu niemowlę podobnie jak dorosły przechodzi przez cykle trwające około 45 minut. Bezpośrednio po zaśnięciu rozpoczyna się faza snu głębokiego, po której następuje faza płytszego snu z marzeniami, charakteryzująca się szybkimi ruchami gałek ocznych (REM), a następnie faza przytomności. Większość dorosłych nie zauważa tego zjawiska (chyba że budzi nas intensywne marzenie senne). Przeważnie obracamy się na drugi bok, nie zdając sobie sprawy z tego, że się obudziliśmy.

U niektórych niemowląt sen przebiega dokładnie tak samo. Słyszymy czasem wydawane przez nie chrapliwe odgłosy, które lubię nazywać „głosem duszka". Jeżeli nikt nie przeszkadza, dziecko powraca w sposób naturalny do głębszych faz snu.

Są jednak niemowlęta, które po obudzeniu z fazy REM nie zasypiają ponownie z taką łatwością. Jest to zwykle spowodowane niewiedzą i nadgorliwością rodziców, którzy niepotrzebnie interweniują („O, biedactwo! Obudziło się!"), uniemożliwiając dziecku naukę samodzielnego zasypiania i poddawania się naturalnym cyklom snu.

Tak właśnie było z synkiem Julianny imieniem Cody. Chłopiec ważył 7,5 kg, a jego mama, obserwując go uważnie, stwierdziła, że karmienie o godzinie trzeciej w nocy nie jest potrzebne. Cody budził się i ssał butelkę przez 10 minut, po czym natychmiast zasypiał. Julianna zaprosiła mnie do domu, żebym sprawdziła, czy jej ocena jest prawidłowa (choć z tego, co powiedziała, wiedziałam już, że tak jest), a także, bym jej pomogła oduczyć dziecko budzenia się w środku nocy. Spędziłam z tą rodziną trzy noce. Za pierwszym razem wyjęłam Cody'ego z łóżeczka i zamiast butelki dałam mu smoczek, który ssał – zupełnie tak samo jak butelkę – przez dziesięć minut. Następnej nocy również dałam mu smoczek, tym razem jednak pozostawiłam dziecko w łóżeczku. Trzeciej nocy Cody zgodnie z moimi przewidywaniami wydawał z siebie niespokojne odgłosy około godziny trzeciej piętnaście, jednak się nie obudził. Od tamtej pory chłopiec sypiał regularnie od godziny szóstej wieczorem do siódmej rano.

Powstrzymanie się od interwencji. Nawet najlepiej prowadzone niemowlęta często sypiają niespokojnie (patrz: *Sen niemowląt*). Dlatego właśnie reagowanie na każdy ich odgłos nie jest rozsądne. W całym tym rozdziale staram się wytyczyć granicę w zachowaniu rodziców pomiędzy spokojnym reagowaniem a panicznym rzucaniem się na ratunek. Dziecko, którego rodzice spokojnie reagują, ma poczucie bezpieczeństwa i bez obaw wkracza w kolejne etapy samodzielności. Rodzice nieustannie ratujący swoje dzieci z rzekomych opresji pozbawiają je wiary we własne możliwości. Jednostki takie nigdy nie rozwiną w sobie sił i umiejętności potrzebnych do badania świata i nigdy nie osiągną prawdziwie dobrego samopoczucia.

Normalne zakłócenia snu

Dzieci sypiające dobrze i bez zakłóceń miewają od czasu do czasu okresy niepokoju, a nawet trudności z zasypianiem. Omówię dalej kilka typowych sytuacji.

Okres wprowadzania pokarmów stałych. W początkowym etapie podawania stałego pożywienia niemowlęta mogą się budzić, ponieważ dokuczają im gazy. Rodzaje i terminy wprowadzania nowych pokarmów powinno się konsultować z pediatrą. Warto zapytać lekarza, które pokarmy mogą powodować gazy lub uczulenia. Każdy nowy pokarm należy starannie odnotować. W przypadku zaburzeń trawiennych lekarz będzie się mógł zapoznać z historią żywienia niemowlęcia.

Początki samodzielnego poruszania się. Niemowlęta, które niedawno nauczyły się kontrolować swoje ruchy, często doznają uczucia łaskotania w kończynach i stawach. Podobne odczucie występuje u osób dorosłych po treningu sportowym poprzedzonym dłuższą przerwą. Kończyny przestały się już poruszać, a energia i krążenie są nadal pobudzone. To samo przydarza się małym dzieciom, dla których ruch jest nowością i które nie są jeszcze do niego przyzwyczajone. Zdarza się, że niemowlę ułoży się w takiej pozycji, której nie może zmienić; to również może zakłócić jego sen. Obudzenie się w innej pozycji bywa zaskakujące i – jak to się mówi – „wybija dziecko ze snu". Wystarczy w takiej sytuacji podtrzymać je rytmicznym szeptem sz... sz... sz... sz... i dodać: „Wszystko w porządku".

Okresy przyśpieszonego wzrostu. W okresie przyśpieszenia wzrostu niemowlęta budzą się czasem z uczuciem głodu. Jeżeli zdarzy się tak którejś nocy, to trzeba dziecko nakarmić, a następnego dnia zwiększyć ilość podawanego pokarmu. Skoki wzrostowe trwają zazwyczaj około dwóch dni. Dodatkowe kalorie zwykle eliminują występujące w tym czasie zakłócenia snu.

Okresy ząbkowania. Ząbkowanie objawia się ślinieniem, zaczerwienieniem i obrzękiem dziąseł, czasami również stanem podgorączkowym, a przede wszystkim bólami szczęk. Jednym z moich ulubionych leków jest dawanie dziecku do ssania rożka wilgotnej myjki schłodzonej w zamrażalniku. Osobiście nie lubię dostępnych w sklepach miękkich gryzaczków przeznaczonych do zamrażania, ponieważ nie mam pewności, jakim płynem są wypełnione.

Brudna pieluszka. Jedna ze znajomych mam nazywa tę rzecz „superkupskiem"! Większość niemowląt po usadzeniu czegoś takiego natychmiast się budzi – czasem nawet z przerażeniem. W takiej sytuacji pieluchę zmieniamy w półmroku, by nadmiernie dziecka nie rozbudzać. Po przewinięciu udzielamy mu psychicznego wsparcia i układamy do snu.

WSKAZÓWKA: *Gdy niemowlę budzi się w nocy z jakiegokolwiek powodu, nigdy go nie zabawiamy i nie rozbudzamy. Podchodząc do niego z miłością, rozwiązujemy problem, staramy się jednak nie przekazywać fałszywych komunikatów. Jest noc, czyli pora snu. Jeśli nie zastosujemy tej zasady, następnej nocy dziecko może się obudzić gotowe do zabawy i stanowczo się jej domagać.*

Zatroskanym rodzicom zawsze przypominam, że problemy ze snem – jakiekolwiek by były – nie trwają wiecznie. Postrzegając te sprawy z szerszej perspektywy, nie będziemy skłonni do wpadania w panikę z powodu kilku nieprzespanych nocy. Życie jest loterią, a niektóre niemowlęta faktycznie śpią lepiej od innych. Niezależnie od tego, jakie dziecko nam się trafiło, przynajmniej my powinniśmy zapewnić sobie minimum wypoczynku, by móc dzielnie znosić dalsze jego wyczyny. W następnym rozdziale zajmę się więc rodzicami, którzy powinni dbać także i o siebie.

Potrzeby snu u niemowląt

Wiek	Dzienna ilość snu	Typowe wzorce
Noworodki. Kontrolują wyłącznie ruch oczu	16–20 godzin	Godzinne drzemki co 3 godziny; 5–6 godzin snu nocnego
1–3 miesiące. Zwiększona świadomość otoczenia; ruchy głowy	15–18 godzin – do 18. miesiąca życia	Trzy drzemki po 1¹/₂ godziny; 8 godzin snu nocnego
4–6 miesięcy. Ruchliwość; zdolność przemieszczania się		Dwie drzemki po 2–3 godziny; 10–12 godzin snu nocnego
6–8 miesięcy. Zwiększona ruchliwość; siadanie i pełzanie		Dwie drzemki po 1–2 godziny; 12 godzin snu nocnego
8–18 miesięcy. Ciągła ruchliwość		Dwie drzemki po 1–2 godziny lub jedna trzygodzinna; 12 godzin snu nocnego

ROZDZIAŁ VII

WYPOCZYNEK RODZICÓW

Sięgając każdorazowo po tę książkę, macie obowiązek
natychmiast się położyć! Oto moje najważniejsze rady
na dziś: nie stój, gdy możesz usiąść; nie siedź, jeśli
możesz się położyć; korzystaj z każdej okazji, by się
przespać.

– Vicki Iovine,
The Girlfriends Guide to Surviving the First Year of Motherhood

Pomyślcie czasem o sobie. Nie oddawajcie się dziecku
bez reszty, pozbawiając się wszystkiego. Musicie
wiedzieć, kim jesteście; musicie nauczyć się wiele
o sobie, słuchając siebie i obserwując także i swój
rozwój.

– Jedna z 1100 matek wypowiadających się w ankiecie
National Family Opinion zamieszczonej w The Matherhood
Report: How Women Feel About Being Mothers

Moje pierwsze dziecko

Trzeba mieć dziecko, by wiedzieć, o co chodzi. Rodzice obdarzają mnie
wielkim zaufaniem głównie dlatego, że dzielę się z nimi własnymi
doświadczeniami macierzyńskimi. Aż nadto dobrze pamiętam lęki i rozczarowania po urodzeniu pierwszego dziecka. Zastanawiałam się, czy
mogę być naprawdę dobrą matką i czy jestem do tej roli dobrze przygotowana. Muszę przyznać, że miałam niezastąpione wsparcie w osobach
Niani, która kiedyś mnie wychowywała, mojej mamy oraz niezliczonych
krewnych, przyjaciółek i sąsiadów gotowych służyć radą i pomocą. Mimo
to w dniu porodu byłam lekko zszokowana.

Po narodzinach Sary mama i babcia wpadły w zachwyt, ja jednak nie
podzielałam ich entuzjazmu. Pamiętam, jak spoglądając na swoją córeczkę,

myślałam: „Ojej, ona jest cała czerwona i pomarszczona". Wyglądała zupełnie inaczej, niż sobie wyobrażałam. Wspomnienie to jest tak żywe, że mogę się teraz cofnąć, po osiemnastu latach, do tamtych chwil i ponownie odczuć moje ówczesne rozczarowanie, zwłaszcza górną wargą Sary, która nie wyglądała na całkiem prawidłowo ukształtowaną. Mogę również przywołać z pamięci jej jagnięce pobekiwanie oraz jej wzrok długo utkwiony w mojej twarzy. Niania powiedziała mi wówczas: „Zaczęła się twoja misja miłości, Tracy. Będziesz matką do chwili, w której wydasz ostatnie tchnienie". Słowa te podziałały na mnie jak strumień lodowatej wody. Dotarło do mnie, że jestem matką. Poczułam nagle chęć ucieczki lub przynajmniej odwołania tego wszystkiego.

Najbliższe dni – tak mi się przynajmniej wydawało – wypełnione były niezdarnymi działaniami w bólu i łzach. Bolały mnie nogi, które podczas porodu trzymałam w nienaturalnej pozycji, barki, w które położna wciskała mi głowę, oraz oczodoły – od ciśnienia związanego z parciem podczas porodu. Miałam wrażenie, że moje piersi za chwilę wybuchną. Pamiętam, że mama radziła mi rozpocząć karmienie natychmiast po porodzie, jednak na myśl o tym ogarnęło mnie przerażenie. Na szczęście Niania pomogła mi znaleźć względnie wygodną pozycję, prawda jest jednak taka, że to ja sama musiałam rozwiązać wszystkie problemy. Karmienie, uczenie się przewijania Sary, uspokajania jej i prawdziwego bycia z nią, jak również usiłowanie znalezienia choćby krótkiej chwili dla siebie – wszystko to wypełniało mi bez reszty dzień po dniu.

Obecnie młode mamy przeżywają dokładnie to samo. Nie chodzi tu tylko o fizyczne cierpienia zdolne każdego osłabić. Prawdziwym problemem jest wyczerpanie połączone z rozbuchanymi emocjami i druzgocącym odczuciem nieprzystosowania. I to, moje kochane, jest normalne. Nie mówię teraz o poporodowej depresji (którą zajmiemy się nieco dalej); mówię o tym okresie, w którym natura daje nam czas na dojście do siebie i poznawanie własnego dziecka. Niestety, niektóre debiutujące matki nie potrafią znaleźć czasu nawet na własne posiłki, co – trzeba przyznać – jest bardzo niebezpieczne.

Dwie opowieści o matkach

Opowiem teraz o dwóch znajomych matkach, które korzystały z mojej pomocy: Daphne i Connie. Obydwie są kobietami samodzielnymi, prowadzącymi od wielu lat własne przedsiębiorstwa. Obie pomiędzy trzydziestką a czterdziestką urodziły siłami natury, bez żadnych komplikacji, cudowne niemowlęta z grupy Aniołków. Była jednak między nimi jedna istotna różnica. Connie zdała sobie sprawę, że z chwilą przyjścia na świat dziecka jej życie musi się zmienić, podczas gdy Daphne uparcie trzymała się poprzedniego sposobu funkcjonowania.

Connie. Connie jest z zawodu projektantką wnętrz. Mając trzydzieści pięć lat, urodziła córeczkę. Będąc z natury osobą dobrze zorganizowaną (prawdopodobnie typ 4 w skali opisanej na s. 66), postawiła sobie za cel przygotowanie pokoiku dziecięcego przed trzecim trymestrem ciąży i plan ten zrealizowała. Składając jej wizytę przedporodową, powiedziałam: „Widzę, że pamiętałaś o wszystkim. Brakuje tu tylko niemowlęcia". Przewidując, że przy dziecku może nie mieć czasu i ochoty na gotowanie, które było jej ulubionym zajęciem, Connie zgromadziła w zamrażalniku zapas wybornych i pożywnych zup domowej roboty, potrawek, sosów i innych dań łatwych do odgrzania i przyrządzenia. Przed porodem zawiadomiła też wszystkich klientów o tym, że w czasie najbliższych dwóch miesięcy nie będzie mogła osobiście ich obsługiwać. Czyniąc tak, uznała, że w okresie poporodowym najważniejsi są ona i dziecko. O dziwo, nikt nie protestował, wręcz przeciwnie – wszyscy przyjęli jej decyzję ze zrozumieniem, a niektórzy nawet z zadowoleniem i podziwem.

Connie utrzymywała bardzo bliskie i serdeczne stosunki z rodziną, było więc dla niej oczywiste, że z chwilą pojawienia się dziecka wszyscy włączą się do pomocy, o ile okaże się to konieczne. I tak też się stało. Mama i babcia gotowały i robiły zakupy. Siostra odbierała telefony od klientów Connie, a nawet bywała w pracowni, by skontrolować, jak przebiegają prace nad różnymi projektami.

Pierwszy tydzień po urodzeniu Annabelle Connie spędziła w łóżku, aby poznać swoją małą córeczkę. Zwolniła znacznie bardzo szybkie do niedawna tempo życia, nie żałując czasu na karmienie piersią. Akceptowała również w pełni potrzebę zajęcia się sobą. Po wyjściu jej mamy lodówka była pełna żywności. Korzystała też często z dostaw do domu, zwłaszcza gdy była zbyt zmęczona, by podgrzewać jedzenie.

Trzeba także przyznać, że Connie bardzo inteligentnie angażowała męża imieniem Buzz w opiekę nad dzieckiem. Niektóre znane mi kobiety robią to w sposób beznadziejny, stając mężowi nad głową, krytykując każdy jego ruch, narzekając i twierdząc, że wszystko robi źle. Connie wiedziała, że Buzz kocha Annabelle nie mniej niż ona. Być może niektóre założone przez niego pieluszki były trochę za luźne. I co z tego? (Dziecko zrobiło w nie kupę dokładnie tak samo). Zachęcała męża, by czuł się samodzielnym ojcem. Podzielili się obowiązkami i nie wtrącali wzajemnie do swoich rewirów. W rezultacie Buzz poczuł się prawdziwym partnerem, a nie tylko nieudolnym pomocnikiem.

Po wprowadzeniu zaproponowanego przeze mnie Łatwego Planu (patrz: rozdział II) Connie mogła zorganizować swój czas. Jej przedpołudnia wyglądały podobnie jak u większości karmiących matek. Po obudzeniu obsługiwała Annabelle, brała prysznic, ubierała się i – nie wiedzieć kiedy – zbliżało się południe. Po południu, między godziną czternastą a siedemnastą, Connie leżała. Nieważne, czy spała, czy czytała, czy też próbowała zebrać myśli. Chciała mieć ten czas dla siebie. Załatwiała tylko najważniejsze sprawy. W jej notesie i w rozmowach telefonicznych często powtarzało się zdanie: „To może poczekać".

Nawet po zakończeniu współpracy ze mną Connie była w stanie wygospodarować czas na odpoczynek i regenerację sił. Przygotowała się do tej zmiany starannie, tak jak do wszystkich innych reorganizacji w swoim życiu. Na wiele tygodni przed moim odejściem zaczęła mobilizować grupę serdecznych przyjaciółek, które zgodziły się doglądać jej dziecko w godzinach od czternastej do siedemnastej. Jednocześnie rozpoczęła poszukiwanie opiekunki, która zajęłaby się Annabelle po jej powrocie do pracy.

Gdy Annabelle miała dwa miesiące, Connie zaczęła powoli zajmować się sprawami zawodowymi, odnawiając kontakty z klientami i sprawdzając, czy wszystko idzie jak należy. Pracowała wtedy w niepełnym wymiarze godzin, nie przyjmując na razie nowych zleceń. Kiedy dziewczynka miała pół roku, Connie była już pewna wybranej przez siebie opiekunki, ponieważ spędziła z nią przy dziecku wystarczająco dużo czasu, by dokładnie ją poznać. Wiedząc, że dziecku nie stanie się krzywda, zaczęła bardziej angażować się w pracę zawodową. Znała już świetnie swojego niemowlaka, czuła się pewnie w roli matki, a przy tym była całkowicie sprawna i zdrowa fizycznie. Nie był to wprawdzie powrót do stanu sprzed ciąży, ale przynajmniej zrównoważona i wypoczęta nowa wersja jej osoby.

Pracując w pełnym wymiarze godzin, Connie nadal ucina sobie krótkie popołudniowe drzemki w swojej pracowni. Powiedziała mi niedawno: „Tracy, macierzyństwo świetnie mi zrobiło, ponieważ między innymi zmusiło mnie do zwolnienia tempa".

Daphne. Gdybyż ta trzydziestoośmioletnia prawniczka z Hollywood mogła pójść w ślady Connie! Ale cóż, w niespełna godzinę po powrocie ze szpitala do domu odbywała już ważne rozmowy telefoniczne. Tłumy odwiedzających snuły się po domu od pierwszego dnia. W pięknym pokoiku dziecięcym znajdowało się wszystko, czego dziecku potrzeba, nic jednak nie było wyjęte z firmowych opakowań. W drugim dniu byłam świadkiem rozmowy, z której wynikało, że Daphne planuje służbowe spotkanie w swoim salonie, a w dniu trzecim dowiedziałam się, że zamierza wrócić do pracy.

Pani mecenas miała rozległy krąg znajomych i współpracowników, w związku z czym w pierwszym tygodniu swojego macierzyństwa nie omieszkała umówić się na szereg spotkań w porze lunchu, które najwyraźniej miały udowodnić, że pojawienie się dziecka w niczym nie zmienia jej życia. Zachowywała się wyzywająco. „Mam prawo iść na obiad. Tracy jest tutaj. Poza tym wynajęłam do dziecka pielęgniarkę". Kolejnym jej krokiem było aranżowanie spotkań z trenerem sportowym. Najwyraźniej zależało jej na szybkim zrzuceniu nadwagi, co znajdowało również wyraz w jej stosunku do jedzenia.

Daphne najwyraźniej nie zdawała sobie sprawy, że ma dziecko. Zważywszy na okoliczności jej życia i środowisko, w którym się obracała, oraz to, że w jej branży ludzie często nazywają „dzieckiem" zawodowe przedsięwzięcia, przyczyny takiej postawy można było sobie wytłumaczyć. Urodzenie dziecka było dla niej po prostu kolejnym projektem, a przynajmniej chciała widzieć je w ten sposób. Ciąża, w którą nie zaszła łatwo, była dla niej „stadium roboczym", a kiedy zaistniał już „produkt końcowy", jakim było dziecko, gotowa była przejść do realizacji kolejnych planów.

Jak łatwo się domyślić, Daphne korzystała z każdej sposobności, by uciec z domu. Gdy tylko jakaś sprawa – obojętnie jak przyziemna – wymagała wyjścia z domu, była gotowa natychmiast się nią zająć. Jeżeli były to zakupy, to zawsze czegoś zapominała (lub celowo nie kupowała), co dawało jej pretekst do wyjścia po raz kolejny.

Przebywanie w domu Daphne przez kilka pierwszych dni życia Cary'ego przywodziło na myśl walkę z tornadem. Próbowała karmić dziecko piersią, gdy jednak zdała sobie sprawę, że przynajmniej na początku będzie musiała poświęcać na to każdorazowo czterdzieści minut, powiedziała krótko: „Myślę, że spróbujemy mleka modyfikowanego". Wspomniałam już wcześniej, że jestem zwolenniczką takiego karmienia, które najlepiej pasuje do stylu życia matki, uważam jednak, że kwestię tę trzeba gruntownie przemyśleć (patrz: ss. 99–130). Tymczasem Daphne miała wyłącznie jeden cel: mieć jak najwięcej czasu dla siebie. „Chcę wrócić do mojego dawnego ja" – oświadczyła.

W tym czasie moja zacna klientka wydawała sprzeczne polecenia mężowi Dirkowi, który, trzeba przyznać, był człowiekiem praktycznym, mającym nadzwyczaj dobre chęci i szczerze pragnącym do czegoś się przydać. W pewnych sytuacjach Daphne dobrze przyjmowała jego gotowość. „Zajmiesz się Carym, jak mnie nie będzie?". Te słowa rzucane były zwykle w biegu w drzwiach wyjściowych. Kiedy indziej bezlitośnie krytykowała sposób, w jaki mąż trzymał małego lub go ubierał. „Dlaczego mu to włożyłeś? – pytała ostrym tonem, mierząc wzrokiem śpioszki niemowlęcia. – Wiesz przecież, że ma przyjść moja mama". Trudno się dziwić, że Dirk wkrótce się zniechęcił i przestał jej pomagać.

Próbowałam wszystkich sposobów, by wyrwać tę kobietę z wyścigu szczurów, którego była niewolnicą. Najpierw skonfiskowałam telefon. Nic to oczywiście nie dało, bo miała ich całą kolekcję, w tym także komórkowe. Kazałam jej kłaść się do łóżka między czternastą a siedemnastą i odpoczywać, zawsze jednak wykorzystywała ten czas na telefony i wizyty. „Jestem wolna między czternastą a siedemnastą. Przyjedź do mnie". (W ten sposób zapraszała przyjaciółki). W innym dniu organizowała służbowe spotkanie. Pewnego razu, wspólnie z jej mężem, schowaliśmy kluczyki do samochodu. Szukając ich, o mało nie dostała szału. Kiedy w końcu przyznaliśmy się, odmawiając ich wydania, powiedziała buntowniczym, wyzywającym tonem: „W takim razie pójdę do biura piechotą".

Usprawiedliwienia, preteksty, wymówki!

Każdego dnia, począwszy od chwili narodzin dziecka, matka powinna zadawać sobie pytanie: „Co zrobiłam dziś dla siebie?". Oto najczęstsze argumenty kobiet nieznajdujących czasu dla siebie oraz moje odpowiedzi.

„Nie mogę zostawić dziecka samego". Poproś kogoś z rodziny lub przyjaciół, by posiedział z nim przez godzinę.

„Żadna z moich przyjaciółek nie ma doświadczenia w opiece nad niemowlętami". Zaproś je i pokaż, co i jak trzeba zrobić.

„Nie mam czasu". Stosując moje rady, wygospodarujesz czas dla siebie. Prawdopodobnie nie ułożyłaś listy priorytetów. Włącz automatyczną sekretarkę, zamiast odbierać telefony.

„Nikt nie zajmie się moim dzieckiem tak jak ja". Bzdura! Masz przecież nad tym kontrolę. A poza tym jak doprowadzisz się do stanu wyczerpania, to i tak ktoś będzie musiał ci pomóc.

„Co tu się będzie działo, gdy mnie nie będzie?". Kobiety mające tendencję do osobistego kontrolowania bywają zszokowane, widząc, że podczas ich nieobecności dom się nie zawalił.

„Będę miała więcej czasu, gdy dziecko podrośnie". Jeżeli nie znajdziesz dla siebie czasu teraz, to stracisz poczucie własnej wartości i tożsamości (pozamacierzyńskiej).

Wszystkie te zachowania były klasycznym przykładem odmowy macie-rzyństwa. Być może Daphne brnęłaby dalej w tym samym kierunku, gdyby nie to, że nie zgłosiła się wynajęta piastunka, która miała mnie zastąpić. Moje zobowiązania dobiegały końca i obejmowały tylko dwa następne dni. Dopiero w tym momencie rzeczywistość zwaliła się na tę panią jak tona cegieł. Doprowadziwszy się do stanu kompletnego wy-czerpania, straciła wreszcie równowagę, załamała się i wybuchnęła pła-czem.

Pomogłam jej zrozumieć, że przez cały ten trudny okres aktywnością maskowała niepewność i lęk. Przekonałam ją, że może być dobrą matką, potrzebuje jednak na to czasu. Czuła się niekompetentna, ponieważ nie starała się poznać synka i nie próbowała zrozumieć jego potrzeb. Nie znaczy to jednak, że jest niekompetentna, tłumaczyłam. Ponadto była wyczerpana, gdyż nie dała sobie czasu na poporodową rekonwalescen-cję. „Nic nie potrafię zrobić dobrze – wyznała, płacząc w moich ramionach. W końcu przyznała się do tego, co ją najbardziej gnębiło: – Jak mogłam się nie sprawdzić w czymś, co wszystkim tak dobrze się udaje?".

Nie mam intencji kreowania negatywnego wizerunku Daphne. Okazałam jej wiele serdeczności. Proszę mi wierzyć, że widziałam wiele podobnych sytuacji. Wiele matek się buntuje. Są to przeważnie kobiety zmuszone do porzucenia karier w imię macierzyństwa lub też osoby nadzwyczaj dobrze zorganizowane. Pojawienie się dziecka kompletnie rozbija ich dotych-czasowe życie. Chcą wierzyć, że wszystko będzie po staremu, i zamiast wczuć się w emocje związane z pierwszym macierzyństwem oraz stawić czoło własnym lękom, starają się to ważne doświadczenie zminimalizować. Tak zwane silne i samodzielne kobiety, oczekując przyjścia na świat dziecka, często mnie pytają: „Czy trudno mieć dziecko?" albo: „Czy trudne jest karmienie piersią?". Po powrocie z niemowlęciem do domu te kobiety kierujące na co dzień przedsiębiorstwami o wielomilionowych obrotach i umiejące forsować skomplikowane programy na posiedzeniach rad nadzorczych stają przed wyzwaniami, o jakich im się dotąd nie śniło. W takiej sytuacji odmowa macierzyństwa częściowo manifestuje się u nich potrzebą powrotu do działań, które są im znane i w których osiągnęły pewną biegłość. Kolejne zebranie w sprawach służbowych lub lunch z przyjaciółkami to dziecinna zabawa w porównaniu z tym, co należy zrobić i czego trzeba się nauczyć, zostając sam na sam w domu z noworod-kiem po raz pierwszy w życiu.

Nie lepiej rzecz się przedstawia, gdy matki koniecznie chcą wszystko zrobić same. Dobrym przykładem była Joan, która po pierwszej rozmowie ze mną oświadczyła: „Chcę to wszystko rozwiązać samodzielnie". Próbowała... przez dwa tygodnie, po czym zadzwonił telefon i usłyszałam w słuchawce jej zrozpaczony głos: „Jestem wyczerpana nieustanną walką z moim mężem Barrym. Czuję też, że jako matka nie najlepiej się sprawdzam. To jest trudniejsze, niż myślałam". „To nie jest tak trudne, jak ci się wydaje – odpowiedziałam – tylko nawał zajęć, które trzeba wykonać, przekroczył twoje oczekiwania". Namówiłam ją do codziennej popołudniowej drzemki, a Barry miał wreszcie szanse zająć się swoją córeczką.

Zróbmy sobie przerwę

Zapewniam, że jedną z najważniejszych rad, jakiej udzielam niedoświadczonym rodzicom w pierwszych dniach i tygodniach ich rodzicielstwa, jest uświadomienie im, że są lepszymi rodzicami, niż im się wydaje. Większość z nich nie zdaje sobie sprawy, że sztuki wychowania dziecka można się nauczyć. Czytali wiele książek i widzieli w mediach liczne prezentacje, sądzą więc, że temat jest im dobrze znany. Wreszcie przychodzi ów dzień, w którym dziecko zjawia się w domu. Wówczas, stawiając pierwsze kroki i ucząc się elementarza, ludzie ci czują się gorzej niż kiedykolwiek w swoim życiu. Dlatego właśnie w rozdziale IV proponowałam matkom karmiącym piersią zastosowanie reguły czterdziestu dni (patrz: s. 121), prawda jest jednak taka, że wszystkie kobiety rodzące po raz pierwszy potrzebują czasu na rekonwalescencję poporodową. Niezależnie od cierpień fizycznych związanych z porodem czują się przytłoczone mnóstwem szczegółów, o których nigdy dotąd nie myślały, są bardziej zmęczone, niż mogły sobie kiedykolwiek wyobrazić, oraz poddane silnym emocjom.

Nawet Gail, pracująca zawodowo w żłobkach i najstarsza z pięciorga rodzeństwa, po urodzeniu własnego dziecka była zdumiona ogromem pracy przy nim i ciężarem odpowiedzialności. W przeszłości opiekowała się młodszym rodzeństwem i biegła na każde wezwanie, by pomagać przyjaciółkom debiutującym w roli matek. Mimo to była bliska załamania po urodzeniu swojej Lily. Dlaczego? Po pierwsze, to było jej dziecko i jej ciało – jej bóle, usztywnienia, jej pieczenia przy oddawaniu moczu. Po drugie, rozszalały się w niej hormony. Wybuchała złością z powodu przypalonego tosta, napadała na swoją mamę, która przypadkowo przesunęła krzesło, i płakała, nie mogąc sobie poradzić z otwarciem butelki.

Zasady rekonwalescencji

Poniższe stwierdzenia mogą się wydawać oczywiste, ale, mój drogi Watsonie, nie uwierzysz, jak wiele mam o nich zapomina.

✓ **Jedzenie.** Po porodzie stosujemy dietę zrównoważoną, której dzienna wartość energetyczna wynosi co najmniej 1500 kalorii, a w przypadku karmienia piersią – 2000 kalorii. Nie wolno się w tym czasie odchudzać i kontrolować wagi. W zamrażalniku powinny znajdować się duże zapasy jedzenia, a pod ręką numery telefonów restauracji dostarczających potrawy do domów.

✓ **Sen.** Odbywamy co najmniej jedną drzemkę w ciągu dnia (najlepiej po południu) – lub więcej, jeżeli jest to możliwe. Ojciec dziecka powinien pomagać w jego obsługiwaniu.

✓ **Ćwiczenia fizyczne.** Podczas pierwszych sześciu tygodni nie używamy żadnych mechanicznych przyrządów (bieżni, urządzeń do ćwiczeń siłowych itp.). Zamiast ćwiczeń w siłowni odbywamy długie spacery.

✓ **Parę minut dla siebie.** Prosimy męża ewentualnie krewną lub przyjaciółkę o zajęcie się dzieckiem w określonym czasie, by móc przez chwilę „mieć wolne".

✓ **Nie przyjmujmy zobowiązań, których nie możemy spełnić.** Wszystkich zainteresowanych trzeba poinformować, że przez miesiąc lub dwa będziemy nieosiągalne. Jeżeli podjęłyśmy już jakieś zobowiązania, to należy grzecznie się z nich wycofać: „Bardzo przepraszam. Przeliczyłam się z siłami. Nie miałam pojęcia, co znaczy mieć noworodka w domu".

✓ **Priorytety.** Z listy spraw do załatwienia wykreślamy wszystko z wyjątkiem rzeczy absolutnie podstawowych.

✓ **Planowanie działań.** Sporządzamy harmonogram dla osób zastępujących nas przy dziecku; ustalamy jadłospisy; kreślimy listę zakupów pozwalającą dokonywać wszystkich sprawunków raz w tygodniu. Stopniowy powrót do zwykłych zajęć koordynujemy z mężem, członkami rodziny i przyjaciółkami, korzystając z ich pomocy.

✓ **Świadomość własnych ograniczeń.** Kładziemy się, gdy ogarnia nas zmęczenie; jemy, gdy odczuwamy głód; a kiedy nie możemy zapanować nad nerwami, wychodzimy z pokoju!

✓ **Korzystanie z pomocy.** Nikt nie jest w stanie podołać temu w pojedynkę.

✓ **Kontakt z partnerem i przyjaciółmi.** Nie dopuszczamy do tego, by dziecko skupiało na sobie uwagę bez przerwy od rana do wieczora. Taka postawa kłóci się z poczuciem realizmu.

✓ **Coś dla ciała.** W miarę możliwości staramy się korzystać z masaży (w wykonaniu osób znających specyfikę stanów poporodowych), makijażu, manikiuru i pedikiuru.

Uważam, że sen jest najlepszą formą regeneracji. Proponuję mamom codzienne drzemki między godziną czternastą a siedemnastą. Jeżeli takie rozwiązanie okazuje się niemożliwe, namawiam do trzech godzinnych drzemek w ciągu dnia, w okresie pierwszych sześciu tygodni. Ostrzegam, by nie marnowały tego cennego czasu na rozmowy telefoniczne, wykonywanie zaległych prac domowych lub pisanie notatek. Nie można dać z siebie tyle co zwykle, przesypiając połowę godzin. Kobieta po porodzie – nawet gdy ma pomoc i nie czuje się zmęczona – ma w sobie wielką ranę. Jeżeli nie zadba o swój wypoczynek, to gwarantuję, że po sześciu tygodniach będzie się czuła, jakby potrącił ją autobus. Proszę więc, nie pozwólcie, bym musiała wam kiedyś powiedzieć: „A nie mówiłam?!".

Dla kobiet ogromną pomocą są rozmowy z przyjaciółkami, które przez to przeszły, oraz z własną matką – o ile utrzymuje się z nią dobre stosunki. Matka może udzielić cennego wsparcia, przypominając, że to, co się dzieje, jest procesem naturalnym. Jeżeli chodzi o mężczyzn, sprawa wygląda nieco inaczej. Jeden z uczestników prowadzonej przeze mnie grupy twierdził, że młodzi ojcowie mają raczej tendencję do współzawodnictwa i licytowania się trudnościami. „Z powodu dziecka nie spałem dziś pół nocy". „Tak? Moje ryczało całą noc. Nie wiem, czy zdrzemnąłem się dziesięć minut". To typowa rozmowa panów, niewiele mająca wspólnego z udzielaniem wsparcia żonie.

Dla obojga płci podstawowym nakazem jest zwolnienie tempa oraz zaakceptowanie własnych błędów i obiektywnych trudności. Connie, o której wcześniej pisałam, była dobra dla siebie i cierpliwa. Dostrzegała znaczenie planowania i wsparcia. Nie biegła w pierwszych dniach do siłowni. Zamiast tego chodziła na długie spacery, które poprawiały jej krążenie i pozwalały wyjść z domu. Najważniejsze jednak było to, że przyjęła do wiadomości zasadniczą i nieodwracalną zmianę, jaka zaszła w jej życiu. Zrozumiała, że nigdy nie będzie już taka, jaka była kiedyś, oraz że nie jest to zmiana na gorsze.

Pomocne jest również dzielenie zadań na mniejsze. To, że zebrała się góra brudnej bielizny, nie oznacza, że wszystko musi być zaraz wyprane. To, że otrzymaliśmy prezenty od wielu osób, nie zobowiązuje nas bynajmniej do wysyłania wszystkim natychmiastowych podziękowań.

Kiedy w domu pojawia się niemowlę, wszystko ulega zmianom – rozkłady zajęć, priorytety, a także związki z innymi ludźmi. Kobiety (i mężczyźni), którym trudno przychodzi pogodzenie się z tym faktem, narażają się na poważne kłopoty. Dystans i perspektywa – do tego sprowadza się pomyślna rekonwalescencja poporodowa. Pierwsze trzy dni to tylko trzy dni. Pierwszy miesiąc też nie trwa dłużej niż miesiąc. Zobaczmy to w większej skali. Czeka nas jeszcze wiele dni szczęśliwych i mniej szczęśliwych; bądźmy przygotowani na jedne i drugie.

Nastroje początkujących matek

Często potrafię ocenić stan emocji młodej matki wtedy, gdy wita się ze mną na progu swego domu. Francine na przykład zgłosiła się do mnie pod pretekstem konsultacji laktacyjnej, jednak jej wymięta koszulka z krótkimi rękawami udekorowana charakterystycznymi plamami powiedziała mi więcej niż jej pierwsze słowa. Od początku byłam pewna, że karmienie nie jest jej jedynym problemem.

„Przepraszam za swój wygląd – zaczęła się usprawiedliwiać, widząc, że uważnie ją obserwuję. – Chciałam porządnie się umyć i ubrać z okazji pani wizyty, ale mam dzisiaj wyjątkowo zły dzień" – dodała zupełnie niepotrzebnie.

Przechodząc do rzeczy, mówiła: „Czuję się jak dr Jekyll i Mr Hyde. Raz jestem dobrą i kochającą matką dla swego dwutygodniowego noworodka, a już za chwilę czuję się tak, jakbym chciała opuścić ten dom i nigdy do niego nie wrócić, ponieważ wszystko to mnie przerasta".

„W porządku, kochanie – odpowiedziałam. – Znaczy to, że czujesz się tak jak każda początkująca mama".

„Naprawdę? – spytała zaskoczona. – Zaczynałam już myśleć, że coś jest ze mną nie w porządku".

Uświadomiłam Francine, co często robię, rozmawiając z matkami, że podczas pierwszych sześciu tygodni po porodzie emocje kobiety zachowują się niczym górska kolejka w lunaparku. Jedyna rzecz, którą możemy zrobić, to mocno się przypiąć, jest to bowiem kolejka, z której wysiąść się nie da. Trzeba się nią przejechać. Biorąc pod uwagę gwałtowne wahania nastrojów, trudno się dziwić, że niektóre kobiety odczuwają coś w rodzaju rozszczepienia osobowości.

Pamiętajmy: możemy doświadczać wahań nastroju w ciągu dnia i w skali tygodnia. Możemy czuć się tak, jakbyśmy pozostawały we władaniu różnych osobowości, których głosy odzywają się w naszym wnętrzu.

To jest całkiem łatwe". W takich chwilach czujesz się tak, jakbyś była kwintesencją naturalnego macierzyństwa – szybko i łatwo rozwiązujesz wszystkie problemy. Ufasz swoim ocenom, jesteś pewna, że słusznie postępujesz, i nie ulegasz zbytnio modnym teoriom. Potrafisz się także śmiać z siebie i wiesz, że w macierzyństwie nie można być zawsze wcieleniem doskonałości. Nie boisz się zadawania pytań, a kiedy to robisz, łatwo zapamiętujesz odpowiedzi i potrafisz dostosować je do własnej sytuacji. Odczuwasz równowagę.

„Czy robię to dobrze?". Oto momenty niepokoju, w których czujesz się niekompetentna i pełna pesymizmu. Biorąc dziecko na ręce i obsługując je, boisz się, by nie zrobić mu krzywdy. Najdrobniejszy błąd wyprowadza cię z równowagi, odbierając pewność siebie. Możesz się nawet martwić o coś, co się wcale nie zdarzyło. W najgorszym momencie, gdy hormony dają ci do wiwatu, wyobrażasz sobie wszystko, co najgorsze.

„Niedobrze, niedobrze... bardzo niedobrze". W takich chwilach gorzko opłakujesz poród i trwającą po nim sagę macierzyństwa. Jesteś pewna, że nikt nigdy nie czuł się tak nędznie jak ty teraz, bo gdyby tak było, to któż by rodził dzieci? Samopoczucie trochę ci się poprawia, gdy możesz opowiedzieć wszystkim o tym, jak bolesna była ta cesarka, jak dziecko nie daje ci spać po nocach i jak mąż nie robi tego wszystkiego, co obiecywał. Gdy ktoś oferuje ci pomoc, zgrywasz męczennicę: „W porządku. Dam sobie radę".

„Nie ma problemu – poustawiam wszystko jak należy". Takie nastroje miewają najczęściej tak zwane kobiety sukcesu, porzucające kariery dla macierzyństwa. Wydaje im się, że rozwiążą problemy związane z dzieckiem metodami, którymi posługują się przy zarządzaniu przedsiębiorstwem. Widząc, że niemowlę wymyka się im spod kontroli, odczuwają najpierw ogromne zdziwienie, potem rozczarowanie i wreszcie złość. Wiara w to, że życie będzie takie jak do tej pory, jest w ich przypadku formą odmowy macierzyństwa i ucieczki od niego.

„Przecież w książce jest napisane...". W chwilach zamętu i zwątpienia czytasz wszystko, co ci wpadnie w ręce, próbując stosować wobec dziecka to, co wyczytałaś. Aby wyjść z chaosu, tworzysz niekończące się listy, używasz tablic i specjalnych folderów służących do organizowania informacji. Co prawda jestem zwolenniczką porządku i ładu, zalecam jednak również elastyczność, ponieważ uważam, że schematy i harmonogramy mają nam pomagać, a nie nami rządzić. Możesz np. nie zapisać się na kurs, którego zajęcia rozpoczynają się o godzinie 10.30 rano, obawiając się, że rozbije ci to ustalony wcześniej plan.

Byłoby oczywiście wspaniale, gdyby głos pierwszy – „To jest całkiem łatwe" – dominował przez dwadzieścia cztery godziny na dobę i siedem dni w tygodniu. Zapewniam jednak, że u większości kobiet tak nie jest. Trzeba zwrócić uwagę na wszystkie głosy i założyć sobie dzienniczek nastrojów (jeżeli nie potrafimy ich zapamiętać), a następnie nauczyć się radzić sobie ze zmianami. Jeśli któryś z głosów krzyczy na ciebie stale, mówiąc, że nigdy nie sprawdzisz się w roli matki, to znaczy, że powinnaś gruntownie się nad sobą zastanowić.

Chwilowe obniżenie nastroju czy depresja poporodowa?

Powtarzam raz jeszcze: pewna doza pesymizmu i cierpień jest zjawiskiem normalnym. Niemal wszystkie kobiety w okresie poporodowym miewają uderzenia krwi do głowy oraz bóle i zawroty głowy; popadają też często w stany letargiczne lub płaczliwość, jak również mogą doznawać zwątpienia i niepokoju. Co jest przyczyną wszystkich tych zjawisk? Otóż w kilka godzin po porodzie radykalnie obniża się poziom hormonów, takich jak estrogen i progesteron, a także poziom endorfin związanych z uczuciami radości i zadowolenia w okresie ciąży. Zmiany hormonalne znacząco wpływają na stan emocji. Niebagatelnym czynnikiem jest również stres wywołany zupełnie nową sytuacją życiową, jaką jest macierzyństwo. Dla kobiet ze skłonnościami do napięcia przedmiesiączkowego zachwiania równowagi hormonalnej nie są nowością, mogą się więc spodziewać ich wystąpienia także po porodzie.

WSKAZÓWKA: *Jeżeli jesteś sama z niemowlęciem, które płacze, i czujesz, że nie możesz temu zaradzić lub wzbiera w tobie złość, to połóż dziecko do łóżeczka i wyjdź z pokoju. Żadne dziecko nie umarło od płaczu. Weź trzy głębokie wdechy i wróć do niego. Jeżeli wciąż jesteś zdenerwowana i nie możesz się opanować, zadzwoń do kogoś z rodziny, do przyjaciółki lub do sąsiadki i poproś o pomoc.*

Złe nastroje połogowe przychodzą falami, dlatego siły, które je wyzwalają, nazywam „wewnętrznym tsunami". Fala złego samopoczucia może pozbawić nas równowagi psychicznej na godzinę bądź też na cały dzień lub dwa. Może również powracać w okresie trzech miesięcy, a nawet roku. Pod jej działaniem zmieniają się odczucia na temat wszystkiego, a w szczególności własnego dziecka. Odzywają się wówczas w umyśle matki owe destruktywne głosy: „W co ja się wpakowałam?" lub też bardziej konkretnie: „Nie umiem sobie poradzić z..." (tu można wstawić cokolwiek – przewijanie, karmienie piersią, wstawanie w środku nocy itp.). Kiedy wewnętrzne tsunami atakuje twoją psychikę, staraj się spojrzeć z szerszej perspektywy na to, co się dzieje. Powiedz sobie, że jest to normalne i trzeba to przeżyć. Nie wstawaj z łóżka, jeśli poprawia ci to samopoczucie. Płacz. Możesz nawet wrzeszczeć na swojego partnera, jeśli ci to pomaga. To przejdzie.

Jak się zorientować, czy chwilowy niepokój i brak pewności nie przechodzi już w stan chorobowy? Depresja poporodowa jest przecież udokumentowanym zaburzeniem psychicznym, czyli chorobą. Jej objawy pojawiają się zwykle w trzecim dniu po porodzie i trwają nieprzerwanie przez cztery tygodnie. Uważam jednak (podobnie jak wielu psychiatrów znających ten temat), że okres ujęty w tej definicji jest zbyt krótki. Niektóre objawy, takie jak: głęboki i uporczywy smutek, częsty płacz i poczucie beznadziejności, bezsenność, stany letargiczne, niepokój i ataki paniki, drażliwość, obsesje i powracające myśli o charakterze przerażającym, brak apetytu, niskie poczucie własnej wartości, brak entuzjazmu, zobojętnienie wobec partnera i dziecka oraz pragnienie wyrządzenia krzywdy sobie lub dziecku mogą występować wiele miesięcy po porodzie. Tego rodzaju objawy – będące ostrzejszymi manifestacjami emocjonalnych zaburzeń poporodowych – powinny być traktowane z należytą powagą.

Ocenia się, że depresje poporodowe występują u dziesięciu, piętnastu procent kobiet rodzących po raz pierwszy. Średnio u jednej osoby na tysiąc dochodzi do całkowitego rozbratu z rzeczywistością określanego jako psychoza połogowa. Znane są niektóre zmiany hormonalne i stres psychiczny związany z pierwszym macierzyństwem. Naukowcy jednak nie wiedzą, dlaczego niektóre kobiety popadają w ostrą kliniczną depresję poporodową. Jednym z udokumentowanych czynników ryzyka jest występująca w przeszłości nierównowaga chemiczna. Jedna trzecia kobiet, które miewały stany depresyjne, doświadcza również depresji poporodowej, lecz tylko połowa z nich zapada na nią po kolejnych porodach.

Przygnębiające jest to, że nawet niektórzy lekarze nie są świadomi ryzyka, w związku z czym kobiety cierpiące na depresje poporodowe często nie mają pojęcia, co się z nimi dzieje. Problemu tego można by uniknąć, informując i edukując. Znam przykład kobiety, której zaordynowano lek na depresję i która po zajściu w ciążę przestała go przyjmować. Nie zdawała sobie sprawy, jak poważna może być jej sytuacja po porodzie. Zamiast żywić do dziecka ciepłe uczucia miłości i współczucia, Yvette miała ochotę zamknąć się w łazience za każdym razem, gdy jej niemowlę płakało. Kiedy skarżyła się, że „jej odczucia nie są normalne", nikt nie chciał jej słuchać. „Och, to takie stany poporodowe" – pocieszała ją matka, bagatelizując gorsze samopoczucie córki. „Weź się w garść – pouczała ją siostra, dodając: – Wszystkie to przeżywałyśmy". Nawet przyjaciółki Yvette były tego samego zdania: „To, przez co przechodzisz, jest całkiem naturalne".

W pierwszej rozmowie telefonicznej Yvette wyjaśniała mi: „Mobilizuję resztki sił, by wynieść śmieci lub wziąć prysznic. Coś jest ze mną nie w porządku. Mąż stara się pomagać, ale gdy tylko się do mnie odezwie, mieszam go z błotem. Biedny facet!". Nie zlekceważyłam jej nastrojów, a szczególnie zaniepokoiły mnie relacje na temat zachowań wobec płaczącego dziecka. „Kiedy płacze, czasem wrzeszczę na nie: »Co ci jest? Czego chcesz ode mnie? Dlaczego nie możesz się zamknąć!« Innego dnia byłam niesamowicie sfrustrowana i czułam, że zbyt mocno telepię koszykiem, w którym leżał Bobby. Wtedy zrozumiałam, że potrzebuję pomocy. Powiem ci prawdę, Tracy! Chciałam rzucić nim o ścianę. Rozumiem teraz, dlaczego ludzie potrząsają niemowlętami".

Są dni, w których nieustanny, wielogodzinny płacz niemowlęcia działa wszystkim na nerwy, jednak to, czego doświadczała Yvette, zdecydowanie nie mieściło się w normie. Jej ginekolog postąpił słusznie, radząc odstawić Prozac na okres ciąży, wiedział bowiem, że lek może uszkodzić płód. Kobiety cierpiące na depresje często mimo odstawienia leków czują się dobrze w okresie ciąży; prawidłowe samopoczucie zapewnia im wtedy wysoki poziom hormonów i endorfin. Nikt jednak nie ostrzegł Yvette przed tym, co może nastąpić po rozwiązaniu, gdy obniża się gwałtownie poziom substancji utrzymujących dobry nastrój i równowagę.

Jak się okazało, w przypadku Yvette poród doprowadził do ostrego załamania, a objawy depresji wracały jeszcze dziesięciokrotnie. Doradziłam tej kobiecie natychmiastową wizytę u psychiatry. Kiedy zaczęła ponownie przyjmować leki, jej stosunek do życia radykalnie się zmienił i zaczęła czuć się dobrze w roli matki. Z uwagi na obecność leków w jej organizmie kontynuowanie karmienia piersią było raczej niewskazane, rezygnacja z niego nie była jednak zbyt wielką ofiarą wobec odzyskania dobrego samopoczucia, równowagi i pewności siebie.

Jeżeli podejrzewamy u siebie depresję poporodową, powinnyśmy zasięgnąć porady u lekarza pierwszego kontaktu lub u psychiatry. Lekarze używają psychiatrycznych skal do określania stopnia nasilenia depresji. Jedną z najszerzej stosowanych jest dwudziestotrzypunktowa skala depresji Hamiltona, choć nie była ona opracowana z myślą o depresjach poporodowych i z uwzględnieniem ich specyfiki. Niektórzy lekarze preferują

Skale objawów depresji (fragmenty)

Skala depresji Hamiltona

Nadpobudliwość
0 = Brak
1 = Niepokój ruchowy
2 = Zabawa dłońmi, włosami itp.
3 = Nerwowe chodzenie, niezdolność do spokojnego siedzenia
4 = Ściskanie i wykręcanie dłoni, obgryzanie paznokci, pociąganie włosów, przy-gryzanie warg

Niepokój psychiczny
0 = Brak kłopotliwych objawów
1 = Subiektywne napięcie i nerwowość
2 = Martwienie się drobiazgami
3 = Postawa lękowa widoczna na twarzy i w mowie
4 = Lęki wyrażane bez pytania

Edynburska skala depresji poporodowej*

Sprawy mnie przytłaczają:
0 = Nie, panuję nad wszystkim tak jak zawsze
1 = Nie, na ogół radzę sobie zupełnie dobrze
2 = Tak, czasami nie radzę sobie tak jak zwykle
3 = Tak, prawie nigdy nie panuję nad sytuacją

Czuję się tak nieszczęśliwa, że mam trudności ze spaniem:
0 = Nie, nigdy tak się nie czuję
1 = Nie, rzadko się tak czuję
2 = Tak, czasami
3 = Tak, prawie stale

* Przedruk za zgodą Królewskiej Akademii Psychiatrycznej (Royal College of Psychiatrists)

edynburską skalę objawów depresji poporodowych opracowaną przed około trzydziestu laty w Szkocji. Jest ona znacznie prostsza i charakteryzuje się dziewięćdziesięcioprocentową dokładnością w wykrywaniu ryzyka tej przypadłości. Obydwie skale przeznaczone są dla profesjonalistów, nie mogą więc być samodzielnie stosowane przez pacjentów. Aby dać czytelniczkom pogląd, czego należy się spodziewać, przedrukowałam niektóre szczegóły z obu skal (patrz: tekst na sąsiedniej stronie). Jeżeli objawy nierównowagi poporodowej nie ustępują, a kolejny bolesny i przykry dzień przechodzi w następny, to trzeba natychmiast szukać profesjonalnej pomocy. Depresji nie należy się wstydzić; jest to biologiczny stan chorobowy. Nie oznacza on bynajmniej, że jest się złą matką; oznacza tylko to, że się choruje – tak jak na grypę. Można uzyskać pomoc medyczną oraz wsparcie ze strony innych kobiet, które miały z tym do czynienia. I to jest najważniejsze.

Reakcje ojców

Mężczyźni przeważnie nie mają łatwego życia w okresach poporodowych swoich żon, ponieważ uwaga całego domu skupia się wówczas na nowo narodzonym dziecku i jego matce. Tak oczywiście być powinno, mężczyzna jest jednak tylko człowiekiem. Badania wykazują, że u niektórych świeżo upieczonych ojców występują objawy stresu, a nawet depresji. Mężczyzna, któremu urodziło się dziecko, nie może nie reagować na fakt, iż zainteresowanie całej rodziny koncentruje się na noworodku, na nastroje żony, na procesje osób odwiedzających oraz na pojawianie się w domu wielu nowych osób. Nie tylko matki miewają zmienne nastroje. Także i u mężczyzn zauważyłam narastanie określonych nastrojów po pojawieniu się w domu niemowlęcia.

„Ja się tym zajmę". Zdarzają się u ojców postawy aktywne – zwłaszcza w okresie pierwszych kilku tygodni. Partner ciężarnej jest w pełni zaangażowany podczas ciąży i porodu, a po przyjściu dziecka na świat zajmuje się nim wprost wspaniale. Jest otwarty, chętnie się uczy i nie ma kompleksów; lubi też usłyszeć słowa pochwały. Mężczyźni tego pokroju mają również silne naturalne instynkty ojcowskie, a z ich twarzy można z łatwością wyczytać miłość, którą obdarzają swoje dzieci. Kobieta mająca takiego partnera powinna zdawać sobie sprawę, że spotkało ją błogosławieństwo, które przy odrobinie szczęścia być może trwać będzie do chwili rozpoczęcia przez ich dziecko wyższych studiów.

„To do mnie nie należy". Oto reakcja, której można oczekiwać od zupełnie innej kategorii mężczyzn, których uważano w przeszłości za ojców tradycyjnych. Ktoś taki po prostu umywa ręce. Kocha oczywiście swoje dziecko, nie znaczy to jednak, że będzie zmieniał mu pieluchy lub je

kąpał. Uważa, że są to obowiązki kobiet. Od dnia porodu rzuca się w wir pracy; rzeczywiście może być przejęty koniecznością zarobienia pieniędzy potrzebnych do utrzymania większej rodziny. Tak czy owak, przekonany jest o tym, że ma dobre usprawiedliwienie, by nie zajmować się nużącą i brudną robotą przy dzieciach. Po pewnym czasie, zwłaszcza gdy dziecko staje się bardziej komunikatywne, może zmienić nastawienie. Gwarantuję jednak, że nie będzie pomagał, zwłaszcza gdy żona wypomina mu stale, czego nie robi, lub porównuje go z innymi ojcami („Mąż Leili zmienia Mackenzie pieluszki!").

„No nie! Coś tu jest nie w porządku". Ten tata, dla odmiany, cały się trzęsie, trzymając po raz pierwszy swoje dziecko na rękach. Niewykluczone, że zaliczył wraz z żoną wszystkie możliwe kursy rodzicielskie i przedmałżeńskie, mimo to jednak nadal myśli z przerażeniem, że może zrobić coś źle. Kiedy kąpie niemowlę, boi się je oparzyć. Gdy układa je do snu, przypomina mu się syndrom nagłej śmierci niemowląt. A kiedy przed domem i w domu panuje już spokój, martwi się, czy starczy mu pieniędzy na opłacenie college'u. Pomyślne doświadczenia i sukcesy wychowawcze zwykle rozpraszają te zmartwienia i budują wiarę we własne siły. Ojcowie o takiej osobowości bardzo potrzebują zachęty i pochwały ze strony swoich partnerek.

„Spójrz na to niemowlę!". A oto ojciec, którego rozpiera nieopisana duma. Stara się, by jak najwięcej osób zobaczyło jego wspaniałego potomka, i przy każdej okazji wyolbrzymia własne zaangażowanie, chwaląc się odwiedzającym: „Pozwalam swojej żonie dobrze się w nocy wysypiać". Słysząc te słowa, jego umęczona małżonka robi z wrażenia wielkie oczy. Jeżeli jest to jego drugie małżeństwo, to nawet gdy w pierwszym nie kiwnął palcem przy dziecku, teraz udaje eksperta, krytykując i strofując zmęczoną kobietę: „Ja robiłem to zupełnie inaczej". Rada dla matki: pozwól mu się wykazać, zwłaszcza gdy wydaje ci się, że wie, co robi, ale nie pozwól mu zagłuszyć twoich najlepszych instynktów.

„Jakie dziecko?". Jak już wspomniałam, niektóre matki nie chcą przyjąć do wiadomości, że ich dziecko przyszło na świat. Istnieją też tacy ojcowie. Posłużę się konkretnym przykładem. Będąc niedawno w szpitalu u Nell, trzy godziny po jej porodzie, zapytałam: „Gdzie jest Tom?". „W domu. Chciał popracować trochę w ogródku" – odparła Nell ze spokojem. Nie chodzi o to, że ów Tom nie uznaje opieki nad dzieckiem za część swoich obowiązków; do niego nie dotarł fakt, że ma dziecko i że jego

życie będzie musiało się zmienić. Jeżeli nawet to dostrzeże, będzie uciekał w prace, w których ma już doświadczenie. Tacy mężczyźni potrzebują pewnej zachęty ze strony swych żon. Jeżeli jednak spotka się ona z oporem lub też kobieta nie będzie starała się włączyć męża w nurt nowych wydarzeń, to będzie on najspokojniej w świecie oglądał telewizję, nie zwracając uwagi na otaczający go domowy chaos. Moja rada: żonglując telefonem i usiłując drugą ręką przygotować obiad, poproś swojego najdroższego, by potrzymał dziecko przez chwilę. Spojrzy pewnie na ciebie błędnym wzrokiem i powie: „Co??!!".

Niezależnie od pierwszych reakcji ojcowie zmieniają się z biegiem czasu, choć nie zawsze w sposób, który mógłby cieszyć ich żony. Kobiety pytają: „Jak zmusić męża do pomocy przy dziecku?". Są rozczarowane, ponieważ nie mam na to pytanie uniwersalnej rady skutecznej w każdym przypadku. Zauważyłam, że mężczyźni interesują się dziećmi po swojemu i w swoim czasie. Gorliwy pomocnik może stopniowo stracić entuzjazm, a ktoś, kogo by się o to nie posądziło, rzucić się nagle do bawienia i kąpania dziecka wtedy, gdy zaczyna ono się uśmiechać, siadać, chodzić i mówić. Większość ojców najlepiej sprawdza się w konkretnych zadaniach, które, w ich mniemaniu, potrafią dobrze wykonać.

„To nie fair!" – krzyczała Angie, kiedy jej sugerowałam, by pozwoliła swemu partnerowi wybrać obowiązki ojcowskie, których spełnianie najlepiej by mu odpowiadało.

„Ja nie mogę sobie niczego wybierać! Nie robię wyłącznie tego, co chciałabym! Muszę być na chodzie niezależnie od samopoczucia".

„To prawda – przyznałam – ale masz do czynienia z człowiekiem określonego pokroju. Jeżeli Phil nie zechce kąpać dziecka, to niech przynajmniej pozmywa naczynia po obiedzie".

O powodzeniu decyduje szacunek. Jeżeli mężczyzna czuje, że jego potrzeby i pragnienia są znane i akceptowane, to łatwiej zaakceptuje twoje. Na początku jednak trzeba się liczyć z pewnym zamieszaniem, gdyż każde z was walczy o utrzymanie równowagi w nowej sytuacji.

A co z nami?

Wraz z pojawieniem się dziecka związek ulega nieuniknionym zmianom. W wielu przypadkach rzeczywistość daleko odbiega od marzeń. Przeważnie jednak naruszenie więzi partnerskich wynika z problemów znajdujących się jak gdyby pod powierzchnią życia. Omówię w tym miejscu niektóre występujące najczęściej.

Nerwowe początki. Mama czuje się nadmiernie obciążona macierzyńskimi obowiązkami. Tata nie bardzo wie, jak mógłby jej pomóc. Kiedy stara się włączyć, jego partnerka okazuje niecierpliwość i zdenerwowanie. W takiej sytuacji mężczyźni najczęściej się wycofują. „On źle zakłada te pieluszki" – skarży się matka za plecami partnera. „Przecież się uczy, skarbie – odpowiadam. – Daj mu szansę. W tych sprawach każdy kiedyś zaczyna". Dla obojga zaczęły się schody, których pokonywania muszą się uczyć. Czasem przypominam im ich pierwszą randkę. Czy nie trzeba było wzajemnie się poznawać? Czy z biegiem czasu nie pojawiło się głębsze zrozumienie, a wraz z nim większa bliskość? Współistnienie z dzieckiem też wymaga nauki.

On powiedział/ona powiedziała

Para rodziców to dwa różne punkty widzenia. Czuję się czasem jak tłumaczka pracująca w ONZ, mówiąc jej lub jemu, co druga strona chciałaby swemu współmałżonkowi uświadomić.

Matki chcą, bym powiedziała ich partnerom:

- Jak bolesny jest poród
- Jak bardzo są zmęczone
- Jak wielkim obciążeniem jest karmienie piersią
- Jak karmienie piersią może być bolesne (aby to zademonstrować, uszczypnęłam kiedyś brodawkę piersiową pewnego taty i powiedziałam: „Będę tak trzymać przez dwadzieścia minut".)
- Że płaczą i krzyczą z powodu zakłóceń hormonalnych, a nie z powodu męża
- Że nie potrafią wytłumaczyć, dlaczego płaczą

Ojcowie chcą, bym powiedziała ich partnerkom:

- Żeby przestały krytykować wszystko, co ich mężowie robią
- Że dziecko nie jest z porcelany i się nie potłucze
- Że starają się, jak mogą
- Że czują się urażeni, gdy żony odrzucają ich poglądy na temat opieki i wychowania dziecka
- Że obciąża ich odpowiedzialność za byt materialny powiększonej rodziny
- Że mogą również czuć się przygnębieni i przytłoczeni obowiązkami

Staram się przydzielać ojcom konkretne zadania – zakupy, kąpiele, sztuczne karmienie. Dzięki temu mężczyzna zaczyna się czuć uczestnikiem całego procesu. Liczy się przecież każda forma pomocy z jego strony. Zachęcam mężów do tego, by byli słuchem i pamięcią swoich żon. Spora liczba kobiet cierpi na amnezję poporodową. Co prawda jest to stan przejściowy, niemniej jednak doprowadzający do szału dotknięte nim osoby. Czasami ojciec może zaspokoić jakąś szczególną potrzebę tak jak w przypadku Lary (pisałam o niej w rozdziale IV), dla której karmienie piersią okazało się bardzo stresujące. Jej mąż czuł się bezużyteczny, jak gdyby nie było absolutnie nic, w czym mógłby wyręczyć żonę. Pokazałam mu, na czym polega prawidłowe przysysanie się niemowlęcia, szkoląc go na „domowego instruktora laktacyjnego". Jego zadaniem miało być delikatne wspieranie Lary w chwilach kłopotów z karmieniem (podkreślam tutaj szczególnie słowo „delikatne"). Podejmując się tego zadania, Duane nareszcie poczuł się do czegoś potrzebny. Uczyniłam go również odpowiedzialnym za to, by Lara piła szesnaście szklanek wody w ciągu doby.

Różnice płci. Niezależnie od charakteru konfliktu powstającego między partnerami w pierwszych tygodniach życia dziecka przypominam obojgu, że jest to ich wspólne doświadczenie, choć mogą postrzegać swoją sytuację z różnych punktów widzenia. Jak już wspomniałam w rozdziale II, mężczyzna myśli kategoriami „rozwiązywania problemów", kobieta natomiast potrzebuje życzliwego wysłuchania, męskiej piersi, na której mogłaby się wypłakać, oraz silnych ramion, które chciałyby ją objąć. Kłopoty małżeńskie często biorą się z tych właśnie różnic. Niejednokrotnie zmuszona jestem odgrywać rolę tłumaczki przekładającej słowa i myśli wenusjańskie na język marsjański i *vice versa* (patrz: tekst wyodrębniony na poprzedniej stronie). Prawdziwe partnerstwo wymaga nie tylko uczenia się języka drugiej strony, ale przede wszystkim tolerancji dla odmiennych poglądów i zapatrywań. W odmiennościach partnerzy powinni znajdować siłę, ponieważ stwarzają im one większe możliwości, które mogą wspólnie wykorzystać.

Zmiany stylu życia. W niektórych małżeństwach głównym problemem jest uczenie się odmiennego niż do tej pory planowania. Wielokrotnie spotykałam ludzi otoczonych życzliwymi i pomocnymi krewnymi oraz tych, którzy mogą sobie pozwolić na zatrudnianie piastunek. Nie potrafili oni jednak planować własnych działań z uwzględnieniem osób trzecich, ponieważ nigdy nie musieli tego robić. Michael i Denise – oboje po trzydziestce, cztery lata po ślubie w chwili przyjścia na świat dziecka –

byli naprawdę dobrze sytuowani. On był jednym z dyrektorów w wielkiej korporacji, trzy razy w tygodniu grał w tenisa, a w weekendy grywał w piłkę nożną. Ona także zajmowała wysokie stanowisko kierownicze i często pracowała od godziny ósmej rano do dziewiątej wieczorem, znajdując poza tym czas tylko na ćwiczenia fizyczne cztery razy w tygodniu. Nietrudno się domyślić, że ci państwo jadali niemal wyłącznie w restauracjach – razem lub osobno.

Prawdziwe partnerstwo!

Oto kilka słów mądrości adresowanych do tych, którzy nie rodzili i nie spędzają całych dni w domu z noworodkami.

Co powinieneś robić
- Weź tydzień urlopu w pracy, a jeśli nie możesz sobie na to pozwolić, to przynajmniej zaoszczędź trochę pieniędzy na wynajęcie kogoś, kto pomoże w pracach domowych.
- Naucz się słuchać bez wymądrzania się.
- Udzielaj wsparcia w duchu miłości i bez komentarzy.
- Gdy żona mówi, że nie chce twojej pomocy, nie zgadzaj się z nią.
- Uświadom sobie, że mówiąc: „Nie jestem sobą", twoja partnerka ma ku temu powody.

Czego nie powinieneś robić
- Nie staraj się leczyć lub rozwiązywać fizycznych i emocjonalnych problemów żony – spróbuj je przetrwać.
- Nie bądź kibicem i mentorem – np. nie poklepuj jej po pupie i nie mów: „Zuch mamuśka!". To przecież nie pies, tylko człowiek.
- Wchodząc do własnej kuchni, nie zastanawiaj się głośno, gdzie co stoi.
- Nie stój nad głową i nie krytykuj.
- Nie dzwoń ze sklepu i nie pytaj, co kupić w zamian, gdy nie będą mieli wędzonych piersi indyczych. Zdecyduj sam!

Spotkaliśmy się, gdy Denise była w dziewiątym miesiącu ciąży. Po zapoznaniu się z ich dotychczasowym trybem życia i typowym tygodniowym rozkładem zajęć powiedziałam: „Jedna rzecz jest tutaj oczywista. Z czegoś trzeba będzie zrezygnować, choć nie ze wszystkiego. Aby móc uporządkować swoje życie na nowych zasadach, powinni państwo zaplanować to już teraz".

Na szczęście dla siebie Michael i Denise usiedli, by sporządzić listę swoich potrzeb i pragnień. Z czego mogliby zrezygnować w pierwszych miesiącach rodzicielstwa? Co było absolutnie konieczne dla zachowania emocjonalnego zdrowia? Denise gotowa była dać sobie tylko miesiąc na rekonwalescencję. Również Michael obiecał poprosić w swojej firmie o dodatkowy czas wolny. Z początku ich plan był zbyt przeładowany – niektórym parom trudno przychodzą tego typu życiowe reorganizacje. Gdy jednak Denise zdała sobie sprawę, jakim obciążeniem był dla niej poród, zdecydowała się przedłużyć urlop macierzyński o kolejny miesiąc.

W trosce o związek

♥ Znajdujcie czas dla siebie – na spacery, nocne randki, wyjścia na lody.

♥ Planujcie wakacje bez dziecka – jeżeli nawet jest to chwilowo niemożliwe.

♥ Podrzucajcie sobie wzajemnie liściki niespodzianki.

♥ Ofiarowujcie sobie nieoczekiwane prezenty.

♥ Wysyłajcie listy z wyrazami miłości, uwielbienia i uznania do miejsca pracy.

♥ Bądźcie dla siebie dobrzy i pełni szacunku.

Rywalizacja. Oto, moim zdaniem, jeden z najpoważniejszych i najczęstszych problemów. Zilustruję go kolejnym przykładem. George i Phyllis – oboje tuż po czterdziestce – adoptowali miesięczną dziewczynkę imieniem May Li. Od samego początku zaczęła się między nimi rywalizacja o to, z czyjej butelki dziecko więcej wypije, kto potrafi je skuteczniej uspokoić itd. „Za nisko ją trzymasz. Daj, ja to zrobię!". Kiedy Phyllis kąpała dziewczynkę, George stał nad nią i wydawał komendy. „Uważaj na głowę! Ostrożnie, bo mydło dostanie się do oczu!". Każde z nich czytało książki poświęcone pielęgnacji niemowląt, by potem cytować różne fragmenty słowo w słowo nie po to, żeby dziecku było lepiej, lecz by udowodnić swoją rację: „Widzisz? Miałem słuszność".

George i Phyllis wezwali mnie do pomocy, ponieważ May Li niemal bez przerwy płakała. Jej przybrani rodzice byli oczywiście pewni, że ma kolkę, nie mogli się jednak zgodzić w kwestii, co należy zrobić. Gdy jedno z nich podejmowało jakieś działanie, drugie natychmiast je krytykowało. Aby uzdrowić sytuację, wyjaśniłam, co się naprawdę dzieje. Nie była to naturalnie żadna kolka. May Li płakała, ponieważ nikt nie słuchał tego, co usiłowała powiedzieć. Jej rodzice byli tak pochłonięci nieustanną walką między sobą, że w ogóle nie obserwowali dziecka. Zaproponowałam wprowadzenie Łatwego Planu (patrz: rozdział II) i zaleciłam zwolnić tempo reagowania, by rodzice skierowali uwagę na dziecko (patrz: rozdział III). Najważniejszym posunięciem było jednak ścisłe rozdzielenie obowiązków. Powiedziałam im: „Każde z was ma teraz swoją domenę. Przestańcie się wzajemnie nadzorować, kibicować, komentować i krytykować. Niech każde z was robi to, co do niego należy, najlepiej, jak potrafi".

Niezależnie od przyczyny utrzymywanie się konfliktów przez dłuższy czas rzutuje na wszystkie dziedziny życia małżeńskiego. Mogą się zacząć spory o udział w obowiązkach; może też pojawić się odmowa koordynacji i współdziałania. Bardzo prawdopodobne jest również to, że życie seksualne – wstrzymane na kilka tygodni (lub miesięcy) – nigdy już nie powróci do normy.

Seks i stres męża

Proszę spróbować porozmawiać na temat: „On powiedział/ona powiedziała". Cóż się okaże? Seks będzie tematem numer jeden dla każdego ojca i tematem ostatnim dla większości mam. Pierwsze pytanie, jakie mąż zadaje żonie wracającej od ginekologa po kontroli poporodowej, brzmi: „Czy lekarz pozwolił ci podjąć współżycie?".

Po takim pytaniu w kobiecie wszystko się gotuje. Oto kochający mąż, zamiast zapytać ją, jak się czuje, i powitać kwiatami, chce znać tylko opinię obcej osoby na temat ich życia seksualnego – tak, jakby miało to decydujące znaczenie. Jeżeli kobieta nie miała ochoty na seks, to po usłyszeniu tak sformułowanego pytania jeszcze mocniej utwierdza się w swoim odczuciu.

Bierze głęboki wdech i odpowiada: „Nie, jeszcze nie teraz". Ma to oznaczać, że zdaniem lekarza nie jest jeszcze gotowa, ale są to oczywiście jej słowa. Niektóre kobiety przypominają, że dziecko śpi w małżeńskim łóżku. Inne sięgają do metod wypróbowanych: „Boli mnie głowa", „Jestem wyczerpana", „Wszystko mnie boli", „Nie mogę znieść, jak patrzysz w ten sposób na moje ciało". Wszystkie te wypowiedzi zawierają nieco więcej niż ziarno prawdy, lecz niektóre kobiety traktują je jak rycerz zbroję.

W trakcie prowadzonych przeze mnie zajęć w grupach oraz podczas wizyt domowych zrozpaczeni ojcowie często proszą mnie o pomoc. „Co ja mam zrobić, Tracy? Boję się, że nigdy już nie będziemy się kochać". Niektórzy nawet mnie błagają: „Tracy, ty z nią porozmawiaj". Staram się podkreślać, że owe sześć tygodni, po których położnica udaje się zwykle na pierwszą kontrolę ginekologiczną, nie stanowi jakiejś magicznej granicy. Przeważnie tyle trwa gojenie ran po cesarskim cięciu lub nacięciu krocza, co nie oznacza, że wszystkie kobiety powracają do pełnej formy w takim samym czasie; nie muszą też być emocjonalnie gotowe do współżycia.

Ponadto po urodzeniu dziecka współżycie seksualne ulega zmianom. Bylibyśmy nie fair wobec rodziców, gdybyśmy ich o tym nie uprzedzili. Mężczyźni domagający się współżycia natychmiast po rozwiązaniu kompletnie nie zdają sobie sprawy, jak wielkie przeobrażenia zachodzą w ciele kobiety w związku z porodem. Piersi są obolałe, pochwa i wargi sromowe rozciągnięte, a obniżenie poziomu hormonów może powodować suchość tych narządów. Dochodzi do tego karmienie piersią. Kobieta, która kiedyś lubiła pobudzanie brodawek sutkowych, może teraz odczuwać przy tym ból, a nawet wstręt do takiej zabawy, ponieważ jej piersi nagle stały się „własnością" dziecka.

Poporodowa gimnastyka

Napisałam już wcześniej, że podczas pierwszych sześciu tygodni ćwiczenia fizyczne są wykluczone, jest jednak jedno, które można zacząć wykonywać już po trzech tygodniach. Wygląda ono tak: ściskamy mięśnie krocza i trzymamy je napięte, licząc do trzech!

Ćwiczenia mięśni podstawy miednicy, kojarzone często z nazwiskiem Kegla, lekarza, który zidentyfikował tkanki włókniste w wyściółce pochwy – służą wzmocnieniu mięśni podtrzymujących cewkę moczową, pęcherz moczowy, macicę i odbyt oraz napięcie pochwy. Jeżeli podczas oddawania moczu staramy się zatrzymać jego wypływ, to naprężamy te właśnie mięśnie. Ćwiczenie polega na ich napinaniu, utrzymywaniu w napięciu i rozluźnianiu. Proponuję wykonywać je trzy razy dziennie.

Z początku będzie to trudne – może nam się zdawać, że nie ma tam żadnych mięśni. Może się nawet pojawić niewielka bolesność. Zaczynamy powoli, ze złączonymi kolanami. Aby sprawdzić, czy pobudzamy właściwą grupę mięśni, wystarczy włożyć palec do pochwy, gdzie powinno być wyczuwalne ściskanie. W miarę nabywania wprawy w świadomym wyodrębnianiu tych mięśni można spróbować wersji z rozchylonymi nogami.

Biorąc pod uwagę wszystkie te zmiany, nie można oczekiwać, by odczucia seksualne pozostały niezmienione. Lęk odgrywa także ważną rolę. Niektóre kobiety martwią się, że są „zbyt rozciągnięte", by dawać i odczuwać przyjemność podczas stosunku. Inne obawiają się bólu, co wywołuje lęk nawet na samą wzmiankę o współżyciu. Kiedy podczas orgazmu kobiety z jej piersi wydobywa się pokarm, może ona czuć się tym zażenowana lub też obawiać się, że dla partnera będzie to odpychające. I rzeczywiście, niektórzy mężczyźni tak to odbierają. Laktacja najwyraźniej nie mieści się w sferze ich erotycznej wyobraźni. W zależności od osobowości mężczyzny oraz sposobu postrzegania żony przed zajściem w ciążę mogą wystąpić trudności z akceptacją jej w roli matki, a nawet niechęć do dotykania jej ciała. Niektórzy mężczyźni przyznali mi się do tego, że widząc własne żony na sali porodowej lub podczas pierwszego karmienia piersią, przestali odczuwać w stosunku do nich jakiekolwiek pożądanie.

Jak temu wszystkiemu zaradzić? Nie ma oczywiście natychmiastowego rozwiązania, wiem jednak, że niektóre z moich sugestii zwykle pomagają partnerom w przezwyciężaniu napięć.

Otwarta rozmowa. Zamiast pozwalać emocjom kłębić się pod powierzchnią, powiedzmy sobie prawdę o tym, jak się czujemy. (W razie kłopotów ze znalezieniem odpowiednich słów proponuję zajrzeć do tekstu wyodrębnionego na s. 224). Oto jeden z typowych przykładów. Pewnego dnia Irene zadzwoniła do mnie, płacząc, z telefonu w samochodzie: „Miałam właśnie badanie kontrolne po sześciu tygodniach i lekarz powiedział, że mogę podjąć współżycie. Gil na to czekał. Nie mogę go rozczarować – był taki dobry dla dziecka. Chyba mu się to ode mnie należy? Co mu mam powiedzieć?".

„Powiedz mu prawdę – zasugerowałam. Wiedziałam z wcześniejszych rozmów, że Irene miała wyjątkowo długi poród i rozległe nacięcie krocza. – Zacznijmy od tego, jak ty się czujesz?".

„Boję się, że stosunek może być dla mnie bolesny. A poza tym, Tracy, nie mogę nawet znieść myśli o tym, że on będzie mnie dotykał – zwłaszcza tam".

Ulgę przyniosło jej moje zapewnienie, że wiele kobiet czuje się podobnie. „Musisz mu powiedzieć o swoich obawach i odczuciach, kochanie. Nie jestem terapeutką, ale przekonanie, że seks mu się od ciebie »należy«, nie wydaje mi się słuszne".

Interesujące jest to, że Gil uczestniczył w zajęciach jednej z moich grup dla ojców, w której problemy seksualne były zażarcie dyskutowane. Kilka dni wcześniej mówiłam o tym, że mężczyzna powinien być szczery i uczciwy w kwestii swoich pragnień, a zarazem rozumieć punkt widzenia kobiety. Wyjaśniałam, że pomiędzy fizyczną gotowością do współżycia a emocjonalnym pragnieniem kontaktu jest wielka różnica. Podczas tych zajęć Gil wykazywał pełne zrozumienie potrzeby szczerej rozmowy z żoną, dostrzegania jej osobistych odczuć i, co najważniejsze, okazywania jej względów nie dla osiągnięcia własnego celu, lecz jako wyrazu miłości, zadowolenia i chęci bycia z nią. To jest autentyczna troska, która dla kobiety ma znacznie większy walor erotyczny niż nakłanianie do współżycia.

Życie seksualne przed rodzicielstwem. Znaczenie tej kwestii uświadomiłam sobie wyraźnie pewnego dnia podczas wizyty u Midge, Keitha i ich trzymiesięcznej córeczki Pameli, którą opiekowałam się przez pierwsze dwa tygodnie jej życia.

Keith odciągnął mnie na bok, gdy jego żona szykowała w kuchni herbatę.

„Tracy, nie mieliśmy z Midge żadnych zbliżeń seksualnych od urodzenia Pameli – zwierzył mi się. – Zaczyna mnie to trochę niecierpliwić".

„Keith, pozwól, że cię o coś zapytam. Czy przed narodzinami Pameli często dochodziło do zbliżenia?".

„Niespecjalnie".

„Mój drogi, jeśli przedtem wasze życie seksualne nie było zbyt dobre, to z pewnością nie poprawi się w najbliższej przyszłości".

Rozmowa ta przypomniała mi pewien stary dowcip, w którym pacjent pyta lekarza, czy po operacji będzie mógł grać na fortepianie. „Oczywiście" – odpowiada na to lekarz. „To wspaniale, panie doktorze, bo nigdy jeszcze tego nie robiłem". Odkładając żarty na bok, trzeba powiedzieć, że oczekiwania wobec życia seksualnego powinny być realistyczne. Jest zrozumiałe, że sprawa seksu poporodowego dotyczy w większym stopniu tych par, które współżyły ze sobą trzy razy w tygodniu i nagle przestały, a w mniejszym tych, które kochały się raz w tygodniu lub raz w miesiącu.

Ustalenie priorytetów. Proponuję wspólnie ustalić, co aktualnie jest ważne, i powrócić do ponownej oceny za kilka miesięcy. Jeżeli dla obojga rodziców seks jest ważny, to trzeba znaleźć czas i miejsce. Można planować nocne spotkania raz w tygodniu. Można zatrudnić dochodzącą opiekunkę do dziecka, by regularnie wychodzić z domu. Podczas zajęć w grupach zawsze przypominam mężczyznom, że oczekiwania kobiet z ich punktu widzenia mogą nie mieć z seksem nic wspólnego. „Wielu z was może np. marzyć o wspólnym wygniataniu się na sianie, a tymczasem ona chce rozmów przy świecach i współdziałania. Może nawet rozbudzić ją wykonane bez przypominania pranie!". Moja Niania mawiała: „Z cukrem

wszystko smakuje lepiej niż z octem". Kupujcie im kwiaty; bądźcie
wrażliwi na ich emocje. Kiedy jednak kobieta nie jest gotowa fizycznie
i emocjonalnie, nie narzucajcie się. Presja i naciski nie są dobrymi
afrodyzjakami.

WSKAZÓWKA: *Kochani rodzice, starajcie się nie rozmawiać
o dziecku, gdy uda wam się spędzić razem wieczór poza domem.
Wasza pociecha została fizycznie tam, gdzie być powinna. Pozostaw-
cie ją tam także emocjonalnie, jeżeli nie chcecie, by w podświadomości jej ojca zaczęły tworzyć się urazy.*

Seks po narodzinach dziecka

Odczucia kobiet	Odczucia mężczyzn
Wyczerpanie: „Odbieram seks jako jeszcze jeden obowiązek".	**Frustracja:** „Jak długo musimy jeszcze czekać?".
Nadużycie: „Wszyscy czegoś ode mnie chcą".	**Odrzucenie:** „Dlaczego ona mnie nie chce?".
Poczucie winy: „Krzywdzę dziecko lub męża".	**Zazdrość:** „Troszczy się bardziej o dziecko niż o mnie".
Zawstydzenie: „Gdy dziecko jest w sąsiednim pokoju, czuję się, jakbym robiła coś po kryjomu".	**Uraza:** „Dziecku poświęca cały swój czas".
Brak zainteresowania: „Jest to ostatnia rzecz, o której mogłabym pomyśleć".	**Złość:** „Czy ona kiedykolwiek powróci do formy?".
Skrępowanie: „Czuję się gruba i nie akceptuję swoich piersi".	**Niepewność:** „Czy jestem w porządku, prosząc ją o seks?".
Ostrożność: „Kiedy mąż całuje mnie w policzek, mówi mi »kocham cię« lub obejmuje mnie ramieniem, czuję z jego strony oczekiwanie – ma to być wstęp do zbliżenia".	**Oszukanie:** „Mieliśmy wrócić do seksu, kiedy lekarz jej pozwoli, a już kilka tygodni upłynęło od tego czasu".

Zmniejszenie oczekiwań. Seks należy do sfery intymnej człowieka,
intymność to jednak nie tylko kontakty płciowe. Gdy brak gotowości do
współżycia fizycznego, należy szukać innych form intymnego obcowania.
Wspólny wypad na koncert i trzymanie się za ręce to też przeżycia
intymne. Może warto rozważyć godzinę wypełnioną wyłącznie pocałun-

kami. Staram się przypominać mężczyznom o cierpliwości. Kobiety potrzebują czasu. Ich chwilowej niechęci do zbliżeń nie należy przyjmować w kategoriach osobistych. Sugeruję panom, by spróbowali sobie wyobrazić, jak czuje się człowiek noszący w swoim łonie i rodzący inną maleńką ludzką istotę. Czy natychmiast po jej urodzeniu mieliby ochotę na seks, gdyby dane im było takie doświadczenie?

Powrót do pracy bez poczucia winy

Niezależnie od tego, czy pragnąca macierzyństwa kobieta porzuca karierę i wysokie stanowisko, ciepłą posadkę w jakimś biurze, wolontariat, czy też swoje ukochane hobby, nadchodzi czas – u niektórych w miesiąc po porodzie, u innych po kilku latach – gdy w jej umyśle zaczyna błąkać się pytanie: „Co dalej ze mną?". Są oczywiście panie tworzące dokładny plan jeszcze podczas ciąży, który określa termin powrotu do pracy lub wcześniej rozpoczętego przedsięwzięcia. Są także kobiety działające „na żywioł". W obu przypadkach powstają te same dwie kwestie: „Jak to zrobić, by nie czuć się winna?" oraz: „Kto będzie się opiekował moim dzieckiem?". W moim przekonaniu odpowiedź na pierwsze pytanie jest prostsza, zacznijmy więc od niej.

Poczucie winy jest przekleństwem macierzyństwa. Mój dziadek zwykł mawiać: „Życie to nie teatralna próba, a trumny kieszeni nie mają". Inaczej mówiąc, poczucie winy jest marnowaniem cennego czasu, ponieważ wziąć go ze sobą nie możemy. Nie mam pojęcia, kiedy, gdzie i dlaczego Amerykanie je wynaleźli, wiem jednak, że w całych Stanach Zjednoczonych zapanowała epidemia. Być może poczucie winy wynika z amerykańskiego perfekcjonizmu, lecz tak jak to widzę, Amerykanie czują się potępieni bez względu na to, co robią. Niektóre uczestniczki moich zajęć mają uczucie kompletnego wyobcowania, ponieważ są „tylko matkami" lub „tylko paniami domu". Również matki pracujące, zarówno te na kierowniczych stanowiskach, jak i te wykonujące najprostsze prace, za które wynagrodzenie z trudem starcza na opłacenie miesięcznych rachunków, czują się nie w porządku, choć z zupełnie innych powodów. „Moja mama uważa, że źle robię – mówią przedstawicielki drugiej grupy. – Mama twierdzi, że tracę najlepsze lata życia mojego dziecka".

Kobiety rozpoczynające lub wznawiające pracę zawodową biorą pod uwagę wiele czynników przed podjęciem ostatecznej decyzji; jednym z nich jest naturalnie ich miłość do dziecka. W grę wchodzą jednak również kwestie pieniędzy, satysfakcji oraz poczucia własnej wartości. Niektóre matki wyznają, że oszalałyby, nie mając czegoś, co jest wyłącznie ich, bez względu na to, czy ktoś im za to płaci. Zachęcam je do pielęgnowania miłości macierzyńskiej i troski o dobro dzieci. Nie oznacza to jednak, że nie mogą realizować własnych marzeń. Praca zawodowa automatycznie nie czyni z kobiety złej matki, daje jej natomiast możliwość decydowania: „Ma być tak, a nie inaczej".

Jest oczywiste, że wiele kobiet musi podejmować pracę ze względów finansowych. Inne pracują dla własnej satysfakcji. W obu przypadkach chodzi o działalność zaspokajającą ich własne dojrzałe potrzeby. Uważam, że kobiety te nie mają powodów do usprawiedliwień, podobnie jak matki z zadowoleniem prowadzące gospodarstwa domowe. Pamiętam, jak kiedyś spytałam swoją mamę: „Czy kiedykolwiek chciałaś coś robić?". Spojrzała na mnie gniewnie i odpowiedziała: „Coś robić? Prowadzę przecież dom. Co przez to rozumiesz?". Dobrze zapamiętałam sobie tę lekcję.

Prawdą jest, że niektórzy mężczyźni włączają się w prace domowe, jednak wiele matek nadal dźwiga większą część ciężaru wychowania dzieci. Dotyczy to w sposób szczególny matek samotnych, które nie mają tego luksusu, że ich partnerzy przychodzą codziennie do domu choćby późnym wieczorem. Nie ma nic złego w tym, że chcemy przynajmniej móc odbierać telefony, zjeść lunch z przyjaciółkami i czuć się kimś więcej niż tylko matką. Współczesna kobieta pada jednak ofiarą powszechnego chaosu informacyjnego, bombardowana sprzecznymi radami i wzorcami, a przede wszystkim przygnieciona ciężarem odpowiedzialności, który w takich warunkach musi ją wpędzać w kompleksy winy. Codziennie słyszę głosy przemęczonych matek miotających się między dwiema skrajnościami – całkowitą nieodpowiedzialnością oraz totalnym pogrążeniem. „Kocham to dziecko – mówią mi – i chcę być dla niego najlepszą matką. Czy jednak muszę rezygnować ze swojego życia?".

WSKAZÓWKA: *Powtarzajcie w duchu tę mantrę, gdy ogarnia was poczucie winy: „Znajdując czas dla siebie, nie krzywdzę swego dziecka".*

Jeżeli nie wykorzystacie tego czasu na cokolwiek, co wzbogaca was duchowo, to dziecko wypełni wam całe życie. I jeszcze jedno: są pewne granice obcowania dorosłego człowieka z niemowlęciem i rozmów na jego temat. Zamiast mieć poczucie winy, lepiej spożytkować życiową energię do znajdowania rozwiązań poprawiających własną sytuację – jakakolwiek by ona była. Jeżeli któraś z was chce lub potrzebuje pracować dwanaście godzin na dobę, to niech się zastanowi nad lepszym wykorzystaniem czasu spędzanego w domu. Czy trzeba np. odbierać wszystkie telefony, gdy zajmujemy się dziećmi? Można przecież odłożyć słuchawkę lub włączyć automatyczną sekretarkę. Czy trzeba pracować w weekendy? A jeśli nie trzeba, to postarajmy się nie błądzić myślami wokół spraw zawodowych, gdy znajdujemy się w domu. Nawet niemowlę wyczuwa, gdy matka jest nieobecna duchem.

Jeżeli chodzi o drugie z dwóch ważnych pytań (kto ma się zająć dzieckiem?), to mamy generalnie dwie możliwości – pomoc nieodpłatną oraz wynajętą pomoc płatną.

Sąsiadki, przyjaciółki i krewni – tworzenie kręgu wsparcia

Tam, skąd się wywodzę, istnieje tradycja czterdziestu dni leżenia w połogu. Oznacza to, że po urodzeniu mojej córeczki Sary przez prawie sześć tygodni zgodnie z powszechnie akceptowanym zwyczajem oczekiwano ode mnie zajmowania się wyłącznie noworodkiem. Mając wokół siebie Nianię (moją babcię), mamę oraz spore grono krewnych i zaprzyjaźnionych sąsiadek, nie musiałam martwić się o posiłki i utrzymanie porządku w domu. Nigdy nie czułam żadnej presji bądź przymusu. Kiedy urodziłam Sophie, ten sam krąg osób zajął się moim starszym dzieckiem, bym mogła dobrze poznać jego młodszą siostrzyczkę.

To, co opisuję, jest typowe dla Anglii, gdzie przyjście na świat nowej istoty traktuje się jako ważne wydarzenie społeczne. Każdy oferuje pomoc z własnej inicjatywy – babcie, ciocie i sąsiadka z naprzeciwka. Dodatkową korzyścią jest także system ochrony zdrowia, w ramach którego kobiety otrzymują profesjonalną pomoc w domach. Młode matki korzystają jednak głównie z bezinteresownej pomocy krewnych i przyjaciółek, wpisanej na trwałe w społeczny obyczaj. Kobiety pomagają innym kobietom. Któż bowiem miałby lepsze kwalifikacje? One przecież przez to przeszły.

Grupy wsparcia występują w wielu kulturach; istnieją rytuały pomagające kobietom w okresie ciąży i przy porodach, jak również tradycje honorujące szczególną słabość i obciążenie, jakich doświadczają u progu rodzicielstwa. Początkujące matki wzmacnia się fizycznie i wspiera emocjonalnie, gotuje się dla nich specjalne posiłki, uwalnia od zwykłych ciężarów i obowiązków domowych, by mogły bez przeszkód karmić i piastować nowo narodzone dzieci, wychodząc stopniowo z połogu. W niektórych kulturach – np. w krajach arabskich – matka męża zajmuje się karmieniem młodej matki i się nią opiekuje.

Ze smutkiem wypada stwierdzić, że w Stanach Zjednoczonych bardzo niewiele kobiet ma szczęście żyć w środowiskach, w których kultywuje się takie obyczaje. Matki w połogu z reguły nie mogą liczyć na pomoc sąsiedzką, a ich krewni nierzadko mieszkają na drugim końcu kontynentu. Matki mające łut szczęścia bywają odwiedzane przez niektórych członków rodziny i serdeczne przyjaciółki, przynoszące zwykle jakieś ciasto lub gorący posiłek. W lepszej sytuacji są kobiety należące do wspólnot religijnych lub organizacji społecznych, których członkowie świadczą sobie wzajemnie tego rodzaju usługi. Tak czy owak, trzeba przynajmniej próbować stworzyć własny krąg wsparcia. Może to być nawet jedna osoba umiejąca podtrzymać na duchu i dodać otuchy.

Podtrzymywanie kręgu wsparcia

Oto zasady najlepszego wykorzystania bezinteresownej pomocy:

- Nie oczekujcie, że ludzie będą czytać w waszych myślach – proście ich o pomoc.
- Podczas pierwszych sześciu tygodni proście o pomoc w zakupach, gotowaniu, podawaniu posiłków, sprzątaniu i zmywaniu oraz praniu; pozwoli to skupić się na dziecku i dobrze je poznać.
- Bądźcie realistkami. Proście ludzi tylko o to, co mogą dla was zrobić – nie wysyłajcie zapominalskiego taty do sklepu spożywczego bez karteczki z listą zakupów i nie proście mamy o pilnowanie dziecka w określonym czasie, wiedząc, że o tej właśnie godzinie regularnie gra w tenisa.
- Spiszcie harmonogram czynności przy dziecku, by zastępujące was osoby rozumiały plan dnia i mogły się do niego stosować.
- Przepraszajcie za burkliwe słowa... bo na pewno wam się wymkną!

Proponuję dokonanie oceny relacji rodzinnych, zaczynając od własnej mamy. Jeżeli stosunki z nią są dobre i serdeczne, to nie ma osoby o lepszych kwalifikacjach. Każda babcia kocha wnuki i gorąco pragnie ich bezpieczeństwa. Nie brak jej również doświadczenia. Moja praca w rodzinach, z którymi współdziałali dziadkowie, była zawsze wspaniała. W takiej sytuacji rozdzielam wszystkim zadania, o których podejmowaniu kobieta w połogu nie powinna nawet myśleć – od sprzątania odkurzaczem do naklejania znaczków na koperty.

Ten idylliczny obraz zmienia się dramatycznie, gdy młoda matka nie utrzymuje harmonijnych kontaktów z rodziną. Rodzice mogą się czasem niepotrzebnie wtrącać lub mieć krytyczny stosunek do młodego pokolenia. Jeżeli chodzi o karmienie piersią, babcia może okazać się równie niedoświadczona jak matka niemowlęcia. Uwagi może wyrażać subtelnie: „Dlaczego trzymasz go tak długo?", lub mniej delikatnie: „Ja tak nie robiłam". Jaki sens ma zwracanie się po pomoc w takich okolicznościach? Początkująca matka ma przecież wystarczająco dużo stresów, które z trudem stara się opanować. Nie sugeruję, by zabronić babci o odmiennych poglądach wstępu do domu, nie należałoby jednak zbytnio na niej polegać, wskazane byłoby natomiast uświadomienie sobie jej ograniczeń. (Patrz: tekst wyodrębniony na poprzedniej stronie).

Debiutujące matki pytają mnie często, jak unikać nieproszonych rad, zwłaszcza od osób, z którymi relacje są napięte. Sugeruję im, by przyjmowały wszelkie rady z właściwym dystansem. Jest to okres dużej niepewności i podatności na wpływy. Jeśli ktoś proponuje technikę lub praktykę odmienną od dotychczas stosowanej, to rada taka może być odbierana jako forma krytykowania, mimo iż jest przekazana w najlepszej wierze. Zanim dojdziecie do wniosku, że ktoś do was strzela, rozważcie, od kogo te strzały pochodzą. Być może osoba ta stara się wam pomóc i ma coś sensownego do zaoferowania. Słuchajcie uważnie wszelkich sugestii – od mamy, siostry, ciotki, babci, a także od lekarza pediatry i innych kobiet. Radzę wszystkich spokojnie wysłuchać i samodzielnie dokonywać wyborów, pamiętając, że rodzicielstwo nie jest tematem do dyskusji. Nie musicie polemizować i bronić swoich poglądów. Wychowanie dzieci jest sprawą osobistą i nie musimy być całkowicie zgodni w tej materii. Dzięki temu rodziny są niepowtarzalne.

WSKAZÓWKA: *Słysząc nieproszoną radę, możemy powiedzieć: „To bardzo interesujące; wygląda na to, że w waszej (twojej) rodzinie się sprawdziło". Nie przeszkadza nam to myśleć: „I tak zrobię po swojemu".*

Płatne opiekunki

Nie chcę uchodzić w oczach czytelników za brytyjską szowinistkę, muszę jednak stwierdzić, że w porównaniu z Anglią usługi w zakresie opieki nad małymi dziećmi są w Stanach Zjednoczonych obarczone licznymi mankamentami. W Wielkiej Brytanii opiekunka lub piastunka – nazywana przez nas często guwernantką – to poważna profesja ciesząca się szacunkiem społecznym, regulowana ścisłymi przepisami prawa. Aby móc uprawiać ten zawód, trzeba ukończyć trzyletnią szkołę dla guwernantek i guwernerów. Po przyjeździe do Ameryki byłam wprost zbulwersowana faktem, iż w tym kraju obcinanie paznokci wymaga licencji, podczas gdy opiekę nad dziećmi powierza się osobom bez jakichkolwiek kwalifikacji. W Stanach Zjednoczonych praktycznie każdy może podejmować tę pracę. Weryfikacja należy wyłącznie do rodziców i agencji pośrednictwa. Pracuję zwykle z rodzicami w pierwszych tygodniach życia ich dzieci, w związku z czym często uczestniczę w poszukiwaniach stałych opiekunek i pomagam w ich wyborze. Najdelikatniej mówiąc, jest to sprawa trudna – i nadzwyczaj stresująca.

WSKAZÓWKA: *Poszukiwanie niani trzeba rozpocząć co najmniej z dwu-, a najlepiej trzymiesięcznym wyprzedzeniem. Jeżeli więc matka chce wrócić do pracy po 6–8 tygodniach, licząc od porodu, to powinna zacząć się tym zajmować jeszcze w czasie ciąży.*

Poszukiwanie opiekunki z prawdziwego zdarzenia jest żmudne i wymaga znacznego wysiłku. Dziecko to nasz najcenniejszy skarb, zapewnienie mu dobrej opieki powinno więc być zadaniem najwyższej wagi. Należy zaangażować całą dostępną wiedzę i energię. Oto kilka kwestii do rozważenia.

Czego potrzebujemy? Pierwszym krokiem jest oczywiście ocena własnej sytuacji. Trzeba się zdecydować, czy chcemy zatrudnić opiekunkę na stałe, która zamieszka w naszym domu, czy też opiekunkę dochodzącą, a w drugim przypadku – czy będzie ona miała ustalone godziny pracy, czy też chcemy, by była dyspozycyjna i zastępowała nas wtedy, gdy tego potrzebujemy. Jeżeli osoba ta ma zamieszkać w naszym domu, to wiele szczegółów wymagać będzie ścisłego uporządkowania. Które części domu mają być dla niej niedostępne? Czy będzie żywiła się samodzielnie, czy też zasiądzie wraz z rodziną przy wspólnym stole? Czy będzie miała wychodne, w czasie gdy dziecko śpi? Czy przeznaczymy dla niej osobny pokój i czy będzie miała telewizor do swojej wyłącznej dyspozycji? W jakim zakresie będzie mogła korzystać z telefonu i kuchni oraz z przestrzeni i urządzeń rekreacyjnych, takich jak siłownia lub basen? Czy do jej obowiązków będą również należały prace domowe, a jeśli tak, to w jakim zakresie? Wiele doświadczonych opiekunek zgadza się co najwyżej na pranie rzeczy dziecięcych, a niektóre odmawiają wykonywania nawet i tego zadania. Musimy się również zastanowić, jakiego oczekujemy poziomu umiejętności czytania i pisania w naszym ojczystym języku. Osoba, której poszukujemy, powinna przynajmniej umieć odczytać nasze polecenia i komunikaty oraz prowadzić notatki dotyczące dziecka (patrz:

następna strona). Czy będziemy od niej również oczekiwali umiejętności korzystania z komputera i/lub prowadzenia samochodu? Czy chcemy, by miała własny samochód, czy też udostępnimy jej swój? Czy oczekujemy przeszkolenia w sztuce udzielania pierwszej pomocy i/lub umiejętności kulinarnych? Im więcej pytań postawimy sobie przed rozpoczęciem poszukiwań, tym lepiej będziemy przygotowani do rozmów z kandydatkami.

WSKAZÓWKA: *Proponuję sporządzenie listy czynności, których wykonywania oczekujemy. Przygotujemy się do rozmów ze zgłaszającymi się osobami, z którymi trzeba będzie omówić także kwestie wynagrodzenia, dni wolnych, ograniczeń, urlopów, premii oraz pracy w nadgodzinach.*

Agencje pośrednictwa mogą być pomocne, ale niekoniecznie. Istnieje wiele renomowanych agencji, zwykle jednak pobierają one honoraria za pośrednictwo w wysokości dwudziestu pięciu procent rocznego wynagrodzenia opiekunki. Lepsze agencje starannie selekcjonują kandidatki, oszczędzając w ten sposób czas klientów. Niestety, działają również na tym polu firmy mniej solidne, czyniące więcej szkody niż pożytku. Takie agencje nie sprawdzają referencji kandydatek, a czasem nawet przekazują nieprawdziwe informacje o historii ich pracy i o nich samych. Najlepszym sposobem dotarcia do dobrego, solidnego pośrednika jest przeprowadzenie wywiadu wśród doświadczonych znajomych. Jeżeli nie znamy nikogo, kto korzystał z takich usług, to pozostają nam czasopisma poświęcone rodzicielstwu. Rozmowę z agencją warto zacząć od pytania o liczbę osób lokowanych przez firmę w ciągu roku. Następnie pytamy o honorarium agencji i zakres świadczonych usług, a w szczególności o wstępną weryfikację kandydatek. Co się dzieje, gdy opiekunka nie wykonuje swoich obowiązków? Czy przewiduje się jakieś gwarancje? Jeżeli pośrednik nie potrafi znaleźć nikogo, kto spełniałby nasze oczekiwania, to nie powinien przyjmować od nas honorarium.

Rozmowa powinna być uważna i szczegółowa. Starajmy się ustalić, czego kandydatka oczekuje od pracy, o którą się ubiega. Czy jej wyobrażenia odpowiadają naszym potrzebom? Jeżeli nie, omówmy rozbieżności. Dowiedzmy się, jakie ma przygotowanie. Pytajmy o poprzednie miejsca pracy i przyczyny ich opuszczenia (patrz: tekst wyodrębniony na następnej stronie). Co myśli o uczuciach, dyscyplinie i odwiedzinach? Czy jest osobą samodzielną, czy też oczekuje instrukcji w najdrobniejszych sprawach? Każda z tych postaw jest do przyjęcia, chodzi jednak o to, czego matka oczekuje od opiekunki lub guwernantki. Na pewno nie będzie dobrze, gdy ktoś potrzebujący asystentki zatrudni sobie domowego dyktatora w spódnicy. Czy oprócz opieki nad dzieckiem kandydatka ma inne umiejętności, takie jak prowadzenie samochodu, a także cechy rokujące dobre, harmonijne stosunki? Należy również spytać o zdrowie, zwłaszcza gdy w domu są zwierzęta, których sierść może uczulać.

Kandydatki, których należy się wystrzegać

- Kandydatka pracowała ostatnio w wielu miejscach. Prawdopodobnie pracuje dorywczo lub popada w konflikty z zatrudniającymi ją osobami. Jeden lub dwa długoterminowe angaże w okresie ostatnich trzech lat wskazują na kompetencję i zaangażowanie.
- Kandydatka ostatnio nie pracowała. Może to oznaczać, że chorowała lub z innych powodów nie nadawała się do pracy.
- Kandydatka mówi źle o matkach, które ją zatrudniały. Jedna z takich osób, z którą kiedyś rozmawiałam, rozwodziła się długo na temat kobiety, u której poprzednio pracowała. Uważała ją za złą matkę, ponieważ ta wracała z pracy późnym wieczorem. Nie rozumiem tylko, dlaczego nie rozmawiała o tym wszystkim z kobietą, która ją zatrudniała.
- Kandydatka ma własne dzieci w wieku przedszkolnym. Istnieje ryzyko przenoszenia zarazków od jej dzieci, a także nagłego porzucenia pracy w sytuacji, gdy będą jej potrzebowały.
- Kandydatka cudzoziemka chce sobie załatwić prawo stałego pobytu. Nie jest to problem nie do rozwiązania, jeżeli chcemy jej pomóc. Jeżeli jednak nie bierzemy tego pod uwagę, musimy się liczyć z ryzykiem deportacji ukochanej piastunki.
- Kandydatka budzi w nas instynktowną niechęć. Zaufajmy intuicji. Nie zatrudniajmy kogoś, z kim nie czujemy się dobrze.

Właściwa osoba. „Chemia" jest ważna. Dlatego osoba wzbudzająca zachwyt przyjaciółki może okazać się odpychająca. Trzeba zadać sobie pytanie: „Czy chcę, by ta osoba była w moim domu?". Pamiętajmy, że nie ma ideałów – być może z wyjątkiem mitycznej Mary Poppins. Należy wziąć również pod uwagę wiek i energię. Jeśli w domu są schody lub mieszkamy w bloku na czwartym piętrze bez windy, to przydałby się ktoś młody i sprawny; byłoby to wskazane także wówczas, gdy nasze niemowlę ma nieco starszego braciszka lub siostrzyczkę. Wiele innych względów może przemawiać za tym, by guwernantką była osoba starsza i bardziej zrównoważona.

Samodzielna weryfikacja. Każdą zgłaszającą się osobę powinniśmy poprosić o przedstawienie przynajmniej czterech referencji z poprzednich miejsc pracy oraz zaświadczenia o niekaralności w ruchu drogowym, co określa w jakimś stopniu jej poziom odpowiedzialności. Wszystkie przedstawione referencje należy sprawdzić telefonicznie, a co najmniej dwie osobiście. Jeżeli któraś z opinii wydaje nam się przesadnie pozytywna, warto umówić się na spotkanie z tym, kto ją wystawił.

Wizyta w domu. Po wstępnej selekcji aranżujemy spotkania w mieszkaniach kandydatek. Podczas wizyt zwracamy szczególną uwagę na dzieci, jeżeli je mają. Zachowanie wobec własnych dzieci nie zawsze jest wskaźnikiem stosunku do czyjegoś dziecka, powierzonego opiece, zwłaszcza gdy są to dzieci starsze, możemy jednak zorientować się w dwóch ważnych sprawach: serdeczności i czystości.

Pamiętajmy o własnych zobowiązaniach. Mamy tu do czynienia z pewnego rodzaju partnerstwem – nie wynajmujemy przecież niewolnicy. Obie strony biorą na siebie zobowiązania, nie należy więc ich dokładać. Jeżeli np. w umowie nie było prac domowych, to nie powinniśmy oczekiwać ich wykonywania. Do obowiązków zatrudniającego należy również zapewnienie wszystkich niezbędnych środków – instrukcji, pieniędzy na drobne wydatki, numerów telefonów potrzebnych w życiu codziennym oraz takich, których trzeba będzie użyć w sytuacjach zagrożenia. Musimy pamiętać, że opiekunka ma swoje osobiste potrzeby, powinna więc mieć dni wolne oraz czas dla swojej rodziny i przyjaciół. Jeżeli jest osobą przyjezdną, należałoby ułatwić jej kontakty towarzyskie, informując o miejscowych świątyniach, ośrodkach społeczno-kulturalnych i klubach sportowych. Powinniśmy zadbać o to, by opiekunka nie czuła się w naszym domu osamotniona. Zajmowanie się małym dzieckiem od świtu do nocy jest dla niej równie niezdrowe jak dla matki, nie możemy więc jej pozbawiać kontaktów z ludźmi dorosłymi.

Regularna ocena pracy i natychmiastowe korygowanie błędów. Najlepszym sposobem utrzymania dobrych stosunków z kimkolwiek jest uczciwa wymiana myśli. W przypadku opiekunek do dzieci jest to sprawa o zasadniczym znaczeniu. Trzeba polecić prowadzenie dzienniczka, z którego będzie wynikało, co dzieje się pod naszą nieobecność. Jeżeli dziecko zacznie się dziwnie zachowywać w nocy lub pojawi się uczulenie, łatwiej będzie dojść, dlaczego tak się dzieje. Bądźmy szczerzy i bezpośredni, prosząc opiekunkę, by robiła coś inaczej. Rozmowy takie powinny odbywać się bez świadków, z zachowaniem taktu i wrażliwości. Zamiast mówić: „Nie tak przecież kazałam to robić", można powiedzieć: „Chciałabym, by pani przewijała (byś przewijała) dziecko w taki oto sposób".

Dzienniczek opiekunki

Osoba opiekująca się dzieckiem pod nieobecność matki powinna zgodnie z jej poleceniem notować wszystkie istotne zdarzenia. Poniżej zamieszczam wzór dzienniczka opiekunki, który można dopasować do własnych potrzeb i okoliczności. Warto go też zapisać w komputerze, co ułatwi późniejszą modyfikację w miarę rozwoju dziecka i zachodzących w jego życiu zmian. Wpisy powinny być szczegółowe i krótkie, by nie zajmowały opiekunce zbyt dużo czasu.

Karmienie
Butelki o godz.: . . . .
Nowy pokarm wprowadzony w dniu dzisiejszym: . . . .
Reakcja dziecka: ❑ Gazy ❑ Czkawka ❑ Wymioty ❑ Biegunka
Szczegóły: . . . .

Aktywność
W domu: ❑ Masaż przez . . . . . . min
Inne formy: . . . .
Poza domem: ❑ Spacer do parku ❑ Zabawa (np. *gymboree*) ❑ Basen
Inne formy: . . . .

Wydarzenia przełomowe
❑ Uśmiech ❑ Podnoszenie główki ❑ Przekręcanie się ❑ Siadanie
❑ Wstawanie ❑ Pierwsze kroki
Inne . . . .

Umówione spotkania
Lekarz . . . .
Zabawa z dziećmi . . . .

Zdarzenia szczególne
Wypadki . . . .
Inne niezwykłe wydarzenia . . . .

Obserwowanie własnych reakcji emocjonalnych. Obawy i lęki wynikające z przekazania opieki nad dzieckiem innej osobie mogą mieć wpływ na naszą opinię o zachowaniach opiekunki. Nawet wówczas, gdy moja mama opiekowała się Sarą, byłam odrobinę zazdrosna o ich wzajemny związek. Wiele pracujących kobiet, którym udało się znaleźć wspaniałe i godne zaufania piastunki, relacjonuje w rozmowach ze mną ból, jaki sprawia im myśl, że to nie one są świadkami pierwszego uśmiechu i pierwszych kroków swoich dzieci. Radzę im rozmawiać o tych uczuciach z partnerami lub dobrymi przyjaciółkami. Nie należy się tego wstydzić; niemal wszystkie matki miały z nimi do czynienia. Pamiętajcie, że to wy jesteście matkami i nikt was w tej roli nie może zastąpić.

ROZDZIAŁ VIII

WIELKIE OCZEKIWANIA – WYJĄTKOWE OKOLICZNOŚCI I NIEPRZEWIDZIANE ZDARZENIA

W sytuacjach zagrożeń i kryzysów przekonujemy się,
jak wielkie są nasze siły życiowe w porównaniu
z naszymi wyobrażeniami o nich.

– William James

Najlepsze plany to nie wszystko

Zakładając rodzinę, każdy z nas liczy na bezproblemowe poczęcia, prawidłowe ciąże, łatwe i nieskomplikowane porody oraz zdrowe dzieci. Niestety, natura nie zawsze tak hojnie nas obdarza.

Może na przykład wystąpić bezpłodność. Wtedy w grę wchodzi adopcja lub tzw. technologia reprodukcji wspomaganej (ART), które to określenie mieści w sobie różne alternatywne sposoby ominięcia tradycyjnego poczęcia. Jednym z nich w Stanach Zjednoczonych jest wynajęcie matki zastępczej, czyli kobiety, która nosi cudzą ciążę i rodzi cudze dziecko. Adopcja dzieci tej samej lub innej narodowości jest rozwiązaniem znacznie częściej stosowanym.

Po zajściu w ciążę mogą wystąpić różne nieprzewidziane okoliczności. Możemy się dowiedzieć, że ciąża jest bliźniacza lub potrójna – co jest oczywiście szczególnym błogosławieństwem, ale jednocześnie perspektywą dość przerażającą. Przebieg ciąży może wymagać leżenia w łóżku. Kobiety po trzydziestym piątym roku życia – zwłaszcza te, które przyjmowały leki przeciw bezpłodności – będą prawdopodobnie musiały wykazać więcej ostrożności niż ich młodsze koleżanki. Rozpoznana wcześniej choroba przewlekła, np. cukrzyca, oznacza, że mamy do czynienia z ciążą zwiększonego ryzyka.

Komplikacje mogą też dotyczyć samego porodu. Zdarzają się porody przedwczesne oraz takie, których przebieg uzasadnia dłuższy pobyt w szpitalu. Szczególnie niekorzystna jest sytuacja, w której kontakt dziecka z matką zostaje przerwany natychmiast po jego narodzinach. Tak było w przypadku Kayli, która musiała opuścić szpital bez noworodka, ponieważ jej Sasha urodziła się trzy tygodnie przed terminem. Delikatna, maleńka dziewczynka miała wodę w płucach i przez sześć dni przebywała w inkubatorze. Kayla, sportsmenka, tak wspominała to wydarzenie: „Czułam się tak, jakby w chwili rozpoczęcia zawodów ktoś przyszedł i powiedział: »Start został odłożony; nie przejmujcie się«".

Są szanse...

Adopcja. W latach dziewięćdziesiątych rodziny amerykańskie adoptowały około 120 000 dzieci rocznie. W około czterdziestu procentach przypadków o wyborze dziecka decydowały prywatne znajomości rodziców, w piętnastu procentach pośredniczyły agencje, w trzydziestu pięciu procentach – lekarze i prawnicy, a w dziesięciu procentach adoptowano dzieci z innych krajów.

Ciąża zastępcza. Nie ma na ten temat oficjalnych danych, lecz z szacunków Organizacji Rodzicielstwa Zastępczego (Organization for Parenting Through Surrogacy, OPTS) wynika, że po 1976 roku w Stanach Zjednoczonych przyszło w ten sposób na świat co najmniej 10 000–15 000 dzieci.

Ciąże mnogie. Średni odsetek ciąż bliźniaczych wśród żywych urodzeń wynosi jeden i dwie dziesiąte procent, a trojaczki zdarzają się raz na 6889 udanych porodów. Wskaźniki te zaczęły dramatycznie wzrastać po wprowadzeniu leków w leczeniu bezpłodności. Np.: po clomidzie prawdopodobieństwo ciąży bliźniaczej wzrasta do ośmiu procent, a prawdopodobieństwo ciąży potrójnej do pięć dziesiątych procent; dla pergonalu wskaźniki te wynoszą odpowiednio osiemnaście procent i trzy procent.

Porody przedwczesne. Prawdopodobieństwo porodu przedwczesnego jest większe u kobiet powyżej trzydziestego piątego roku życia, w przypadkach ciąż bliźniaczych oraz w pewnych szczególnych okolicznościach, takich jak silny stres, przewlekła choroba (np. cukrzyca), infekcja lub komplikacje w przebiegu ciąży (np. łożysko przodujące).

Na temat bezpłodności, adopcji, ciąż mnogich i komplikacji porodowych napisano wiele książek. W tym poradniku położyłam nacisk na praktyczne zastosowanie prezentowanych koncepcji niezależnie od tego, jak dziecko zostało poczęte, w jakich okolicznościach przyszło na świat oraz jakie problemy w związku z tym powstały.

Gdy zaczynają się kłopoty

Niezależnie od komplikacji i kłopotów, które nas spotykają, pojawiają się pewne typowe odczucia. Znajomość tego, czego możemy oczekiwać, pomaga uniknąć pułapek.

Większe wyczerpanie, większe obciążenie emocjonalne i większy niepokój o wszystko. Po trudnej ciąży lub ryzykownym porodzie kobieta jest zupełnie wyczerpana, zwłaszcza gdy urodziła bliźnięta lub trojaczki. Nieoczekiwane komplikacje przy porodzie wywołują w jej organizmie szok utrzymujący się przez wiele dni i tygodni. Każda matka po porodzie jest wyczerpana, jeżeli więc pojawiają się nieprzewidziane, negatywne okoliczności, wówczas mamy do czynienia z wyczerpaniem skrajnym, a długotrwałe napięcie może rzutować nie tylko na zdolność pełnienia funkcji rodzicielskich, lecz także na związek z partnerem.

Nie ma na to wszystko żadnej magicznej pigułki; podniesienie temperatury emocji towarzyszy każdej sytuacji kryzysowej. Jedyne antidotum to wypoczynek i przyjęcie oferowanej pomocy. Istotna jest również świadomość, iż to, co się z nami dzieje, minie.

Poważne zmartwienia

Jeżeli u dziecka zauważymy którykolwiek z wymienionych niżej objawów, należy zwrócić się do lekarza pediatry.

- Suchość ust, brak łez lub ciemne zabarwienie moczu (świadczące o odwodnieniu)
- Ropa lub krew w stolcu bądź jego trwałe zabarwienie na kolor zielonkawy.
- Biegunka trwająca dłużej niż osiem godzin lub biegunka, której towarzyszą wymioty
- Wysoka gorączka
- Ostre bóle brzucha

Większe obawy o utratę dziecka – nawet po jego urodzeniu. Niepokój kobiety, która starała się zajść w ciążę od sześciu czy siedmiu lat lub też miała trudną ciążę i poród, wcześniej już znaczny, może wzrosnąć jeszcze bardziej po urodzeniu dziecka. Nawet przy adopcji występuje tendencja do traktowania drobnych błędów i niepowodzeń jak potencjalnych katastrof. Matka w takim stanie obsesyjnie sama siebie przekonuje, że robi coś źle. Kayla przyznała, że oboje z mężem obawiali się, by „nie zabić swojego dziecka". Sasha początkowo dobrze się przysysała, lecz po trzech tygodniach zaczęła marudzić podczas karmienia. Nabrawszy wprawy, opróżniała piersi matki znacznie szybciej, jednak Kayla natychmiast zinterpretowała to zachowanie jako „problem".

I znów najlepszym środkiem jest samoświadomość. Trzeba sobie zdawać sprawę, że jest się na krawędzi, co może utrudniać postrzeganie zjawisk we właściwych proporcjach. Zamiast wyciągać pochopne wnioski, zasięgnijmy opinii pediatry, pielęgniarek środowiskowych lub przyjaciółek mających dzieci nieco starsze. W ten sposób można ustalić, co jest „normalne". Poczucie humoru również nie boli. Kayla wspomina: „Gdy wywrzaskiwałam do Paula swoje neurotyczne teksty w rodzaju: »Nie przewijaj jej w ten sposób!« lub: »Muszę ją zaraz nakarmić!« – nawet gdy Sasha nie była głodna i nie płakała, odpowiadał: »Znów włączyłaś swoją starą płytę?«. Przeważnie opamiętywałam się i uspokajałam". Kayla uspokoiła się, gdy Sasha skończyła trzy miesiące. Zauważyłam, że tyle czasu potrzeba matkom ogarniętym silnym niepokojem.

Rozmyślania: „Czy dobrze zrobiłam?". Załóżmy, że zrobiłaś naprawdę dużo, by mieć dziecko. Od lat próbowałaś zajść w ciążę, cierpiałaś podczas długiego procesu adopcyjnego, przeżywałaś po drodze liczne rozczarowania i w końcu, będąc matką, zaczynasz się zastanawiać, czy wszystko to było naprawdę warte wysiłku, zwłaszcza gdy los dał ci więcej, niż oczekiwałaś, np. dwojaczki lub trojaczki, co się często zdarza po leczeniu bezpłodności. Sophia doczekała się dziecka dzięki matce zastępczej imieniem Magie, którą zapłodniono nasieniem Freda i którą opiekowała się przez następne dziewięć miesięcy. Do dnia porodu wszystko przebiegało bez zakłóceń, gdy jednak trzeba było zająć się noworodkiem, Sophia się załamała. Z medycznego punktu widzenia jej hormony nie uczestniczyły w ciąży. Wspominała: „Narodziny Becki przyjęłam z radością, jednak ogarnęły mnie sprzeczne uczucia i wątpliwości".

Cierpienia, jakie były udziałem Sophii, zdarzają się często, tylko matki nie chcą się do nich przyznać. Uczucia takie wprawiają je w zakłopotanie, a nawet zawstydzenie, wolą więc o nich nie mówić. W rezultacie wiele matek nie zdaje sobie sprawy, jak bardzo typowe są ich emocje. W głębi serca nikt oczywiście nie chce odwracać się od swojego dziecka. Niemniej jednak emocje mogą nas przerastać, a panująca w tej kwestii zmowa milczenia sprawia, że kobiety czują się osamotnione i wyobcowane. W tych warunkach trudno im uwierzyć, że negatywne nastroje i lęki w końcu przeminą. Kiedy Becca kończyła trzeci miesiąc, Sophia z dnia na dzień lepiej czuła się w roli matki.

Jeśli to, co się wam przydarzyło, przypomina historię Sophii, nie upadajcie na duchu. Można się pozbyć tego rodzaju uczuć, zwłaszcza gdy się pamięta, że nie trwają wiecznie. Zapewnijcie sobie wsparcie doradcy, grupy, innych rodziców mających podobne doświadczenia. Zawsze znajdą się ludzie, którzy mogą pomóc w sytuacji adopcyjnej, w przypadku macierzyństwa mnogiego, po trudnym porodzie czy też w opiece nad niemowlęciem, którego potrzeby wydają się nieuporządkowane.

Skłonność do uzależniania się od ocen zewnętrznych, przedkładanych nad własną ocenę sytuacji. Kobiety podejmujące leczenie bezpłodności w klinikach nawiązują zwykle uzależniające kontakty z lekarzami i innymi pracownikami służby zdrowia. W przypadkach noworodków o zaniżonej wadze podobna relacja może dotyczyć położnych i pielęgniarek w szpitalu. Po powrocie do domu wiele matek popada w zależność od zegarka i wagi dla niemowląt. Mierzą czas każdego karmienia, zadając sobie niepokojące pytanie: „Czy karmienie trwa wystarczająco długo i czy zapewniło dziecku dostateczną ilość pożywienia?". Przyzwyczajone do nieustannych konsultacji lekarskich i pielęgniarskich, znalazłszy się sam na sam z dzieckiem w domu, czują się jak samotny żeglarz na pełnym morzu.

Nie twierdzę, że zbędne są opinie profesjonalistów i dokładne pomiary. W pierwszych dniach i tygodniach trzeba się upewnić, czy dziecko prawidłowo przybiera na wadze i rośnie. Rodzice mają jednak przesadną skłonność do polegania na autorytetach zewnętrznych długo po wyprowadzeniu dziecka na prostą i rozwiązaniu problemów zdrowotnych. Gdy niemowlę przybiera na wadze, wystarczy ważenie raz w tygodniu; nie musimy robić tego codziennie. Należy oczywiście korzystać z fachowej pomocy, jeśli zachodzi taka potrzeba, zanim jednak zdecydujemy się alarmować, zastanówmy się nad tym, jak sami oceniamy sytuację i jakie widzimy rozwiązanie. Traktując opinie specjalistów jako potwierdzenie własnych przypuszczeń, a nie jako jedyną wytyczną, zwiększamy zaufanie do własnych ocen.

Niezdolność postrzegania dziecka jako niepowtarzalnej istoty ludzkiej. Niektórzy rodzice niechcący grzęzną w kompleks „chorego dziecka". Lęki i obawy zaburzają ich postrzeganie, w związku z czym nie potrafią uwolnić się od emocji wywołanych przedwczesnym lub trudnym porodem. Jeżeli ktoś mówi o własnym potomku per dziecko (a nie po imieniu), to znaczy, że nie widzi w nim istoty ludzkiej. Pamiętajmy: nasza pociecha nie przestała być indywidualnością, przychodząc na świat z pewnymi kłopotami. Niektórzy zupełnie o tym zapominają, widząc półtora- lub dwukilogramowego noworodka leżącego w inkubatorze z podłączonymi rurkami. Z takim dzieckiem również trzeba nawiązać rozmowę. Trzeba do niego przemawiać, obserwować jego reakcje i starać się zrozumieć, kim jest. Po przewiezieniu do domu, a zwłaszcza po osiągnięciu terminu normalnego porodu (który bywa zwykle podstawą do określenia rozwojowego „wieku" wcześniaka), kontynuujemy uważną i spokojną obserwację.

Podobne zjawisko może wystąpić przy ciążach i porodach mnogich – bliźnięta lub trojaczki funkcjonują jako „dzieci", „niemowlaki" itp., mimo iż mają swoje imiona. Badania wykazały również, że rodzice bliźniąt mają skłonność do spoglądania pomiędzy nie. Pamiętajmy więc, iż są to osoby, i patrzmy im prosto w oczy. Zapewniam państwa, że każde z nich ma swoją własną, odrębną osobowość i potrzeby.

Opór wobec uporządkowania czynności przy dziecku. Niemowlę urodzone przedwcześnie lub mające wagę poniżej normy musi być karmione częściej i powinno więcej spać niż normalny noworodek. Oczywiste jest również to, że pragnąc pomóc dziecku choremu, musimy podawać mu leki. Gdy jednak niemowlę osiągnęło już wagę trzech kilogramów, wdrożenie Łatwego Planu (patrz: rozdział II) jest nie tylko możliwe, ale ze wszech miar wskazane. Niestety, niektórzy rodzice nadal uważają, że ich dziecko jest niedożywione, i nawet po wielu miesiącach nie uświadamiają sobie, że dawno już dogoniło rówieśników.

Także w przypadkach adopcji niektórzy rodzice sprzeciwiają się wprowadzaniu zasad Łatwego Planu, ponieważ nie mają odwagi narzucić dziecku – jak im się wydaje – zbyt wielu zmian. Często pozwalają mu wodzić się za nos, co oczywiście zawsze prowadzi do chaosu. Powtarzam wówczas to, co już wcześniej napisałam: „Przecież to jest niemowlę. Dlaczego dajecie mu ster do ręki?". W niektórych skrajnych przypadkach niemowlę znajduje się jak gdyby „pod ochroną" i staje się przedmiotem domowego kultu. Znajoma para nazywa tę rodzicielską aberrację dzieciokracją. Dla uniknięcia wątpliwości pragnę podkreślić, że nie zamierzam zniechęcać rodziców do otaczania dzieci miłością, troską i uwielbieniem – wręcz przeciwnie. Źle się jednak czuję w rodzinach niezrównoważonych, w których niemowlę rządzi dorosłymi.

Takie rodzicielskie pułapki istnieją oczywiście w każdym domu, prawdopodobieństwo wpadania w nie jest jednak większe, gdy pierwszym chwilom dziecka towarzyszyły jakieś wyjątkowe okoliczności. Zajmiemy się teraz konkretnymi sprawami, z którymi rodzice mogą mieć do czynienia.

Dzieci adoptowane
i urodzone przez matki zastępcze

Odbiór niemowlęcia adoptowanego bądź urodzonego przez matkę zastępczą może odbywać się w szpitalu, w siedzibie agencji pośredniczącej, w kancelarii prawniczej lub na lotnisku. Chwila ta bywa często zakończeniem długich i uciążliwych zabiegów, na które składały się podania, wizyty domowe, niezliczone rozmowy telefoniczne, spotkania z kandydatkami na matki zastępcze, a także rozczarowania, gdy jakieś ustalenia nie sprawdzały się lub były w ostatniej chwili unieważniane.

WSKAZÓWKA: *Gdy angażuje się matkę zastępczą, powinno się ją poprosić o odtwarzanie nagrań z głosem kobiety, która będzie dziecko wychowywała, by mogło ono słyszeć jej głos w okresie życia płodowego.*

Ciąża daje kobiecie dziewięć miesięcy na przygotowanie się do porodu i macierzyństwa. Chociaż mogą w tym okresie pojawiać się wątpliwości, to jednak jest on wystarczająco długi, by przyzwyczaić się do nowej sytuacji. W przypadku adopcji noworodka jest inaczej, ponieważ trudno przewidzieć termin, w którym nadejdzie wezwanie do odbioru dziecka. Pierwszy kontakt z adoptowanym niemowlęciem jest zwykle szokujący. „Pamiętam widok kobiet przechodzących do wyjścia z niemowlętami na rękach – opowiadała mi jedna z takich kobiet. – Pomyślałam sobie wtedy: „Boże! Jedno z nich jest moje". Dodatkowym stresem jest podróż, w którą adopcyjni rodzice udają się zwykle ze swoim nowym dzieckiem. Szok jest więc podwójny – pierwszy kontakt z dzieckiem łączy się z niesamowitym przeżyciem, jakim jest przywiezienie go do domu.

We wszystkich formach prokreacji zastępczej ktoś inny nosi ciążę i rodzi dziecko, które jest potem formalnie adoptowane, istnieją jednak między nimi pewne istotne różnice. Kontrakty z matkami zastępczymi są trudniejsze i bardziej skomplikowane w sensie prawnym w odróżnieniu od zwykłych adopcji. Można też powiedzieć, że jest to rozwiązanie, w którym wszystko stawia się na jedną kartę nie tylko z racji uzależnienia od jednej kobiety, matki zastępczej, lecz także z tego powodu, że co dziesiąta sztucznie wywołana ciąża kończy się poronieniem. Decydując się na adopcję, mamy do wyboru większą liczbę przyszłych matek; możemy też korzystać z usług agencji działających w kraju i za granicą. Z obydwiema opcjami związane są koszty. Są one zwykle większe w przypadku angażowania matki zastępczej (będącego działaniem mniej tradycyjnym), zwłaszcza gdy zapłodnienie odbywa się w laboratorium (co nie jest jedynym praktykowanym rozwiązaniem). Sophia i Magda na przykład spotkały się w pięknym hotelu z widokiem na morze, gdzie po wspólnej herbatce z ciasteczkami Sophia zaplemniła Magdę nasieniem Freda, używając do tego kuchennego narzędzia do polewania pieczeni tłuszczem!

Motywacje, którymi kierują się matki zastępcze, mogą wywoływać bardzo różne sytuacje. Zdarza się, że jakaś kobieta świadomie pragnie pomóc bezpłodnej parze, nosząc ciążę. Często odgrywa ona w procesie selekcji i wyboru rolę równie ważną i aktywną jak rodzice adopcyjni, a nawet może mieć z nimi powiązania biologiczne (jest tak w przypadku, gdy zadania tego podejmuje się siostra lub ciotka bezpłodnej kobiety). Przy zwykłej adopcji biologiczna matka oddaje swoje dziecko, ponieważ czuje się zbyt młoda lub zbyt stara, by je wychować, bądź też nie dysponuje zasobami finansowymi i/lub emocjonalnymi niezbędnymi do podjęcia tego trudu. Osoba taka może mieć jakieś wcześniejsze lub aktualne powiązania z rodzicami adopcyjnymi, lecz nie musi. Może nawet w ogóle ich nie znać.

Rodzice angażujący matkę zastępczą najczęściej interesują się przebiegiem jej ciąży, w związku z czym wiedzą dokładnie, kiedy otrzymają dziecko. W niektórych przypadkach – takich jak Sophii – związek z matką zastępczą jest bardzo bliski; rodzice adopcyjni znają jej dzieci, a jej rodzina staje się w końcu częścią ich rodziny. „Byłam pierwszą osobą trzymającą Beccę na rękach – wspomina Sophia, która asystowała przy porodzie Magdy. – Tego samego wieczoru zabrałam ją do hotelu i spałam z nią".

Prokreacja z udziałem matki zastępczej – o ile przebiega prawidłowo i harmonijnie – jest dla rodziców adopcyjnych bardziej realistyczna i przewidywalna niż adopcja tradycyjna, w której dokładny termin odbioru dziecka nie jest możliwy do przewidzenia. Pamiętam telefoniczną rozmowę, którą odbyłam pewnej niedzieli. Zadzwoniła do mnie kobieta imieniem Tammy oczekująca dziecka przeznaczonego do adopcji i chciała się zorientować, w jakich terminach mogłaby liczyć na moją pomoc. Obie byłyśmy zszokowane, gdy cztery dni później, w czwartek, nadeszła oczekiwana wiadomość – dziecko miało być odebrane w następnym dniu. I jak tu mówić o przygotowaniach, skoro Tammy czekała podróż samolotem na dystansie 1600 km oraz odbiór dziecka ze szpitala. Nigdy nie widziała matki tego dziecka. Wszystko, czym dysponowała, to świadectwo zdrowia noworodka oraz miłość, która natychmiast przepełniła jej serce na widok drobnej, bezradnej istoty leżącej na jej rękach.

Spotkanie rodziców z niemowlęciem adoptowanym

Po przywiezieniu maleństwa do domu trzeba zwrócić uwagę na kilka ważnych kwestii.

Nawiązanie i podtrzymanie dialogu. Z adoptowanym dzieckiem matka powinna rozmawiać od pierwszej chwili kontaktu z nim – co do tego nie ma wątpliwości. Jeżeli niemowlę słyszało jej głos (z nagrań) w okresie płodowym – tym lepiej. W wielu przypadkach nie jest to jednak możliwe. Tak czy owak, trzeba się dziecku przedstawić i powiedzieć mu, jak bardzo jest się szczęśliwym z jego przybycia. Niemowlęta adoptowane pochodzące z innych kultur dłużej przystosowują się do głosu matki, jego wysokości, intonacji oraz wzorców mowy, które różnią się od tych, do których przywykły. Dlatego sugeruję zwykle matkom znalezienie – o ile jest to możliwe – opiekunki tej samej narodowości, z której dziecko się wywodzi.

Pierwsze dni mogą być trudne. Przyjazd do „domu" może zdezorientować noworodka, który oprócz zwykłej traumy urodzeniowej bombardowany jest dodatkowo mnóstwem dziwnych i obcych głosów, a często musi także znosić trudy długiej podróży. Dlatego właśnie wiele adoptowanych niemowląt intensywnie płacze po przyjeździe do domu swoich nowych rodziców. Tak było również w przypadku Huntera, którego przyjęła Tammy. Aby ukoić jego lęki i pomóc w przystosowaniu do nowego otoczenia, była z nim stale przez pierwsze dwie doby, śpiąc tylko podczas jego drzemek. Mówiła do niego bez przerwy, dzięki czemu trzeciego dnia stał się spokojniejszy. Można przypisywać takie zachowanie dziecka zmęczeniu długą podróżą samolotem, jednak uważam, że tęskniło ono po prostu do kobiety, która chodziła z nim w ciąży i która je urodziła, a w szczególności do jej głosu.

Nie zniechęcajmy się tym, że nie możemy karmić piersią. Jest to bardzo poważny problem dla matek adopcyjnych. Wiele z nich odczuwa instynktowną potrzebę naturalnego karmienia bądź chciałoby zapewnić dziecku korzyści z karmienia piersią. To drugie pragnienie można zrealizować, jeśli matka zastępcza zgodzi się odciągać pokarm przez pierwszy miesiąc po porodzie. Znam wiele rodzin, dla których pokarm zamrażano i przesyłano w ciągu jednego dnia z drugiego krańca kontynentu.

Obserwujmy dziecko w ciągu kilku dni przed wprowadzeniem Łatwego Planu. Każdego noworodka powinno się możliwie jak najszybciej przyzwyczaić do regularności (patrz: rozdział II), jednak w przypadku adopcji warto poświęcić kilka dni na uważną obserwację. Trzeba oczywiście wziąć pod uwagę, kiedy dziecko dotarło do domu. Jeżeli rodzi je matka zastępcza, to zdarza się możliwość kontaktu z nim bezpośrednio po porodzie; postępujemy wówczas tak samo jak z własnym noworodkiem. W przypadkach adopcji innego typu między narodzinami a przekazaniem dziecka może upłynąć kilka dni, a czasem nawet kilka miesięcy (możliwa jest oczywiście także adopcja dziecka starszego, w tej książce zajmujemy się jednak wyłącznie niemowlętami). Niemowlęta dwu-, trzy- lub czteromiesięczne oczekujące na adopcję w sierocińcu lub domu opieki są zwykle obsługiwane według sztywnych harmonogramów. Ponadto z racji dodatkowego stresu związanego ze zmianą środowiska dziecko potrzebuje dłuższego czasu na przystosowanie. Najważniejsze, abyśmy go słuchali. Każde niemowlę powie nam, czego potrzebuje.

Nawet wówczas, gdy przywozimy noworodka wprost ze szpitala, powinniśmy uważnie go obserwować, przyglądać mu się i rozpoznawać jego potrzeby. Hunter – adoptowany synek Tammy – już po czterech dniach poczuł się u niej jak u siebie w domu i wkrótce się okazało, że jest klasycznym Dzieckiem Podręcznikowym. Jadł dobrze, jego nastroje były łatwe do przewidzenia, spał po dwie godziny bez przerw i w niedługim czasie Tammy z łatwością przyzwyczaiła go do Łatwego Planu.

Dzieci adoptowane zachowują się jednak różnie, podobnie jak wszystkie inne niemowlęta. Trzeba brać pod uwagę wcześniejsze doświadczenia dziecka. Jeżeli sprawia wrażenie szczególnie zdezorientowanego, należy nie tylko przemawiać do niego, lecz także nie skąpić mu bliskiego kontaktu. Mówiąc prościej, trzeba takie dziecko nosić na rękach. Przez pierwsze cztery dni możliwe jest też symulowanie środowiska prenatalnego; powinno się w tym celu nosić niemowlę przy ciele, możliwie blisko okolicy serca. Nie radzę tego jednak robić dłużej niż przez cztery dni. Kiedy widzimy uspokojenie i żywszą reakcję na głos matki, możemy rozpocząć wprowadzanie Łatwego Planu. W przeciwnym razie możemy wywołać problemy rodzicielskie, które opiszę w następnym rozdziale.

Adoptując niemowlę nieco starsze, przyzwyczajone do harmonogramu niezgodnego z założeniami Łatwego Planu – np. zasypiające natychmiast po każdym karmieniu – możemy łagodnie i stopniowo je przestawiać, trzeba jednak robić to bardzo powoli w ciągu kilku kolejnych dni. Zaczynamy od ustalenia ilości pokarmu, którą dziecko przyjmuje. Większość niemowląt adoptowanych korzysta z mleka modyfikowanego podawanego w butelkach.

Wiemy dość dokładnie, że mleko początkowe trawione jest w tempie około 30 ml na godzinę, możemy więc ocenić, czy dziecko otrzymuje wystarczającą ilość pożywienia na trzy godziny, które miną do następnego karmienia. Jeżeli niemowlę zasypia z butelką w buzi, gdyż tak zostało przyzwyczajone, budzimy je (patrz: wskazówka na s. 108). Po każdym karmieniu bawimy się z nim przez chwilę, by je odzwyczaić od zasypiania po jedzeniu. Po kilku dniach przestrzeganie zasad Łatwego Planu nie powinno już sprawiać trudności.

Pamiętajmy, że jesteśmy rodzicami, mimo iż nasze dziecko zostało adoptowane. Kobieta, która zdecydowała się adoptować dziecko w sposób tradycyjny lub z udziałem matki zastępczej, w początkowym okresie kontaktu z nim może mieć uczucie, że nie zasłużyła na nie, bądź nie wie, co ma z nim robić. Jednak po trzech miesiącach jej odczucia nie różnią się od tych, których doświadcza matka biologiczna. Adopcji nie trzeba usprawiedliwiać. Rodzicielstwo to przecież działanie, a nie słowo. Opiekując się dzieckiem, siedząc z nim w nocy, gdy jest chore, i pełniąc przy nim wszystkie rodzicielskie obowiązki, zasługujemy na miano matki lub ojca także wtedy, gdy nie jesteśmy rodzicami biologicznymi.

Wielu rodziców dzieci adoptowanych w głębi duszy zadaje sobie pytanie: „Czy moje dziecko zechce odnaleźć prawdziwą matkę, gdy dorośnie?". Można oczywiście przewidywać takie zdarzenie, nie trzeba się jednak tym zawczasu martwić. Musimy szanować prawo każdego człowieka do badania własnej przeszłości i własnych korzeni. To powinna być jego suwerenna decyzja. Jestem pewna, że ciekawość będzie tym większa, im bardziej rodzice się jej boją.

Bądźmy otwarci. Idea adopcji powinna być stałym elementem dialogu z dzieckiem. W ten sposób unikniemy wątpliwości, „kiedy" należy powiedzieć mu prawdę o jego pochodzeniu. Jeżeli chodzi o macierzyństwo zastępcze, proponuję analogię z roślinami. Załóżmy, że mamy w domu betonowe podwórko, a sąsiedzi urodzajną glebę. Dajemy im nasionka, a kiedy roślinki wzejdą, zabieramy je do siebie i hodujemy w pięknych donicach. Podlewamy je regularnie, pielęgnujemy i pomagamy im rosnąć.

„Otwartość", o której mówię, nie musi koniecznie oznaczać utrzymywania kontaktu z matką zastępczą. Jest to złożona i bardzo osobista decyzja, którą rodzice muszą podjąć wspólnie po starannym rozważeniu swojej sytuacji. Bez względu na to, jaka ona będzie, w stosunkach z dzieckiem obowiązuje nas uczciwość w sprawach jego początków. Podam przykład kobiety imieniem Charlotte, która z matką zastępczą nie utrzymywała żadnych kontaktów. W tym przypadku do organizmu matki zastępczej wprowadzone zostało nie tylko nasienie męża Charlotte, lecz także jej własna komórka jajowa (w odróżnieniu od opisanego wcześniej przypadku Sophii, w którym inna kobieta była zaplemniona nasieniem jej męża). Oznacza to, że dziecko, choć urodzone przez kogo innego, biologicznie i genetycznie było ich dzieckiem. Natychmiast po udanym porodzie Charlotte i jej mąż Mack zerwali wszelkie kontakty z Vivian, ponieważ uznali, że jej rola w ich życiu i w życiu ich dzieci już się zakończyła. „Miała ich u siebie przez dziewięć miesięcy, a teraz są nasi" – mówi Charlotte o swoich chłopcach. Zdjęcie Vivian stoi jednak w ich pokoju, a w rodzinie nie unika się rozmów o niej. „Tatuś i ja jesteśmy szczęśliwi – opowiada swoim synkom. – Ja nie mogłam mieć dzieci w moim brzuszku, ale znaleźliśmy Vivian – cudowną kobietę, która nosiła was w swoim do chwili, gdy byliście gotowi przyjść na świat". Prawdziwą historię ich narodzin Charlotte opowiadała im od samego początku.

Nie bądźcie zdziwione, jeśli zajdziecie w ciążę. Nie, nie są to opowieści starych ciotek, chociaż nikt nie jest całkiem pewien, dlaczego bezpłodne kobiety nagle zachodzą w ciążę po adopcji dziecka. Regina, której lekarze powiedzieli, że nigdy nie będzie mogła mieć własnych dzieci, adoptowała noworodka. I oto po kilku dniach kobieta ta zaszła w ciążę! Być może adopcja uwolniła ją od podświadomej presji, że „musi" lub „powinna" począć, i blokada ustąpiła; być może zadziałał jeszcze jakiś inny nieznany mechanizm. Tak czy owak, Regina ma teraz dwójkę dzieci różniących się wiekiem o dziewięć miesięcy. Jest wdzięczna swojemu adoptowanemu synkowi i pewna, że to on „pomógł" jej począć. Dlatego nazywa go „cudownym dzieckiem".

Narodziny przed terminem i chwiejne początki

Skoro mówimy o cudach, pragnę zauważyć – z perspektywy wieloletniego doświadczenia – że wspaniały i niczym niezakłócony rozwój niemowląt urodzonych przedwcześnie, nawet takich, którym nie dawano jednego dnia życia, nie jest bynajmniej zjawiskiem wyjątkowym. Żywym przykładem może być moja młodsza córka, którą urodziłam siedem tygodni przed terminem i która musiała spędzić w szpitalu pięć pierwszych tygodni swojego życia. W Anglii pozwala się matkom czuwać przy takich dzieciach; czyniłam tak przez trzy tygodnie, a przez następne dwa kursowałam między szpitalem i domem – w nocy byłam z Sarą w domu, a w dzień – z Sophie w szpitalu.

Ponieważ sama tego doświadczyłam, czuję szczególny sentyment do rodziców wcześniaków oraz noworodków, które z innych powodów muszą być umieszczane na pewien czas w inkubatorach. Jednego dnia przepełnia nas nadzieja, nazajutrz paraliżuje strach, gdy płuca dziecka przestają funkcjonować. Znam ową obsesję obserwowania każdego grama przyrostu wagi, lęk przed infekcjami, obawy związane z możliwością opóźnienia w dalszym rozwoju oraz wiele innych problemów pojawiających się w takich okolicznościach. Widzimy niemowlę leżące w inkubatorze i czujemy się zupełnie bezradni. Trwa okres osłabienia i rekonwalescencji poporodowej, hormony szaleją, wymykając się spod kontroli, a do tego wszystkiego musimy stawić czoło tragicznej ewentualności, jaką jest śmierć własnego dziecka. Wsłuchujemy się wówczas pilnie w słowa lekarzy, w połowie jednak zapominamy, co do nas mówili. Wmawiamy sobie, że w każdej złej wiadomości jest odrobina czegoś dobrego, jakaś szczypta nadziei. Myśli stale krążą wokół jednego pytania: „Czy dziecko przeżyje?".

Zdarzają się oczywiście zgony noworodków spowodowane zaburzeniami ciąży i/lub porodu. Około sześćdziesięciu procent poważnych komplikacji – w tym śmierci noworodków – to konsekwencje porodów przedwczesnych. Istotne jest oczywiście, jak wcześnie dziecko przyszło na świat (patrz: tekst wyodrębniony na s. 250). Ponadto u niemowląt, którym udało się przeżyć, mogą występować chroniczne problemy zdrowotne, a nawet potrzeba interwencji chirurgicznej, co wzmaga jeszcze bardziej niepokój i troskę rodziców. Pocieszające jest jednak to, że znaczna liczba wcześniaków nie tylko żyje, lecz także rozwija się prawidłowo, by po kilku miesiącach całkowicie nadrobić braki w stosunku do rówieśników. Mimo to rodzice wracający z dzieckiem do domu – wbrew zapewnieniom lekarzy, że najgorsze już za nimi – długo nie mogą uwierzyć w to, że kłopoty się skończyły. Oto kilka wskazówek pomagających rodzicom i dziecku w tego rodzaju kryzysach.

Z normalnym traktowaniem wcześniaka czekamy do przewidzianego terminu porodu. Podstawowym celem jest, by niemowlę przyjmowało pokarm, możliwie dużo spało i podlegało jak najmniejszej stymulacji. Jest to jedyny przypadek, w którym zalecam karmienie niemowląt na każde żądanie.

Pamiętajmy, że wcześniak powinien być jeszcze w łonie matki, trzeba więc robić wszystko, co możliwe, by stworzyć mu podobne warunki. Owijamy dziecko w pozycji embrionalnej, utrzymując w pokoju temperaturę około 22° C. Niektórzy rodzice z pewnością zauważyli, że niemowlętom leżącym w inkubatorach zasłania się oczy, aby je odciąć od światła i uniknąć pobudzeń wzrokowych. W domu najlepiej kłaść takie dziecko w ciemnym pomieszczeniu. Nie należy mu pokazywać zabawek w kolorach czerni i bieli, ponieważ jego mózg nie jest jeszcze w pełni uformowany i nie powinien być bombardowany takimi bodźcami. Żadnego niemowlęcia nie powinno się narażać na kontakt z bakteriami, jednak w przypadku wcześniaków czystość nabiera szczególnego znaczenia, istnieje bowiem ryzyko zapalenia płuc. Wszystkie butelki powinny być sterylizowane.

Emocje związane z ryzykownym porodem

Stadia akceptacji śmierci i umierania, wyodrębnione po raz pierwszy przez Elizabeth Kübler-Ross, wykorzystywane są od tamtej pory do wyjaśniania przebiegu adaptacji w warunkach dowolnego kryzysu.

Szok. Czujemy się tak oszołomieni, że trudność sprawia nam przyswajanie szczegółów i jasne myślenie. Najlepiej mieć koło siebie kogoś z rodziny lub przyjaciół, kto będzie zapamiętywał informacje i zadawał pytania w naszym imieniu.

Odmowa. Nie chcemy uwierzyć w to, co się dzieje – lekarze muszą się mylić. Widok dziecka w inkubatorze ostatecznie zmusza nas jednak do zaakceptowania rzeczywistości.

Smutek. Ogarnia nas żal, że poród nie był prawidłowy, a dziecko idealnie zdrowe. Smutek pogłębia fakt, iż nie możemy zabrać noworodka do domu. Czujemy wewnętrzny ból; każda chwila jest torturą. Często wybuchamy płaczem, a łzy pomagają nam przetrwać.

Złość. Pytamy: „Dlaczego to właśnie nas spotkało?". Może się nawet pojawić poczucie winy wynikające z obawy, że coś można było zrobić, by uniknąć obecnej sytuacji. Złość bywa kierowana na partnera lub rodzinę, dopóki nie rozpocznie się kolejna faza.

Akceptacja. Uświadamiamy sobie, że życie musi toczyć się dalej. Rozumiemy, że pewne rzeczy możemy zmieniać i kontrolować, a inne znajdują się poza zasięgiem naszej woli.

WSKAZÓWKA: *Zapamiętajmy tę ważną lekcję: liczy się nie to, co życie niesie, lecz to, w jaki sposób do tego podchodzimy.*

Niektórzy rodzice wcześniaków trzymają je w nocy na zmianę na swoich piersiach. Ta „kangurza" opieka, jak ją się czasem nazywa, okazała się bardzo korzystna dla płuc i serc tych noworodków. Badania przeprowadzone w Londynie wykazały, że przedwcześnie urodzone niemowlęta trzymane przy ciele matki przybierają na wadze szybciej i chorują rzadziej niż umieszczane w inkubatorach.

Przeżywalność noworodków urodzonych przed terminem

Tygodnie liczone są od ostatniej menstruacji. Dotyczy niemowląt w inkubatorach. Indywidualne przypadki mogą odbiegać od podanych oszacowań.

23 tygodnie	10–35%	27 tygodni	Ponad 90%
24 tygodnie	40–70%	30 tygodni	Ponad 95%
25 tygodni	50–80%	34 tygodnie	Ponad 98%
26 tygodni	80–90%		

Szanse przeżycia rosną w tempie 3–4% na dzień między 23. i 24. tygodniem oraz 2–3% na dzień między 24. i 26. tygodniem. Po 26 tygodniach wskaźnik przeżywalności jest już wysoki i jego dzienny wzrost przestaje mieć istotne znaczenie.

Podajemy wyłącznie pokarm z butelek lub łączymy z karmieniem pokarmem matki. Dopóki waga dziecka nie przekroczyła 2,75 kg, sposób jego karmienia powinien ustalać lekarz specjalista zajmujący się noworodkami. Gdy dziecko jest w domu, nie walczy się już o jego życie, lecz o utrzymanie przyrostu wagi. Sposób karmienia należy uzgodnić z pediatrą. Osobiście zalecam odciągany pokarm kobiecy podawany z butelek, ponieważ w ten sposób można ocenić, jakie jego ilości dziecko przyjmuje. Niektóre wcześniaki mają trudności z przysysaniem się do piersi. W zależności od terminu, w którym nastąpił przedwczesny poród, może jeszcze nie być wykształcony odruch ssania, pojawiający się zwykle między 32. i 34. tygodniem od poczęcia; dzieci urodzone wcześniej przeważnie nie potrafią ssać.

Obserwujemy i kontrolujemy własny niepokój, starając się znaleźć dla niego ujście. Chcesz nieustannie trzymać dziecko na rękach, by zrekompensować czas, który straciłaś. Kiedy śpi, myślisz z przerażeniem, czy się jeszcze obudzi. Te i wiele innych uczuć oraz niezliczone odruchy chronienia dziecka są zrozumiałe, zważywszy to, co przeżyłaś. Twój niepokój nie pomaga jednak tej małej istocie, którą tak bardzo chcesz chronić. Badania wykazały, że niemowlę intuicyjnie wyczuwa stres i przygnębienie matki, co najzwyczajniej mu szkodzi. Ogromnie ważne jest więc zapewnienie sobie wsparcia osób, z którymi można dzielić najgłębsze lęki i które zachęcą do płaczu w ich ramionach. Może to być partner. Któż w końcu lepiej rozumie twoje obawy i niepokoje? Ponieważ jednak oboje znaleźliście się w tarapatach, byłoby dobrze, gdyby każde z was miało jeszcze kogoś, na kim będzie mogło polegać.

Ćwiczenia fizyczne pomagają w rozładowaniu stresu. Na niektóre osoby uspokajająco działa także medytacja. Należy próbować wszystkiego, co skutecznie pomaga.

Gdy dziecko nie może być w domu

Gdy dziecko urodziło się przed czasem lub zachorowało w szpitalu, matka może wrócić do domu bez niego. Oto niektóre strategie pozwalające zachować nadzieję, włączyć się w nurt życia dziecka i czuć się mniej bezradnie.

- Odciągamy pokarm przy użyciu laktatora i dostarczamy go do inkubatora. Mleko matki jest bardzo cenne dla wcześnie urodzonego niemowlęcia. Jeżeli jednak nie dostarczy ona pokarmu, jej dziecko będzie karmione mlekiem modyfikowanym, które również zapewni mu możliwość rozwoju.
- Odwiedzamy dziecko codziennie, starając się nawiązać z nim kontakt fizyczny. Nie radzę jednak nocować w szpitalu. Każda kobieta po porodzie potrzebuje wypoczynku; dobra kondycja przyda się, gdy dziecko zostanie przywiezione do domu.
- Nie dziwimy się uczuciom przygnębienia. Są normalne. Trzeba płakać i dawać słowny wyraz swoim niepokojom.
- Koncentrujemy się na dniu dzisiejszym. Nie ma sensu martwić się o przyszłość, na którą nie mamy wpływu. Skupmy się na tym, co można zrobić dziś.
- Rozmawiamy z innymi matkami mającymi problemy. Nasze dziecko może być w tarapatach, ale nie jest jedynym, które potrzebuje pomocy.

Kiedy dziecko już nie jest zagrożone, przestajemy postrzegać je jako wcześniaka lub chorego. W przypadkach narodzin przedwczesnych i innych obciążeń urodzeniowych najtrudniejszym problemem dla rodziców jest przezwyciężenie niepokoju i obaw o przyszłość. W ich umysłach utrwala się nawyk postrzegania dziecka jako jednostki chorej i słabej. Kiedy dzwonią do mnie rodzice zgłaszający trudności z karmieniem lub spaniem, pytam na samym wstępie, czy poród odbył się w terminie, a jeśli tak, to czy były jakieś komplikacje. Padają zwykle twierdzące odpowiedzi na jedno lub obydwa pytania. Koncentrując się przesadnie na wzroście wagi, rodzice przekarmiają niemowlęta, ważąc je niepotrzebnie wtedy, gdy ich rozwój przebiega już normalnie. Zdarzało mi się widzieć niemowlęta ośmiomiesięczne usypiane nadal na piersiach rodziców i budzące się w nocy do karmienia. Doskonałym lekiem na takie anomalie jest proponowany przeze mnie Łatwy Plan (patrz: rozdział II). Związany z nim harmonogram działań wpływa korzystnie na dziecko, przynosząc też radykalną ulgę rodzicom. (W następnym rozdziale opowiem o tym, jak pomogłam rodzicom w przezwyciężeniu trudności).

Podwójna radość

Dzięki badaniom ultrasonograficznym współczesne kobiety noszące ciąże bliźniacze rzadko są zaskoczone. Często się zdarza w ciąży mnogiej, że ostatni miesiąc, a nawet trymestr przed rozwiązaniem trzeba leżeć w łóżku. Wzrasta też prawdopodobieństwo porodu przedwczesnego – aż do osiemdziesięciu pięciu procent. Dlatego właśnie doradzam rodzicom rozpoczęcie przygotowań pokoju dziecięcego już w trzecim miesiącu ciąży. Nawet i ten termin okazuje się czasem zbyt późny. Miałam niedawno klientkę, której zalecono leżenie już w piętnastym tygodniu, była więc całkowicie uzależniona od pomocy innych osób, jeżeli chodzi o przygotowania do narodzin bliźniąt.

Ciąże mnogie są znacznie większym obciążeniem i często kończą się cesarskim cięciem. Matki bliźniąt lub trojaczków (o czworaczkach wolę już nie wspominać!) mają nie tylko dwa lub trzy razy więcej pracy, lecz także większe potrzeby w zakresie wypoczynku i regeneracji poporodowej. Komentarze w rodzaju: „To jest coś! Powinnaś się cieszyć!" to ostatnia rzecz, jaką matka bliźniąt chce usłyszeć. Tym bardziej że mówią to ludzie, którzy mieli tylko jedno dziecko w tym samym czasie. Osobiście wolę zwrócić uwagę na korzyść, jaką bliźnięta wynoszą z bycia razem.

Do bliźniąt wcześnie urodzonych i mających wagę poniżej 2,75 kg stosują się wszystkie wcześniejsze uwagi dotyczące narodzin przedwczesnych. Główna różnica polega oczywiście na tym, że zamiast jednego mamy dwójkę dzieci, o które trzeba się troszczyć. Bliźnięta nie zawsze trafiają do domu razem, zdarza się bowiem, że jedno ma mniejszą wagę lub jest zdecydowanie słabsze. Kładę je zawsze we wspólnym łóżeczku.

Kiedy mają 8–10 tygodni lub wówczas, gdy zaczynają badać otoczenie, chwytając różne rzeczy – w tym także braciszka lub siostrzyczkę – zaczynam je stopniowo rozdzielać. Przez dwa tygodnie polega to tylko na układaniu niemowląt w większej odległości, a po upływie tego czasu każde idzie do osobnego łóżeczka.

Kiedy pomyślny rozwój bliźniąt wyklucza możliwość jakichkolwiek komplikacji, rozpoczynamy proces separacji ich harmonogramów. Karmienie dwojga dzieci naraz jest wprawdzie możliwe, trudniej się jednak wtedy skupić na każdym z nich z osobna. Stwarza to także trudności techniczne, o ile bowiem równoczesne karmienie można sobie wyobrazić, o tyle inne czynności – np. odbijanie i przewijanie – muszą być wykonywane oddzielnie.

Najtrudniejszym problemem dla matek bliźniąt i trojaczków jest nieustająca praca oraz trudność w znajdowaniu czasu dla każdego z dzieci. Nic dziwnego, że matki te interesują się szczególnie uporządkowaniem czynności opiekuńczych w ramach ścisłego harmonogramu, upraszcza im to bowiem organizację życia.

Za przykład może służyć Barbara – mama Josepha i Haleya – która z zachwytem przyjęła proponowane przeze mnie założenia Łatwego Planu. Joseph musiał spędzić w szpitalu dodatkowe trzy tygodnie z powodu niskiej wagi urodzeniowej. Matka opuszczała go wprawdzie z bólem serca, dało jej to jednak możliwość ustawienia harmonogramu Haleya zgodnie z Łatwym Planem. Haley karmiony był w szpitalu co trzy godziny, wdrożenie naszych reguł było więc stosunkowo proste. Kiedy Joseph przyjechał do domu, zaczęłyśmy go karmić czterdzieści minut po Haleyu. Na następnej stronie znajduje się zapis harmonogramów obu chłopców.

Barbara zdecydowała się nie uzupełniać naturalnego pokarmu mlekiem modyfikowanym, często jednak sugeruję to mamom znajdującym się w podobnej sytuacji. Karmienie piersią i odciąganie pokarmu jest bardzo trudne, gdy trwa rekonwalescencja po cesarskim cięciu. Jeszcze trudniej jest wówczas, gdy bliźnięta rodzą się z drugiej ciąży, jak to miało miejsce u Candace, której bliźnięta – chłopczyk i dziewczynka – urodziły się, kiedy starsza córka Tara kończyła trzy lata. Inaczej, niż to zwykle bywa, bliźnięta Candace wypisano ze szpitala wcześniej niż ich matkę, która urodziła je siłami natury, ale straciła przy tym sporo krwi. Lekarz zatrzymał ją w szpitalu na dodatkowe trzy dni, do chwili unormowania się niebezpiecznie niskiego poziomu płytek krwi. Noworodkami zajmowała się w tym czasie mama Candace wspólnie ze mną. Były zdrowe i silne, w związku z czym rozpoczęłyśmy od razu wprowadzenie Łatwego Planu.

	Haley	Joseph
Karmienie	6.00–6.30 Karmienie (Z czasem karmienie trwało coraz krócej, można więc było budzić Josepha wcześniej i mieć więcej czasu dla siebie) 9.00–9.30 12.00–12.30 15.00–15.30 18.00–18.30 Do czasu przesypiania całej nocy: karmienia przez sen o 21.00 i 23.00	6.40–7.10 Karmienie 9.40–10.10 12.40–13.10 15.40–16.10 18.40–19.10 Karmienia przez sen o 21.30 i 23.30
Aktywność	6.30–7.30 Zmiana pieluchy (10 min) i samodzielna zabawa w czasie, gdy Barbara karmi Josepha 9.30–10.30 12.30–13.30 15.30–16.30 Po karmieniu o 18.00 Haley się bawi, a Joey je kolację	7.10–8.10 Zmiana pieluchy (10 min) i samodzielna zabawa w czasie, gdy Barbara kładzie Haleya spać na drzemkę 10.10–11.10 13.10–14.10 16.10–17.10 Kąpiel dla obu o 19.10, gdy Joey kończy karmienie
Sen	7.30–8.45 drzemka 10.30–11.45 drzemka 13.30–14.45 drzemka 16.30–17.45 drzemka Do łóżeczka zaraz po kąpieli	8.10–9.25 drzemka 11.10–12.25 drzemka 14.10–15.25 drzemka 17.10–18.25 drzemka Do łóżeczka zaraz po kąpieli
Odpoczynek matki	Jeszcze nie teraz, mamo!	Po ułożeniu Joeya do snu mama odpoczywa przez 35 minut, do chwili gdy Haley budzi się na następne karmienie

Candace wróciła do domu w nie najgorszej formie i natychmiast rzuciła się w wir walki. „Na szczęście byłam w niezłej kondycji fizycznej i donosiłam. Poza tym nie stresowałam się tak bardzo, bo nie była to moja pierwsza ciąża". Była również świadoma osobowości Christophera i Samanty od pierwszych chwil ich życia, co pozwoliło jej traktować małe stworki jako indywidualne ludzkie istoty. „On jest łagodny jak anioł. Musieli go prowokować, by zapłakał. Za to ona to istny szatan. Do tej pory reaguje na przewijanie tak, jakby się ją torturowało".

Candace przez dziesięć dni nie miała pokarmu, a po sześciu tygodniach jego ilości nie były wystarczające dla obojga, karmiłyśmy je więc techniką mieszaną: z piersi i mlekiem modyfikowanym. Candace miała na głowie oprócz bliźniąt także trzyletnią Tarę. „Poświęcałam Tarze wszystkie środy, w pozostałe dni było to jednak ciągłe karmienie, odciąganie pokarmu, przewijanie i układanie do snu, z półgodzinną przerwą, po której wszystko zaczynało się od nowa".

Z pewnością najprzyjemniejszą niespodzianką ze strony bliźniąt i trojaczków jest to, że po przetrwaniu okresu początkowej adaptacji opieka nad tymi dziećmi jest często łatwiejsza, ponieważ wzajemnie się zabawiają. Mimo to Candace odkryła coś, co większość mam bliźniąt, chcąc nie chcąc, musi zaakceptować – są mianowicie chwile, gdy trzeba pozwolić dzieciom płakać. „Myślałam sobie: O, nie! Co ja teraz zrobię? Ale można się przecież nimi zająć jedynie po kolei. Nikt się nie rozdwoi, a od płaczu się nie umiera".

„Amen" – chciałoby się dodać. Przypomnę jednak jeszcze, w charakterze podsumowania tego rozdziału, myśl wypowiedzianą wcześniej: Liczy się nie to, co życie niesie, lecz to, w jaki sposób do tego podchodzimy. Pamiętajmy również, że nieoczekiwane sytuacje oraz bóle około- i poporodowe stają się już po kilku miesiącach odległymi wspomnieniami. W sprawach rodzicielstwa i w niezwykłych okolicznościach – także i bolesnych – perspektywa jest rzeczą podstawową. W następnym rozdziale przyjrzymy się niektórym problemom powstającym wówczas, gdy rodzice nie zachowują zdrowego i rozsądnego poglądu na rzeczywistość.

ROZDZIAŁ IX

MAGIA TRZECH DNI – REMEDIUM NA RODZICIELSTWO CHAOTYCZNE

Jeżeli w dziecku jest coś, co chcielibyśmy zmienić,
powinniśmy najpierw dokładnie się temu przyjrzeć
i zobaczyć, czy nie jest to coś, co moglibyśmy raczej
zmienić w sobie.

– Carl Jung

„Nie mamy życia"

Rodzice, którzy nie biorą pod uwagę dalszego ciągu oraz konsekwencji swoich działań, popadają w stan rodzicielstwa chaotycznego. Opiszę to na przykładzie Melanie i Stana. Ich synek Spencer urodził się trzy tygodnie przed terminem i początkowo był karmiony na każde żądanie. Dziecko szybko odzyskało siły i zdrowie po traumie narodzin, mimo to jednak Melanie była pełna obaw podczas pierwszych kilku tygodni. Brała Spencera na noc do swojego łóżka, ponieważ ułatwiało to kilkakrotne karmienie w środku nocy. W dzień, kiedy synek płakał, rodzice solidarnie nosili go i kołysali do snu, a także obwozili samochodem w tym samym celu. W końcu utrwalił się w ich rodzinie nawyk rodzicielstwa „kangurowatego", pozwalano bowiem dziecku zasypiać na piersiach jednego z rodziców. Melanie stała się dla Spencera żywym smoczkiem; kiedy tylko zdradzał oznaki niepokoju, otrzymywał od niej pierś do ssania. Oczywiście natychmiast przestawał marudzić, mając buzię pełną pokarmu.

Po ośmiu miesiącach pełni dobrych chęci rodzice zdali sobie sprawę, że ich ukochany synek całkowicie przejął kontrolę nad życiem rodziny. Zasypiał tylko podczas noszenia na rękach, jego waga zbliżała się już jednak do piętnastu kilogramów! Karmienie często bywało przerywane. Melanie i Stan nie mogli się zdecydować, kiedy nadejdzie odpowiedni moment przeniesienia synka z ich łóżka do oddzielnego łóżeczka dziecięcego. Melanie i Stan na zmianę sypiali w pokoju gościnnym, by jako tako się wyspać. Łatwo zrozumieć, że w tych warunkach nie podejmowali również współżycia seksualnego.

Para ta nie miała zamiaru dezorganizowania życia rodzinnego; dlatego właśnie określam ich przypadek mianem „rodzicielstwa chaotycznego" lub „przypadkowego". Niestety, między Melanie i Stanem dochodziło do kłótni i awantur, w których wzajemnie obwiniali siebie o to, co działo się w ich domu. Złość obracała się niekiedy przeciwko dziecku, choć robiło ono tylko to, czego nauczyli je rodzice. Kiedy zjawiłam się w ich domu, napięcie wisiało w powietrzu. Wszyscy troje byli nieszczęśliwi, a najbardziej mały Spencer, który nigdy nie prosił o to, by pozwolono mu rządzić!

Każdego tygodnia telefonuje do mnie średnio od pięciu do dziesięciu takich par jak Melanie i Stan. Podejmując zadania rodzicielskie, nie troszczą się o to, co będzie dalej. Typowe ich uwagi w rozmowach o dziecku to: „On nie pozwoli mi się położyć" albo: „Ona ssie tylko przez dziesięć minut", jak gdyby niemowlę rozmyślnie opierało się temu, co dla niego najlepsze. We wszystkich takich przypadkach dzieje się to samo – rodzice niechcący kształtują u dziecka i utrwalają negatywne zachowania.

Celem tego rozdziału nie jest krytyka, lecz pomoc w odwróceniu negatywnych procesów i przezwyciężeniu następstw rodzicielstwa chaotycznego. Proszę mi wierzyć – jeżeli małe dziecko dezorganizuje życie domowników, zakłóca sen rodziców, uniemożliwia im normalne funkcjonowanie, to zawsze można coś zrobić, żeby poprawić sytuację. Musimy jednak zacząć od przyjęcia do wiadomości trzech podstawowych założeń.

1. Niemowlę nie robi niczego rozmyślnie lub złośliwie. Rodzice często nie uświadamiają sobie własnego wpływu na dzieci oraz tego, że z lepszym lub gorszym skutkiem kształtują ich oczekiwania.

2. Nawyki niemowlęcia można zmienić. Analizując własne zachowanie wobec dziecka, a także to, jak z nim postępujemy, możemy zrozumieć, w jaki sposób należy zmieniać złe przyzwyczajenia, które niechcący zaszczepiliśmy.

3. Zmiana nawyków wymaga czasu. U niemowląt trzymiesięcznych i młodszych trwa to zwykle trzy dni, a nawet krócej. W przypadku niemowląt starszych, u których niepożądane wzorce się utrwaliły, trzeba działać metodą kolejnych kroków. Zajmuje to więcej czasu – przeważnie każdy krok pochłania trzy dni – oraz wymaga sporej cierpliwości. Dotyczy to np. trudności z zasypianiem lub karmieniem. Trzeba być konsekwentnym. Gdy poddajemy się zbyt szybko bądź działamy niekonsekwentnie, próbując jakiejś strategii jednego dnia, a innej następnego, osiągamy cel odwrotny do zamierzonego – złe nawyki mogą się jeszcze bardziej utrwalić.

Zasady eliminowania złych nawyków

Rodziców, którzy znaleźli się w sytuacji przypominającej przypadek Melanie i Stana, często ogarnia rozpacz i bezradność. Nie wiedzą, od czego zacząć. Z myślą o nich opracowałam strategię pozwalającą rodzicom przeanalizować własną rolę w powstaniu złych nawyków i wypracować sposób ich wyplenienia. Jest to prosta, elementarna technika.

1. Podłoże. Co robiliśmy w tym czasie? Co robiliśmy dla dziecka – lub czego nie robiliśmy? Co działo się w otoczeniu?

2. Zachowanie. Jaka jest rola dziecka w tym, co się dzieje? Czy płacze? Czy swoim wyglądem lub głosem wyraża złość? Przerażenie? Głód? Czy robi to co zwykle?

3. Konsekwencje. Jaki typ wzorca został ukształtowany w punktach 1. i 2.? Rodzice chaotyczni, nie uświadamiając sobie, że kształtują wzorzec, robią po prostu to, co robili do tej pory, np. kołyszą dziecko do snu na rękach lub wpychają mu pierś do buzi. Ich działanie ma charakter doraźny, a jednocześnie, w dłuższej perspektywie, utrwala nawyk. Kluczem jest więc robienie czegoś innego, by stare przyzwyczajenie wygasło.

Posłużę się teraz konkretnym przykładem. Przypadek Melanie i Stana był, trzeba przyznać, bardzo trudny, ponieważ Spencer miał osiem miesięcy i przyzwyczajono go do zwracania na siebie uwagi w środku nocy. Aby wykorzenić ten nawyk, Melanie i Stan musieli zneutralizować skutki ich chaotycznego rodzicielstwa. Pomogłam im najpierw przeanalizować sytuację opisaną wyżej metodą.

W ich przypadku podłożem był nieustający lęk, który wziął się z przedwczesnych narodzin Spencera. Aby udzielić dziecku maksymalnego wsparcia, jedno z rodziców kołysało je i trzymało przy ciele. Matka dawała synkowi pierś do ssania, aby się uspokoił. Zachowanie chłopca było konsekwentne: często marudził i domagał się gratyfikacji. Wzorzec ten został mocno utrwalony, ponieważ rodzice, reagując na każdy płacz dziecka, zawsze postępowali tak samo. Konsekwencją było to, że w wieku ośmiu miesięcy Spencer nie potrafił sam się uspokoić i zasnąć. Melanie i Stan z całą pewnością tego nie planowali i nie zamierzali osiągnąć takich rezultatów wychowawczych. Aby zmienić sytuację, którą spowodowało rodzicielstwo chaotyczne, należało postępować inaczej niż dotąd.

Metoda kolejnych niemowlęcych kroków

Pomogłam Melanie i Stanowi zrozumieć, co ukształtowało nawyki Spencera, a następnie zaplanować kolejne posunięcia. Innymi słowy, zanalizowaliśmy przeszłość, aby odkryć i zrozumieć, co się stało. Opiszę teraz ten proces bardziej szczegółowo.

Obserwacja i tworzenie strategii. Zaczęłam jak zwykle od obserwacji. Śledziłam zachowanie Spencera wieczorem po kąpieli, gdy Melanie, po przewinięciu dziecka i ubraniu go w piżamkę, usiłowała ułożyć je do snu. Kiedy zbliżała się do łóżeczka, niemowlę przywierało do niej kurczowo, nie dając się oderwać. Wytłumaczyłam Melanie, co Spencer chce jej powiedzieć: „Co ty robisz? To nie jest miejsce, w którym ja sypiam. Nie chcę tam być".

„Jak myślisz, dlaczego on się tak boi? – spytałam. – Co działo się wcześniej?". Panika Spencera na widok łóżeczka nie wzięła się z niczego. Melanie i Stan usiłowali złamać przyzwyczajenie dziecka do zasypiania na ich piersiach. Po przeczytaniu różnych książek, które niestety znajdują się na półkach księgarskich, oraz rozmowach z przyjaciółmi Melanie i Stan postanowili „sferberyzować" swoje dziecko (od nazwiska sławetnego pediatry doktora Ferbera). Podejmowali próby nie raz, lecz trzy razy. „Zostawialiśmy go w łóżeczku, żeby się wypłakał, za każdym razem jednak ryczał tak strasznie i tak długo, że oboje z mężem płakaliśmy razem z nim" – opowiada Melanie. Kiedy podczas trzeciej próby intensywny płacz doprowadził Spencera do wymiotów, rodzice szczęśliwie porzucili tę strategię.

Było najzupełniej oczywiste, od czego należy zacząć. Spencer powinien poczuć się bezpiecznie w swoim łóżeczku. Miał wszelkie powody, by się tego miejsca bać, powiedziałam więc Melanie, że musimy być bardzo cierpliwi i ostrożni oraz unikać wszystkiego, co przypominałoby mu cierpienia, których doświadczył. Najpierw trzeba było zrealizować ten cel, a dopiero potem zająć się złymi nocnymi nawykami dziecka.

Realizowanie kolejnych kroków bez pośpiechu. Potrzeba było aż piętnastu dni, by przezwyciężyć strach dziecka przed własnym łóżeczkiem. Musieliśmy rozłożyć ten proces w czasie, zaczynając od drzemek w ciągu dnia. Najpierw Melanie wchodziła do sypialni Spencera, opuszczała żaluzje i nastawiała kojącą muzykę. Miała tylko siedzieć w bujanym fotelu z dzieckiem na rękach. Pierwszego popołudnia, mimo iż nie zbliżała się do łóżeczka, Spencer stale spoglądał w stronę drzwi.

„To się nigdy nie uda" – mówiła Melanie z niepokojem w głosie.

„Owszem, uda się, mamy jednak przed sobą bardzo długą drogę. Musimy posuwać się małymi niemowlęcymi krokami" – odpowiedziałam.

Przez trzy dni stałam przy Melanie i powtarzałyśmy te same czynności – wejście do pokoju, opuszczanie żaluzji, nastawianie muzyki. Najpierw matka siedziała z dzieckiem na ręku w bujanym fotelu, cicho mu śpiewając. Kołysanka pomagała mu odwrócić uwagę od lęku, cały czas patrzył jednak w stronę drzwi. Następnie Melanie wstawała z nim, starając się go nie niepokoić zbliżaniem się do przerażającego miejsca. Przez następne trzy dni stopniowo zbliżała się łóżeczka, by w końcu móc przy nim stanąć, nie wywołując u dziecka paniki. Siódmego dnia położyła go w łóżeczku, nie wypuszczając z rąk i nisko się pochylając. Spencer już leżał, ale matka nadal go trzymała.

Tego dnia nastąpił prawdziwy przełom. Trzy dni później Melanie mogła wejść z dzieckiem do pokoju, opuścić żaluzje, włączyć muzykę, usiąść w bujanym fotelu, a następnie podejść z nim do łóżeczka i położyć je bez protestów. Wciąż jednak pochylała się, by upewnić Spencera, że jest obok i on może czuć się bezpiecznie. Z początku chłopiec trzymał się blisko brzegu łóżeczka; dopiero po kilku dniach trochę się odprężył, czego oznaką było odwracanie uwagi od nas i kierowanie jej ku króliczkowi zabawce. Gdy tylko sobie uświadamiał, że zbytnio oddalił się od „bezpiecznego położenia", natychmiast wracał do krawędzi łóżeczka, przyjmując czujną postawę.

Powtarzałyśmy ten rytuał dzień po dniu, za każdym razem posuwając się o krok do przodu. Zamiast trzymać synka, Melanie stawała teraz przy łóżeczku i w końcu mogła przy nim usiąść. Piętnastego dnia Spencer pozwalał kłaść się w łóżeczku i spokojnie w nim leżał. Kiedy jednak zaczynał zapadać w sen, budził się i siadał. Za każdym razem kładłyśmy go z powrotem. Odprężał się, popłakiwał jednak nawet wówczas, gdy trzy fazy snu przebiegały już prawidłowo (patrz: s. 183). Nie pozwalałam Melanie interweniować, jej wejścia mogłyby bowiem zakłócić sen i cały wysiłek poszedłby na marne. Spencer w końcu nauczył się samodzielnie podróżować do krainy snów.

Rozwiązywanie w danym czasie jednego tylko problemu. Tak oto pomogłyśmy Spencerowi pokonać lęk, lecz tylko za dnia. Nawet nie próbowałyśmy czegokolwiek zmieniać w jego nawykach nocnych. Nadal spał z rodzicami, budząc się do karmienia. W Europie mówimy: „Jedna jaskółka nie czyni wiosny". Gdy zauważyłam, że Spencer nie boi się już swojego łóżeczka, doszłam do wniosku, iż czuje się dość bezpiecznie, by można było zająć się innymi złymi nawykami.

„Myślę, że czas skończyć z nocnym karmieniem" – powiedziałam Melanie. Spencer, który przyjmował już stałe pokarmy, karmiony był o wpół do ósmej wieczorem, a następnie zabierany do łóżka rodziców, gdzie spał z przerwami do pierwszej w nocy. Potem budził się co dwie godziny, domagając się piersi matki. Podłożem zachowania dziecka było oczywiście postępowanie Melanie, która od dawna podawała mu pierś w przekonaniu, iż nocne popłakiwanie jest objawem głodu, mimo że przyjmował w takich momentach tylko 30–60 ml pokarmu. Zachowanie dziecka – częste budzenie się w nocy – wzmacniała chęć matki wypróżniania piersi. W konsekwencji Spencer oczekiwał karmienia co dwie godziny, co byłoby odpowiednie dla noworodka wcześniaka, ale nie dla ośmiomiesięcznego niemowlęcia.

Również i ten problem trzeba było rozwiązywać metodą kolejnych kroków. Przez pierwsze trzy noce Spencer nie był karmiony do godziny czwartej, po czym o szóstej rano dziecko dostawało mleko modyfikowane z butelki (na szczęście chłopczyk był karmiony metodą mieszaną, łatwo więc akceptował pokarm w obydwu postaciach). Rodzice uchwycili się tego planu jak tonący brzytwy, podając dziecku smoczek zamiast piersi przy pierwszych nocnych przebudzeniach oraz karmiąc je butelką o godzinie szóstej. Konsekwencja i tym razem przyniosła efekty. Po czterech nocach Spencer był już do tych propozycji całkowicie przystosowany.

Po tygodniu zaproponowałam Melanie i Stanowi, że zostanę u nich na noc i spróbuję nauczyć Spencera spania bez rodziców i bez butelki, we własnym łóżeczku. Dla moich klientów miała to być również szansa porządnego wyspania się. W ciągu dnia dziecko jadło pokarmy stałe oraz duże ilości mleka. Byliśmy pewni, że jego organizm nie potrzebuje uzupełniania pokarmu w nocy. Od dziesięciu dni nie było też problemów z dziennymi drzemkami. Nadszedł czas wprowadzenia idei samodzielnego całonocnego snu.

Trzeba się liczyć z regresem, ponieważ stare nawyki trudno wykorzenić; konieczne jest pełne zaangażowanie w realizację planu. Pierwszego wieczoru położyliśmy Spencera do łóżeczka zaraz po kąpieli, zachowując rytuał stosowany przed dziennymi drzemkami. Sprawdziło się cudownie... zgodnie z przewidywaniami. Sprawiał wrażenie zmęczonego, kiedy jednak znalazł się w łóżeczku, otworzył szeroko oczy i zaczął płakać, podciągając się do krawędzi. Kiedy posadziłyśmy go na foteliku w pobliżu łóżeczka, nadal płakał i wstawał. Położyłyśmy go ponownie. Znów płakał. Kładłyśmy go z kamiennym spokojem trzydzieści razy. Za trzydziestym pierwszym został w łóżeczku i zasnął.

Tej nocy Spencer obudził się z płaczem o godzinie pierwszej. Weszłam do jego pokoju i zastałam go w pozycji stojącej. Delikatnie go położyłam. Aby go nie pobudzać, nie mówiłam ani słowa, a nawet nie patrzyłam mu w oczy. Po kilku minutach znów zaczął płakać i wstał. I tak to szło. On płakał i wstawał, a ja go kładłam. Po czterdziestu trzech powtórzeniach był już wyczerpany i zasnął. O czwartej nad ranem znowu obudził się z płaczem. I znowu położyłam go do łóżeczka. Tym razem moja wańka--wstańka podnosiła się tylko dwadzieścia cztery razy.

(Tak, moje kochane, robiąc to, liczę. Proszona jestem często o pomoc w rozwiązywaniu problemów snu. Kiedy matki pytają mnie: „Jak długo to potrwa?", muszę im udzielić jakiejś konkretnej odpowiedzi. Otóż w niektórych przypadkach liczba powtórzeń wyrażała się w setkach, a nie w dziesiątkach).

Następnego ranka, kiedy opowiedziałam rodzicom o tym, co się wydarzyło, Stan odniósł się do tego sceptycznie: „Tracy, to nigdy nie zadziała. On tego dla nas nie zrobi". Pokiwałam głową, obiecując spędzić z dzieckiem kolejne dwie noce. „Możecie mi wierzyć lub nie – powiedziałam – ale najgorsze mamy już za sobą".

Okazało się, że następnej nocy musiałam położyć Spencera tylko sześć razy. O drugiej, gdy zaczynał marudzić, weszłam cicho do jego pokoju i w chwili, gdy już odrywał ramionka od materaca, delikatnie ułożyłam go do dalszego snu. Powtarzałam to tylko pięć razy, po czym dziecko spało do godziny 6.45 rano, a więc wydarzyło się coś zupełnie bezprecedensowego. Następnej nocy Spencer niepokoił się około czwartej, ale nie zbudził się i nie wstał. Spał tym razem do siódmej. Od tamtej pory przesypia bez zakłóceń dwanaście godzin, a Melanie i Stan nareszcie mogą żyć jak ludzie.

„On mi się nie da położyć"

Dzieci, które bez ustanku domagają się noszenia, to znane powszechnie zjawisko. Taki był trzytygodniowy Teddy, synek Sarah i Ryana – o którym pisałam w rozdziale II. „Teddy nie lubi, kiedy się go kładzie" – lamentowała

Sarah. Podłożem problemu było postępowanie Ryana, który w okresie narodzin dziecka dużo podróżował i gdy tylko zjawiał się w domu, nosił synka na rękach. Sarah zatrudniała opiekunkę do dziecka, która pochodziła z Gwatemali, gdzie zwyczaj noszenia niemowląt jest bardzo rozpowszechniony. Zachowanie Teddy'ego było całkowicie przewidywalne. Widziałam setki dzieci zachowujących się podobnie. Kiedy trzymałam go na rękach, był radosny jak skowronek. Gdy tylko zaczynałam go kłaść, natychmiast płakał, mimo iż znajdował się w odległości zaledwie 20 cm ode mnie. Jeżeli w tym momencie ponownie brałam go na ręce, płacz momentalnie ustawał. Sarah, która zawsze się poddawała, w przekonaniu, że Teddy „nie pozwoli jej się położyć", wzmacniała ten wzorzec. Konsekwencja takiego następstwa zdarzeń była łatwa do przewidzenia – dziecko bez przerwy chciało być na rękach.

Nie należy się oczywiście dopatrywać czegoś złego w samym braniu dziecka na ręce. Niemowlę, które płacze, trzeba przytulić i ukoić. Problem polega na tym, że niektórzy rodzice nie wiedzą, kiedy kończy się uspokajanie, a zaczyna wytwarzanie złego nawyku. Trzymają niemowlę na rękach i noszą je znacznie dłużej, niż tego potrzebuje. Wtedy dziecko dochodzi do następującego wniosku (w swoim umyśle, ma się rozumieć): „A więc życie polega na tym, że mama i tata noszą mnie przez cały czas". Cóż jednak się dzieje, gdy dziecko staje się trochę cięższe oraz gdy jego rodzice mają pracę, której nie można wykonywać z niemowlakiem w ramionach? Wtedy mały człowiek woła: „Zaraz, chwileczkę! Mieliście mnie nosić. Nie mam zamiaru leżeć tu samotnie".

Co należy wówczas zrobić? Trzeba zmienić konsekwencje, zmieniając swój sposób postępowania. Zamiast nosić dziecko bez przerwy, bierzemy je na ręce, gdy płacze, a następnie kładziemy, gdy się uspokoi. Jeżeli znów płacze, podnosimy je. Kiedy się uspokoiło, kładziemy. I taką musztrę musimy, niestety, powtarzać do skutku. Może okazać się konieczne wykonanie tych czynności dwadzieścia lub trzydzieści razy. Czyniąc tak, przekazujemy dziecku komunikat: „W porządku. Jestem tutaj. Leżenie niczym ci nie grozi". Gwarantuję, że nie będzie to trwało w nieskończoność, chyba że wrócimy do starej praktyki przesadnego i zbyt długiego „uspokajania".

Tajemnica magii trzech dni

Niektórzy rodzice posądzają mnie o uprawianie magii, choć w rzeczywistości posługuję się tylko zdrowym rozsądkiem. Okres zmiany nawyków może trwać kilka tygodni jak w przypadku Melanie i Stana. Jednocześnie u Teddy'ego udało nam się opanować zachciankę noszenia (czy też „bycia noszonym") w ciągu dwóch dni, a to dlatego, że ojciec i opiekunka postępowali niewłaściwie tylko przez kilka tygodni.

Opisana wcześniej trzypunktowa strategia pomaga mi wybierać rodzaj magii trzech dni, którą trzeba się posłużyć. Często sprowadza się to do jednej lub dwóch technik, które skutecznie wykorzeniają stare wzorce zachowań. Podczas trzech dni wycofujemy się z dotychczasowych działań, zastępując je innymi, zwiększającymi samodzielność dziecka i jego zdolności przystosowawcze. U niemowląt starszych proces ten przebiega z większymi oporami. Dlatego większość trafiających do mnie rodziców ma niemowlęta pięciomiesięczne bądź starsze.

W zestawieniu na ss. 275–277 zatytułowanym *Rozwiązywanie problemów* znajduje się opis najczęściej spotykanych złych nawyków, z którymi mam do czynienia w swojej pracy.

Kwintesencja zmian

Zapamiętajmy: Każdy zły nawyk, który staramy się wykorzenić, jest konsekwencją pewnych działań, czyli podłoża, które stało się przyczyną niepożądanego zachowania. Postępując tak jak dotychczas, utrwalamy tę konsekwencję. Przełamanie złego nawyku wymaga zmiany w naszym działaniu.

Problemy ze snem. Niezależnie od tego, czy chodzi o nieprzesypianie nocy (u niemowląt starszych niż trzymiesięczne), czy też o trudności z samodzielnym zasypianiem, pierwszym posunięciem jest zawsze przyzwyczajenie dziecka do własnego łóżeczka, a następnym – nauczenie go samodzielnego zasypiania bez żadnych szczególnych zabiegów. Najtrudniejsze sytuacje powstają w domach, w których przez kilka miesięcy trwało rodzicielstwo chaotyczne, a niemowlę boi się łóżeczka. Czasami jest to rezultat przesadnego trzymania na rękach i kołysania, przez co odbiera się dziecku szansę zdobycia umiejętności samodzielnego zapadania w sen.

W swojej praktyce spotkałam kiedyś dziewczynkę imieniem Sandra, przekonaną o tym, że odpowiednim miejscem do spania jest klatka piersiowa. Kiedy trzymałam ją na rękach, miałam wrażenie, że w moim i w jej ciele tkwią dwa przyciągające się magnesy. Sandra płakała za każdym razem, gdy chciałam ją położyć. Mówiła mi w ten sposób: „Ja tak nie zasypiam". Moim zadaniem było nauczenie Sandry innego sposobu zasypiania i to właśnie jej powiedziałam: „Zamierzam pomóc ci w samo-dzielnym zasypianiu". Z początku niemowlę było oczywiście sceptyczne i zupełnie niezainteresowane taką nauką. W ciągu pierwszej nocy musiałam ją wziąć na ręce i położyć do łóżeczka 126 razy, drugiej nocy – 30 razy, a trzeciej – tylko 4 razy. Nigdy nie zostawiałam jej, „aż się wypłacze"; nie wracałam też do techniki „kangurowatej", którą rodzice dziewczynki używali do jej uspokajania, pogłębiając tym samym trudności z za-sypianiem.

Problemy z karmieniem. Złe nawyki niemowląt związane z przy-jmowaniem pożywienia wynikają zwykle z niewłaściwego odczytywania przez rodziców komunikatów, które dziecko im przekazuje. Gail skarżyła się, że karmienie Lily trwa godzinę. Jeszcze przed pierwszą wizytą podejrzewałam, że Lily – wówczas jednomiesięczna – nie pobiera pokarmu przez całe sześćdziesiąt minut, a tkwiąc przy piersi matki, głównie się uspokaja. Na Gail karmienie córeczki działało relaksująco prawdopodobnie na skutek wysokiego poziomu oksytocyny, w związku z czym często zasypiała. Zdarzało się, że karmiąc, zapadała w drzemkę, a obudziwszy się po dziesięciu minutach, stwierdzała, że dziecko nadal ssie. Choć wiele matek zmusiłam do wyrzucenia minutników, w tym przypadku uznałam to urządzenie za przydatne i poleciłam nastawiać je na 45 minut. Poradziłam również Gail, by uważnie obserwowała Lily podczas karmienia. Czy rzeczywiście przez cały czas przyjmuje pokarm? Stosując się do moich rad, Gail zauważyła, że jej córeczka po każdym karmieniu uspokaja się i kontynuuje czynność ssania. Wobec powyższego postanowiłyśmy po dzwonku minutnika zastępować brodawkę matki smoczkiem. Po trzech dniach mogłyśmy się już pozbyć owego zmyślnego urządzenia technicz-nego, ponieważ Gail bardziej uwrażliwiła się na potrzeby dziecka. Kiedy Lily podrosła, nie potrzebowała również smoczka, znalazła bowiem własne paluszki.

Jednym z problemów związanych z karmieniem jest właśnie kon-tynuowanie ssania długo po zaspokojeniu głodu, tak jak to robiła Lily. Inna anomalia polega na porzucaniu brodawki podczas karmienia. Niemow-lę chce w ten sposób powiedzieć: „Mamo, umiem już jeść szybciej i opróżnienie twojej piersi zajmuje mi mniej czasu niż kiedyś". Nie-zrozumienie tego komunikatu powoduje, że matka niepotrzebnie zmusza dziecko do dalszego ssania, które oczywiście nie sprawia mu trudności, jako że ssanie jest głównym zajęciem niemowląt. Kolejna nieprawidłowość to budzenie się dziecka w nocy w oczekiwaniu karmienia, mimo iż faktycznie nie jest głodne i nie potrzebuje pokarmu. W każdej z tych

JĘZYK NIEMOWLĄT

sytuacji niemowlę uczy się używania piersi lub butelki w charakterze smoczka, czyli narzędzia do samouspokajania się, co nie służy dobrze ani matce, ani dziecku.

Bez względu na rodzaj niepożądanego zachowania sugeruję rodzicom w pierwszej kolejności wdrożenie Łatwego Planu (patrz: rozdział II). Realizując go, wielu rzeczy nie trzeba się domyślać, ponieważ wiemy, kiedy dziecko powinno być głodne. Łatwiej wówczas znaleźć inne przyczyny marudzenia i płaczu. Zachęcam także rodziców do obserwowania tego, co się dzieje, i oceny, czy rzeczywiście chodzi o głód, a następnie stopniowego eliminowania niepotrzebnych dodatkowych karmień i uczenia innych sposobów samouspokajania się niemowlęcia. Czasem zaczynam od skracania zbędnych karmień, by dziecko spędzało mniej czasu przy piersi matki lub przyjmowało nieco mniej pokarmu. Podaję również wodę lub używam smoczka. Po pewnym czasie niemowlę zapomina o starych nawykach i dlatego właśnie wydaje się niektórym, że uprawiam magię.

„Przecież nasze dziecko ma kolkę"

Oto sytuacja, w której moja magia trzech dni wystawiona bywa na prawdziwą próbę. Niemowlę zanosi się płaczem, przyciągając nóżki do piersi. Czyżby miało obstrukcję? A może gazy? Matce wydaje się, że serce pęknie jej z żalu – tak intensywny bywa ból małego dziecka. Pediatra oraz inne matki, mające za sobą podobne doświadczenia, zgodnym chórem twierdzą, że to kolka, i zapewniają grobowym głosem, że „nic nie da się z tym zrobić". Po części mają rację; na kolkę nie ma radykalnego lekarstwa. Okazuje się jednak, że jest to termin mocno nadużywany i rozciągany na wiele innych niemowlęcych dolegliwości, z których niektóre można skutecznie usunąć.

Jeżeli niemowlę rzeczywiście ma kolkę, to z całą pewnością jest to koszmar – dla dziecka i dla matki. Przypadłość ta, jak się ocenia, występuje u około dwudziestu procent wszystkich niemowląt, z czego dziesięć procent stanowią przypadki ostre. Podczas ataku kolki tkanka mięśniowa otaczająca przewód pokarmowy dziecka lub jego układ moczowo-płciowy zaczyna się spazmatycznie kurczyć. Po wstępnych oznakach dyskomfortu następują długie napady płaczu, ciągnące się niekiedy przez wiele godzin. Zwykle ataki występują codziennie o tej samej porze. W diagnozowaniu kolki pediatrzy używają czasem tzw. reguły trzech trójek – trzy godziny płaczu dziennie przez trzy dni w tygodniu, w okresie trzech tygodni lub dłuższym.

Klasyczny przypadek kolki obserwowałam u Nadii, która przez większą część dnia pięknie się uśmiechała, a potem od godziny szóstej do dziesiątej wieczorem płakała – czasem w sposób ciągły, a kiedy indziej z przerwami. Ulgę przynosiło jej wyłącznie przebywanie pod czyjąś opieką w mrocznym pomieszczeniu oraz odcięcie od wszelkich bodźców zewnętrznych.

Zróbmy sobie przerwę

W poczekalni pełnej matek z małymi dziećmi łatwo rozpoznać tę, której latorośl cierpi na kolkę, nawet wówczas, gdy żadne dziecko nie płacze. Kobieta ta wygląda na najbardziej wyczerpaną. Sądzi, że musiała popełnić jakiś błąd, skoro ma takie nieznośne dziecko. Oczywiście to bzdura. Jeżeli dziecko rzeczywiście ma kolkę, to z pewnością jest to problem, matka jednak nie przyczyniła się do tego. Aby przetrwać, potrzebuje wsparcia w takim samym stopniu jak jej dziecko.

Zamiast wzajemnego obwiniania się – co niestety wiele par praktykuje – partnerzy powinni się pocieszać i przynosić sobie ulgę. U wielu niemowląt płacz pojawia się z zadziwiającą regularnością, np. codziennie od godziny szóstej po południu. W takiej sytuacji trzeba się zmieniać. Jeżeli matka czuwała przy dziecku dziś, jutro powinien wyręczyć ją ojciec.

Samotne matki powinny zapewnić sobie pomoc dziadków, rodzeństwa lub przyjaciółek. W czasie gdy ktoś je zastępuje, nie ma sensu siedzieć i wsłuchiwać się w płacz dziecka. Lepiej wyjść z domu na spacer lub przejażdżkę bądź zrobić cokolwiek, co pozwala wyrwać się z obciążonego traumą środowiska domowego.

I najważniejsze: kolka przechodzi, choć może się wydawać, że będzie trwała w nieskończoność.

Biedna mama Nadii, Alexis, była niemal równie zgnębiona jak jej dziecko i bardziej niewyspana niż inne młode matki. Obie potrzebowały pomocy. Samo opanowanie emocji było już poważnym problemem. „Bądźcie dla siebie dobrzy" – to często najlepsza rada, jaką mogę dać rodzicom dziecka cierpiącego na kolkę (patrz: tekst wyodrębniony na tej stronie).

Kolka pojawia się najczęściej nagle w trzecim lub czwartym tygodniu życia i znika – równie tajemniczo jak się pojawiła – w trzecim miesiącu. (Samoistne ustępowanie tej dolegliwości nie jest bynajmniej zagadką. Układ trawienny dojrzewa i spazmy się zmniejszają. W tym wieku niemowlę ma również większą kontrolę nad kończynami i może znaleźć własny palec, którego ssanie przynosi mu ulgę). Uważam jednak, że w niektórych przypadkach niesłusznie rozpoznaje się kolkę, podczas gdy płacz niemowlęcia ma swoje podłoże w rodzicielstwie chaotycznym. Matka (lub ojciec), rozpaczliwie usiłując uspokoić płaczące niemowlę, kołysze je na rękach do snu lub karmi piersią bądź z butelki po to, by się uspokoiło. To wydaje się dziecku doraźnie pomagać. Dość szybko przyzwyczaja się ono do rodzicielskich zachowań. Przed upływem pięciu tygodni nawyk jest już utrwalony; w konsekwencji nic dziecka nie uspokaja i wszyscy dochodzą do wniosku, że cierpi na kolkę.

Wielu rodziców utrzymujących, że ich dziecko ma kolkę, opowiada historie podobne do tych, które słyszałam z ust Chloe i Setha − pary, z którą spotkaliśmy się już w rozdziale II. W rozmowie telefonicznej Chloe oznajmiła, że jej córka Isabella cierpi na kolkę. „Płacze prawie bez przerwy" − relacjonowała matka. Seth powitał mnie na progu z pucołowatym, cherubinkowatym niemowlęciem na rękach. Dziecko natychmiast ułożyło się w moich ramionach i zadowolone spoczywało w nich przez następne piętnaście minut, bo tyle trwała rozmowa z jego rodzicami.

Jak państwo zapewne pamiętają, Chloe i Seth są ludźmi niezwykle sympatycznymi, a przy tym wyluzowanymi. Obawiałam się, że na samą wzmiankę o harmonogramie, który mógłby radykalnie pomóc ich pięciomiesięcznej płaczliwej córeczce, uczynią znak krzyża, którym zwykło się odpędzać demony i wampiry, dodając: „Apage!". Owym geniuszom improwizacji najzupełniej obca była jakakolwiek organizacja. Spójrzmy jednak na konsekwencje ich beztroskiego stylu życia, których ofiarą padła słodka mała Isabella.

„Mała czuje się teraz trochę lepiej − powiedziała Chloe. − Być może nareszcie wyrasta z tej kolki". Z dalszych wyjaśnień wynikało, że dziecko sypia w łóżku rodziców od dnia swoich narodzin i nadal regularnie budzi się w nocy z płaczem. W dzień jest podobnie. Isabella płacze nawet podczas karmienia, które, wedle słów jej mamy, odbywa się co godzinę lub dwie. Zapytałam, jak uspokajają dziecko.

„Czasami wkładamy ją do zimowego kombinezonu, który skutecznie ogranicza ruchy. Kiedy indziej sadzamy na huśtawce i włączamy płytę z nagraniem zespołu The Doors. Kiedy zupełnie nie możemy sobie poradzić, zabieramy ją na przejażdżkę samochodem w nadziei, że ruch ją ukoi. Jeśli i to nie działa − dodała Chloe − gramolę się na tył samochodu i wkładam jej pierś do buzi".

„Czasem udaje się ją uciszyć, zmieniając rodzaj aktywności" − dorzucił Seth.

Ci uroczy i troskliwi rodzice nie zdawali sobie zupełnie sprawy, że niemal wszystko, co robili z dzieckiem, oddalało ich od celu, który chcieli osiągnąć. Analiza sytuacji metodą trzech punktów pozwoliła zrozumieć, co działo się w ich domu podczas minionych pięciu miesięcy. Wobec Isabelli nie stosowano żadnych konsekwentnych zasad wychowawczych, rodzice nie odczytywali jej komunikatów, interpretując każdy płacz jako przejaw głodu. Dziecko cierpiało z przejedzenia i nadmiaru bodźców, reagując płaczem i wnosząc w ten sposób swój wkład w utrwalanie negatywnego wzorca zachowań. Konsekwencją tego wszystkiego było przemęczenie oraz niezdolność do odprężenia się i wypoczynku. Nie rozumiejąc komunikatów niemowlęcia i myśląc wyłącznie o wynajdywaniu nowych sposobów jego uciszania, rodzice nieintencjonalnie pogłębiali jego stres i komplikowali zaistniałe problemy.

Kiedy boli brzuszek

Ścisłe kontrolowanie diety to najlepszy sposób uniknięcia gazów u niemowląt. Każdemu dziecku jednak mogą się przytrafić bóle brzuszka. Oto działania, które w mojej praktyce okazały się najskuteczniejsze.

- Najlepszym sposobem prowokowania odbijania, zwłaszcza u niemowląt ze skłonnością do gazów, jest pocieranie po lewej stronie (w okolicy żołądka) nasadą dłoni ruchem ku górze. Jeżeli po pięciu minutach dziecku się nie odbiło, kładziemy je. Jeżeli zaczyna szybko oddychać, wić się i przewracać oczami, a na jego twarzy pojawia się grymas podobny do uśmiechu, to znaczy, że ma gazy. Podnosimy je wtedy i zakładając jego rączki na swoje barki, upewniamy się, czy nóżki ma wyprostowane. W tej pozycji staramy się doprowadzić do odbicia.
- W pozycji leżącej na pleckach podnosimy dziecku nóżki i delikatnie robimy mu „rowerek".
- Przewieszamy niemowlę przez swoje przedramię, twarzą w dół i dłonią łagodnie uciskamy mu brzuszek.
- Owijamy tułów dziecka złożonym kocykiem tworzącym pas szerokości 10–12 cm. Nie ściskamy zbyt mocno, by nie tamować krążenia (jeżeli niemowlę sinieje, to znaczy, że przesadziliśmy).
- Pomagamy dziecku oddać gazy, trzymając je przy ciele i poklepując po pupce. Czynność ta przyciąga jego uwagę, wskazując, gdzie ma skierować swój wysiłek.
- Masujemy brzuszek ruchem wzdłuż odwróconej litery „C" (nie okrężnym), śladem okrężnicy – z lewa na prawo, w dół i z prawa na lewo.

Jak na zawołanie mała Isabella zaczęła „pokasływać", co (dla mnie przynajmniej) wyraźnie oznacza: „Mamusiu, mam już dość". „Widzisz?" – powiedziała Chloe. „Ehmm, tak..." – zawtórował jej Seth. „Mamusiu! Tatusiu! – odpowiedziałam za Isabellę dziecięcym głosikiem. – Jestem po prostu zmęczona".

Następnie wyjaśniłam: „Chodzi po prostu o to, żeby ją natychmiast położyć, zanim się rozdrażni". Chloe i Seth zaprowadzili mnie na górę do swojej sypialni. Pomieszczenie to było zalane słońcem, na ścianach wisiało wiele obrazów, a pośrodku stało ogromne łoże.

Sypialnia była zbyt mocno oświetlona i znajdowało się w niej mnóstwo rozpraszających bodźców. W takich warunkach Isabella nie miała najmniejszych szans, by się uspokoić i odpocząć. „Czy macie jakiś koszyk lub wózek dziecięcy? – zapytałam. – Spróbujmy ją w nim położyć".

Pokazałam im, jak zawijać Isabellę kocykiem. Zostawiłam jej jedną rączkę na wierzchu, tłumacząc, że w piątym miesiącu życia dziecko kontroluje już swoje kończyny i potrafi znaleźć palce własnych dłoni. Wyszłam następnie z sypialni do ciemnego przedpokoju, niosąc owinięte dziecko na rękach i poklepując je rytmicznie. Mówiłam przy tym łagodnym szeptem: „Wszystko w porządku, jesteś tylko zmęczona". Po kilku chwilach dziewczynka się uspokoiła.

Zdumienie rodziców ustąpiło jednak miejsca sceptycyzmowi, kiedy wkładałam Isabellę do niewielkiego koszyka, stale ją poklepując. Isabella poleżała spokojnie kilka minut i znów zaczęła płakać, wzięłam ją więc na ręce, uspokoiłam i położyłam. Powtórzyłam te czynności jeszcze dwa razy i wtedy – ku wielkiemu zdziwieniu rodziców – dziecko zasnęło.

„Nie spodziewam się, że będzie spać długo – powiedziałam im – ponieważ jest przyzwyczajona do krótkich drzemek. Waszym zadaniem będzie teraz ich wydłużanie". Wytłumaczyłam, że sen niemowląt przebiega zgodnie z cyklem czterdziestopięciominutowym, podobnie jak u dorosłych (patrz: s. 193). Jednak takie dziecko jak Isabella, którego rodzice reagują na każdy odgłos, nie nauczyło się jeszcze samodzielnego powracania do snu. Poradziłam im, że muszą ją tego nauczyć. Kiedy budzi się po dziesięciu lub piętnastu minutach, trzeba ją delikatnie uśpić – tak, jak ja to robiłam – nie zakładając, że drzemka już się skończyła. Po pewnym czasie nauczy się sama ponownie zapadać w sen, a jej drzemki się wydłużą.

„A co z jej kolką?" – spytał Seth, najwyraźniej zaniepokojony. „Przypuszczam, że wasze dziecko nie ma kolki – wyjaśniłam – a jeśli ma, to sporo możecie zrobić dla poprawy samopoczucia Isabelli".

Próbowałam wytłumaczyć rodzicom, że gdyby Isabella naprawdę miała kolkę, to chaos panujący w ich domu intensyfikowałby jej ewentualne fizyczne problemy. W moim przekonaniu jednak dyskomfort dziecka wywołany został rodzicielstwem chaotycznym. Konsekwencją karmienia przy każdorazowym płaczu był nawyk używania piersi matki dla samo-uspokojenia się. Zbyt częste karmienie oznaczało też, że dziecko „pojada-ło", otrzymując niemal wyłącznie pokarm obfitujący w laktozę, co może powodować gazy. „Isabella pojada nawet w nocy – zwróciłam uwagę – co znaczy, że jej maleńki układ trawienny nigdy nie odpoczywa".

Na koniec uświadomiłam rodzicom, że nie zapewnili swojemu dziecku dobrego, regenerującego wypoczynku w dzień lub w nocy. Dlatego Isabella była bez przerwy zmęczona. A co robi przemęczone niemowlę, by odciąć się od świata? Płacze. Płacząc, połyka powietrze, co może powodować gazy, gdyż powiększa się jego ilość nagromadzona wcześniej w żołądku. Co robią w takiej sytuacji kochający rodzice? Działając w jak najlepszej wierze, dostarczają córeczce dodatkowych pobudzeń w formie przejażdżek samochodowych, huśtawek oraz głośnej stereofonicznej muzyki (koniecznie zespołu The Doors). Czyniąc tak, nie pomagają Isabelli w zdobywaniu umiejętności uspokajania się i zasypiania, lecz niechcący utrudniają jej tę naukę.

Na odchodnym poleciłam Sethowi i Chloe wdrażanie Łatwego Planu, podkreślając znaczenie konsekwencji w działaniu. Zaleciłam zawijanie Isabelli. (W szóstym miesiącu obie jej rączki można by zostawiać na wierzchu, ponieważ w tym wieku prawdopodobieństwo przypadkowego zadrapania lub uszczypnięcia w buzię jest już znacznie mniejsze). Zaor-dynowałam też karmienia o osiemnastej, dwudziestej i dwudziestej drugiej, by dziecko dostawało wieczorem zapas pokarmu wystarczający na całą noc. Poleciłam nie karmić w nocy i jeśli się obudzi, podawać smoczek. Poradziłam przytulać, kiedy płacze, i wspierać ją, łagodnie do niej mówiąc.

Sugerowałam dokonywanie tych zmian metodą kolejnych kroków. W pierwszej kolejności należało się zająć rytmem snu dziennego, by usunąć chroniczne przemęczenie i związane z nim marudzenie. Zdarza się, że unormowanie drzemek dziennych ma korzystny wpływ na sen nocny dziecka. Ostrzegłam rodziców, że stopniowa zmiana nawyków może trwać kilka tygodni i w tym czasie trzeba się liczyć ze sporą ilością płaczu. Seth i Chloe nie mieli jednak nic do stracenia. Wszak od miesięcy cierpieli, widząc swoje dziecko w stanie silnego rozdrażnienia. Dałam im przynaj-mniej promyk nadziei.

A gdybym się myliła? Gdyby Isabella naprawdę miała kolkę? Na dobrą sprawę nie miałoby to znaczenia. Pediatrzy zapisują czasem niemowlętom łagodnie działające środki neutralizujące kwasy dla uśmierzenia bólów spowodowanych gazami, na kolkę nie mają jednak żadnego lekarstwa.

Z mojego doświadczenia wynika, że uporządkowanie karmienia i snu przynosi ulgę niemowlętom cierpiącym na tę przypadłość. Przekarmianie i brak snu mogą powodować zachowania podobne do objawów kolki. Jakie ma znaczenie, czy rzeczywiście jest to kolka? Dziecko cierpi, niezależnie od tego, co jest tego przyczyną. Pomyślmy, jak się czujemy, nie mogąc zasnąć przez całą noc. Jestem pewna, że nie najlepiej. A co się dzieje po wypiciu mleka przez osoby nietolerujące laktozy? U niemowląt, podobnie jak u osób dorosłych, również występują objawy żołądkowo-jelitowe. Gazy uwięzione w przewodzie pokarmowym to koszmar dla dorosłego, jak więc musi czuć się niemowlę, które nie potrafi pomasować sobie brzucha i powiedzieć, co mu dolega. Realizacja Łatwego Planu pozwala przynajmniej trafnie się domyślić, czego dziecko potrzebuje.

W przypadku Setha i Chloe należało wyjaśnić, że oferując dziecku pełnowartościowe posiłki zamiast przekąsek podawanych w ciągu całego dnia i w nocy, ułatwiamy sobie analizowanie jego potrzeb. Stosując się do tej propozycji, rodzice Isabelli będą mogli myśleć bardziej racjonalnie, gdy ich córka zapłacze: „Głodna być nie może, bo nakarmiliśmy ją pół godziny temu. Może więc ma gazy?". Jednocześnie lepsze dostrojenie się do jej mimiki i języka ciała pozwoli im rozróżnić płacz oznaczający zmęczenie („Dwa razy ziewnęła") od spowodowanego jakimś cierpieniem („Mmm... widzę grymas na jej twarzy i podnoszenie nóżek"). Zapewniłam ich, że wprowadzenie harmonogramu działań poprawi sen Isabelli i nie będzie już stale marudzić. Stanie się bardziej wypoczęta, a oni będą się mogli zorientować, o co jej chodzi, zanim płacz wymknie się spod kontroli.

„Nasze dziecko nie pozwala odstawić się od piersi"

Tę skargę słyszę często z ust ojców, szczególnie tych, którzy poczuli się zepchnięci na drugi plan po narodzinach dziecka, które żona karmi piersią, oraz tych, których żony kontynuują karmienie naturalne w drugim roku życiu dziecka. W rodzinie może wytworzyć się bardzo niedobra sytuacja, jeżeli matka nie uświadomi sobie, że to ona jest przyczyną uporczywego trzymania się przez niemowlę jej piersi. Mam nieodparte wrażenie, że kobiety przedłużające karmienie niemal zawsze czynią to dla siebie, a nie dla dziecka. Zdarza się, że kobieta uwielbia tę rolę, jak również intymną bliskość z dzieckiem oraz świadomość, że tylko ona potrafi je ukoić. Niezależnie od związanych z karmieniem uczuć spokoju i osobistego spełnienia matki czerpią też czasem zadowolenie z uzależnienia dziecka od siebie.

Przykładem może być Adrianna, która karmiła piersią swojego dwuipółletniego synka Nathaniela. Jej mąż Richard czuł się zupełnie bezradny. „Tracy, cóż ja mogę z tym zrobić? Kiedy tylko Nathaniel płacze lub się niepokoi, Adrianna daje mu pierś do ssania. Nie chce nawet o tym ze mną rozmawiać, twierdząc, że jest to »naturalne«, że tak trzeba dziecko uspokajać".

Zapytałam Adriannę o jej odczucia. „Chcę, by moje dziecko dobrze się czuło. Ono mnie potrzebuje" – wyjaśniła. Przyznała jednak, że od pewnego czasu ukrywała fakt, że karmi piersią, przed swoim mężem który stawał się coraz mniej tolerancyjny. „Powiedziałam mu, że odstawiłam Nathaniela. Jednak podczas niedawnej niedzielnej wizyty u przyjaciół na grillu Nathaniel zaczął szarpać moją pierś, mówiąc »daj ci, daj ci« (co w jego dziecięcym języku oznaczało domaganie się piersi). Richard spojrzał na mnie ze złością. Wiedział, że go okłamałam, i bardzo go to rozgniewało".

Nie jest moim zadaniem zmieniać poglądy kobiet na temat karmienia. Jak wcześniej wspomniałam, jest to sprawa bardzo osobista i indywidualna. Poradziłam jednak Adriannie, by przynajmniej nie okłamywała męża. Podkreśliłam przy tym, że rada ta wynika z troski o dobro całej jej rodziny. „Nie do mnie należy decyzja o odstawieniu lub nieodstawianiu Nathaniela od piersi, spójrz jednak, jak sprawa ta wpływa na was wszystkich – powiedziałam. – Masz dziecko i męża, wydaje się jednak, że dziecko zaczyna u was rządzić. Karmiąc za plecami męża, uczysz małego Nathaniela kłamstwa i oszustwa" – dodałam w uzasadnieniu.

Spójrzmy na to z punktu widzenia rodzicielstwa chaotycznego. Zasugerowałam Adriannie, by przyjrzała się uważnie temu, co się dzieje, zastanowiła się nad tym, co ją motywuje, i wybiegła myślą w przyszłość. Czy naprawdę chciała ponosić ryzyko związane z okłamywaniem Richarda i dawaniem złego przykładu Nathanielowi? Oczywiście nie. Po prostu w ogóle nie przemyślała tej sprawy. „Nie jestem pewna, czy to Nathaniel potrzebuje dalszego karmienia piersią – powiedziałam jej szczerze. – Myślę, że ty tego potrzebujesz. Powinnaś to rozważyć".

Adrianna zastanowiła się trochę nad swoim postępowaniem. Pozwoliło jej to zdać sobie sprawę, że używała Nathaniela jako pretekstu, odraczając decyzje dotyczące pracy. Wszystkim opowiadała, jak bardzo pragnie wrócić do biura, w głębi duszy hołubiła jednak zupełnie inne marzenie. Chciała przedłużyć urlop wychowawczy o kolejnych kilka lat, być może nawet zajść w ciążę po raz kolejny. W końcu zdecydowała się porozmawiać o tym z Richardem. „Był niewiarygodnie życzliwy – zwierzyła mi się później. – Powiedział, że z punktu widzenia finansowego moja praca nie jest konieczna oraz że jest ze mnie dumny, ponieważ jestem wspaniałą matką. Chciałby jednak czuć się jako ojciec równorzędnym partnerem". Po tej rozmowie Adrianna obiecała skończyć z karmieniem Nathaniela i tym razem nie było to kłamstwo.

Najpierw wyeliminowała karmienie dzienne. Pewnego dnia Adrianna powiedziała swojemu synkowi: „»Daj ci« będzie tylko przed spaniem". Gdy chłopiec usiłował podnosić jej bluzkę – a w pierwszych kilku dniach czynił to wielokrotnie – powtarzała mu: „Nie dostaniesz" i podawała filiżankę z dziobkiem. Po tygodniu przerwane zostało również karmienie wieczorne. Nathaniel próbował przekonać swoją mamę, mówiąc: „Jeszcze pięć minut", ona odpowiadała mu jednak stanowczo: „Nie będzie »daj ci«". Upłynęły kolejne dwa tygodnie, nim chłopiec ostatecznie zrezygnował. Gdy jednak podjął tę decyzję, nie było już nawrotów. Miesiąc później Adrianna powiedziała: „Jestem naprawdę zdumiona. Nathaniel sprawia wrażenie, jakby w ogóle nie pamiętał karmienia piersią. Nie mogę w to uwierzyć. – Powróciła też harmonia w rodzinie: – Czujemy się z Richardem jak podczas miodowego miesiąca".

Opisane doświadczenie było w życiu Adrianny cenną lekcją. Wiele tak zwanych problemów pojawia się wyłącznie dlatego, że matki i ojcowie nie uświadamiają sobie, jak dalece przenoszą samych siebie na dziecko. Warto przy każdej sposobności zadawać sobie pytanie: „Czy robię to dla mojego dziecka, czy dla samego siebie?". Spotykam rodziców, którzy noszą niemowlęta na rękach dłużej niż trzeba, oraz matki karmiące piersią, gdy ich dzieci nie potrzebują już naturalnego pokarmu. Adrianna używała swojego synka w charakterze parawanu, za którym próbowała skryć się przed samą sobą; ukrywała się także przed swoim mężem, nie zdając sobie z tego sprawy. Kiedy zdołała dostrzec to, co naprawdę się działo, kiedy zdobyła się na uczciwość wobec siebie i partnera oraz gdy uprzytomniła sobie, że może zmienić złą sytuację w dobrą, wówczas stała się lepszą matką i żoną, jak również silniejszym człowiekiem.

Rozwiązywanie problemów

Poniższe zestawienie nie zawiera wyczerpującej listy wszystkich problemów, z którymi możemy mieć do czynienia, lecz jedynie te przedłużające się trudności, o których interpretację i rozwiązanie jestem proszona. Jeżeli trudności się kumulują, należy zajmować się nimi kolejno. Zadajemy sobie pytanie: „Co chcę zmienić?" oraz: „Czym chcę to zastąpić?". Gdy nieprawidłowości dotyczą karmienia i snu, najczęściej istnieje między nimi związek. Jednak trudno zaradzić złu, gdy dziecko na przykład boi się własnego łóżeczka. Wyznaczając kolejność działań, kierujemy się zdrowym rozsądkiem – rozwiązanie jest zwykle bardziej oczywiste, niż nam się wydaje.

Konsekwencja	Prawdopodobne podłoże	Co trzeba zrobić
„Moje dziecko lubi być cały czas trzymane na rękach".	Matka (lub opiekunka) lubiła dziecko nosić... na początku. Teraz ono jest do tego przyzwyczajone, a matka dojrzała do normalnego życia.	Kiedy dziecko płacze, bierzemy je na ręce i uspokajamy, a następnie kładziemy, gdy tylko przestało płakać. Mówimy: „Jestem tutaj; nie odchodzę". Nie trzymamy dziecka na rękach dłużej, niż ono tego potrzebuje. .
„Moje dziecko ssie prawie całą godzinę".	Dziecko ssie pierś, aby się uspokoić. Zamiast telefonować podczas karmienia, trzeba zwrócić uwagę na to, jak dziecko przełyka pokarm.	Na początku karmienia dziecko ssie zachłannie i szybko; słychać przy tym odgłos przełykania pokarmu początkowego. Ssanie pokarmu środkowego odbywa się wolniej i z większym wysiłkiem. Kiedy niemowlę zaspokaja tylko potrzebę ssania, bez pobierania pokarmu, wówczas jego dolna szczęka porusza się, ale matka nie czuje pociągania. Trzeba uważnie obserwować dziecko i nie przedłużać karmienia ponad 45 minut.

Konsekwencja	Prawdopodobne podłoże	Co trzeba zrobić
„Moje dziecko jest głodne co godzinę lub półtorej".	Nieprawidłowe odczytywanie komunikatów dziecka. Każdy płacz interpretowany jest jako oznaka głodu.	Zamiast podawać butelkę lub pierś, dostarczmy dziecku nowych wrażeń (dziecko może być znużone) lub dajmy mu smoczek, by mogło zaspokoić potrzebę ssania.
„Moje dziecko potrzebuje butelki (lub piersi), by mogło zasnąć".	Dziecko zostało do tego przyzwyczajone i teraz oczekuje piersi lub butelki przed spaniem.	Stosujemy zasady Łatwego Planu, aby dziecko nie kojarzyło snu z piersią lub butelką. Na ss. 191–194 znajdują się wskazówki dotyczące nauki samodzielnego zasypiania.
„Moje dziecko ma pięć miesięcy i nie przesypia nocy".	Dzień może być u dziecka zamieniony z nocą. Przypomnijmy sobie okres ciąży. Jeżeli w nocy sporo kopało, a w dzień było spokojne, to znaczy, że niemowlę przyszło na świat z takim biorytmem. Mogło też być tak, że pozwalaliśmy mu na długie dzienne drzemki w pierwszych tygodniach życia i przyzwyczaiło się do tego.	Należy zmienić rytm snu dziecka, budząc je co trzy godziny w ciągu dnia. (Patrz: s. 191). Pierwszego dnia będzie osowiałe, drugiego – bardziej ożywione, a w trzecim dniu jego zegar biologiczny już się przestawi.

Konsekwencja	Prawdopodobne podłoże	Co trzeba zrobić
„Moje dziecko nie potrafi zasnąć bez kołysania".	Być może nie zauważamy oznak senności (patrz: s. 185) i doprowadzamy dziecko do stanu przemęczenia. Prawdopodobnie kołysano je dla uspokojenia i nie nauczyło się samodzielnego zasypiania.	Zwracamy uwagę na pierwsze i drugie ziewanie. Jeżeli je przeoczyliśmy, stosujmy wskazówki podane na s. 186. Po pewnym czasie dziecko kojarzy kołysanie na rękach ze snem. Eliminując tę praktykę, trzeba wprowadzać inne zachowania, np.: trzymanie dziecka na rękach w pozycji stojącej lub siedzącej bez kołysania. Zamiast kołysać dziecko, przemawiamy do niego i poklepujemy je.
„Moje dziecko płacze od rana do wieczora".	Długotrwały płacz może być wynikiem przekarmienia, przemęczenia i/lub nadmiernego pobudzenia.	Niemowlęta rzadko płaczą tak długo, najlepiej więc poradzić się pediatry. Jeżeli przyczyną jest kolka, to z pewnością nie jest to wina rodziców. Trzeba to przeczekać. W innych przypadkach może być konieczna zmiana podejścia. Na s. 272 znajduje się opis przypadku, który może wydać się znajomy. Tak czy owak, wdrożenie Łatwego Planu i sensownego rytmu snu (s. 175) powinno pomóc.

Konsekwencja	Prawdopodobne podłoże	Co trzeba zrobić
„Moje dziecko zawsze budzi się z płaczem".	Niezależnie od cech temperamentu niektóre dzieci marudzą po obudzeniu, ponieważ spały zbyt krótko. Budzenie niemowlęcia, które chce jeszcze spać (patrz: s. 193), może oznaczać, że nie zapewniamy mu wystarczającej ilości wypoczynku.	Nie wchodzimy do pokoju dziecka natychmiast po usłyszeniu jego głosu. Czekamy kilka minut, aż samo ponownie uśnie. Wydłużamy drzemki w ciągu dnia. To poprawia sen nocny, ponieważ dziecko jest mniej zmęczone.

REFLEKSJE KOŃCOWE

Postępuj rozważnie i z należnym taktem
Życie jest bowiem Równowagi Aktem.
Żyj zręcznie, działając z niezawodną wprawą
I nigdy nie pomyl lewej nogi z prawą.
Chcesz sukces osiągnąć? Osiągniesz niebawem.
(W zgodności z rozumem i z Natury Prawem).
— Dr Seuss, *Oh, the Places You'll Go!*

Chciałabym zakończyć tę książkę pewnym ważnym przypomnieniem. Cieszcie się i bawcie swoim rodzicielstwem. Porady Zaklinaczki Dzieci na nic się nie zdadzą, jeśli nie czujecie się dobrze w roli ojca lub matki. Wiem, że bywają ciężkie chwile, zwłaszcza w pierwszych miesiącach, gdy dominuje uczucie wyczerpania. Nie wolno jednak zapominać, jak wielkim i wspaniałym darem jest rodzicielstwo.

Pamiętajmy również, że wychowanie dziecka wymaga zaangażowania w skali całego życia i jest czymś, co musimy traktować poważniej niż jakąkolwiek inną życiową misję. Rodzicielstwo wiąże się z ogromną odpowiedzialnością. Pomagamy wzrosnąć i rozwinąć się ludzkiej istocie; kształtujemy jej osobowość. Nie ma większego i wznioślejszego zadania.

Kiedy sprawy się komplikują (a mogę zapewnić, że nawet dziecko z grupy Aniołków czasami przysparza rodzicom kłopotów), starajmy się podchodzić do nich z dystansem. Niemowlęctwo to cudowny wiek – cenny i zarazem trochę przerażający, a przy tym przemijający jak sen. Ktokolwiek wątpi, czy będzie kiedyś wspominał z rozrzewnieniem ten słodki czas, niechaj porozmawia z rodzicami starszych dzieci. Opieka nad niemowlęciem to mały punkcik na radarze życia – wyraźny, jasny i niestety szybko i bezpowrotnie przemijający.

Życzę moim czytelnikom, by potrafili cieszyć się każdą chwilą swojego rodzicielstwa, nie wyłączając momentów trudnych. Na kartach tej książki starałam się przekazać nie tylko wiedzę i porady, lecz także coś ważniejszego – wiarę we własne siły i zdolność do rozwiązywania problemów.

Tak, moi drodzy rodzice i dziadkowie, ktokolwiek weźmie do rąk tę książkę, poczuje się silniejszy, ponieważ przekazałam mu moje zawodowe tajemnice. Używajcie ich mądrze i cieszcie się własną umiejętnością uspokajania niemowląt, porozumiewania się z nimi i nawiązywania prawdziwego kontaktu.